PROBLEMAS ACTUALES DE DERECHO CONSTITUCIONAL EN UN CONTEXTO DE CRISIS

Rosario Tur Ausina
(dir.)

Francisco Javier Sanjuán Andrés
M.ª Amparo Calabuig Puig
(coords.)

PROBLEMAS ACTUALES DE DERECHO CONSTITUCIONAL EN UN CONTEXTO DE CRISIS

Carlos de Cabo Martín
Miguel Agudo Zamora
Enrique Álvarez Conde
Juana Aznar Márquez
Silvia Bagni
Enrique Belda Pérez-Pedrero
Gregorio Cámara Villar
Enriqueta Expósito Gómez
Alicia López de los Mozos Díaz-Madroñero
Laura Montanari
Miguel Ángel Presno Linera
Clara Souto Galván
Rosario Tur Ausina

Granada, 2015

Polígono Juncaril
C/ Baza, parcela 208
18220 Albolote (Granada)
Tlf.: 958 465 382
http://www.editorialcomares.com • E-mail: libreriacomares@comares.com
https://www.facebook.com/Comares • https://twiter.com/comareseditor

ISBN: 978-84-9045-330-8 • Depósito Legal: Gr. 1.300/2015

Fotocomposición, impresión y encuadernación: COMARES

SUMARIO

CONSTITUCIÓN EN TIEMPOS DE CRISIS. LA NECESARIA BÚSQUEDA DE UNA NUEVA IDENTIDAD CONSTITUCIONAL. *Rosario Tur Ausina* . . . 1

CONFERENCIA INAUGURAL. TIEMPO DE RUPTURA: LA PROPUESTA DEL «CONSTITUCIONALISMO CRÍTICO». *Carlos de Cabo Martín* . . . 23

¿ES NECESARIO UN NUEVO CONTRATO SOCIAL? *Enrique Álvarez Conde* . . . 45

LOS DERECHOS SOCIALES Y LA FUNDAMENTALIDAD EN EL ESTADO CONSTITUCIONAL DE DERECHO. *Gregorio Cámara Villar* . . . 69

HACIA EL BARICENTRO ESTATAL DEL DERECHO EUROPEO: EL PLURALISMO INTEGRATIVO A PRUEBA. ALGUNAS REFLEXIONES COMPARATIVAS ENTRE ITALIA, FRANCIA Y ESPAÑA. *Laura Montanari* . . . 93

LA CRISIS ECONÓMICA COMO OPORTUNIDAD PARA LA EVOLUCIÓN DEL PARADIGMA DEL ESTADO SOCIAL: BLINDAJE, EVOLUCIÓN E INTERNACIONALIZACIÓN. UN RELATO EN DIEZ PASOS Y UN EPÍLOGO DE AMOR. *Miguel Agudo Zamora* . . . 117

CAUSAS JURÍDICO-CONSTITUCIONALES DE LA DESAFECCIÓN CIUDADANA HACIA EL SISTEMA REPRESENTATIVO. *Miguel Ángel Presno Linera* . . . 137

CRISIS, INSTITUCIONES, Y DERECHOS. *Enrique Belda Pérez-Pedrero* . . . 163

LAS LEYES DE TRANSPARENCIA, PARTICIPACIÓN, BUEN GOBIERNO Y GOBIERNO ABIERTO: ¿INSTRUMENTOS ÚTILES PARA HACER FRENTE A LA DESAFECCIÓN CIUDADANA? LA PERSPECTIVA LEGISLATIVA AUTONÓMICA. *Enriqueta Expósito* . . . 175

CUANDO LA MACROECONOMÍA DEJA A UN LADO LA CONSTITUCIÓN SE OLVIDA DE LA CIUDADANÍA. *Juana Aznar Márquez* . . . 199

HITOS DE DEMOCRATIZACIÓN DE LA JUSTICIA CONSTITUCIONAL: PROPUESTAS DESDE AMÉRICA LATINA. *Silvia Bagni* . . . 219

EL PRINCIPIO DEMOCRÁTICO ANTE LA CRISIS: UNA PRIMERA APROXIMACIÓN. *Alicia López de los Mozos Díaz-Madroñero* . . . 249

HACIA UN NUEVO CONCEPTO DE CIUDADANÍA. *Clara Souto Galván* . . . 263

CONSTITUCIÓN EN TIEMPOS DE CRISIS. LA NECESARIA BÚSQUEDA DE UNA NUEVA IDENTIDAD CONSTITUCIONAL*

ROSARIO TUR AUSINA

Profesora Titular de Derecho Constitucional
Catedrática acreditada
Universidad Miguel Hernández de Elche

ÍNDICE: I. CONSIDERACIONES INTRODUCTORIAS. II. CRISIS, EMERGENCIA, DESEQUILIBRIO SOCIAL... CONSTITUCIÓN Y DERECHO. III. ANTE LA IRREMEDIABLE INCIDENCIA DEL DERECHO CONSTITUCIONAL SOBRE EL FENÓMENO GLOBALIZADOR. IV. PODER Y DEMOCRACIA, UNA COMBINACIÓN TENSA PERO IMPRESCINDIBLE PARA LOS DERECHOS. V. BIBLIOGRAFÍA.

I. CONSIDERACIONES INTRODUCTORIAS

La publicación que ahora ve la luz tiene su origen en el Congreso Internacional que, bajo el mismo título, pretendió abordar los problemas actuales del Derecho Constitucional que giran en torno a las nuevas situaciones derivadas del actual contexto de crisis económica, la cual parece haber generado una crisis sistémica de indudable relevancia y que requiere planteamientos dogmáticos renovados. Ha de destacarse que dicho Congreso fue posible gracias a la Ayuda para la Organización y Difusión de Congresos, Jornadas y Reuniones Científicas, Tecnológicas, Humanísticas o Artísticas de carácter internacional, recibida por la Conselleria de Educación, Cultura y Deporte — Generalitat Valenciana (Referencia AORG/2014/033), contando asimismo con la colaboración del Departamento de Ciencia Jurídica y la Facultad de Ciencias Sociales y Jurídicas de Elche de la Universidad Miguel Hernández de Elche, el Instituto de Derecho Público de la Universidad Rey Juan Carlos, y la Red Feminista de Derecho Constitucional. Pero sobre todo fue posible gracias a las intervenciones de quienes aceptaron la invitación para participar en este Congreso, y de quienes ahora se nutre principalmente esta obra.

* El presente trabajo es resultado del Proyecto de Investigación «Configuración y continuidad de las respuestas normativas a la crisis», financiado por el Ministerio de Economía y Competitividad. Referencia DER2013-42600-P.

Al tiempo, ambas iniciativas —el Congreso y la presente obra colectiva—, se enmarcan en el Proyecto de Investigación «Configuración y continuidad de las respuestas normativas a la crisis», financiado por el Ministerio de Economía y Competitividad (Referencia DER2013-42600-P), que dirige el Profesor Álvarez Conde, y al que pertenecemos quienes coordinamos y dirigimos la presente obra así como algunas de las personas que participaron en el Congreso y que ahora publican sus contribuciones.

El Congreso, planteado como una de las primeras grandes actividades del Proyecto, quiso partir de premisas amplias. Resulta obvio que el Derecho Constitucional, clásica disciplina jurídica de vertiente «estatal» de la que siempre, no obstante, hemos pensado que es algo más, ha necesitado ir mutando su configuración. Porque ya no es posible huir de la existencia de un mundo globalizado en el que aquel se encuentra inmerso. En especial, cuando se asiste a etapas de fuerte crisis económica que, convulsionando los mercados convulsionan a las personas —lo cual requiere cada vez de más interdisciplinariedad—, los problemas para el mundo del Derecho parecen acrecentarse. Y no solo aumentan dichos problemas por la ausencia de una respuesta jurídica global a todo este proceso —que no existe, como no existen respuestas globales en otros sectores, en un mundo tan diversificado—, sino por la cierta miopía de los propios ordenamientos (en particular, del sector jurídico de referencia, el marco constitucional), de los actuales marcos estatales y de las organizaciones internacionales, que parece que sólo lentamente intentan adecuarse y no sin pocas resistencias. Aún así, ante un cambio de tal envergadura, la obligación de reacción ante la globalización es inevitable, lo cual requiere estar a la altura de las circunstancias (lo que, por cierto, menos veces de las deseadas ocurre). Por estos motivos, la globalización constituyó uno de los ejes centrales del Congreso, por conformar un tema propio y central, pero también por su efecto transversal, como así evidenciaron las distintas ponencias, sobre los paneles celebrados. Ello exigió llevar a cabo una lectura del fenómeno globalizador desde un constitucionalismo del que ya no escapa diríamos que casi ningún Estado: el constitucionalismo multinivel, que no representa la coincidencia deslavazada de varios niveles de gobierno, ubicados al objeto de experimentar solo ciertas conexiones para una mejor gobernanza con estrategias propias de cada uno de los niveles, y sí la coincidencia de esos varios niveles —que no son nuevos— en una dinámica antes propia, con carácter exclusivo, del Estado, y ahora impregnando una realidad compleja.

Quizá, ello es cierto, la palabra «multinivel» no resulta satisfactoria para la doctrina constitucional, porque difumina la idea de «unidad» que es característica de lo constitucional, pero creemos que articulada desde sus correctos términos y sobre todo, buscando el eje que representa la democracia constitucional misma, puede adquirir significados nuevos y más elaborados. Y todo ello, porque en esta nueva forma de comprender la realidad constitucional el multinivel es sólo un adjetivo que vendría a calificar al sustantivo, a la esencia de los actuales sistemas políticos: el constitucionalismo. Precisamente por el modo en que hemos querido exponer ahora en esta introducción, quizá demasiado brevemente, la dinámica constitucional articulada desde una lógica multinivel, resulta comprensible que la justicia constitucional tuviera un espacio en este panel, pues como instancia dirigida a dar forma y actualizar la norma constitucional, ella misma —en su capacidad para estar siempre permanentemente atenta y dialogante con otros operadores, lo que no siempre se cumple—, es un factor democratizador de primer orden, convirtiéndose en interlocutor privilegiado con otras instancias que ejercen papeles diversos aunque con ciertos objetivos y lógicas comunes e igualmente valiosas, instancias con las que dialoga y construye un constitucionalismo más permeable, pues la justicia constitucional ha dejado de ser —o nunca debió ser— la institución con la única opinión verdadera y auténtica.

Para todo ello fue necesario, con carácter previo, partir de una realidad, así como de unas premisas conceptuales básicas. Así, respecto a lo primero, se asiste a unos Estados que se difuminan, incapaces en ocasiones de dialogar con niveles supranacionales que además han aceptado jurídicamente; con una sociedad que se descompone y que lejos de fomentar sus diferencias en el respeto a altos estándares de bienestar, estos son, sin embargo, cada vez menores; con una ciudadanía que ve reducidos sus espacios democráticos de maniobra, a pesar de que la globalización y las nuevas tecnologías generan una humanidad sin fronteras; y en resumidas cuentas, en un mundo que se debate entre constantes y permanentes tensiones y paradojas para las que, avanzamos ya, reclamamos más Constitución —en tanto consideración a los principios constitucionales—, y más Estado —no en exclusiva, pero si en tanto eje del sistema idóneo para una combinación avanzada de diversidad y unidad—.

Desde la segunda consideración, la que atañe a las premisas conceptuales básicas, se trató de abordar el propio concepto de crisis, sus diversas acepciones, la conexión de la crisis de referencia —la económica— con otras posibles crisis (jurídica? política? social?), incluso la posibilidad de que se trate de una crisis «integral» o «sistémica», o en realidad, que la crisis económica —como sostenemos— haya «despertado» en cierto modo las debilidades de un sistema no todavía maduro y que se resquebraja cuando el factor económico se resiente. La cuestión no resultaba sencilla pero si necesaria. Desde nuestra perspectiva, como veremos, porque ello nos sitúa en el epicentro del problema: para qué y por qué nace, cambia, muta la Constitución y el constitucionalismo, de qué hablamos cuando hablamos de anormalidad y normalidad constitucional, qué relación guarda ello con la emergencia constitucional y, en particular, los llamados «Estados excepcionales», y en consecuencia, lo que representa el núcleo de la cuestión, qué respuesta cabe esperar de nuestra Carta Magna en contextos de crisis.

Desde estos dos ámbitos temáticos centrales, y no siendo los dos siguientes menos importantes, se trató de focalizar los problemas que más acucian al constitucionalismo desde este contexto de crisis centrando la atención después en dos cuestiones.

De un lado, desde una vertiente democrática, aquello que afecta a un cambio en las formas democráticas y, en particular, a las nuevas posibilidades de un Gobierno abierto, y a aquellas últimas iniciativas en torno a la transparencia, poniendo en evidencia la necesidad de aminorar la ya endémica desafección ciudadana. Y ello porque resulta prioritario reorientar las relaciones que mantiene la ciudadanía con el poder público procediendo a una regeneración auténtica, que reconsidere toda una proliferación normativa que parece hasta ahora más dirigida a calmar formalmente a la sociedad, que a ofrecer auténticas vías bidireccionales de conexión entre los sujetos implicados.

Junto a ello, y moviéndonos de nuevo en el campo del status del ser humano, se trató de atender a uno de los ámbitos más sacrificados en los últimos tiempos, a saber, el de los derechos sociales, siendo prioritario ya en este ámbito llevar a cabo una revisión profunda de los derechos que dan sentido a la fundamentalidad misma del Estado de Derecho, siempre más centrados en objetivos liberales y democráticos, y con contornos más difusos y ambiguos —y por qué no decirlo, quizá también interesados—, en el campo de lo social.

No se trataba, en consecuencia, de agotar toda la temática posible. Pero sí de centrar el debate en ciertos ejes básicos, sin perjuicio de que esto en realidad constituye solo el inicio de lo que habrá de ser una intensa actividad investigadora en la materia.

Las cuestiones en las que se quiso focalizar la actividad guardan, por todo lo anteriormente expuesto, una relación directa con problemas actuales de nuestra democracia y el futuro de la misma: desafección política y democracia identitaria, gobierno multinivel y globalización, la Constitución ante un contexto de crisis, soberanía y status ciudadano, participación, transparencia y buen gobierno, gobernanza e igualdad, derechos sociales y sostenibilidad del Estado de Derecho... Todo ello se articuló, con la intención de generar un ámbito de reflexión dinámico y abierto, a través de paneles de personas expertas que quisieron ofrecer un análisis de la nueva situación que se plantea en aspectos intrínsecos a la democracia y por ende al Derecho Constitucional, pretendiendo analizarse los procesos de mutación que parecen estar produciéndose en aspectos centrales de la disciplina, desde un contexto globalizado. Por tales motivos, y sin pretender agotar toda la temática, sí se consideró necesario centrar la atención en cuatro grandes aspectos: desde premisas teóricas de base, en torno a los conceptos de crisis y emergencia constitucional —sin olvidar las necesarias alusiones a la vertiente económica—; una referencia al contexto supranacional y al diálogo entre tribunales, con particular referencia al papel que en una democracia corresponde a los Tribunales Constitucionales; cuestiones relativas a la democracia y a la participación ciudadana; y finalmente la necesidad de buscar la reorientación del Estado de Derecho y del status ciudadano hacia objetivos sociales más comprometidos.

Los propósitos, variados pero también inagotables, eran los de alcanzar diversas metas como contribuir a la actualización del área científica del Derecho constitucional ante un contexto evidente de crisis y deterioro de las categorías dogmáticas; profundizar en problemas de actualidad relacionados con el papel que el ordenamiento jurídico fundamental está llamado a desempeñar en los tiempos presentes y futuros; y reflexionar sobre posibles reformas y nuevas orientaciones para el ordenamiento jurídico.

Al final, todas estas disquisiciones doctrinales, las de las presentes páginas y las de esta obra en general, van encaminadas en cierta forma a resolver un dilema: el de si la situación de crisis que vivimos nos aboca o no a un cambio de paradigma. Ahora bien, lejos de encontrar una respuesta inmediata, esto es sólo un punto de partida para una respuesta más elaborada que todavía deberá esperar a algunos que otros congresos, seminarios y publicaciones.

II. Crisis, emergencia, desequilibrio social... Constitución y Derecho

Aunque pueda existir todavía en el imaginario colectivo la idea de que las crisis lo paralizan todo no siendo el momento propicio para grandes retos y cambios, creemos sin embargo en la lógica contraria, pues el genotipo de nuestra disciplina no puede llevarnos a otro lado. ¿Qué es sino el constitucionalismo? Sin lugar a dudas, una mirada atenta y constante a las amenazas contra la libertad y la igualdad y, en cierto modo, una vigilancia permanente contra las crisis que acechan al status, como ser digno, de la persona... Lo anterior ha de bastar, pues, para entender que la crisis puede ser un momento lógico (que representa un estadio de madurez democrática, si se quiere) para proceder a un replanteamiento de las categorías dogmáticas existentes que, de otro modo, jamás resultarían modificadas, pues lo que sí parece indudable es que en tiempos jurídico-políticos «reposados» aquello resulta menos necesario que nunca. Piénsese que quizá el constitucionalismo no hubiese surgido ni hubiese evolucionado transformándose, si no se hubiese producido la Revolución Francesa y los Estados no hubieran experimentado crisis periódicas. Otra cuestión es el «modo» de evolución y cambio de los sistemas políticos: a golpe de grandes acontecimientos de carácter rupturista en el caso continental, o a remolque de una estrategia de ensayo y error, sin sobresaltos, como en el caso de la familia anglosajona.

Suele pensarse que el Derecho constitucional, desde la propia crisis del Estado liberal, se vería afectado por situaciones de emergencia. Se tendió a considerar, pues, que las «anormalidades constitucionales» vendrían solucionadas desde excepciones a la regla general del funcionamiento de los poderes del Estado y de las garantías de los derechos, obviando en realidad que el contexto general del marco teórico constitucional implica una constante puesta a prueba de mayores o menores situaciones de anormalidad. Ahí está la virtud de los principios constitucionales; en su capacidad para informar constantemente, pero también para ser guía precisa ante situaciones tensas. Porque efectivamente, una mirada atenta a los elementos que integran el propio principio democrático ponen de manifiesto que la mejor respuesta a las alteraciones constitucionales está en los principios constitucionales mismos, los cuales si a algo pretenden responder es, precisamente, a las situaciones de vulnerabilidad. El planteamiento es más que sencillo: a un debilitamiento social, más democracia y por lo tanto más Estado. Así pues, es obvio que dicho planteamiento constitucional de la emergencia no parece haber servido para mucho ante el contexto presente. Y de hecho, la única ocasión en que se ha hecho uso de un Estado excepcional (el conocido episodio de los controladores aéreos, en diciembre de 2010), incluso dejando ahora al margen si se cumplieron o no estrictamente los presupuestos que permiten decretar el Estado de alarma, solo ha hecho que evidenciar la incapacidad de los poderes públicos para hacer uso de las armas que el derecho ordinario constitucional —que no por ser ordinario está altamente cualificado— ofrecía.

A nuestro juicio, en estos momentos resulta irrelevante entrar en disquisiciones sobre si la crisis es económica y/o institucional, de valores, sistémica, o integral... porque lo que sí parece constatarse es que cuando algunos de los pilares que sustentan a los Estados se tambalean, los otros pueden evidenciar hasta qué punto el sistema democrático era sólido o no, y hasta donde llegaba su fortaleza. Esto es lo que parece haberles ocurrido a algunas de nuestras democracias avanzadas y, en particular, a la nuestra... Quizá la crisis, sean cuales sean sus contornos, sólo ha evidenciado los puntos débiles del sistema político —que existían en realidad, con crisis o sin crisis—, permitiendo que el propio derecho constitucional se replanteara las cuentas pendientes que tenía y que debieron solventarse —o al menos no descuidarse—, unos años antes. En el mundo del derecho, y esto es un clásico, siempre queda la duda de su capacidad de intervención ante los cambios —consumados o pendientes—, pues aquel no debe ser solo un registro de las transformaciones sociales, sino también un instrumento coadyuvante para las mismas.

Pero tampoco se trata, única y exclusivamente, de hacer uso del derecho para regular/modificar la realidad social. En ocasiones —en bastantes, diría—, podría ser suficiente con buscar la inspiración para la resolución de los problemas, en los principios y valores constitucionales. Porque se nos olvida muchas veces que la utilización del ordenamiento para cambiar la realidad —incluso con esa tendencia al abuso del derecho sancionador-preventivo—, no es una buena estrategia ni está a la altura de un ordenamiento jurídico anclado en pleno s. XXI. La sociedad es demasiado compleja, y la capacidad de intercambio de información y movimientos supera los planteamientos de un ordenamiento jurídico que no puede funcionar con esquemas de siglos pasados. En particular, quizá es el momento de atajar el fenómeno de la proliferación legislativa desbocada, elaborada a golpe de mayoría, que atiende a demandas y presiones sociales —o lo que es peor, partidistas—, sin considerar las causas y las consecuencias derivadas de la adopción de tales medidas, en un evidente «nerviosismo legal» que adolece de un exceso de voluntarismo —un exceso de fe en la norma, sin pensar en cómo dotarla, en su aplicación y en quien la aplica—, con un excesivo uso de postulados promocionales, conteniendo en no pocas ocasiones puros mandatos políticos o «deseos», y aderezada, en resumidas cuentas, con la filosofía del Conde de Romanones del «Haga usted las leyes, que yo haré los reglamentos». Frente a ello, sin embargo, se impone el ideal del «Más principios y menos leyes y de mejor calidad», del que nos hablara el Profesor García de Enterría. Porque lo contrario supone, no solo un desprecio a la técnica normativa, sino a la norma misma, al derecho, y al principio democrático. En efecto, la realidad que constatamos es la de una crisis que ha puesto en evidencia la escasa fidelidad o lealtad hacia los propios principios y valores constitucionales, lo cual no es sólo un déficit actual, pues si aquellos hubieran sido tan sólidos como pensamos, ciertos planteamientos de base no hubieran sido puestos en entredicho.

Por lo demás, forzoso es reconocer, como así se desprende de la evolución normativa de los últimos años, que en momentos de crisis la legislación «de relevancia constitucional», aquella que acoge «mínimos comunes constitucionales», parece proliferar. Quizá porque es cierto que las bases han de removerse, aunque lamentablemente no siempre se piense en cómo hacerlo y en qué resulta permisible. En dicho caso, y aunque resulte una obviedad, una sociedad democrática avanzada requiere de la consideración a ciertos límites: evitar el electoralismo con dichas normas; promover la libertad de debate y voto en el seno de los partidos; profundizar —pues lo anterior lleva a esto— en una cultura del pacto; no renunciar, bajo ningún concepto, a que dichas normas, por su entidad, se acompañen de los pertinentes informes, con la necesaria participación de otras instituciones clave para el correcto funcionamiento del sistema; y evitar la «apropiación ideológica» de los diversos temas normativos en cuestión, en el sentido de que reivindicamos la desideologización de los mismos. Las normas que afectan a la libertad, la igualdad y la justicia —por resumir— no son patrimonio de determinados partidos y sí compromiso de todos, aunque es bien cierto que quienes se empeñan en hacer de dichas normas una política de partido, o bien distorsionan el sentido y valor constitucional —apartándose de la Carta Magna misma—, o bien buscando convertirse en los únicos actores políticos legitimados para construir dicha política, hacen un flaco favor a la ciudadanía, quien se ve sometida a los vaivenes de la contienda política y a ver convertido algo tan relevante para sus vidas, en una mera política de legislatura. Así, o bien el cambio de gobierno traerá, automáticamente, un cambio de norma, o bien estará quedará infradotada y prácticamente inaplicable e inutilizada. Cualquiera de las dos soluciones es mala, pero la segunda, además, es hipócrita. Y todo ello cuando este tipo de normas «pseudoconstitucionales», sin embargo, aun sin tener la voluntad de permanencia similar a la de las propias Constituciones, también han de ser capaces de superar los embates de los giros lógicos de las mayorías políticas que nos gobiernan.

Todo ello nos lleva, a continuación, a la cultura del Pacto de Estado para determinadas cuestiones de trascendencia constitucional. Pactos de Estado a partir de los cuales ha de surgir una batería de normas y políticas que guarden la coherencia precisa con el espíritu constitucional. Pues bien, tampoco la crisis parece traernos una dilatada experiencia en la materia, pareciendo de nuevo que opera la lógica contraria: cuando en momentos de vulnerabilidad el Pacto de Estado debiera ser un mecanismo privilegiado de actuación entre las fuerzas políticas, no es esto, sin embargo, lo que observamos. Y ello aunque nuestra historia reciente parece habernos dado sin embargo más ejemplos de lo contrario: de una cultura, tampoco profusa pero sí algo más rica, de pactos en ciertas decisiones clave y en normas relevantes. Ahora con la crisis, sin embargo, el Pacto de Estado se ausenta más que nunca, habiendo sido preciso que para su revitalización —y profundización por el momento en que nos encontramos— la ciudadanía procediera a convertir el espectro político en un espacio realmente plural (los últimos procesos electorales de mayo de 2015), al objeto de forzar un cambio de dinámica política. No obstante, el escenario queda por el momento abierto, pues entramos en momentos de transición en los que habrá de verse hasta qué punto se detectan cambios, no ordinarios, sino de dinámicas constitucionales.

Quizá, en el fondo, no hayan sido superados como hubiera resultado previsible, aquellos planteamientos que en cierta forma pretendían que la libertad y la igualdad fueran reconducibles a lo que un legislador (y un gobierno, añadiríamos), anclados en sus propios posicionamientos particulares —partidistas más bien hoy— pretenden instaurar. Todavía podemos, pues, preguntarnos si con independencia del contenido material de dichos postulados revolucionarios —y por ende de las proclamaciones constitucionales presentes—, sigue imperando en cierta forma el valor legítimo *per se* de esa abstracción y de ese carácter general de la voluntad gubernativa/legislativa que busca el bien común —su bien común— por encima de las particularidades, y que le lleva a una pretensión —ficticia a nuestro juicio— de neutralizar lo que socialmente es diferente y debe ser tratado de diversa forma. Se trata, pues, de que no parece haber desaparecido ni siquiera en los tiempos actuales esa infalibilidad errónea más propia de siglos pasados, según la cual la voluntad general (neutral, abstracta) no puede equivocarse (como señalaba Fioravanti, a propósito de su análisis sobre el principio de igualdad —Fioravanti, 2014; 116—), sencillamente porque su legitimación se encuentra en que confiando en aquella confiamos y nos fiamos de nosotros y nosotras mismas, y porque con ello se evitan los aparentes excesos individualistas que la libertad, y sobre todo la igualdad, suponen como suma de voluntades particulares.

Es posible que la anterior fuera la lógica de un concepto de Constitución decimonónico reconducible a una máquina legislativa y gubernativa a la que se presupone, desde una perspectiva excesivamente optimista, una inteligencia natural, que lo puede todo y que da forma y moldea al pacto constitucional. Pero también es cierto que no parecen ni pueden ser estos ya los planteamientos de un concepto de Constitución renovado, rematerializado, y que exige, más allá de la infalibilidad de alguno o varios poderes del Estado, desde luego la colaboración mutua entre aquellos, con y entre la ciudadanía y los posibles contrapoderes.

Sin embargo, a pesar de estas últimas ideas, la dinámica generada en los últimos tiempos no parece haber superado la lógica decimonónica ni asumido el concepto de Constitución diverso que nace del periodo de entreguerras. Las dificultades de los tiempos actuales, la falta de renovación y adaptación constante del pacto constitucional desde los inicios de la democracia —en el caso particular del sistema político español—, la mecánica generada entre los poderes del Estado tendente a anular al otro en beneficio propio, las resistencias del sistema de partidos por ceder espacios, la escasa orientación al diálogo entre Tribunales y entre operadores jurídicos, el desprecio hacia la diversidad territorial —la cual, esta última, es más que innata a la historia española— y en consecuencia al *foedus* tanto como a utilizar las reivindicaciones asimétricas —perfectamente legítimas— fuera del marco constitucional y con fines electoralistas, la falta de simbiosis entre estatalidad y supraestatalidad, el uso interesado de determinadas fuentes del derecho, la normalización de las situaciones de emergencia o pseudoemergencias, ligado a ello la contrapartida que representa la renuncia a profundizar en una educación de la sociedad en derechos elevando la cultura democrática y, en su lugar, utilizar el ordenamiento con efectos disuasorios contra quienes pretenden —en su justo derecho— buscar la identidad con la toma de decisiones públicas —precisamente cuando la crisis ha profundizado en la debilidad del compromiso que se mantenía con el poder y ha puesto todo en duda—, la construcción de conceptos que lejos de servir de garantía a los derechos de las personas son un límite a los mismos (como ocurre con la noción de seguridad), tratar a la sociedad como enemiga —en base al concepto de peligrosidad— y no como amiga e integrante misma de lo público, que también le pertenece, etc... entre otros aspectos, todos ellos dan buena muestra de la endeble posición que ocupan los principios constitucionales en el sistema político-jurídico así como de la necesidad de revigorizar y reclamar la mayor actuación de la Constitución, a la que parece, sin embargo, que se orilla mientras la realidad se construye mirando hacia otro lado, y al tiempo que la sociedad percibe —incluso aún faltando cultura democrática— que no es éste el camino por el que debe discurrir el pacto constitucional.

Para todo ello, en efecto, se usa el ordenamiento jurídico, pero obviándose que no debería haber otra forma de gobernar, de interactuar con el poder público, y de vivir en sociedad, que no sea tomando como guía los principios constitucionales, los cuales deberían ser una premisa imperante, ya irrenunciable. La culpa, en tal sentido, podrá ser solidaria (poderes públicos, agentes privados más o menos organizados), pero no lo es la responsabilidad, que lógicamente recae en quienes lideran la sociedad misma, y sin olvidar la acción de aquellos actores que tienen, por unas razones u otras, como ocurre con los partidos políticos, los medios de comunicación, las confesiones religiosas, o las universidades —por citar solo algunos ejemplos—, una mayor carga socializadora, por los valores que propugnan, por las funciones de relevancia constitucional que ejercen, y por la autonomía que poseen en la gestión de sus propios intereses implicando al tiempo a la colectividad.

La toma de decisiones públicas —sea cual sea el nivel y sea cual sea el poder— requiere específicas y altas dosis de convicción democrático-constitucional, sin las cuales se corre el riesgo de banalizar el ordenamiento jurídico, de perpetuar una cierta inmadurez social, de perder la oportunidad de mejorar las solidaridad social y la mejor convivencia ciudadana, ahondando en el conflicto en lugar de en la convivencia dialogada, y de actuar preventivamente, en abstracto —sobre potenciales personas sospechosas de ser subversivas— y en contra del ejercicio de los derechos, al sancionar la peligrosidad y los riesgos y no tanto las conductas efectivamente lesivas del ordenamiento. Es esta última una dinámica excesivamente peligrosa, pues poniendo el énfasis en la dimensión represora de los derechos, la cual supone obligar a la sociedad a actuar —o más bien inactuar— «por sanción», se evidencia la incapacidad del poder público de construir una ciudadanía que conoce y usa los derechos, sus garantías y sus límites, de forma madura y responsable. Porque, como es bien sabido, los derechos no sólo crean obligaciones negativas, sino también positivas, las cuales, éstas últimas, sí requieren de una labor adicional que sólo —o más bien básicamente— los poderes públicos pueden desarrollar: el fomento de una cultura de los derechos; bastando en las primeras, sin embargo, la no injerencia del poder. Pues bien, frente a esta lógica, parece más cómodo quedarnos en una sociedad que actúa y se ve coaccionada por la amenaza sancionadora, donde para ello el derecho adquiere un tinte más represor que preventivo, para personas enemigas y no amigas del sistema. Porque en tiempos de crisis se olvida la noción de fundamentalidad —la cual requiere de altas dosis de madurez democrática para ser mantenida, de forma constante y renovada— y todo parece estar justificado, lo que constituye un argumento demasiado recurrente pero, sobre todo, lo que es más propio de democracias debilitadas.

Porque la historia de la humanidad ha demostrado que los riesgos de involución siempre existen, quizá porque siempre ha existido el egoísmo humano, la mejora del ordenamiento, en resumidas cuentas, no puede encontrar otro modo de realizarse más que con la plena vigencia de los principios constitucionales y el compromiso constante con el pacto constitucional, lo cual puede reconducirse, en definitiva, al respeto al principio democrático y a la defensa de un modo de actuación presidida por la lealtad constitucional. De lo contrario, la distancia que separa a la sociedad misma de su propia libertad, igualdad y justicia, podrá ser cada vez mayor.

En resumidas cuentas, es en momentos de crisis cuando más necesaria resulta la inspiración de la Carta Magna, el respeto y profundización en su esencia. Porque cuando ello ocurre el derecho deja de ser un mero instrumento del poder, para convertirse en una garantía y una estrategia para la búsqueda y consecución del bienestar de los seres humanos; en resumidas cuentas, de sus derechos fundamentales.

III. Ante la irremediable incidencia del Derecho constitucional sobre el fenómeno globalizador

Produce, en efecto, cierto desazón, que se haya llegado a la percepción social de un cierto anquilosamiento de las categorías clásicas (democracia, representación, división de poderes, Estado social...), debiéndonos plantear en los tiempos presentes la necesidad de proceder a la renovación o sustitución de las mismas, que creemos que será en muy buena parte, no de las mismas categorías, sino de algunos de sus significados. Ello implica una revisión profunda de la disciplina y, en general, del derecho público, con lo que esto supone, dada su naturaleza, de irradiación hacia las restantes ramas del ordenamiento.

Afrontar la crisis exige, en resumidas cuentas, no solo proceder a una renovación puramente interna (léase estatal), sino afrontar y comprender en qué consiste la globalización del Derecho constitucional o, dicho de otro modo, hacer posible que la difuminación de fronteras que se da en tantos ámbitos no acabe por minar las bases del constitucionalismo. Se trata, por ello mismo, de dejar de que los sistemas políticos dejen de estar atrapados por la democracia electoral y aprovechen dicha difuminación para profundizar en un constitucionalismo democrático auténticamente beligerante, ahora menos que nunca neutral y aséptico, y con todo un rearme ideológico, que pasa por una educación en derechos intensa, y que ha de implicar la misma revitalización del principio democrático.

Podría pensarse, en efecto, que el Derecho constitucional, en cuanto derecho singularmente «propio» y al más alto nivel de un Estado, es una de las disciplinas que más dificultades encuentra para su globalización. Sin embargo, a poco que indaguemos sobre el núcleo esencial de esta parcela jurídica observaremos que su núcleo, su contenido esencial, es decir, los derechos humanos fundamentales en tanto razón de ser de todos y cada uno de los sistemas que se autodenominan constitucionales, son quizá uno de los ámbitos donde se vive más intensamente la globalización jurídico-política. Lo que no tenemos tan claro es que los poderes —públicos y privados, sin que queda menospreciar el valor de éstos últimos— sean favorables a dicho proceso globalizador ni estén dispuestos —porque lógicamente no resulta fácil— a establecer democracias avanzadas aunando sus esfuerzos en materia de derechos. Para ello se requiere, desde luego, espíritu crítico y tensión dialéctica, pues lo contrario es pura propaganda política.

Las resistencias, pues, son notorias. En primer lugar, por el cierto «chauvinismo estatal» que suele rodear a algunas —bastantes— democracias calificadas como ejemplares; egocentrismo cuya superación, de todos modos, es parcialmente comprensible, pues parece lógico que el ajuste de una democracia a ciertos avances en materias de derechos humanos deba pasar los adecuados filtros internos (debates sociales, diálogos entre poderes, tamices judiciales), pero sin llegar al punto de dar la espalda a los cambios que desde instancias supranacionales se reclaman y muchos países consensuan. Pero además, en segundo lugar, porque quizá resulta mucho más fructífero desde el prisma economicista, aprovechar un mercado mundial desequilibrado y dado a aprovechar las desigualdades, que hace más altas las rentabilidades para unas pocas personas, aunque ello suponga un sacrificio de la solidaridad y dignidad humana.

Aunque ya hace bastante que escuchamos aquello de que «Todos los hombres nacen iguales pero es la última vez que lo son» (Abraham Lincoln), seguimos sin comprender el modo de corregir aquello que el poder y la sociedad —y más aún en la globalización— se empeñan en destruir: esa igualdad, y por ende libertad, natural. Y cuando intentamos corregirlo caemos en ciertos errores: principalmente, el obviar que la universalidad de los derechos ha de resultar compatible con la no universalidad de sus titulares —las personas—. Los derechos son universales, pero las personas no; así pues, puesto que no hay seres neutros o ectoplasmas no puede, en consecuencia, presuponerse la neutralidad. Hay una realidad social diversa que exige ser considerada, respetada y atendida, pero lógicamente con un límite —punto en el que cual confluye de nuevo la universalidad de los derechos—: la diversidad no puede ser una excusa para construir roles y estereotipos basados en sistemas de relaciones de poder y subordinación que asignen tareas distintas, discriminatorias, para algunos sujetos (sobre todo, en lo que atañe a mujeres y hombres, pero también respecto a otras causas como la raza, la edad, etc.). Por ello, la garantía de la libertad y la igualdad del ser humano, ocurra donde ocurra, es responsabilidad de la sociedad mundial y de cada una de las comunidades estatales.

Si algo ha aportado la globalización es, sin lugar a dudas, un enfoque más centrado en la dimensión social de los derechos, pues la diversidad mundial evidencia las diferencias en la procura existencial, en las condiciones mínimas de vida dignas. En este punto, paradójicamente, es donde la globalización ha de servir para romper algunos de los mitos que los Estados se empeñan en conservar. No es el momento de hacer un análisis exhaustivo, pero sí de apuntar algunos de ellos, como cuando se dice que los derechos de corte liberal y democrático no parecen tener una dimensión social; que solo los derechos puramente sociales tienen una faceta prestacional y, en consecuencia, un coste —o más bien deberíamos decir «carga»— económica (como si el derecho de participación política no tuviera un coste, altísimo por cierto para algunas democracias no plenamente consolidadas si pensamos, por ejemplo, en ciertas experiencias latinoamericanas); que todavía siga siendo válida la eterna —e interesada— categorización constitucional de los derechos (liberales o de autonomía, democráticos, sociales), sin echar una mirada a otros documentos —la propia Carta de Niza— que omite dicha categorización permitiendo a las instancias una atención más coherente al sistema de derechos en cuanto conjunto indivisible e interdependiente; y en definitiva, cuando nos empeñamos en considerar que sólo las instancias estatales —y en particular un Tribunal Constitucional— es quien tiene la plena —y casi exclusiva en no pocas ocasiones— legitimidad para fijar la máxima y mejor tutela de los derechos, olvidando enseñanzas europeas interesantes como aquella que resuelve la conexión entre niveles a través de la figura del estándar más alto de protección de los derechos (Carta de Niza).

Al final, parece quedar la percepción de que lo social se erige en un lastre para la libertad y la igualdad (sobre todo para ésta última), cuando más bien la rotundidad con que se afrontan los problemas sociales evidencia, sin lugar a dudas —y como nos demuestran, por citar solo algún ejemplo, ciertos sistemas políticos nórdicos—, una tajante profundización en la democracia misma. La tibieza, por citar un elemento de análisis, con la que el lenguaje normativo se enfrenta a los postulados sociales pone de manifiesto, por sí sola, las resistencias por ligar lo social a lo democrático. Aludimos, en tal sentido, al uso excesivo de verbos como procurar, fomentar, etc., que desaparecen cuando de otros contenidos hablamos. O bien todos los derechos se hacen depender de la estabilidad presupuestaria o esto no debe hacerse para discriminar unos respecto a otros. Evidentemente, la segunda de las opciones la defendemos sin tapujos; pero además, y aunque ello exigiría un análisis más detenido, la primera de ellas no puede admitirse más que con evidentes límites. En cualquier caso, por lo que ahora nos interesa, sí debemos superar el espacio de los derechos sociales vinculados al mercado —el falaz coste económico de los derechos sociales—, para vincularlos todos, junto a otros derechos y en un bloque, al principio democrático mismo.

Todavía no hemos comprendido que el Derecho constitucional, en tanto derecho de la Libertad, de la Igualdad y de la Solidaridad —a cuyo servicio coloca al poder bajo el respeto de determinados principios de sobra conocidos, y no a la inversa—, es una disciplina que más allá de la sabida eficacia vertical (poder público-ciudadanía), posee también una eficacia horizontal (entre la propia ciudadanía, articulada de la forma que se considere, individual o de forma grupal, sin afán o con afán de lucro), y ello en un contexto en que el ser humano es global por naturaleza. Por lo que si esto último es así, y el status del ser humano es lo que dota de sentido a cada una de las organizaciones estatales, se requiere que éstas estén dispuestas a interactuar con otros niveles de gobierno, comprendiendo además al ser humano en su totalidad (su faceta autónoma, democrática y social) a fin de dar una satisfactoria respuesta —coherente y acorde a esa citada naturaleza globalizadora— a las necesidades de las personas.

El encaje de las piezas del puzzle globalizador exige, pues, la reactivación permanente y constante de la Constitución de la libertad y de la igualdad, en el plano estatal e internacional, de lo público y de lo privado. Y el problema no es que lo internacional ponga en jaque a los Estados —lo que efectivamente ocurre—, como tampoco son un problema, por sí mismas, las conocidas y temidas privatizaciones de servicios —que también se dan—. La cuestión es que con dichos procesos no se produzca una desconstitucionalización de lo previamente constitucionalizado, siendo bien cierto que, lamentablemente, las experiencias más recientes nos dan muestras de lo contrario. Pensemos en reformas constitucionales dirigidas a calmar los mercados (lo que no solo ocurre con la experiencia española, a propósito de la modificación del art. 135 de la Constitución en 2011, pues Latinoamérica es, sin lugar a dudas, un referente en cambios constitucionales dirigidos a contener el espacio de lo económico), cuando lo bien cierto es que las Constituciones, si a alguien han de calmar, es a las personas. Pero pensemos también en gestiones privadas de bienes preferentes —educación, sanidad— que pierden de vista las finalidades constitucionales a las que se sirve en la prestación de dichos servicios.

Se impone la confluencia de niveles (internacional y estatal, pero por su carácter transversal, uniendo a ello la confluencia de lo público y lo privado) a través de una «constitucionalización del orden supranacional e internacional», para que no quede en una mera «internacionalización de las Constituciones», la cual supone, ésta última, plasmar simplemente a nivel supranacional e internacional postulados que son de nuevo interpretados al servicio de la economía, de los intereses particulares de los Estados —que siempre corren el riesgo, lógicamente, de alejarse de las premisas constitucionales—, y desde un prisma hiperindividualista. Las reformas constitucionales para calmar mercados son, en resumidas cuentas y como advertimos, una buena muestra de ello.

A diferencia de esta última visión, la constitucionalización de lo internacional supone interpretar verdaderamente en clave de libertad e igualdad lo acordado, lo cual implica la voluntad decidida por parte de los Estados de luego revertir hacia su interior dichos cambios supranacionales, en un mayor diálogo y retroalimentación, elevando dichos postulados alcanzados fuera de las fronteras al máximo rango, al nivel de la Constitución misma, con o sin reforma de ésta. Este ha de ser el proceso idóneo que encuentra, en efecto, resistencias dentro de los Estados. Y ello mientras, paradójicamente, no en pocas ocasiones son los niveles territoriales «intermedios» (en nuestro caso, principalmente las Comunidades Autónomas) los que llevan a cabo esa recepción de las conquistas alcanzadas, que en un proceso circular debieran acabar por quedar fijadas en el nivel constitucional estatal. Esto último, sin embargo, tampoco ocurre siempre, y parece que menos aún en tiempos de crisis.

El todavía imperfecto encaje de esta dinámica quizá pueda explicar por qué a parte de la doctrina no le acaba de satisfacer la idea del constitucionalismo multinivel, porque éste está todavía en una fase inacabada, necesitada de un permanente análisis y un mayor análisis científico. El «desdoblamiento del mundo» del que hablara René-Jean Dupuy y que acompaña al fenómeno globalizador, supone de por sí descontrol, y desestabiliza la dinámica política y jurídica de los Estados —cuyos niveles internos resultan, en líneas generales, mejor encajados— (Ubeda de Torres, 2007; 17) requiriéndose por ello proceder a una reorganización que no puede sino ser liderada desde el constitucionalismo contemporáneo, reforzando el principio democrático y un liderazgo estatal responsable pero abierto a la nueva realidad. La famosa «movilización de la vergüenza» de la que nos hablara el profesor Pastor Ridruejo, y según la cual los Estados cumplen las obligaciones democráticas y constitucionales consensuadas internacionalmente por el sentimiento de pérdida de dignidad que se produce por un fallo cometido en materia de derechos, olvida, en primer lugar, que los que más incumplen son, normalmente, los Estados menos democráticos, y que a estos, por definición, poca vergüenza les puede dar entonces el incumplimiento de las postulados constitucionales, porque ni creen en ellos ni los aplican. Pero incluso también se olvida que son algunas democracias aparentemente ejemplares, las que en ocasiones incumplen importantes obligaciones constitucionales; en dicho caso porque su exceso de poder les permite darse determinados lujos. De todos modos, siendo válida la premisa de la «movilización de la vergüenza» en cuanto ha sido útil en la dinámica general que tradicionalmente se ha generado entre Estados y organizaciones internacionales, la misma ya no resulta suficiente para explicar ni dar respuestas concluyentes a los avances que las modernas democracias exigen.

Reconociendo, pues, que la investigación sobre el constitucionalismo multinivel apenas ha comenzado, ello, sin embargo, no obsta para admitir que, se quiera o no, aquel es una realidad a la que no puede darse la espalda, en una especie de «política interna del mundo» de la que ya nos hablaran Weizsäcker, Habermas y Bonanate.

IV. Poder y Democracia, una combinación tensa pero imprescindible para los derechos

De líneas anteriores se deducía nuestra intención por extraer a los denominados poderes «privados» de la categoría de poder propiamente dicha. Porque los poderes privados no son propiamente un poder oficial del Estado —ni de ninguna otra institución supranacional—, aunque es más que obvio que lo pretenden —y no en pocas ocasiones lo consiguen—. Son, más bien, un contrapoder, y como tal, sin ser poder oficial e institucionalizado del Estado mismo, es cierto que coadyuva, desafía, influye, determina o afecta a aquel, como equilibrio socialmente necesario, pero sin proponer (ni siendo el objetivo principal conseguir, en líneas generales) una alternativa al modelo imperante. Modelo que, como es bien sabido, perfila nuestra Constitución a través del principio democrático y que, en particular, se visibiliza a través de la fórmula del Estado Social y Democrático de Derecho.

En cierto modo, pues, son los contrapoderes —quienes no tienen propiamente el poder, en efecto, pues no les corresponde el *indirizzo politico*— los que realmente ejercen la función de control, imperando más bien entre los poderes la noción de colaboración —al margen de la existencia de contrapoderes en el seno mismo de los poderes públicos, como por ejemplo el papel de las minorías o la introducción de instrumentos de democracia participativa en el seno de los mismos poderes públicos—. Porque, como ya señaló Bolingbroke en pleno s. XVIII, el *balance of powers* se erige en garantía de un gobierno libre. Y por ello —y para ello—, son también los contrapoderes los que generan opinión pública y debate, de los que se nutren e informan los propios poderes públicos, debiendo enfatizar hoy, sin lugar a dudas, el uso masivo de las redes sociales, que ponen en evidencia, no solo que la información extraída de las redes es la que está en la agenda política, sino también la necesidad de llevar a cabo un proceso serio de formación en las mismas, dado su potencial pero también sus riesgos.

En cualquier caso, todos los contrapoderes no son iguales, ni su voluntad de determinar el poder institucionalizado adopta las mismas estrategias ni se resuelve con la misma intensidad, pero sí es cierto que el hilo conductor común se encuentra en la tendencia —consciente o inconsciente— a articular formas más o menos organizadas y contundentes de resistencias al poder, el cual no puede dejar de ser visto como un modo de dominación (O'Brien, 2000; Amoore, 2005). Aún así, por mucho que un contrapoder pretenda articular una estrategia dirigida a cambiar el modelo imperante, pues todo es lógicamente mutable, debería no perder de vista que ello solo es posible a través de la revisión del propio pacto constitucional. Una revisión que se hace no sin condiciones: para empezar, el respeto al principio democrático mismo, que obviamente exige que el primero en protegerlo sea el propio poder público, pues de lo contrario se genera descontento, el descontento provoca resistencia, y la resistencia desemboca en movimientos que pueden dar al traste con el pacto constitucional mismo. Por tal razón, derecho, poder, contrapoderes y sociedad, están llamadas a caminar en líneas que de forma oscilante nunca dejen de rozarse y retroalimentarse, de equilibrarse, sin que nunca se sitúen en líneas paralelas sin interferencias ni diálogos.

Sabido es, de hecho, que la falta de interacción armónica entre los propios poderes y de estos con la sociedad, genera «para compensar» la sobreactuación de aquel otro que está «menos en crisis» o resulta, por sus perfiles, más omnipotente. Y por ello, precisamente en un contexto «delicado» —por llamarlo de algún modo—, la tendencia más idónea ha de ser la de profundizar en instrumentos y estrategias colaborativas, en aquellas que hagan la noción de pacto más real y viable, así como la de considerar en sus comportamientos una cierta autorrestricción. Autocontención que no sólo se predicaría, en contra de lo que suele entenderse, sólo del poder judicial o incluso del propio Tribunal Constitucional, sino de todos los poderes públicos y agentes privados, para lo cual, de nuevo, se requiere apelar a la educación en valores y a la madurez y altura política-democrática, más exigible si cabe, insistimos, a los poderes públicos.

Huelga decir que cuando un poder o varios hacen una dejación de funciones, intentan hacer uso de sus potestades para petrificar lo propio o lo elaborado por otros poderes, se olvida la naturaleza y la consideración institucional de cada poder —por recordar alguna cuestión clave, quienes administran justicia hablan a través de las sentencias, y no de los medios de comunicación—, cuando existe un exceso de jurisdicción, cuando se intenta monopolizar la interpretación de los principios constitucionales por algún sector, cuando se deja de atender a la realidad multinivel —que implica, precisamente, diálogo, colaboración, retroalimentación y asunción de responsabilidades y compromisos supranacionales—, cuando hay una desconsideración hacia agentes especialmente habilitados para construir el bien común (pensamos en las propias universidades, en los colegios profesionales, en las empresas, etc.), o incluso cuando tiene lugar un uso abusivo del ejercicio de los derechos fundamentales…, en todos estos y otros casos, es cuando la autocontención y la lealtad constitucional dejan de funcionar. Colaborar y ejercer las propias competencias pueden resultar, en efecto, polos contrapuestos en ocasiones, pero también son al tiempo elementos inseparables para el buen funcionamiento del sistema. Y es que la existencia de una colaboración de poderes, sea o no un deber, implica un absoluto respeto a las competencias de cada ente, lo cual debe ir dirigido a impedir el exceso de jurisdicción, es decir, el ir más allá de las competencias legalmente atribuidas, implicando también una colaboración en la determinación del interés general; una determinación, finalmente, que sólo puede hacerse a través de las competencias asumidas. Por ello, aún admitiéndose que componen esferas de poder diferenciadas, se articulan en un mismo sistema de valores identificado por la Constitución misma —y proyectado de modo significativo sobre los derechos y los principios constitucionales—.

Así, a nuestro juicio y junto con el principio democrático, el principio de lealtad constitucional supone el revulsivo necesario, más si cabe en tiempos de crisis. Un principio que, no reconocido explícitamente en nuestro ordenamiento pero de uso frecuente en derecho comparado, impone a cada sujeto institucional —y añadiríamos que igualmente a los agentes privados— el deber de ejercitar sus obligaciones y competencias teniendo en cuenta los efectos que determinados decisiones podrían ocasiones en relación con los otros niveles institucionales así como respecto al principio democrático mismo. Huelga decir, cuando se llega a estas alturas, que los ejemplos de deslealtad constitucional son más que manifiestos en nuestro ordenamiento político-constitucional, sin necesidad ahora de llevar a cabo una relación exhaustiva de los mismos, los cuales, por lo demás, se han podido anunciar en este texto, pero también en las contribuciones que ciertos autores y autoras hacen también en la presente obra colectiva.

En resumidas cuentas, se trata de considerar con mayor énfasis el diálogo entre los sujetos implicados que, por ello mismo, porque las crisis acaban generando una debilidad generalizada, serán muchos y diversos. Es más, en etapas de crisis, y aunque un partido político ostente la mayoría, se exige si cabe con más compromiso, su colaboración no sólo con las minorías, sino con la sociedad misma y otros agentes privados.

En momentos de vulnerabilidad, pues, se impone el cumplimiento escrupuloso de la norma conforme a los postulados constitucionales, y siendo más meticulosa todavía y considerando que la norma efectivamente respete dichos postulados, en su aplicación, exigiendo que se actúe conforme al espíritu de la norma y por ende de la Constitución misma, porque ello implica la salvaguarda de las condiciones mínimas básicas de los seres humanos.

Si en las reflexiones anteriores aludíamos a poderes públicos y agentes privados, aunque centrándonos más bien en los primeros, cabe decir ahora que, sin lugar a dudas y en particular, el ámbito privado —el mal llamado poder privado— encuentra una vía de escape a través de la dinámica que rodea a la globalización y a las lógicas asimetrías estatales, de tal modo que, igual como el poder institucionalizado se ve arrastrado por valores y formas organizativas globales, también los contrapoderes actuarían en esa red global, auspiciados todos ellos por el uso creciente y profuso de los medios de comunicación de masas. Unos medios que les permiten una influencia más notoria y decisiva sobre la opinión pública, en una especie de círculo vicioso por el cual conforme es más sólido el proyecto de autonomía de una persona o de un contrapoder (personal, profesional, sociopolítico, comunicativo), tanto más utiliza Internet y tanto más autónomo se vuelve respecto al poder institucionalizado y las reglas sociales, volviendo entonces a reforzar su proyecto de autonomía y, con ello, su capacidad para intervenir en el juego de los poderes oficiales (Castells, 2008).

Así, intervienen todos esos actores, de modo arrollador, en el juego por el dominio de unos espacios estatales y sobreestatales que no dejan de verse impregnados por una cierta indefinición. Precisamente por ello, siendo paradójicamente válida la premisa anteriormente anunciada de más Estado y más Derecho constitucional, esto no puede más que traducirse en lo que anteriormente tratábamos, de singular importancia para los agentes privados: la propia y auténtica constitucionalización del ámbito internacional que paradójicamente, alimentándose de los Estados revierte a los mismos —el lugar de la última palabra, los Estados— los nuevos y más avanzados resultados conseguidos, impregnando así, como pretendíamos, a elementos públicos y privados del mismo. Aceptar que este papel, el del nuevo derecho común, corresponde al Derecho constitucional es ciertamente obvio, no sólo por su contenido, sino por la forma: por articular el consenso a través del *foedus* constitucional, y por las enseñanzas que nos brinda su propia estructura, las normas constitucionales en tanto normas principiales por antonomasia (y, en menor medida, reglas). Porque en resumidas cuentas, la Constitución articula el principio democrático a que nos referíamos a través de un conjunto de decisiones fundamentales adoptadas por una determinada comunidad política, debiendo aquélla «pertenecer» a las personas sujetas a la misma de un modo continuado.

Es decir, el principio democrático, que constituye la esencia del Derecho constitucional, no se conjuga bien con las intereses de los agentes privados en el proceso de globalización —sin que tampoco podamos decir con rotundidad que se conjuga bien, por norma, con los de los poderes públicos—. Pero precisamente por ello, debemos potenciar la presencia de este principio en aquel irreversible proceso. Desde luego, que no se trata evidentemente de impedir la globalización, sino más bien al contrario: propiciar aquella constitucionalizando para ello todos los espacios —y sujetos implicados—, fuera y dentro de las fronteras, coadyuvando a que dicha globalización se desarrolle de forma racional, y evitando la perdida de la libertad y la igualdad en las decisiones políticas adoptadas. Y es que efectivamente, ello va a afectar a numerosas categorías dogmáticas, pero también a responsables políticos y operadores jurídicos y sociales. No es posible seguir estando al albur de la inseguridad jurídico-política que rodea a la globalización porque no se puede renunciar a la democratización de la misma. Por ello se impone la necesidad de potenciar las posibilidades del ordenamiento, lo cual no solo afecta a la elaboración de la norma, sino las más de las veces —o casi siempre—, a la falta de aplicación rigurosa y sistemática de la misma.

Y es que parece no entenderse que lo que puede perderse con todo ello es la propia noción de interés público, siendo todo ese conjunto de elementos tantas veces aludido —desigualdades, pobrezas, debilitamiento de sectores vulnerables, exclusión, dominio incontrolado de los poderes privados, desafección, corrupción en su más amplio sentido, inseguridad,...— solo manifestaciones de un problema más grave: paradójicamente, y aunque seamos favorables al fenómeno globalizador por los efectos positivos que ello plantea —además de por la irreversibilidad del proceso—, la pérdida del concepto de Estado mismo y, por ende, del pacto constitucional... Quizá no debería decirse que de repente ha emergido una crisis del propio sistema que va mucho más allá de la crisis económica, y sí que el sistema estuvo aletargado tras un espejismo democrático y del bienestar no tan sólidos como parecían, en una especie de pseudocrisis enmascarada tras un evidente cambio socio-político que había traído, después de muchos años, las más altas cotas de prosperidad. Circunstancias todas ellas a las que no ha resultado favorable el elemento globalizador.

Si se trata, pues, de abordar la reconstitucionalización del espacio tanto público como privado, se requiere entonces atender a las categorías dogmáticas existentes, en buena parte deudoras todavía de los procesos revolucionarios del siglo XVIII, que parecen mostrarse incapaces para dar un respuesta a los problemas planteados: bien porque su significado está anclado en el pasado, bien porque requieren ser sustituidas o complementadas con otras. Y es que, si en palabras de Cruz Villalón, el s. XIX trajo una «constitucionalización fracasada» (Cruz Villalón, 1989), y el s. XX parecía que una «recuperación constitucional» en forma de Estado Social, la dinámica de los últimos años parecen haber demostrado la insuficiencia de algunos planteamientos clásicos, en una especie de «espejismo de la reconstitucionalización». Y ello quizá porque, a pesar de las loables iniciales intenciones revolucionarias, que *per se*, en el plano puramente teórico, parecen seguir intactas, lo cierto es que la garantía de los derechos adquirió primero un plano constitucional «rebajado» y luego una recuperación «ficticia». Quizá, porque nos sigue fallando la idea misma de Constitución y toda su filosofía política, porque no acaba de hacerse realidad la idea de una visión realmente contractualista de la sociedad política mediante la cual las personas, libres e iguales, dan vida a un Estado «artificial» que sirva de instrumento a la tutela de los derechos (Prieto Sanchís, 2003; 78); o quizá, podría ser la última opción, porque ese contractualismo, que en sus orígenes era claramente imperfecto por no abarcar a todas las personas y todos los ámbitos, no fue capaz de ser fiel al tríptico (libertad, igualdad y fraternidad —hoy justicia o solidaridad—) a través de una renovación constante o, si se quiere, en puntuales momentos de la historia. Para ello, lo cual no siempre entiende bien la clase política, está la institución de la reforma constitucional.

Y es que nos queda la duda de si conseguimos superar en la etapa clave de cambio que viene representado por el Estado Social y el auge del principio democrático, ese liberal estatalismo de naturaleza «paternalista», que se concebía como elemento «natural» del sistema político, y sobre el que se hacía residir una soberanía que, lejos de ser garante de los derechos, parecía pugnar contra los mismos, los cuales hubieran debido configurarse más allá de los intereses «particulares» del Estado —públicos pero hoy, lo que es más grave, sometido aquel a los de determinados agentes privados—.

Parece, pues, que entramos en una sorprendente paradoja: reivindicábamos en líneas anteriores el papel del Estado, para poner ahora en cuestión la dinámica en la que ha entrado el mismo. Y de nuevo la respuesta parece hallarse en la propia plenitud y perfección del principio democrático, que debe presidir no sólo el liderazgo estatal sino también la acción de los contrapoderes, de los agentes privados y de la sociedad, y el cual no pretende sólo servir de base, en los modos y procesos de sobra conocidos, para el origen, legitimidad y fundamentación del poder, sino también para toda la actuación del mismo. En efecto, ello exige romper aquella configuración del Estado que mencionamos (paternalista y en su consideración de elemento natural y omnímodo del sistema), para entrar en una nueva dinámica que habrá de exigir nuevos condicionamientos. Así, para empezar, que el pacto constitucional vuelva a —o en realidad, por primera vez articule— una posición de equilibrio entre las partes implicadas; para ello se requiere bidireccionalidad, lealtad, transparencia. Pero además, supone concebir la acción de los sujetos implicados en el respeto al principio de igualdad (y en particular a la igualdad de género, porque solo el cumplimiento de los mandatos feministas hacen a una democracia plena y auténtica), y a la solidaridad, buscando la mayor legitimidad y responsabilidad en la toma de decisiones, así como el respeto al debido diálogo hacia la supranacionalidad que en materia de derechos los Estados han decidido asumir. Y es que si bien las concreciones del principio democrático pueden variar de unos Estados a otros, lo cierto es que la propia idea de supranacionalidad permite buscar, no sin importantes dificultades y haciéndose depender de la intensidad y compromiso en la asunción de valores comunes, grandes puntos de confluencia entre los sistemas políticos.

Se trata, en resumidas cuentas, de recuperar la idea de no renunciar al papel que corresponde a los Estados en el marco de la globalización, aunque sea transformando sus estructuras y modo de actuación. Es más, podría decirse que quizá ha llegado el momento de asumir que dicha transformación y actualización es consustancial a su eficacia. Ahora bien, una eficacia entendida desde la lógica del principio democrático, lo que supone alejarla de criterios meramente mercantilistas, para que los gobiernos no puedan desarrollar sus políticas con arreglo a su propio criterio, como gestión libre, al margen de la «consideración» de la ciudadanía. No basta la mera «presencia» de ésta en la gobernanza, debiendo abrirse las políticas hacia un enfoque que prime la «consideración» de los sujetos en el momento de las grandes decisiones a adoptar.

Sin lugar a dudas, y esta es otra de las grandes paradojas, que no existe ninguna empresa mejor que el Estado para ser capaz de llevar a cabo la gestión de los asuntos que atañen a la ciudadanía con la mayor de las eficacias posibles —las que tienen lugar no sólo en beneficio de aquella, sino como decíamos interactuando con la misma—. No hay ninguna empresa que disponga del potencial del Estado para combinar todas las políticas, hacer trasvases y prioridades, gestionar los pros y contras de cada política, arriesgar en una y ahorrar en otra... Ahora, es tal su potencial que también lo es el riesgo de ser arbitrario en sus decisiones, por lo que se impone exigirle su plena adecuación al principio democrático y, por lo tanto, considerando y dialogando con la ciudadanía.

V. Bibliografía

ÁLVAREZ CONDE, Enrique, «El Derecho constitucional y la crisis», *Revista de Derecho Político,* n.º 84, 2013.

AMOORE, Louise, *The global resistance reader,* Londres, 2005.

ARAGON, Manuel, *Constitución y democracia*, Madrid, 1989.

ATIENZA, Manuel, «Constitucionalismo, globalización y derecho», en Miguel CARBONELL y Leonardo GARCIA JARAMILLO (Eds), *El canon neoconstitucional*, Madrid, 2010.

AVILA SANTAMARIA, Ramiro, *Neoconstitucionalismo y Sociedad*, Quito, 2008.

BERNAL PULIDO, Carlos, «El neoconstitucionalismo a debate», *Temas de Derecho Público*, n.º 76, Bogota, 2006.

BOBBIO, Norberto, *El futuro de la democracia*, México, 1997.

BÖCKENFÖRDE, Ernst-Wolfgang, «La democracia como principio constitucional», en *Estudios sobre el Estado de Derecho y la democracia*, Madrid, 2000.

BUSTOS GISBERT, Rafael, *La Constitución red: un estudio sobre supraestatalidad y Constitución*, Oñati, 2005.

CAMARA, Gregorio, *Pensamiento crítico y crisis capitalista. Un perspectiva constitucional*, Granada, 2010.

CARBONELL SÁNCHEZ, Miguel, «Neoconstitucionalismo y derechos fundamentales en tiempos de emergencia», *Estudios constitucionales. Revista del Centro de Estudios Constitucionales*, n.º 1, 2008.

CARBONELL, Miguel (Comp.), *Teoría de la Constitución. Ensayos escogidos*, México, 2008.

CASSESE, Sabino, *Constitución y globalización*, Madrid, 2006.

CASTELLS, Manuel, «Comunicación, poder y contrapoder en la sociedad red (II). Los nuevos espacios de la comunicación», *Telos*, n.º 75, abril-junio 2008.

CIRIELLO, Pasquale «Considerazioni sulla solidarietà como valore costituzionale», en *Unione Europea e limiti sociali del mercato*, Torino, 2002.

CRISAFULLI, Vezio, *La Costituzione e le sue disposizioni di principio*, Milano, 1953.

CRUZ VILLALÓN, Pedro, «Formación y evolución de los Derechos Fundamentales», *Revista Española de Derecho Constitucional,* n.º 25, 1989.

DE CABO, Carlos. *La Crisis del Estado Social*, Barcelona, 1986.

DE CABO, Antonio y PISARELLO, Gerardo, *Constitucionalismo, mundialización y crisis del concepto de Soberania*, Alicante, 2000.

DE VEGA, Pedro, «Mundialización y Derecho constitucional: la crisis del principio democrático en el constitucionalismo actual», *Revista de Estudios Políticos*, n.º 100, 1998.

EMBID IRUJO, Antonio, *La constitucionalización de la crisis económica*, Madrid, 2012.

ESTEVE PARDO, José, *La nueva relación entre Estado y sociedad. Aproximación al trasfondo de la crisis*, Madrid, 2013.

FERRAJOLI, Luigi, *Derechos y garantías. La ley del más débil*, Madrid, 2001.

FIORAVANTI, Maurizio, *Constitucionalismo. Experiencias históricas y tendencias actuales*, Madrid, 2014.

FUKUYAMA, Francis, *La construcción del Estado*, Barcelona, 2004.

GIDDENS, Anthony, *Un mundo desbocado. Los efectos de la globalización en nuestros días*, Madrid, 2000.

GOMES CANOTILHO, José Joaquim, «El principio democrático. Entre el Derecho constitucional y el Derecho administrativo, *Revista de Derecho Constitucional Europeo*, n.º 11, 2009.

GIUFFRÉ, Felice, *La Solidarietà nell´ordinamento costituzionale*, Milano, 2002.

GUTIÉRREZ GUTIÉRREZ, Ignacio, «Globalización, Estado y Derecho constitucional», *A Distancia*, vol. 19, n.º 2, 2012.

HABERMAS, Jürgen, *La inclusión del otro*, Barcelona, 1999.

HARVIE WILKINSON III, James, *Cosmic Constitutional Theory*, New York, 2012.

HOGHE, Liesbet y MERKS, Gary, «Unraveling the Central State, but How? Types of Multilevel Governance», *American Political Science Review*, vol. 97, n.º 2, 2003.

HUNTINGTON, Samuel P., *El choque de las civilizaciones y la configuración del orden mundial*, Madrid, 1997.

KLABBERS, Jan, PETERS, Anne y ULFSTEIN, Geir, *The Constitutionalization of International Law*, Oxford, 2009.

LOMBARDI, Giorgio, *Potere privato e diritti fondamentali*, Torino, 1970.

LUHMAN, Niklas, *Sistema jurídico y Dogmática jurídica*, Madrid, 1983.

MEIER GARCIA, Eduardo, «(Neo)Constitucionalismo e internacionalización de los derechos», *Universitas*, n.º 15, 2012.

O'BRIEN, Robert, y otros, *Contesting global governance: multilateral economic institutions and global social movements,* Cambridge, 2000.

O'DONNELL, Guillermo, *Disonancias. Críticas democráticas a la democracia*, Buenos Aires, 2007.

PERNICE, Ingolf, «Multilevel constitutionalism in the European Union», *European Law Review*, n.º 27, 2002.

PETERS, Anne, AZNAR GÓMEZ, Mariano J., GUTIÉRREZ GUTIÉRREZ, Ignacio, *La constitucionalización de la comunidad internacional,* Valencia, 2010.

PIZZORUSSO, Alessandro, *La produzione normativa in tempi di globalizzazione,* Turin 2008.

PRIETO SANCHÍS, Luís, «Presupuestos ideológicos y doctrinales de la justicia constitucional», en la obra del mismo autor *Justicia Constitucional y Derechos Fundamentales*, Madrid, 2003.

REVIRIEGO PICÓN, Fernando (Coord.), *Constitución y Globalización. Transformaciones del Estado Constitucional,* Zaragoza, 2013.

SCHIFF BERMAN, Paul, «Globalization of Jurisdiction», *University of Pennsylvania Law Review*, n.º 151, 2002.

TEUBNER, Gunther, *Global Law without a State*, Dartmouth Gower, 1997.

UBEDA DE TORRES, Amaya, *Democracia y derechos humanos en Europa y en América: estudio comparado de los sistemas europeo e iberoamericano de protección de los derechos humanos,* Madrid, 2007.

VON BOGDANDY, Armin, «Pluralismo, efecto directo y última palabra: la relación entre el Derecho Cosntitucional internacional e interno», en Escobar García, C. (Ed.), *Teoría y Práctica de la Justicia Constitucional,* Quito, 2010.

ZAGREBELSKY, Gustavo, *El derecho dúctil. Ley, derechos, justicia*, Madrid, 2003.

CONFERENCIA INAUGURAL. TIEMPO DE RUPTURA: LA PROPUESTA DEL «CONSTITUCIONALISMO CRÍTICO»

CARLOS DE CABO MARTÍN

Catedrático de Derecho Constitucional
Universidad Complutense de Madrid

Voy a hablaros, como se dice en el título de la conferencia, de que estamos en un tiempo de ruptura y de lo que supone en este tiempo de ruptura una propuesta como la que aquí se va hacer del constitucionalismo crítico. Quizá con alguna complejidad, porque hubiera necesitado un poco más de tiempo e incluso alguna intervención más, para hacer una panorámica completa. Pero aunque abuse un poco de vuestro tiempo y esfuerzo, espero que pueda al final quedar algún esquema aproximado del intento, porque es sólo un intento, de lo que se trata de hacer y de lo que, a mi juicio, se debe de hacer y no de manera individual.

Se dice inicialmente que estamos en tiempo de ruptura, por una doble razón: por exigencias de la realidad y por exigencias de la teoría.

Por exigencias de la realidad, porque es un problema central de la teoría del conocimiento la distancia siempre existente entre el sujeto que conoce y el objeto que trata de ser conocido. Y además, porque la realidad siempre es más compleja que los conceptos mejor elaborados.

Pero la dificultad para conocer el objeto por parte del sujeto aumenta cuando el objeto cambia, por lo que siempre el equipo intelectual del que conoce se queda anticuado respecto del objeto que cambia, lo cual plantea un problema a la Ciencia. Esta dificultad aumenta cuando el objeto es, por su naturaleza, histórico, cambiante, como es la realidad social. Incluso, todavía más, porque hay momentos en los que esa realidad experimenta unos cambios tan radicales, que parece que el equipo intelectual con el que se trata de obtener ese conocimiento ha quedado, definitivamente, anticuado. Son los momentos que se han planteado en la historia de la cultura Europea, y en los que ha aparecido la disyuntiva entre el racionalismo y el irracionalismo; responder racionalmente, o acudir a elementos de irracionalidad para explicar lo que parece no explicable. Es el momento en que los viejos conceptos quiebran y quedan definitivamente anticuados. Pues bien, la realidad actual presenta un cuadro muy semejante a éste. Efectivamente, parece que la crisis económica, con todo lo que ha llevado consigo de crisis social, crisis moral, de crisis total, deja definitivamente anticuados los conceptos de los que partimos y que en el campo concreto de la ciencia del Derecho y del Derecho constitucional lo que teníamos ya no sirve; y que si seguimos con las mismas categorías, estamos apenas estudiando virtualidades, fantasmas, reflejos de un foco definitivamente extinguido; se podría decir que practicaríamos una especie de platonismo constitucional, en el sentido de que recordando el mito de la caverna, se toma como realidad lo que sólo son sombras o, utilizando a Lezama Lima, que vivimos «días egipcios» desde el punto de vista constitucional: los «familiares y amigos» siguen llevando perfumes y comida al muerto, creyendo en una existencia que ya esta definitivamente petrificada.

Por lo tanto exigencias de la realidad determinan que haya que hacer planteamientos diferentes.

Pero también exigencias desde la teoría, porque ante esta situación han aparecido y siguen apareciendo desde el ámbito constitucional manifestaciones críticas muy apreciables, pero concretas y aisladas.

De lo que se trataría es de darle ahora consistencia sistemática a esas críticas para tratar de hacer una «teoría general»; y, además, que esta teoría fuera «iluminadora» de la práctica, contribuyera a ser la estrategia de la práctica, con vistas a configurar un «alterconstitucionalismo» o, cómo se utiliza por otros movimientos y lo utilizo intencionadamente, para ver si «otro constitucionalismo» es posible. Para ello, se partiría de unos presupuestos previos. Uno de carácter (quizás suene un poco pretencioso) ético-epistemológico; al aludir a la ética no me refiero a la ética como principio de conducta personal, sino como principio de conducta científica, entender que el conocimiento científico solo adquiere pleno sentido cuando se vincula a procesos de emancipación colectiva, cuando se vincula a procesos de liberación social. A diferencia de lo que está ocurriendo actualmente que si bien los progresos científicos técnicos harían más posible la liberación social, se descontextualizan, y adquieren otra dirección bien diferente. Otro segundo presupuesto sería el de la beligerancia jurídica o jurídico-constitucional, es decir, plantearse en que medida el Derecho y el Derecho constitucional pueden tener alguna incidencia en la transformación social. Para ello habría que acudir a una diferenciación sencilla entre lo que se puede llamar ciencias explicativas o contemplativas, cómo son las ciencias naturales en las que el conocimiento y su explicación es independiente de la realidad que continúa igual (el hecho de que se descubra o se compruebe una ley física o una ley natural no modifica la realidad en la que esa ley se cumple), y aquellas otras que son interventoras, no puramente contemplativas, cómo las ciencias sociales y, desde luego, el Derecho, en las que el conocimiento y obtención del conocimiento forman parte de la propia realidad y, por lo tanto, intervienen en ella. Dándose la circunstancia de que además los elementos de esta realidad son cambiantes, históricos, constitutivamente transformables, y por eso existe la posibilidad de tomar una actitud teórica y práctica e incluso ética, como se decía antes, para contribuir a estas posibilidades de intervención. De manera que aún entendiendo que los impulsos de transformación social se tienen que originar en otros muchos sectores, tampoco parece desacertado entender que el Derecho contiene también alguna posibilidad. Y, además, teniendo en cuenta que la postura ante el Derecho nunca debe de ser «esencial» sino histórica, es decir, que cuando se hable del Derecho habría que indicar en qué tiempo y en qué lugar.

En qué tiempo porque, efectivamente, hay una gran diferencia entre el Derecho liberal y el Derecho del Estado social. El Derecho de un Estado abstencionista y el de un Estado intervencionista que ha manifestado todas sus posibilidades, ya que el Derecho del Estado social es un derecho de competencias prácticamente ilimitadas. Se ha demostrado así la capacidad evolutiva, creativa y de innovación del Derecho.

Y en el espacio porque hay que relativizar el Derecho y el Derecho constitucional en general, como también el conocimiento y el conocimiento científico, a la geografía. Normalmente la historia occidental se construye sobre el tiempo, pero hay otras historias que se construyen básicamente sobre la geografía y si se trata de construir un instrumental diferente, hay que tener en cuenta «que existe el sur»; de manera que el Derecho constitucional, este supuesto nuevo Derecho constitucional, tiene que conectar con los planteamientos que se están haciendo en el sur, con los que se denominan estudios post-coloniales. No hacer ningún tipo de epistemicidio, en el sentido de aplicar la epistemología de Europa y arrasar con los conocimientos y los planteamientos que se hacen desde el Sur.

Por lo tanto, exigencias de la realidad y exigencias de la teoría obligan a un replanteamiento del Derecho constitucional para configurar un constitucionalismo crítico.

El constitucionalismo crítico que aquí se presenta, se construye en base, primero, al pensamiento crítico, después al pensamiento critico jurídico y, finalmente, al pensamiento crítico-jurídico constitucional. De manera que las tres partes de mi intervención serían estas:

— El Pensamiento crítico.
— El Pensamiento crítico en el Derecho.
— El Pensamiento crítico en el Derecho constitucional. Esta última parte sería a la que trataría de dedicar mas tiempo, si la distribución que hago del que me corresponde es acertada.

— El Pensamiento crítico. Hay que partir, efectivamente, del Pensamiento crítico para tener un material teórico con el que abordar después el último de los aspectos.

La Crítica en sentido moderno surge con la Ilustración, y es, por tanto, un producto ilustrado. La Ilustración como se sabe es la época más creativa de la Historia y Cultura europeas, donde aparece la mayor frondosidad del pensamiento en todos los órdenes. Se trata de un momento de ruptura con todo lo anterior y de innovación en todos los sentidos; se trata de romper con lo viejo y de crear un mundo nuevo que se caracteriza, precisamente, por la crítica a lo anterior. La Ilustración se construye no solamente en sentido positivo, como nuevas cosas, sino en sentido negativo, como crítica a todo lo que había existido. De manera que gran parte de la Ilustración es crítica con lo que existía antes de la Ilustración. Y en concreto es crítica al oscurantismo anterior. Buena parte del pensamiento europeo del s. XVIII se dedica a buscar un culpable del oscurantismo que ha tenido al hombre en esa situación de mediatización, que con la Ilustración desaparece. Se busca un culpable, y se busca sobre todo en los procesos religiosos anteriores y en concreto, se culpa al cristianismo de esos procesos de ocultamiento de la realidad.

La Ilustración, además, es la época que primero tiene conciencia de que es especial, de que es distinta y de que se produce esa crisis de la conciencia europea y el surgimiento de la nueva conciencia. Incluso se le ponen fechas, se habla de 1681, el momento en el que Bossuet escribe «La historia sacada de las Sagradas Escrituras», y 1756 en el que Voltaire elabora el «Ensayo sobre las costumbres y el espíritu de las naciones», para manifestar que una Historia providencial es sustituida por una Historia racional. Se entiende la crítica desde un punto de vista ético, como un actitud ética. Como una actitud que debe contribuir a la transformación social; la crítica es la ética de la transformación social.

Por lo tanto, la Crítica, en sentido moderno, aparece dentro de lo se va a llamar desde entonces el racionalismo histórico. Como ejemplificaciones, solo ejemplificaciones, o manifestaciones de pensamiento crítico voy a citar las siguientes:

En primer término, se podría hablar del pensamiento científico, que siempre es un pensamiento crítico. El pensamiento científico, como es conocido, trata, a través de la observación y la experimentación, de descubrir legalidades necesarias de la realidad a través de las cuales se explica y que tienen un carácter inmanente, no transcendente, situadas tanto dentro del pensamiento como fuera de él, en la naturaleza. Es el momento en el que habría que hablar de la importancia de Kant, que no solamente estudia las legalidades del pensamiento a través de la reconstrucción de la metafísica, sino la legalidad, las reglas del conocimiento en general a través de sus grandes obras: Crítica de la razón pura, Crítica de la razón práctica, y Crítica del juicio; por eso a toda la obra de Kant se le conoce justamente como criticismo, y por eso tiene sentido que la citemos cuando hablamos de pensamiento crítico. El pensamiento científico, además, es pensamiento crítico no solamente respecto del pensamiento dogmático o respecto de las irracionalidades, sino del propio pensamiento científico, en cuanto se corrige continuamente. Y el pensamiento científico es crítico, incluso, respecto del propio paradigma científico dominante que tantas veces se ha puesto al servicio de intereses no científicos.

Una segunda manifestación del pensamiento crítico que conviene tener en cuenta, es el pensamiento dialéctico. Es un pensamiento racional que trata también de explicar la realidad, la realidad social, como proceso, es decir, como movimiento, tratando de descubrir en que se basa ese movimiento a través de las contradicciones que se van descubriendo en esa realidad. Pero a diferencia del pensamiento científico que, cuando descubre una ley que funciona en la realidad física o biológica esa ley se cumple inexorablemente, cuando se descubre las contradicciones en la realidad social, el resultado no es necesario, es indeterminado. De manera que en este sentido el pensamiento dialéctico se diferencia o se opone al pensamiento científico en cuanto el pensamiento científico es un pensamiento mecánico, mientras que este otro es un pensamiento dialéctico, en cuanto introduce indeterminaciones. Precisamente en base a que existen contradicciones e indeterminaciones, es por lo que el pensamiento dialéctico permite tener distintas actitudes sobre la realidad —como decíamos al principio— y favorecer o no esas contradicciones y situarse ante el cambio. Por lo tanto, el pensamiento dialéctico es histórico, incluye la posibilidad de ser antisistema y también de configurarse como pensamiento utópico.

Una tercera manifestación de pensamiento crítico es la llamada escuela crítica o «Teoría crítica» (Escuela de Franckfurt). Ha sido discutida su racionalidad. Primero porque supuso una crítica del marxismo de la etapa liberal al entender que ponía demasiado el acento en la economía política, mientras la teoría crítica entiende que hay que conceder mayor importancia a los aspectos culturales. Por esto y porque también crítica a la Ilustración, al considerar que la razón abstracta puede convertirse en un instrumento contra la libertad.

Pese a estas razones, cabe decir que la teoría crítica es una teoría racionalista. Por de pronto, se opone a los irracionalismos fascistas, que es la circunstancia a través de la cual eclosiona toda la Escuela de Franckfurt. Además, entiende al Capitalismo como una irracionalidad, y que las «patologías sociales» del capitalismos son fruto de esa irracionalidad. Incluso que las propuestas que hace la Escuela de carácter y de «salvación» colectivas, no son normativas, es decir, no son valorativas o axiológicas, no porque sea bueno el buscar el bien de todos, sino porque es racional. En todo caso, esta es una simplificación de la compleja Escuela de Franckfurt que, además, se mantiene en el tiempo, tiene varias generaciones e incluso llega a la actualidad. Se le ha realizado alguna crítica, como que es demasiado europeísta, que no hace referencia a cuestiones como el colonialismo o al feminismo. Pero hay que reconocerle honradez y una importancia singular en el pensamiento Occidental.

Un cuarto momento que interesa señalar del pensamiento crítico es el post-modernismo, lo que podría ser la época actual. Hay que decir que el pensamiento crítico en la época actual se ha encontrado con una situación bastante difícil, porque después de la Segunda Guerra Mundial hubo un periodo de estabilidad en Europa, y se había conseguido una paz, una tranquilidad social, una resolución de los problemas que daba la sensación de que el sistema estaba definitivamente asentado, y, por lo tanto, que el capitalismo era el fin de la historia; es cuando aparecen las tesis del fin de la historia. Porque, efectivamente, parece que ha llegado a su culminación y, en éste momento, solo se admiten reformas parciales. Y esto que ocurre en la realidad se traslada a la teoría: se acabaron las concepciones globales, se acabaron las concepciones unitarias. Ahora lo único que cabe es pensar la realidad fragmentariamente; es la base del pensamiento débil o pensamiento post-moderno frente al pensamiento «fuerte» de las grandes concepciones que hasta esos momentos habían existido.

Se atribuye, en gran parte, la causa de toda esta situación al Estado social y al constitucionalismo del Estado social, al pacto capital–trabajo que se establece sobretodo en Europa por la tranquilidad social y porque el Estado social resolvía prácticamente los problemas económicos. De manera que, en todo caso, sólo cabía plantear algunos problemas culturales, que es como se interpreta la revolución de mayo del 68. Se dice que la Revolución de mayo del 68 esta hecha por los hijos de los padres del Estado social, es decir, que, como en sus familias había una situación socioeconómica aceptable, lo único que cabía plantear era la protesta en el orden cultural. Se protestaba contra las convenciones, contra las tradiciones, contra las culturas autoritarias; y se proponían soluciones «libertarias» pero en el orden puramente cultural. Se extiende a todo al arte que ciertamente rompe la relación entre base material y propuesta cultural; es el momento del arte pop; difícilmente se encontrara en la música de los Beatles alguna letra que tenga una protesta de contenido social. Las letras de los Beatles son letras, desde este punto de vista, poco significativas: ahora la protesta es cultural, quiere decirse que se demostró que se podía hacer una gran música, una buena música sin seguir los cánones (autoritarios) de la música clásica. Y lo mismo ocurría en la pintura con Warhol, que es el icono del arte pop en pintura. Y en general con todo el informalismo literario y todo el informalismo del arte abstracto; se creó un gran desconcierto porque rompía la ley del valor, es decir se estaba acostumbrado a que la obra de arte tuviera un coste en trabajo, etc. Sin embargo ahora, «parecía» que lo que se hacía no tenía ese coste. Se decía «esto no es música», «esto no es pintura», etc.

Todo esto se conmociona con la crisis económica de 2008. Ahora sí aparece la necesidad de la protesta socioeconómica. Pero entonces se encuentra el pensamiento crítico con un mundo difícil, con un mundo al que la complejidad de las sociedades lo han hecho muy diferente al anterior, y una situación en la que los elementos del pensamiento crítico clásico no sirven. No sirve la dialéctica que era binaria y ahora hay multiplicidad de factores; y no sirven tampoco las explicaciones que se venían dando porque ahora el «sujeto histórico», el que había hecho la revolución, el proletariado, esta dejando de existir con ese protagonismo. A partir de aquí aparecen posiciones —sobre esto hablaré después y por eso no me extiendo más— como la de Toni Negri, según la cual al proletariado hay que «sustituirlo» por la multitud que es una complejidad diferente; o la que señala que es en lo fragmentario, en los movimientos sociales concretos, donde hay que poner el acento; o la que entiende que el concepto de pueblo cambia para ser una entidad oscilante según las propuestas, y aparece el populismo, etc.

En todo caso, de lo que llevamos dicho, se puede deducir que el pensamiento crítico se caracteriza por estas notas:

En primer lugar, porque sería el pensamiento del conflicto. El pensamiento crítico no sólo expresaría el conflicto, sino que formaría parte del conflicto. Desde este punto de vista el pensamiento crítico es el de la contradicción, y, por tanto, dialéctico e histórico.

Pero, en segundo lugar, expresar el conflicto en la sociedad actual no es fácil, porque el Capitalismo siempre ha sido muy opaco. El Capitalismo siempre ha tendido a la oscuridad, es fotofóbico, huye de la claridad, y siempre ha costado descubrir sus mecanismos. Por lo tanto, se diría, que, desde este punto de vista, el Capitalismo supone la «expulsión» del hombre de la Historia, en el sentido de que como le oculta las posibilidades que tiene de actuar sobre ella, le tiene como «ajeno», como si la Historia fuera algo que se viniera realizando de manera objetiva, sin que el hombre tuviera posibilidades de actuar sobre ella. Desde este punto de vista puede decirse que el Capitalismo supone un bloqueo histórico de la razón. Por consiguiente, desvelar el conflicto, supone desbloquear la razón y permitir que la razón con todas sus posibilidades cognitivas y comunicativas pueda desarrollarse y pueda intervenir en la Historia. En definitiva, el pensamiento crítico seria el del esclarecimiento y autoconciencia que una sociedad tiene de sus problemas y esperanzas.

Y una tercera característica sería que el pensamiento crítico es también un pensamiento utópico. Pensamiento utópico en un sentido que conviene aclarar. Porque siempre al utopismo se le ha criticado bien desde el marxismo, contraponiendo pensamiento utópico-pensamiento científico, o bien desde las posturas más clásicas que entendían que las utopías eran realidades inalcanzables y en todo caso puntos de llegada estáticos, «tierra prometida». Pero lo cierto es que en el desarrollo del pensamiento utópico en la cultura occidental, en la manifestación más formalizada de Manheim a Bloch, la utopía se debe entender como potencialidad del presente. Es decir, algo posible desde la situación presente, algo racionalmente alcanzable desde la situación presente. Eso es lo que se entiende aquí por utopía y eso es lo que se entiende por pensamiento utópico.

El pensamiento crítico, por tanto, tiene estas características: pensamiento del conflicto, pensamiento racional revelador de falsas conciencias y pensamiento utópico.

— El pensamiento crítico en el Derecho.

El segundo aspecto, la segunda parte de mi intervención, os decía, se refería al pensamiento crítico en el Derecho, la proyección del pensamiento crítico en el Derecho.

Desde la postura del materialismo histórico se dice que el Derecho sólo aparece en las sociedades de clases. Desde la formalista técnico-jurídica se dice que el Derecho aparece propiamente con la modernidad cuando el Derecho adquiere ya un cierto nivel, capaz de desarrollar categorías, a partir de la central de Ordenamiento jurídico.

Aquí, sin inclinarnos por ninguna, tomamos argumentos de ambas para entender que las dos apuntan a la aparición del Capitalismo como elemento de inflexión definitivo.

En realidad no puede existir un pensamiento crítico jurídico anterior porque el Derecho cumple en los momentos pre-capitalistas la función de, justamente, eliminar el conflicto. Quiere decirse que para el Derecho en la fase anterior al capitalismo, no existe el conflicto. Porque el Derecho solamente es Derecho para una de las partes de la sociedad, de los dominantes, del grupo dominante. Al dominado no se le reconoce en el Derecho. Quiere decirse que sería inútil buscar en Grecia un Derecho del trabajo, porque el trabajo lo hacen los esclavos, que están fuera del derecho. Por lo tanto, aunque se pudieran encontrar algunos atisbos en el paso del pensamiento mítico al pensamiento lógico, sería inútil buscar un pensamiento crítico-jurídico.

En consecuencia, el pensamiento crítico jurídico solo cabe en el capitalismo; y en el capitalismo se desarrollan dos tipos de pensamiento crítico jurídico: uno es el que se refiere y hace la crítica al origen del Derecho y en consecuencia remite a materias como las fuentes, el pluralismo jurídico o la democratización del derecho. El otro es el que analiza la función del derecho en el capitalismo, es decir, cómo a través del formalismo, la abstracción, el universalismo, crea una sociedad de iguales jurídicos, pero que encubre una desigualdad real. De esa manera se impide que el conflicto que, ahora sí existe, pase al Derecho. Así aparecen categorías como la de ordenamiento jurídico de las que se dice que no son contradictorias, sino que son coherentes y unitarias, lo cual es verdad, porque no contienen el conflicto.

Manifestaciones propias del pensamiento crítico-jurídico en lo que se refiere al origen, podrían ser, también a título de ejemplificación, las siguientes:

La primera, sería la teoría del Discurso. El nombre hace referencia a la lingüística y entiende que el discurso jurídico comprende distintos niveles: el nivel positivo, de las sentencias, de las normas, de las relaciones jurídicas; el nivel doctrinal, de la creación de los juristas; y el nivel simbólico, que pertenece a ese imaginario colectivo que hacen los usuarios del derecho, lleno de ficciones y creencias. Se afirma que este discurso se produce y está en interrelación permanente con otros discursos, como el económico, ideológico, y político, entrando en conflicto con él. Y también que este discurso, el discurso jurídico, es siempre el discurso del Poder, no sólo porque el Derecho atribuye las competencias a los sujetos, empodera a los sujetos, sino porque en la propia elaboración del Derecho ya se está delatando quien tiene el poder. Por lo tanto, es útil la teoría del discurso para desmitificar el tema de las fuentes del derecho que siempre se ha tomado como un tema estrictamente jurídico sin contaminación con la realidad, tema neutral, puramente técnico, cuando habrá pocos temas que estén más impregnados de la realidad. Y como a través de las fuentes del Derecho se puede descubrir el sistema político, las relaciones, entre los poderes, etc.

La segunda teoría que interesa destacar, es la del feminismo jurídico. El feminismo jurídico sería la traslación al derecho del Feminismo, entendido como teoría crítica de la sociedad. Porque el patriarcalismo como modo de dominación y sometimiento de la mujer, no ha surgido con el capitalismo, es cierto, pero si que se puede decir que el capitalismo es la forma actual del patriarcalismo y que con aquel el patriarcalismo ha llegado a su máxima expresión; porque en los modos de producción anteriores, el patriarcalismo estaba fundado en elementos superestructurales, culturales, tradiciones, costumbres, de hábitos, religiosos, etc. Pero con el capitalismo, el patriarcalismo entra en las relaciones de producción, porque, como se sabe, el capitalismo se fundamenta naturalmente en el trabajo abstracto, es decir, en el trabajo que se convierte en el valor de la mercancía y es el elemento articulador de las relaciones sociales. Por tanto. se articula también con arreglo al trabajo la relación hombre-mujer.

Por eso se habla hoy, dentro de posturas del feminismo, de la subversión feminista de la economía, porque, efectivamente, planteándose estas relaciones hombre-mujer desde el punto de vista de las relaciones de producción y desde el punto de vista del trabajo, se encuentra un elemento estructural profundo de crítica al capitalismo.

Decía que este feminismo, como teoría crítica de la sociedad, trasladado al Derecho daría lugar al feminismo crítico jurídico. No me puedo extender pero si decir que desde estos puntos de vista, desde el feminismo, y en realidad desde el punto de vista científico, el Derecho es androcéntrico y se ha construido en torno al hombre, por lo que las categorías jurídicas están contaminadas de este androcentrismo, de manera que el programa del feminismo jurídico es un programa de enorme amplitud, en tanto habría que revisar todas esas categorías y partir de algunas centrales, sobre todo de una, en la que yo me he fijado alguna vez, como es la de sujeto jurídico, impregnada de androcentrismo porque se construye básicamente en torno al hombre. Por eso hay que aceptar que el «género» es un proceso histórico y cultural en construcción y no partir de la naturaleza, como a veces se hace (de lo que es adecuado a la «naturaleza» de la mujer). De todas maneras, en el feminismo jurídico crítico hay diferentes corrientes que van desde las que aceptan la necesidad de partir de una situación desigual, tratando progresivamente de luchar contra la discriminación, para entrar de pleno en el universo jurídico, a otras que defienden un derecho específico de la mujer tanto público como privado; o las que integran el postfeminismo, como el ecofeminismo partidario de no hacer diferencias, porque las diferencias entiende que pueden producir «alienaciones».

Finalmente, una tercera postura, dentro de las críticas al origen del Derecho, sería el llamado Derecho de minorías, que puede comprender desde los derechos de los pueblos o de las comunidades indígenas al derecho de los «guetos» (favelas brasileñas), y el Derecho, del que hablaré al final, de las minorías extra sistémicas. Este Derecho de minorías tiene una característica especial como es la creación colectiva del derecho y la importancia del grupo; el conflicto lo plantea este Derecho minoritario con el Derecho mayoritario, que no está bien resuelto ni siquiera en las Constituciones Latinoamericanas en las que el Derecho de las comunidades indígenas, si bien está mejor reconocido planteando conflictos con el Derecho mayoritario y aunque ha habido importantes avances, siempre se resuelve del lado del Derecho mayoritario.

Decía también que cabía hablar del pensamiento crítico en el Derecho desde el punto de vista de la función del Derecho en el Capitalismo.

Enunciaré algunas posiciones con rapidez. Una de ellas, de origen francés, es la «Teoría crítica del Derecho». Se declara marxista, pero no trata de hacer una teoría marxista del Derecho, como lo hicieron los juristas de la época soviética, sino de utilizar las categorías marxistas para hacer una clarificación de las categorías del Derecho burgués; desde este punto vista entiende que el Derecho en la sociedades capitalistas no es algo sobrepuesto, no es una mediación que pueda o no existir, sino que es algo absolutamente necesario para la producción y la reproducción del sistema. Es decir, se inserta en las relaciones de producción. Desde este punto de vista, el Derecho tiene, a partir de su complejidad e interacciones, alguna autonomía, y esa autonomía permite entender y utilizar al Derecho en un sentido crítico. Igualmente considera que el Derecho, aunque es expresión de lo que ocurre en las sociedades del capitalismo, es una expresión «alienada», falseada de lo que ocurre en la realidad, con lo cual tiene mucho de ideológico.

Una segunda posición más conocida y extendida en España, es la del uso alternativo del derecho. Se dirigía contra el positivismo de la época liberal que sostenía que el Derecho es neutral, pura técnica. Pues bien, el uso alternativo del Derecho entendía por el contrario que el Derecho es un producto político, que siempre tiene naturaleza política, de manera que el operador jurídico siempre decide «políticamente», y que, por tanto, como el Derecho refleja los conflictos, en él hay elementos de las clases dominantes y elementos de las clases dominadas. Y siempre, en la resolución del conflicto, el operador jurídico, cuando trata de resolverlo puede optar por una solución favorable a las clases dominantes o por una solución a favor de las clases dominadas. Existe, pues, una posibilidad de utilización alternativa del Derecho. Hay que indicar que el uso alternativo, a pesar de dar gran importancia a la Constitución, no entrará en el análisis de las características del constitucionalismo del Estado Social, donde aparece mejor el conflicto (capital-trabajo). Sin embargo los teóricos del uso alternativo no hicieron menciones al respecto.

Finalmente, tendrían algún interés dentro de este pensamiento crítico-jurídico sobre la función del Derecho, los «estudios jurídicos críticos», porque esta postura nace en un medio tan poco propicio como es Estados Unidos. Alguna vez se ha dicho que los estudios jurídicos críticos son el traslado del uso alternativo al campo americano, pero la verdad es que se diferencian notablemente. Los estudios jurídicos críticos tienen un nivel escaso de teorización, son empíricos; la única posición general que se defiende es que dada la amplitud que tienen normalmente los enunciados jurídicos, siempre es posible tomar una postura más ética, más progresiva, más de beneficio para la mayoría, pero ello caso por caso. Esta corriente está defendida sobre todo por profesores que en sus clases llevan a cabo un estudio de casos; pero como ocurre con el empirismo, se termina construyendo alguna abstracción. Y efectivamente, a partir de comprobar que, en casos concretos, con el mismo Derecho se pueden hacer diferentes cosas, terminan criticando categorías abstractas como la libertad, igualdad contractual, etc.

Pues bien, a partir de aquí también se podría decir que el pensamiento crítico del Derecho se caracterizaría, en primer lugar, porque entiende que el Derecho es un derecho de parte. Es decir que entra en el conflicto, y se pone de una parte.

En segundo lugar, es racional porque también desvela lo que cubre el Derecho, lo cual es importante porque el Derecho es un mecanismo de legitimación convirtiéndose la deslegitimación del Derecho en un importante elemento de crítica.

Y finalmente, es antipositivista por lo que, desde este punto de vista, abre también las posibilidades al cambio social, y se vincula con el pensamiento utópico.

— El pensamiento crítico-jurídico constitucional. Finalmente, abordo esta tercera parte, en la que quiero detenerme más: la del pensamiento crítico-jurídico constitucional. Para ello parto de una hipótesis material previa por su capacidad deductiva, como es que el capitalismo en la actual fase ha adquirido una capacidad expansiva como nunca la había tenido en la historia; la lógica económica, la lógica del capital, se extiende a prácticamente todos los sectores de la vida. Ya no es solamente el capitalismo económico, sino que existe un capitalismo científico, cultural, y por supuesto jurídico y constitucional, de manera que se transforma en algo bio-político, es decir, que afecta a todos los aspectos de la vida. Se extiende porque siempre es una necesidad del capitalismo extenderse, porque al basarse en la diferencia, en la desigualdad, siempre está necesitado de recuperar el equilibrio. Por otro lado, una serie de circunstancias, desde la caída de la Unión Soviética a la debilitación de las fuerzas del trabajo que podían proponer una alternativa, han hecho que el capitalismo se haya desarrollado en todo este tiempo sin enemigos, lo cual hay que tenerlo en cuenta cuando se hable de la crisis. La crisis ha surgido sin enemigos, de manera que el capitalismo ha podido desarrollar la «utopía liberal»; y, sin embargo, ha entrado en crisis, aunque al desarrollarse sin enemigos ha tenido unas posibilidades enormes de extenderse y ha contribuido a la Globalización. Posteriormente la crisis, confirmando la tesis del capitalismo del desastre (aquella capacidad que tiene el capitalismo para incorporar los desastres, no solo los naturales, sino también los económicos a su propia causa), ha permitido unas formas de dominación nuevas porque la escasez, la debilidad, siempre es una aliado del poder. Las situaciones de precariedad de la mayoría de la sociedad se transforman en un fortalecimiento del poder, hasta el punto de que se dice que la economía ya es post-economía, porque las relaciones sociales o laborales no son tales, sino relaciones de poder. La extracción de la plusvalía ya no se hace por mecanismos económicos, sino por coacciones extraeconómicas, por ello se habla de que el capitalismo en cierta manera es un capitalismo feudal. A ello hay que unir el proceso de financiarización de la economía, que ha potenciado su expansión a todos los ámbitos de la vida, estándose muy cerca de conseguir que no exista acción que no se produzca o explique sino en base a la relación coste-beneficio. Pero el capitalismo además de extenderse a los diferentes sectores, se apodera de sus conceptos y categorías, los coloniza, los transforma y los hace elementos de producción y reproducción social.

Pues bien, de esta hipótesis de partida se pueden extraer las siguientes consecuencias que configuran un Constitucionalismo crítico:

En primer lugar, citaré la repolitización del Derecho constitucional; en segundo lugar hablaré de la lucha por las categorías constitucionales; y en tercer lugar de las respuestas constitucionales a las nuevas realidades. Finalmente, haré una referencia a las posibilidades de aplicar estos contenidos del Constitucionalismo crítico al ámbito supraestatal. Estos cuatro elementos son los que formarán parte de lo que resta de mi intervención, fijándome especialmente en el segundo y el tercero.

La repolitización del Derecho Constitucional se deduce inmediatamente de la hipótesis anterior: porque, se decía, que el capitalismo se ha extendido a los diferentes ámbitos y, por lo tanto, al Derecho constitucional. En este sentido, al apoderarse de él la lógica del capital, se le ha introducido en el conflicto, se le ha politizado. Justamente cuando se habla de que las soluciones a los problemas son técnicas, es cuando se produce el mayor grado de politización. Por otro lado, hablar aquí de politización del Derecho constitucional, no es más que seguir la línea que siempre ha tenido el Derecho constitucional como Derecho de «lo político». No solo porque según la versión clásica las Constituciones lo son del poder y de la limitación del poder, sino porque, desde el principio, en las Constituciones se encuentra presente de una forma o de otra la expresión del conflicto. Así, cuando en la primera definición de Constitución (en la Declaración Francesa), se habla de la división de poderes y el reconocimiento de derechos, puede entenderse como la expresión del conflicto (la división del poder es lo público y los derechos y libertades lo privado). Y con el Estado Social el conflicto entra con más claridad en la Constitución. El conflicto, pues, siempre ha estado de una forma o de otra en las Constituciones. Pero además, el Derecho constitucional ha sido siempre un derecho de fines, y desde este punto de vista se entiende que el Derecho constitucional forma parte de las Ciencias de la cultura, considerando a la cultura cómo «la inserción de los fines en la naturaleza». Por lo tanto, también desde este punto de vista el Derecho constitucional tiene elementos de transformación, y por tanto de utopía. El Derecho constitucional es siempre un Derecho en desarrollo, lo que impide considerar a las Constituciones como «Constituciones cerrojo».

En segundo lugar, la lucha por las categorías, también se deduce de la hipótesis de partida, según la cual el capitalismo se extendió a todos los ámbitos y había dominado, no solamente los elementos materiales o reales, sino también los conceptos, las categorías y por tanto, también las constitucionales; las ha colonizado, las ha deformado, de manera que un constitucionalismo crítico tiene que «reconquistar» el Derecho constitucional. Tiene que plantear la lucha por el Derecho; y ahora la lucha por el Derecho es la lucha por el Derecho constitucional. Una lucha que se puede manifestar en ámbitos categoriales diferentes como el de la Teoría de la Constitución, el de los derechos o el de la democracia.

El de la Teoría de la Constitución es el espacio más general. Cabría pensar que se plantea una cierta contradicción: si estamos tratando de superar el constitucionalismo actual ¿cómo es que lo defendemos?, ¿cómo hacemos un constitucionalismo crítico y defendemos el constitucionalismo actual?. Primero por una razón teórica general, porque desde el punto de vista de los modos de producción, no son puros en la realidad; y así en el modo de producción actual dominante hay elementos de otros y estos están presentes en las Constituciones. O dicho de otra forma, en las Constituciones se encuentran elementos que pueden, utilizándolos debidamente, contribuir a la transformación social. Pero, además, también porque las Constituciones tienen un mundo de valores que no son realizables propiamente en el capitalismo; es una característica de las burguesías plantear toda una serie de valores que no son conseguibles en una sociedad burguesa y esto ocurre desde la revolución Francesa. ¡Quien puede negar la virtualidad de la libertad, de la igualdad, de la fraternidad! Pero lo que ocurría es que la libertad, la igualdad o la fraternidad no son conseguibles en una sociedad burguesa. De manera que la Constitución plantea una serie de valores que precisamente para conseguirlos, en gran medida, habría que superar esta Constitución. Por lo tanto, defender aquí la Constitución es también contradecirla; además, defender la Constitución, es defender todas las posibilidades que tiene la Normatividad y la Supremacía. La Normatividad es una característica en virtud de la cual la Constitución es norma con todas las características que le atribuye la teoría general de la norma. Y, entre ellas, que la norma es una estructura unitaria, de manera que los caracteres que se prediquen de la norma, se predican de todos los elementos de la norma y no sólo de una parte. Quiere decirse que cuando hay una serie de previsiones en materia de gestión pública, en materia de libertad, en materia de Estado Social, hay que decir que ahí también existe una normatividad, del tipo que sea, de manera que cuando se viola, se esta violando la normatividad.

Y lo mismo ocurre con la Supremacía constitucional. La Constitución es la norma que produce normas y no es producida por ninguna, de manera que la supremacía es indiscutible y cuando se altera por razones del Derecho de la globalización o por una utilización inadecuada del Derecho europeo convirtiendo la primacía en jerarquía o se permite la utilización del derecho europeo sin un control de la atribución competencial, se permite también desconocer la supremacía constitucional.

Esto no quiere decir que no se critique a la Constitución; se la crítica desde el punto de vista ontológico, desde el punto de vista de la realidad socioeconómica en la que esta inscrita. Porque el capitalismo y el funcionamiento del capitalismo tiene dos elementos, el elemento privado en el que se produce la plusvalía, y el elemento público que contiene las garantías del sistema; y la Constitución es el elemento de articulación de estos elementos de lo privado y de lo público. La Constitución evita la dinámica suicida del capitalismo que, dejando a su propio funcionamiento la lucha competitiva, lo destruiría en gran medida y permitiría, además, la organización de la «negación». La Constitución del Estado cumple la función de organizar el interés dominante de clase, por una parte, y desorganizar el de las clases dominadas, por otra.

De todas formas, cuando se habla de la infracción de la Constitución o del desconocimiento de la Constitución, no se está hablando de una infracción puramente formal, porque en el ámbito del Derecho constitucional la infracción tiene mucha mayor relevancia que en el resto de las infracciones jurídicas: cuando se desconoce la Constitución no se produce solo una infracción formal del Derecho, sino que se desconoce a la ciudadanía. Por eso la ausencia de Constitución para gestionar la crisis, ha supuesto la ausencia de la ciudadanía.

Habría que señalar aquí la fragilidad que tienen las Constituciones. A pesar de todo el aparatoso sistema de «Defensa de la Constitución», se violentan y se incumplen con gran facilidad sin que ocurra nada. En tal sentido, ha de hacerse también una referencia a quienes son realmente los enemigos de la Constitución, porque siempre se ha hablado de los enemigos de la Constitución como los que están extrasistema o los antisistema. Sin embargo, quienes están ahora desconociendo y violando la Constitución son justamente aquellos que tiene la misión de defenderla y de cumplirla. Están dentro del sistema y cabría identificarlos.

Por último, interesa hacer algunas reflexiones, aunque de forma breve, sobre los conceptos de reforma y de poder constituyente. La reforma constitucional, en principio, se puede defender porque es la única manera de que la Constitución se adapte —se dice— al cambio social y se adapte de la manera prevista por la Constitución. Es decir, de una manera garantista, porque si no se produciría de todas formas pero al margen de los mecanismos previstos en la Constitución. Ahora bien, hay que decir que la Constitución propugna y se basa —como se decía— en fines y valores, de tal modo que la reforma constitucional es un medio para ir avanzado en la consecución de esos valores. Quiere decirse que la reforma constitucional tiene un marco determinado, los valores constitucionales. La reforma solo puede hacerse avanzando en el progreso y en el desarrollo de los valores de la Constitución, por tanto, las reformas que se hacen en «regreso» de esos valores, desconociendo esos valores, difícilmente están dentro de una dinámica de la Constitución. Es lo que ocurrió con la reforma del artículo 135, que se ha hecho «en regreso» del Estado social. Frente al principio del Estado social característico y fundamental de la Constitución Española se han introducido los elementos básicos del Estado liberal, de manera que no se puede hablar de reforma, sino de quebrantamiento de la Constitución.

En cuanto a la crítica que se puede hacer a la reforma constitucional, debe indicarse que se la utiliza no tanto para conseguir que la Constitución se vaya acomodando al cambio social, sino al contrario, para conseguir que el cambio social se restrinja. Es decir que la reforma constitucional se utiliza como una especie de válvula de seguridad del sistema: cuando la presión social es tan fuerte que amenace con la explosión, entonces se lleva a cabo la reforma constitucional, para que por esa válvula se libere la presión y se evite la transformación mayor, y para que la sociedad se conforme con la transformación menor. Aunque parezca contradictorio, el reformismo, a lo largo de la historia, sólo ha tenido éxito cuando en el horizonte se dibujaba la posibilidad de una revolución; sólo cuando es posible la revolución se aceptan las reformas como mecanismo de seguridad para evitarla. Justamente las reformas constitucionales muchas veces se utilizan para esto: para evitar el cambio general se hace el cambio parcial y así controlar el cambio social.

Respecto del poder constituyente, éste se define por la capacidad para producir de manera legitima, democrática, una Constitución original, una Constitución nueva. El poder constituyente es «fundador» (*conditor rei-publicae*), soberano y democrático. Pues bien, en la actualidad se sostiene que esta concepción del poder constituyente es una concepción propia del s. XIX, basada en las abstracciones de pueblo-nación que valieron para aquél momento; pero hoy lo que existe desde un punto de vista empírico, es el consenso de los partidos, con lo cual se identifica con la reforma que surge también del consenso de aquellos. Se dice también que desde el punto de vista de una teoría constitucional democrática es difícilmente compatible un poder constituyente y una Constitución como norma suprema, salvo que «el soberano», el poder constituyente, se introduzca en la Constitución y forme parte de la reforma, con lo cual también se subsume en la propia reforma. Y finalmente, se dice que desde una postura realista, hoy los Estados no son suficientemente soberanos para ser realmente constituyentes. Todo ello se reafirma desde el punto de vista de los hechos porque en nuestro marco, en el marco europeo, surgen pocas Constituciones, y cuando surge alguna no es realmente nueva, sino que reproduce un modelo. Parece que la capacidad innovadora del poder constituyente ha desaparecido; e incluso se afirma que debe ser así porque el constitucionalismo y las Constituciones han llegado a su máxima perfección. El constitucionalismo europeo es «el fin de la historia» constitucional, no se puede ir más allá; puede haber algunas reformas, pero es el verdadero y único modelo. Por lo tanto el poder constituyente queda oscurecido. Sin embargo, es una categoría que, para el constitucionalismo crítico, hay que rescatar, porque se está en fase de innovación pero también en fase de reciclaje. Esta civilización en gran medida es la civilización del reciclaje y cabe también reciclar categorías que, aunque sean históricas, sí sirven para los momentos actuales.

Por lo que se refiere al ámbito categorial de los Derechos, caben algunas observaciones desde el constitucionalismo crítico.

Naturalmente la defensa de los derechos es absolutamente necesaria porque es la defensa de la persona, del sujeto. Ahora bien, la construcción del sujeto se desarrolla en el derecho occidental de dos formas: una es la que parte del *iusnaturalismo* y entiende que los derechos son una consecuencia necesaria de la persona, de la naturaleza humana, y suponen, por tanto, una «construcción subjetivista del sujeto». Pero hay también otra construcción anti-ius naturalista que protagonizó Kelsen (aunque también habría que hablar del anti-iusnaturalismo de Duguit). Kelsen entiende que los derechos son exclusivamente determinaciones de las normas y, por ello, pueden referirse a la persona o a cualquier otro sujeto, porque es lo que dice la norma y no deriva tanto de la propia naturaleza, sino del Derecho, de lo que señala la norma. Probablemente hoy no es fácil distinguir un sistema de otro, como ocurre con el español que, si bien se basa en el primero, en la construcción *iusnaturalista* de los derechos, también tiene elementos del segundo, que podría permitir la configuración de otro sujeto (colectivo).

La Constitución Española se considera una de las Constituciones que tiene un mayor elenco reconocido de derechos y un mayor garantismo de los mismos. Sin embargo, también se le puede hacer una crítica. Primero, por la diferenciación entre el garantismo de los derechos y libertades individuales en cuanto son «fundamentales» y los derechos sociales, que es la traducción aquí de la lógica del capitalismo. En segundo lugar, el desarrollo constitucional de la concepción de los derechos y libertades ha sido absolutamente individualista, ha progresado y profundizado en el individualismo y en el antiestatalismo de los derechos que, al convertirlos en principios constitucionales, se están convirtiendo en canales que irradian a todo el sistema constitucional la lógica del neoliberalismo. En tercer lugar, habría que hablar de que la *vis expansiva* que se predica de los derechos, esa capacidad que tienen los derechos para irradiar al resto del sistema socio-económico, público e incluso privado, es algo positivo. Sin embargo el riesgo que se está percibiendo es que, debidamente utilizado, el blindaje jurídico que proporciona la Constitución va mas allá de los «derechos» y libertades individuales para convertirse en garantías del sistema. Finalmente, hay que insistir en que la abstracción con la que se construyen los derechos en el ámbito de la igualdad jurídica, al ocultar la diferencia, impide el conflicto.

Por último, en materia de democracia y del concepto de democracia, cabe hacer alguna observación crítica. Efectivamente, también hay que defender la democracia que se normativiza a través de la Constitución, lo que la convierte en mecanismo de legitimidad y validez de todo el sistema. Por lo tanto, frente al constitucionalismo liberal, se puede decir que la democracia no es una limitación del poder sino que es el propio poder. Lo que ocurre es que la democracia también ha sido colonizada, subsumida y reducida; porque pocos conceptos habrá con tantas posibilidades de expandirse como la democracia y que se hayan reducido tanto. Lo primero que se ha hecho es vincular Democracia y Capitalismo. Además, se ha identificado la democracia con democracia representativa. Y, finalmente, se establece una correspondencia entre democracia representativa y economía de mercado; se parte de que las sociedades son competitivas en lo económico (la economía de mercado), y en lo político (la democracia representativa). No obstante, ocurre que la democracia tiene unas capacidades que no se someten fácilmente a este dominio. Porque hay que recordar que a diferencia de otros elementos del constitucionalismo como puede ser el parlamentarismo, la división de poderes, e incluso el Estado de Derecho, que son creaciones burguesas, la democracia es una «creación» de clase, es una creación de la clase trabajadora o popular (el sufragio universal fue una reivindicación inicial de las clases trabajadoras). Por ello siempre mantiene este carácter de clase, y la contradicción entre un sistema como la democracia que se basa en la igualdad y en la mayoría y un capitalismo que se basa en la desigualdad y el dominio de una minoría.

Por tal motivo se puede decir que la relación entre capitalismo y democracia es una relación difícil, no pacífica, llena de incompatibilidades, aunque bien es cierto que la democracia representativa ha demostrado una gran ductilidad, una gran facilidad para adaptarse a las diferentes exigencias. Ya los «padres fundadores», tanto de la Revolución Francesa como de la Revolución Americana, supieron que a través de la representación se podía articular un sistema que pudiera ser democrático y, sin embargo, permitiera el dominio de unos pocos, de manera que fuera una «democracia de grupo dominante», como ha sido siempre. A ello se suma la adaptación de otras categorías como el pluralismo, categoría a través de la cual se percibe lo que puede llamarse «alienación constitucional»; es decir, un concepto constitucional que está previsto en la Constitución para una función y que se utiliza no para otra, sino para la contraria. El pluralismo político es utilizado para combatir el pluralismo político en distintas ocasiones y la Ley de partidos en España podría ser un ejemplo.

Y además, se sostiene que la democracia representativa es también, en la materia, el «fin de la historia», pues no cabe más que alguna modificación, siempre dentro de la democracia representativa. Pero, naturalmente, aquí cabe una gran riqueza en la expansión del concepto tanto del concepto de la democracia representativa como de las distintas formas de la democracia participativa (y no solo de la democracia directa) en distintos ámbitos sectoriales o locales, que están también en el horizonte del Constitucionalismo crítico.

Otro apartado, al que me refería, del Constitucionalismo crítico, era la respuesta constitucional a las nuevas realidades. Se deduce también de la hipótesis de partida, que, recuerdo, era la expansión del capitalismo a diferentes ámbitos muy distintos del económico.

Pues bien, se podría deducir que si el capitalismo se ha extendido a todos los ámbitos y lo domina todo, la historia habría terminado con esa total dominación. Pero ese sólo es un aspecto de la realidad. Porqué el otro es que, precisamente, como se extiende a muchos ámbitos, a muchos sectores, también la protesta, la resistencia, puede surgir en muchos sectores, de manera que ahora puede haber múltiples conflictos y no uno sólo. Por tanto existen ahí una serie de potencialidades que es lo que al principio de la intervención os decía que dejaba perplejo al actual pensamiento crítico, porque se presentaba un mundo fragmentado.

Desde el punto de vista del conflicto y junto al conflicto capital-trabajo, han aparecido múltiples conflictos en múltiples sectores; y en esta sociedad multiconflictiva en la que nos encontramos, se plantea el dilema de qué hacer desde el punto de vista de la operatividad jurídico-política.

Las respuestas son básicamente dos. Una, parte de que los conflictos ahora, aunque son múltiples, no son independientes unos de otros. En la realidad están siempre relacionados e interrelacionados y, además, en la dinámica, en la dinámica de la protesta, se terminan interrelacionando (se ha visto como las mareas blancas, las marchas por la dignidad, terminan confluyendo a pesar de que se trata de elementos distintos de protesta y de conflictos diferentes). Por otra parte en los conflictos, aunque tienen identidades propias, el enemigo es común a medida que se ha extendido el capitalismo. Por tanto, el capitalismo es el mayor unificador objetivo de los múltiples conflictos. Por ello, si hay elementos objetivos para confluir, la cuestión sería como articular constitucionalmente estas confluencias o estas convergencias. Aquí podría actuar el constitucionalismo crítico desarrollando técnicas de convergencia constitucional o técnicas de conexión constitucional. Las técnicas de conexión constitucional podrían ser de dos tipos: de la Constitución a la realidad y de la realidad a la Constitución.

De la Constitución a la realidad, habría que partir de la existencia en la Constitución de elementos centrales que pueden unificar en gran parte los contenidos constitucionales, para evitar la dispersión en la aplicación e interpretación constitucional. Y esto se pone de manifiesto en materia de derechos. Hablamos antes de la separación de los derechos sociales y de los derechos y las libertades individuales; la técnica de conexión, tendría que establecer una relación estrecha entre los derechos y libertades de un tipo y de otro. Porqué, además, eso es lo real; en la realidad no pueden estar separados los derechos y libertades individuales de los derechos sociales. Porque los derechos y libertades individuales se necesitan para luchar y defender los derechos sociales y los derechos sociales se necesitan para poder disfrutar de los derechos y libertades individuales, de manera que la libertad como concepto definitorio de los derechos y libertades individuales necesita una base material, que son los derechos sociales. Y la prueba está en que en las sociedades actuales, en la medida en la que se restringen los derechos sociales y existe una mayor protesta social, se tratan de restringir también los derechos y libertades individuales. A los recortes sociales sigue la Ley de seguridad ciudadana.

Si como decíamos antes, los derechos y libertades se convierten en principios, otro elemento sería invertir la cuestión: partir de los principios constitucionales para construir los derechos; es decir, si el principio básico de la Constitución Española es el Estado social, se trataría de partir del principio del Estado social para construir los derechos y libertades, y no partir de los derechos y libertades para construir los principios constitucionales.

Y, finalmente, se podría también corregir el grado absolutamente individual y subjetivo de los derechos introduciendo algún elemento objetivo, de «situación». Tendría la virtualidad de ser un elemento que unificaría a todos aquellos individuos que reunieran este requisito objetivo, que se encontraran en la misma situación, e incluso podría abrir el camino para la configuración del sujeto colectivo de los derechos.

De la realidad a la Constitución, habría que partir de elementos centrales de la realidad para llevarlos a la Constitución como tal centralidad. Aunque se podría elegir varios, el Trabajo es un elemento central de la realidad. Es un elemento central de articulación de las relaciones sociales; y, además, el trabajo tiene dos virtualidades desde el punto de vista crítico que planteamos. La primera, que es una contradicción no superable por el sistema. Y la segunda, que así como las distintas protestas pueden superarse mediante reformas parciales, la del trabajo lleva consigo una alternativa global al sistema. Por estas razones el trabajo debe de ocupar también un lugar central en la Constitución y, en torno a ella, articular una buena parte de los contenidos constitucionales: trabajo y derechos (cada uno de ellos), trabajo y participación, trabajo y género,... es decir articular la Constitución en torno a categorías centrales como la del trabajo.

La otra respuesta a la multiconflictividad actual, desde la perspectiva de la operatividad jurídico-política crítica, es entender que hay que partir de la fragmentación de los conflictos y de la identidades parciales, y que eso es lo relevante. Porque, se dice, lo importante no es alcanzar el poder; el poder no transforma las relaciones sociales, y más el poder surgido de la democracia representativa. Ni el gobierno ni el Estado, aunque se alcance el poder, pueden producir la transformación; y como lo que se pretende es la transformación de la relaciones sociales, esto solo se puede hacer desde y en los ámbitos en los que surjan las protestas, en los ámbitos parciales de la protesta.

Bien es cierto que esto supone la referencia a otro tipo de trabajo, que es el trabajo concreto; porque hasta ahora, del trabajo del que hemos hablado es el del trabajo que produce plusvalía, que se transforma en el valor abstracto de la mercancía; por eso se llama a veces el trabajo abstracto.

Pero hay otro tipo de trabajo que es el trabajo concreto, que no produce plusvalía, aquél que se desarrolla libremente para satisfacer necesidades, deseos, individuales o los de la sociedad, pero que «ni se compra ni se vende». Y este sería el mundo del trabajo concreto, a través del cual se empezaría a constituir lo que realmente parece nuevo en la sociedad que está apareciendo; frente a lo viejo que podía ser casi todo lo que he dicho hasta ahora, lo nuevo que está apareciendo es lo que puede llamarse «lo común» o «el común». Es el camino inverso del capitalismo: el capitalismo se construyó en buena media destruyendo lo común, ahora se trataría de recorrer el camino inverso para construirlo.

Aunque no tengan la visibilidad que tienen muchos movimientos, están apareciendo elementos de lo común, que concreto en tres aspectos:

Uno, la aparición de unas fuerzas productivas que, en realidad, son comunes aunque tienen apropiación particular. Existe en la sociedad actual toda una serie de conocimientos, códigos, técnicas, que son de creación común y de vigencia social común, pero que tienen una apropiación privada; es un elemento «común» que forma parte sobre todo del trabajo inmaterial.

Otro elemento del común es la lucha por los bienes comunes, entendiendo por bienes comunes algo más que los recursos naturales. Hasta ahora, desde el ecologismo inicial, se entendía que los bienes comunes eran sólo los recursos naturales. Y los recursos naturales de una manera muy empírica: se decía los que eran y se enumeraban. Ahora se trata de conceptualizarlos: son los elementos necesarios para la reproducción de una determinada sociedad y se vinculan a los derechos fundamentales, de manera que serían aquellos sin los cuales no es posible el ejercicio y el disfrute de los derechos fundamentales. Pero, además, la lucha de los bienes comunes se entiende que incluye elementos cualitativos en cuanto es la lucha por la desigualdad e incorpora la «construcción de comunidad». Aparte de que, después, en el disfrute de estos bienes comunes se entiende que la gestión debe de ser común, erosionándose el concepto de ciudadanía, de forma que no se necesita ser «ciudadano» para disfrutar de ese bien común necesario para la vida.

Y finalmente, un tercer elemento del común que se relaciona con lo que hablamos con anterioridad sobre la fragmentación y la conflictividad, es todo ese mundo que esta apareciendo ahora y que se puede teorizar como de «cooperación social». Éste comprende una serie de movimientos sociales, de movilizaciones, que se manifiestan en diferentes campos. En el de la producción material, a través de formas muy distintas de cooperativismo, como el nuevo movimiento *maker* o hágalo usted mismo, talleres de barrio, asociaciones de amparo, vecinales, etc. así como los movimientos de «relocalización» de la vida, tanto en comunidades rurales, gestionadas de manera colectiva, como el movimiento rural-urbano («huertos urbanos»); y asímismo en el campo de la producción de energía, el movimiento internacional «somos energía» para la producción de una energía limpia. Y otros sobre producción inmaterial cuya manifestación primera fue Wikipedia, que era una forma de producir en común, y el posterior surgimiento de «creative commons» y otras comunidades de creación de conocimientos, porque se entiende que hay conocimientos que deben ser comunes, lo que implica estar en contra de la idea de autoría; frente a nuestros currículos individualizados, se estaría en vías de difuminar el concepto de autor, para entenderlo como obra colectiva, pasándose de la era de la apropiación a la era de la accesibilidad.

En el consumo, las formas de consumo colaborativo en múltiples maneras como los bancos de tiempo, los bancos de trabajo, instalados en diferentes zonas del territorio y naturalmente el consumo selectivo, impidiendo el consumo de aquellos productos de los que se tenga noticia que se fabrican sin cumplimiento de los estándares ecológicos, de protección social o de protección infantil. Y por supuesto, todas las luchas de desmercantilización de los servicios públicos, todas las «mareas» a las que antes aludía, toda la lucha por los servicios públicos en los diferentes procesos. Todo ello está formando una economía colaborativa, sin dinero, de la vida, frente a la del crecimiento, y que tiene distintos aspectos sectoriales con poca visibilidad pero que son una realidad y que a veces explota con movimientos sociales como el 15-M, ante la sorpresa del «sistema».

Naturalmente todo esto conllevaría la exigencia de un Derecho que sería el Derecho del común, un Derecho diferente en algunos aspectos: es un Derecho político en el sentido de que va unido a la participación, un Derecho que deriva de manera inmediata de la participación; pero es también un Derecho que va más allá de la división público y privado, porque no se basa ni en la propiedad, ni en el Estado, elementos básicos para la construcción del público y privado. Además, es un Derecho en el que predomina más el Derecho objetivo que el subjetivo, es decir, las normas sobre los derechos individuales, no porque en este tipo de creación social o de comunidades, tenga menos importancia la persona. Al contrario, precisamente porque la persona es la protagonista, es menos necesario defenderla con un sistema de blindaje de derechos y libertades individuales. Cuando se defiende tanto algo es precisamente porque peligra, cuando es necesario menos defensa es porque la fiducia general y el protagonismo que lleva a cabo la persona no hace tan necesario estar rodeado de estos derechos subjetivos e individuales. Podría añadirse que es un Derecho más desburocratizado, más desformalizado, más simple desde el punto de vista de las fuentes, y con predominio de la competencia sobre el principio de jerarquía.

Si tuviera lugar un proceso crítico constituyente tendría que entrar en la Constitución, que debería ser una Constitución diferente, una Constitución «no acabada»; tendría que ser una Constitución porosa, permeable, muy abierta a estas distintas formas de pluralismo jurídico. Una Constitución que a veces se ha llamado «societal», en el sentido de que refleje efectivamente la fragmentación social que se esta produciendo y que daría lugar también a un constitucionalismo complejo en el que habría elementos del constitucionalismo convencional y elementos del constitucionalismo nuevo. De ahí surgiría el conflicto, pero el conflicto es una parte del constitucionalismo.

Finalmente, sólo por terminar el esquema —aunque me estoy extendiendo más de lo razonable—, he de referirme a las posibilidades de aplicación supraestatal del constitucionalismo crítico. Se podría plantear la discusión de sí las Constituciones tienen vigencia fuera del Estado: no hablo de la Constitución formal sino de algunos elementos de constitucionalidad o de garantismo que pudieran extenderse al marco de la globalización. Aquí, desde luego, es visible perfectamente la hipótesis de que partíamos, la de la expansión del capital; no hace falta extenderse sobre ello, pues en la globalización, la hipótesis de partida es aplicable inmediatamente.

Y también la repolitización, porque la globalización jurídica está despolitizada. Por lo tanto habría que politizarla ¿cómo? Conflictualizándola, y ¿cómo se la conflictualiza?, introduciendo el conflicto, y ¿cómo se introduce el conflicto?, pues introduciendo el Trabajo, el Derecho del trabajo que no existe en el Derecho de la globalización ni existe en el Derecho europeo. Porque se esta produciendo una «especialización», de manera que se deja al Estado que resuelva el conflicto capital-trabajo, y al Derecho de la globalización que resuelva solo la competencia entre capitales. Se trataría de conflictualizar la globalización, introduciendo aquel conflicto.

Y finalmente, se podrían introducir esos elementos nuevos del común, porque si algo ha llevado consigo la globalización, algo positivo quiero decir, es la conciencia de que el planeta tiene un destino común y que buena parte de los problemas de la humanidad no se pueden resolver si no es comunitariamente. Lo mismo que existiría la posibilidad de recuperar las categorías, la lucha por las categorías, porque el Derecho de la globalización y el Derecho europeo en gran medida se construyen de espaldas al Estado de derecho, no usando el *nomem iuris* propio del Estado de derecho, no utilizando las categorías jurídicas del Estado de derecho. Por lo tanto, se trataría, en este sentido, de la construcción de un *Ius Humanitatis* como un elemento más del planteamiento de la lucha global frente al Capitalismo.

¿ES NECESARIO UN NUEVO CONTRATO SOCIAL?*

ENRIQUE ÁLVAREZ CONDE
Catedrático de Derecho Constitucional
Universidad Rey Juan Carlos

ÍNDICE: I. PLANTEAMIENTO GENERAL. II. LAS PREMISAS HISTÓRICO-DOCTRINALES DEL CONTRATO SOCIAL. III. CONSIDERACIONES ACTUALES. IV. BIBLIOGRAFÍA.

I. PLANTEAMIENTO GENERAL

En el mundo del Derecho no es infrecuente acudir a las ficciones jurídicas para proporcionar una explicación racional de determinados acontecimientos o para formular unas determinadas categorías dogmáticas que supongan una nueva forma de razonar y argumentar ante los mismos.

La utilización de las ficciones jurídicas se hace mas evidente en dos momentos. Por un lado, cuando se produce una cierta ruptura con los planteamientos históricos anteriores. Y, por otro, cuando se hace necesario mantener categorías dogmáticas pretéritas pero aplicadas a una realidad distinta, la cual, al menos de momento, no es susceptible de categorización. En ambos supuestos, aunque sean radicalmente distintos, se produce dicha utilización, la cual puede adquirir un cierto carácter permanente.

Ello ha sucedido con categorías tales como la representación o el contrato, pues, en un momento histórico concreto, resultó imprescindible acudir a categorías dogmáticas del Derecho privado para aplicarlas a un incipiente Derecho Público. En otros, como sucede con el concepto de representación o el de soberanía nacional, se acude a ficciones jurídicas para intentar proporcionar una explicación racional a las nuevas realidades políticas.

* El presente trabajo es resultado del Proyecto de Investigación «Configuración y continuidad de las respuestas normativas a la crisis», financiado por el Ministerio de Economía y Competitividad. Referencia DER 2013-42600-P.

La idea de contrato social también puede ser concebida, al menos en cierto modo, como una ficción jurídica que, en este caso, puede insertarse en los dos supuestos anteriormente mencionados. Por un lado se trata de buscar una nueva forma de legitimación del poder político y, por otro, no se trata de una categoría absolutamente novedosa, pues se utiliza una categoría anterior para ser aplicada a una nueva realidad. En efecto, la idea de pacto, de contrato, fue utilizada ya para justificar el sistema poliárquico medieval y, lo que es mas importante, las nuevas manifestaciones históricas del poder político que se producen hasta la propia Revolución francesa, con anterioridad al surgimiento del movimiento constitucionalista moderno.

Todo ello sucede a lo largo de todo un proceso histórico, que se desarrolla a lo largo de varios siglos, y no solamente en concretos procesos revolucionarios, tal y como a veces se ha pretendido explicitar. Por estas razones, la categoría dogmática del contrato social se convierte en un auténtico paradigma en relación con otras, presentando toda una serie de virtualidades que la convierten en uno de los centros de la investigación científica por excelencia en el ámbito de las Ciencias Sociales, configurándose, de este modo, como una categoría jurídica central.

Cuando las nuevas realidades sociales y políticas cambian de forma radical, tal y como está sucediendo con la actual crisis económica, se vuelve a plantear la posibilidad de reformular las categorías dogmáticas hasta ahora utilizadas y que ya resultan, en buena medida, poco operativas. Ello incluso sucede con la noción de contrato social pues se entiende que las relaciones entre el Estado y la sociedad civil se han visto alteradas de forma significativa (Esteve Pardo, 2013; Del Pozo, Rubio Lara, 2013). No se trata de efectuar una nueva y absoluta reformulación del tema clásico de las relaciones entre la sociedad civil y los poderes públicos, sino de analizar los cambios operados en ambos, pues ya no responden a los planteamientos históricos anteriores por lo que, en consecuencia, procede formular o reformular nuevas categorías dogmáticas. ¿Es necesario un nuevo contrato social? ¿En que espacio territorial ha de producirse este? ¿Quiénes deben ser los agentes del mismo? ¿Cuál debe ser su contenido? ¿Cómo debe producirse la legitimación? ¿Y la representatividad? Estas y otras muchas preguntas aparecen claramente formuladas en la actualidad.

II. Las premisas histórico-doctrinales del contrato social

Aunque se pueden encontrar precedentes en el mundo clásico, en los propios planteamientos de Sócrates, Platón y Aristóteles, o en las formulaciones del Derecho romano en torno a la *Lex Regia*, lo cierto es que hasta la desaparición del mundo político romano no aparece, al menos con cierta nitidez, la idea de contrato como forma de legitimación del poder político.

Durante la Edad Media hubo referencias ocasionales a la existencia de un contrato pero el énfasis principal estaba en el mandato divino que tenían los monarcas que no los autorizaba a hacer un uso absoluto de su poder, sino que debían gobernar para el bien común. La existencia de una obligación recíproca entre el monarca y el pueblo se hacía explícita en el juramento de la coronación[1].

La doctrina del derecho natural, reactivada por el humanismo, desempeñó un papel decisivo en las luchas contra el absolutismo y dio un fundamento teórico a las aspiraciones contra el poder absoluto de los príncipes. Se consideraba que si el hombre posee desde la antigüedad derechos innatos e inalienables, no cabía privarle de ellos por decisión de gobierno alguno, ni siquiera por la renuncia del propio individuo. Esos derechos tienen que ser establecidos contractualmente, de acuerdo con los representantes del poder del Estado, y ser públicamente confirmados, resultando de ese acuerdo mutuo la relación entre Estado y pueblo, soberano y súbdito. Así, la relación entre soberano y pueblo no se cimentaba en un simple mandamiento del poder, con el cual los hombres habían de resignarse de grado o por fuerza, sino que se enfrentaba al derecho inalienable del individuo quien, al oponer ciertas barreras a las decisiones arbitrarias del Soberano, determinaba una nivelación de fuerzas dentro de la sociedad.

Como afirma Recasens (2003),«hacia fines del siglo XIII la filosofía del Estado escolástico establecía, como un axioma generalmente admitido, que el fundamento jurídico de todo poder público ejercido por una o varias personas, es la sumisión voluntaria, bajo forma contractual, de la comunidad a ellas; esto es, el *pactum subiectionis*, o contrato político»[2]. En efecto, pese a existir un acuerdo general respecto de la idea que afirmaba que todo el poder de un príncipe o de una aristocracia no podía derivar legítimamente más que de un contrato político, no ocurría lo mismo cuando se analizaban los efectos de este pacto de sumisión. Esta controversia se desarrolló primero sobre la interpretación de la *Lex Regia*, en el ámbito de los glosadores, y pasó enseguida al campo de la especulación pura.

En los escritos de Marsilio de Padua y Bartolo de Sassoferrato en el siglo XIV, se manifiesta la idea de que la autoridad proviene del pueblo. En particular, en el caso del último nombrado, se menciona, aunque en forma un tanto tangencial, la idea de las obligaciones derivadas del *pactum* del Príncipe con su ciudad.

Como afirma Fernández Peychaux (2010), «una de las características fundamentales del pensamiento político medieval es, por tanto, que en la relación entre el hombre, la

[1] Recuérdese el ejemplo de la vieja fórmula de la coronación de los reyes aragoneses: «*Nos, que valemos tanto como vos, y que juntos valemos más que vos, te hacemos rey. Si respetas nuestras leyes y derechos te obedeceremos; si no, no*».

[2] «Los glosadores —mantiene Recasens—, Acursio, Bartolo, Baldo y Aretino, sostenían que la *translatio imperii* del pueblo al príncipe había constituido una enajenación definitiva del poder, por la cual la comunidad lo había transmitido plenamente al emperador, sin que tuviese derecho a reasumirlo de nuevo. Por el contrario, otros glosadores, entre ellos Parco, Zabarella y Cino, estimaban que la *translatio imperii* entrañaba tan sólo una mera *concessio*, únicamente del ejercicio del poder, cuya sustancia permanecía en el pueblo, de suerte que éste era superior al emperador (*populus maior imperatore*), podía hacer leyes y reasumir la plenitud de la soberanía».

comunidad y el gobernante la justicia es el origen y el principio del que proviene la autoridad y la legitimidad. Los pensadores medievales eran conscientes, de esta manera, de la existencia de un ordenamiento previo al surgimiento de las sociedades políticas que tenía sobre estas un poder de legitimación. Este orden moral no solo controla al derecho positivo y a la conducta de la misma sociedad, sino también que en base a sus preceptos es que puede resolverse cualquier conflicto».

Los escolásticos renacentistas se interesaron tanto por la posición del gobernante civil en relación con la Iglesia y con la comunidad política, como por el origen y naturaleza de la sociedad política. En este sentido, Suárez, consideró que la sociedad política se basaba, esencialmente en el consentimiento o convenio, desarrollando la teoría del doble contrato, uno entre los ciudadanos y otro entre la sociedad así formada y su gobernante o gobernantes, pero entendiendo que este acuerdo, de por sí, no poseía el carácter artificial y convencional de la sociedad política o del gobierno. Mariana, que derivaba el poder del monarca de un pacto con el pueblo, pensaba que el origen de la sociedad política seguía al estado de naturaleza que precede al gobierno y encontraba en la institución de la propiedad privada el paso principal en el camino que conduce a los estados y gobiernos organizados[3].

Por otra parte, en el transcurso del tiempo la teoría política tiende a separarse de la filosofía jurídica de la Edad Media. Esa filosofía fue reasumida por Hooker[4], y de éste pasó a Locke sin que, curiosamente, haya trazas de ella en Hobbes, Spinoza y Rousseau.

Tanto Vitoria, como Bellarmino y Suárez mantuvieron que, originariamente, la soberanía política procede del pueblo, y sostuvieron el derecho de resistencia a un gobernante que actuase tiránicamente. En todo caso, su concepción de la sociedad política y de la ley se fundamentaba en la ley moral natural, base esencial sobre la que se sistematizó la filosofía legal y política de la Edad Media y que siguió vigente hasta al siglo XVII.

El Puritanismo y el Calvinismo fueron manifestaciones destacadas de la reforma protestante en Inglaterra y en el continente desde el siglo XVI, con una fuerte influencia

[3] La teoría de que la sociedad política descansa en alguna forma de contrato no era nueva. Ya en la Plena Edad Media, Juan de París («*Tractatus de potestate regia et papali*», 1303), formuló el concepto de un estado de naturaleza y sostuvo que aunque los hombres primitivos probablemente no hicieron un contrato definido, fueron persuadidos por sus iguales más racionales a vivir juntos bajo una ley común. Gil de Roma, en el siglo XIII, había propuesto una teoría del contrato como una de las explicaciones posibles del fundamento de la sociedad política, idea que se amplía en el siglo XVI con las obras de Mariana y Vitoria, quien presentó una vaga teoría del contrato que no llegó a formular de manera explícita.

[4] Richard Hooker (1554-1600). Filósofo y teólogo anglicano, quien desarrolla su teoría en «*Of the Laws of Ecclesiastical Polity*» (1594), donde, apoyándose en la filosofía medieval y particularmente en Santo Tomás, afirma el carácter normativo de la ley natural como expresión de la ley eterna que está en Dios. Por ello, al formar parte de una sociedad civil, los cristianos están sometidos a una ley humana positiva basada en el consenso de los súbditos, los cuales deciden también la forma de gobierno, siempre en concordancia con la ley natural. Con esta concepción contractualista de la sociedad civil, Hooker abre el camino a las doctrinas políticas de Locke.

en la vida política, económica e intelectual que modelaron en gran medida el modo de pensar y actuar en los siglos XVII y XVIII. De ahí que la concepción de la propiedad privada, como fundamento de los derechos políticos de los ciudadanos, tenga claros fundamentos en las ideas puritanas predominantes en la sociedad inglesa (Macpherson, 2005).

En el siglo XVII los escritos de Johannes Althusius (1563-1638), Hugo Grotius (1583-1645) y Samuel Pufendorf (1632-1694), marcan el comienzo del período de mayor vigencia del contrato social. Todos ellos sostenían que el poder político residía originariamente en el pueblo y que tanto los individuos como la sociedad eran anteriores al soberano y al Estado. La sociedad delegaba el gobierno en el soberano por un contrato social que conllevaba obligaciones por parte de este último y que, en ocasiones extremas, justificaba una resistencia activa frente a actitudes tiránicas o absolutistas.

En la práctica totalidad de los reinos europeos, los siglos XVII y XVIII se caracterizaron por el predominio de monarquías absolutas basadas en el principio de derecho divino, con excepción de Inglaterra donde, desde que se aprobara la Carta Magna en el siglo XIII, existía una larga tradición de control parlamentario de la monarquía, contra cuyos principios lucharon sin éxito los monarcas del siglo XVII. Simplificando, como recordaremos, el enfrentamiento entre monarquía y parlamento condujo a un enfrentamiento civil de 1642 con ocasión del cual Oliver Cromwell crea el *New Model Army* para defender la causa parlamentaria y llega a instalar la República o Commonwealth entre 1649 y 1653 y el Protectorado hasta 1658. En esta época surge un interesante movimiento político que ha recibido relativamente poca atención en la historia de las ideas políticas, los Levellers (niveladores), quienes sostenían que «por derecho natural, desde el nacimiento, todos los hombres están igualmente vinculados con la propiedad, la libertad y la independencia». Este movimiento pretendía un Estado secular, libre de las Cámaras de los Lores, y en el cual hubiera libertad religiosa. Fue esta la primera formulación en la historia de una alternativa liberal y democrática frente a la monárquica (Cueva Fernández, 2006).

A partir de 1660 se reinstaló la monarquía con la dinastía de los Estuardo, hasta la Revolución Gloriosa de 1688, que definió la monarquía parlamentaria británica en su versión moderna y que se suele considerar como uno de los sucesos más importantes en la evolución de los poderes del parlamento y de la corona de Inglaterra. Con la aprobación de la Declaración de Derechos, se erradicó cualquier posibilidad de una monarquía católica a la vez que se impedía la posibilidad de reinstaurar una monarquía absoluta en las Islas Británicas. Los poderes del Rey se restringieron notablementeimpidiéndole en el futuro suspender las leyes, crear impuestos, o mantener un ejército permanente durante tiempos de paz sin el permiso del Parlamento.

Posteriormente, con la llegada del llamado «iusnaturalismo revolucionario», Hobbes, Locke y Rousseau desarrollan ciertos elementos comunes de la naturaleza humana como base de sus planteamientos. Esos elementos comunes son la igualdad y la racionalidad de los individuos, aunque cada uno lo interprete de una manera diferente: así, para Hobbes los hombres son radicalmente egoístas y buscan exclusivamente la satisfacción de sus deseos mientras que, para Locke, todos los hombres están en igual capacidad de apropiarse de los bienes de la naturaleza mediante su trabajo, y para Rousseau todos los hombres han nacido libres y dueños de su voluntad.

Hobbes parte de un enfoque antropológico-mecanicista entendiendo que las acciones deseos y aversiones humanas pueden explicarse en términos de materia en movimiento; así, considera que el hombre no es más que un complejo mecanismo que responde a estímulos mecánicos de acuerdo con leyes universales de la naturaleza. Esta condición del comportamiento humano se traduce en la subjetividad de las normas: «Amor y odio son solo palabras para describir el deseo o la aversión hacia las cosas o las personas; bueno y malo no significan más que nuestros apetitos o aversiones. Los términos morales describen solo gustos y preferencias pero no describen un estado, criterio o mandato objetivo» (Hobbes, 1642). Por ello, define a los seres humanos como egoístas racionales que, bajo cualquier circunstancia, solo buscan lo que conviene a sus intereses, sea en sociedad o fuera de ella, ya se trate de los amigos o extraños y con independencia de la naturaleza de los asuntos por los que se relacionan. Esta caracterización tan radical le permite justificar la necesidad de un soberano absoluto, que sólo puede defenderse presentando al hombre en estado de naturaleza y en su aspecto más negativo.

En el *«Leviatán»*, Hobbes se refiere en numerosas ocasiones al concepto de ley natural preocupándose por introducir una definición que la exprese como una norma o precepto de la razón que prohíbe a las personas hacer lo que puede destruir su vida, privarle de los medios para conservarla u omitir lo que mejor puede preservarla. Y aquí se aprecia una cierta contradicción entre ambas ya que, si bien la primera obliga a la propia conservación y, para ello, autoriza a hacer cualquier cosa, incluso si afecta a los demás, la segunda ordena procurar hacia la paz y renunciar colectivamente al derecho que les da la primera. Las leyes naturales de Hobbes incluyen: «que los hombres cumplan los pactos que han celebrado, sean gratos a quienes les otorgan beneficios, se esfuercen por acomodarse a los demás, perdonen las ofensas pasadas, en las venganzas consideren solamente el bien venidero, no muestren odio o desprecio por los demás, reconozcan a los demás como iguales suyos, no pretendan derechos que no estén dispuestos a reconocer a los demás, juzguen con equidad, usen equitativamente los bienes comunes, respeten el derecho de primogenitura y de primer ocupante, respeten las sentencias de jueces y árbitros, no sean jueces en causa propia, y acepten la validez del testimonio de testigos» (Hobbes, 1642). Estas consideraciones generales en unos casos son normas éticas propias de sociedades concretas y, en otros, son descripciones de regularidades sociales que no constituyen necesariamente normas universales de comportamiento y menos aun leyes en el sentido estricto. En todo caso, Hobbes se muestra bastante escéptico en relación con el valor de las leyes naturales.

Locke, al referirse a la ley natural, la introduce al comienzo de su *«Segundo Tratado»* para hacer referencia a ella en numerosas ocasiones: «El estado de naturaleza tiene una ley de naturaleza que lo gobierna y que obliga a todos. Y la razón que es esa ley, enseña a quien quiera consultarla que siendo todos los hombres iguales e independientes, ninguno debe dañar a otro en lo que atañe a su vida, salud, libertad o posesiones... también se verá obligado a preservar el resto de la humanidad en la medida en que sea posible, cuando su propia preservación no se vea amenazada por ello» (Locke, 1689).

La tesis de la igualdad entre los miembros de la misma especie, base teórica de su obra, curiosamente no aparece en el capítulo de la propiedad, pese a que, inicialmente, la había planteado con argumentos sumamente adecuados y sólidos. Rousseau solo la menciona en una ocasión en *«El Contrato Social»* y no recurre a ella como argumento en el que basar su análisis ni su propuesta: «Esta libertad común es una consecuencia de la naturaleza del hombre. Su primera ley es su propia conservación» (Rousseau, 1762).

Es en *«El Contrato Social»* donde desarrolla su concepto de las leyes de orden superior: «Así, por lo tanto, al no poder el legislador emplear ni la fuerza ni el razonamiento, es de necesidad que recurra a una autoridad de otro orden que pueda arrastrar sin violencia y persuadir sin convencer». (...) «He aquí lo que obligó en todos los tiempos a los padres de todas las naciones a recurrir a la intervención del cielo y atribuir a los dioses su propia sabiduría, a fin de que los pueblos, sometidos a las leyes del Estado como a las de la naturaleza y reconociendo el mismo poder en la formación del hombre y en la de la ciudad, obedezcan con libertad y lleven dócilmente el yugo de la felicidad pública». (...) «...y mientras que la orgullosa filosofía o el ciego espíritu de partido tan solo ven en ellos afortunados impostores, el verdadero político admira en sus instituciones ese grande y poderosos genio que preside las instituciones duraderas» (Rousseau, 1762). Las raras ocasiones en que Rousseau menciona la ley natural en los dos discursos, tienen el carácter de referencias genéricas sin mayor contenido conceptual. El fundamento del estado de naturaleza radica en la inexistencia de una autoridad concreta. Tal estado no es más que un concepto teórico utilizado por Hobbes, adoptado luego por Locke y negado por Rousseau. En todo caso, Hobbes dejó sentado que tal estado no corresponde a una realidad histórica, pero puede describirse como el género de vida cuando no exista un poder común qué temer. Para Hobbes los hombres son iguales por naturaleza. Pero de la igualdad resulta la desconfianza y de la desconfianza la guerra. Así,«son tres las causas principales de discordia, la competencia, la desconfianza, y la gloria. La primera lleva a los hombres a atacarse para lograr beneficios, la segunda para buscar seguridad, la tercera para ganar reputación» (Hobbes, 1642).

Para Locke el estado de naturaleza es diferente: se trata de un estado de igualdad en el que todo poder y jurisdicción son recíprocos, de perfecta libertad, en el que cada uno dispone de si y de sus propiedades como desee, sin depender de la voluntad de otro. Es un estado de paz, buena voluntad, asistencia mutua y conservación, en tanto que el estado de guerra es un estado de enemistad, malicia, violencia y mutua destrucción (Locke, 1689). La igualdad universal en el estado de naturaleza hace que cada hombre pueda y deba castigar a quien haya cometido una ofensa contra él o contra otro para prevenir que vuelva a cometerla (Locke, 1689). Los hombres se encuentran naturalmente en ese estado y han permanecido en él hasta que consienten en hacerse miembros de una sociedad política. Este estado de naturaleza no es igual al estado de guerra de Hobbes, si bien puede convertirse en algo semejante si se incrementa la inseguridad respecto de la vida, la libertad, o la propiedad.

Según Locke la introducción de la sociedad civil no elimina la existencia del estado de naturaleza, condición que puede presentarse cuando la sociedad se levanta contra un gobierno que ha incumplido el pacto social (Locke, 1689). Por su parte, Rousseau niega de manera tajante que los hombres se hayan encontrado alguna vez en estado puro de naturaleza: «...es preciso negar que, incluso antes del diluvio, los hombres se hayan encontrado alguna vez en el puro estado de naturaleza...» (Rousseau, 1755), y, simultáneamente, se dedica a presentar una atractiva especulación sobre la evolución social del hombre a partir del estado de buen salvaje: «Errante en las selvas, sin palabras, sin domicilio, sin guerra y sin vínculos, sin ninguna necesidad de sus semejantes, así como sin ningún deseo de perjudicarlos, quizá incluso sin reconocer jamás a ninguno individualmente, el hombre salvaje, sometido a pocas pasiones y bastándose a sí mismo, tenía tan solo los sentimientos y luces apropiados para ese estado, no sentía más que sus verdaderas necesidades, miraba tan sólo lo que creía tener interés de ver y su inteligencia no progresaba más que su vanidad» (Rousseau, 1755). En esa condición primitiva los hombres son esencialmente iguales en tanto que las diferencias son producto de las costumbres y de los diversos hábitos de vida que adoptan en la sociedad y están dotados de un sentimiento natural de piedad.

El estado de guerra que viven los hombres puede ser superado sólo si todos aceptan someterse a un soberano con el fin de vivir en sociedad civil, de acuerdo con sus intereses, para su propia seguridad y conservación, o para garantizar la libertad y el derecho de propiedad. Por ello, el objetivo básico del contrato social es salir del estado de guerra de todos contra todos, asegurar la paz social y garantizar la seguridad individual y colectiva: «El fin del Estado es, particularmente, la seguridad. La causa final, fin o designio de los hombres (que naturalmente aman la libertad y el dominio sobre los demás) al introducir esta restricción sobre sí mismos (en la que los vemos vivir formando Estados) es el cuidado de su propia conservación y, por añadidura, el logro de una vida más armónica; es decir, el deseo de abandonar ese miserable estado de guerra que, tal como hemos manifestado, es consecuencia necesaria de las pasiones naturales de los hombres cuando no existe poder visible que los tenga a raya y los sujete, por temor al castigo, a la realización de sus pactos y a la observancia de las leyes de naturaleza...» (Hobbes, 1642).

Definir los objetivos del contrato social en Rousseau resulta algo más complicado ya que su argumentación se encuentran difuminada en su obra. La formulación mas clara se encuentra en el capítulo VI de *«El Contrato Social»*: «Quiero averiguar si en el orden civil puede haber alguna regla de administración legítima y segura que tome a los hombres tal como son y las leyes tal como pueden ser. En esta búsqueda trataré de unir siempre lo que permite el derecho con lo que prescribe el interés a fin de que la justicia y la igualdad no se encuentren nunca separadas» (...) «Encontrar una forma de asociación que defienda y proteja con toda la fuerza común la persona y los bienes de cada asociado y por la cual, cada uno, uniéndose a todos, obedezca tan sólo a sí mismo y quede tan libre como antes» (…). «Si se inquiere en qué debe consistir precisamente el máximo bien de todos, que debe ser el fin de todo sistema de legislación, se encontrará que se reduce a estos dos objetos principales, la libertad y la igualdad: la libertad porque toda dependencia particular es otra de las tantas fuerzas quitadas al cuerpo del estado; la igualdad porque la libertad no puede vivir sin ella».

Si para Hobbes el objetivo del pacto es garantizar la seguridad y para Locke asegurar la libertad y la propiedad, para Rousseau, sin embargo, era conseguir el acceso universal a la libertad y la equidad. A cada uno de estos objetivos corresponde un tipo diferente de propuesta de sociedad y de Estado.

El modelo de contrato social de Hobbes integra dos contratos separados y bien diferenciados. Por una parte, los contratantes acuerdan establecer una sociedad renunciando de forma colectiva y recíproca a los derechos que tienen en el estado de naturaleza para lograr la seguridad individual y colectiva: «Dícese que un Estado ha sido instituido cuando una multitud de hombres convienen y pactan, cada uno con cada uno, que a un cierto hombre o asamblea de hombres se le otorgará, por mayoría, el derecho de representar a la persona de todos». Por otra, entregan a una persona o a una asamblea de personas, el Soberano, la autoridad y el poder para que hagan efectivo el contrato inicial, y reconocen la voluntad del soberano como la propia. Por eso afirma que: «El único camino para erigir semejante poder común, capaz de defenderlos contra la invasión de los extranjeros y contra las injurias ajenas, asegurándoles de tal suerte que por su propia actividad y por los frutos de la tierra puedan nutrirse a sí mismos y vivir satisfechos, es conferir todo su poder y fortaleza a un hombre o a una asamblea de hombres, todos los cuales, por pluralidad de votos puedan reducir sus voluntades a una voluntad. Esto equivale a decir: elegir un hombre o una asamblea de hombres que represente su personalidad; y que cada uno considere como propio y se reconozca a sí mismo como autor de cualquier cosa que haga o promueva quien representa su persona, en aquellas cosas que conciernen a la paz y a la seguridad comunes; que además sometan sus voluntades cada uno a la voluntad de aquel y sus juicios a su juicio». (Hobbes, 1642). Más aun, «En todos los Estados, el poder soberano debe ser absoluto. Así parece bien claro a mi entendimiento, lo mismo por la razón que por la Escritura, que el poder soberano, ya radique en un hombre, como en la monarquía, o en una asamblea de hombres, como en los gobiernos populares y aristocráticos, es tan grande, como los hombres son capaces de hacerlo. Y aunque, respecto a tan ilimitado poder, los hombres pueden imaginar muchas desfavorables consecuencias, las consecuencias de la falta de él, que es la guerra perpetua de cada hombre contra su vecino, son mucho peores» (Hobbes, 1642).

El contrato social en su integridad implica la aceptación de vivir en sociedad bajo leyes comunes y la creación de mecanismos de ejecución del contrato y de las leyes que lo conforman. El Soberano, está investido con la autoridad y el poder para castigar las violaciones del contrato (Zarka, 1997), de modo que el castigo sea tal que sean peores las consecuencias de actuar como si se permaneciera en el estado de naturaleza. Así, la sociedad civil llega a ser posible en la medida en que existe una entidad superior, aceptada por convención, que puede obligar a las personas a respetar un ordenamiento social.

Hobbes no deja lugar a dudas sobre las características del Estado y del soberano absoluto que propone, cuya discrecionalidad e inimputabilidad quedan claramente definidas en el capitulo XVIII de *«El Leviatán»*: «De esta institución de un Estado derivan todos los derechos y facultades de aquel o de aquellos a quienes se confiere el poder soberano por el consentimiento del pueblo reunido. Los súbditos no pueden cambiar de forma de gobierno... quienes son súbditos de un monarca no pueden sin su aquiescencia renunciar a la monarquía y retornar a la confusión de una multitud disgregada; ni transferir su personalidad de quien la sustenta a otro hombre o a otra asamblea de hombres, porque están obligados, cada uno respecto de cada uno, a considerar como propio y ser reputados como autores de todo aquello que pueda hacer y considere adecuado llevar a cabo quien es, a la sazón, su soberano.

Las atribuciones del soberano implican la negación de la posibilidad de la actividad política de los ciudadanos en la medida en que el Estado en Hobbes no surge del consentimiento de las personas a él sujetas, sino de una total transferencia de poder de los individuos al soberano por temor a la muerte. En efecto, «Los hombres de Hobbes, tras el contrato siguen siendo estúpidos, extravagantes, locos, dominados por un deseo infinito y sólo se ajustan al sistema del Leviatán por el miedo externo. La construcción institucional de Hobbes no prevé nunca la transformación de la naturaleza humana» (Villacañas Berlanga, 1998).

Locke parte de supuestos radicalmente diferentes a los de Hobbes y plantea una propuesta fundamentada en tres principios: la propiedad como base del pacto, la ley de la mayoría como regulación de la vida política y el derecho de la sociedad a levantarse, deponer y cambiar el gobierno cuando éste ha infringido el pacto. Para formularla, parte de dos axiomas calvinistas antihobbesianos: la sociedad es un hecho social natural y el pueblo jamás pierde el derecho a la soberanía. Así, afirma: «El único modo en que alguien se priva a sí mismo de la libertad y se somete a las ataduras de la sociedad civil, es mediante un acuerdo con otros hombres, según el cual todos se unen formando una comunidad, a fin de vivir unos con otros de manera confortable, segura y pacífica, disfrutando sin riesgo de sus propiedades respectivas y mejor protegidos respecto de quienes no forman parte de dicha comunidad» (...) «Y así, cada hombre al consentir con otros en la formación de un cuerpo político bajo un solo gobierno, se pone a sí mismo en la obligación respecto a todos y cada uno de los miembros de ese cuerpo de someterse a las decisiones de la mayoría y a ser guiado por ella» (Locke, 1689).

Locke insiste en el derecho que tiene la sociedad civil de resistir la autoridad del gobierno, e incluso derrocarlo y cambiarlo. Así, cuando el gobierno civil se convierte en tiranía al negar al pueblo su capacidad de hacer leyes destinadas a su propia preservación, el tirano se rebela y constituye un estado de guerra con el pueblo, que puede reactivar el derecho de autodefensa que tenía antes del contrato. En efecto, cuando, el soberano se convierte en un tirano y actúa contra los intereses de la sociedad, sus integrantes tienen el derecho y, aun más, la obligación de resistir esa autoridad, rescindir el contrato y reiniciar el proceso de creación de una nueva sociedad política. Estos argumentos a favor del contrato social y del derecho de resistencia de los ciudadanos tuvieron una influencia decisiva en las revoluciones democráticas de los siglos XVIII y XIX». Para concluir, el poder que cada individuo dio a la sociedad cuando entró en ella, nunca puede revertir de nuevo a los individuos mientras la sociedad permanezca; siempre ha de permanecer dicho poder en manos de la comunidad, pues sin eso ni hay comunidad ni hay Estado, lo cual es contrario a lo que se acordó en un principio... Si aquellos que están en posesión de la autoridad pierden ese poder por causa de sus abusos, entonces el poder revierte a la sociedad, y el pueblo tiene el derecho de actuar con autoridad suprema, y el de asumir la legislatura; o, si lo estima beneficioso, puede erigir una nueva forma de gobierno, o depositar la vieja en otras manos» (Locke, 1689).

Rousseau planteó diferentes formas de contrato social. En el *«Discurso sobre el Origen y los Fundamentos de la Desigualdad entre los Hombres»*, desarrolla una versión del contrato analizando la evolución moral y política de los seres humanos desde su condición primitiva hasta la sociedad moderna. Para él, la consolidación de la propiedad privada fue el acontecimiento crucial de la evolución de la humanidad que permitió su avance del estado primitivo, de naturaleza y la condujo a un estado caracterizado por la codicia, la competencia y la desigualdad. En esta situación, los propietarios perciben la necesidad de crear un aparato que proteja su propiedad y lo presentan como un proyecto de utilidad común para proteger a los débiles, contener a los ambiciosos y asegurar a cada uno la propiedad de lo que le pertenece: «Después de haber demostrado que la desigualdad es apenas perceptible en el estado de naturaleza y que su influencia es en sí casi nula, me queda por mostrar su origen y sus progresos en los desarrollos sucesivos del espíritu humano. Después de haber mostrado que la perfectibilidad de las virtudes sociales y las otras facultades que el hombre natural había recibido en potencia, no podían nunca desarrollarse solas, que tenían necesidad para ello del concurso fortuito de varias causas exteriores que podrían no surgir jamás y sin las cuales hubiera permanecido eternamente en su condición primitiva, me queda por considerar y acercar las diferentes casualidades que han podido perfeccionar la razón humana, deteriorando la especie, volver a un hombre malo al volverlo sociable, y desde un término tan alejado llevar finalmente al hombre y al mundo al punto en que los vemos» (Rousseau, 1755).

En *«El Contrato Social»*, sin embargo, planteó su propuesta normativa de contrato, concebida para resolver los problemas de la sociedad moderna. Aquí establece los fundamentos de legitimidad de toda sociedad, legitimidad cuya condición es la eliminación de la violencia contra los elementos básicos de la condición del hombre: la libertad y la igualdad. El punto de partida es la libertad esencial del hombre, perdida en el contrato social que se acuerda para defender la propiedad privada de la que resultan la dependencia social y económica y la desigualdad (Rousseau, 1762).

Ahora bien, para vivir sin sucumbir a la fuerza y a la coerción de los demás es necesaria la enajenación total de cada asociado, con todos sus derechos, en la comunidad de modo que la única autoridad sea la generada por el pacto de todos los asociados: «Cada uno de nosotros pone en común su persona y todo su poder bajo la suprema dirección de la voluntad general, y nosotros recibimos a cada miembro como parte indivisible del todo (Rousseau, 1762)».

El acuerdo básico, el pacto social, tiene por objeto unirse y formar un pueblo, una sociedad, que por definición es diferente a la mera suma de intereses y deseos individuales, en la medida en que está orientado al interés común. En efecto: «Esas clausulas, bien entendidas, se reducen todas a una sola, a saber: la enajenación total de cada asociado con todos sus derechos a toda la comunidad; pues, en primer lugar, al darse cada uno por entero, la condición es igual para todos y, siendo la condición la misma para todos, nadie tiene interés en volverla onerosa para los demás» (Rousseau, 1762).

Una vez formado este cuerpo social, mediante la renuncia colectiva de los derechos individuales, se constituye en el soberano como persona colectiva comprometido con los intereses de los individuos que lo constituyen y éstos quedan comprometidos con el interés del conjunto de los asociados. Este pacto implica que los individuos no son libres de decidir si cumplen sus compromisos con la sociedad al tiempo que aprovechan los beneficios de su participación en ella: por asumir tal pacto, se obligan a conformarse a la voluntad general.

De acuerdo con el análisis de Cole (1913), la doctrina del contrato social es sólo una de las tres diferentes maneras en que Rousseau concebía las bases para una unión política. La segunda manera en que replantea la misma doctrina es la de la soberanía popular y la tercera sería la de la voluntad general, entendiendo que la soberanía es su ejercicio. Este concepto de soberanía tiene un carácter mas político que filosófico y se diferencia de la habitual concepción legal-iusnaturalista. El concepto de voluntad general es uno de los principios políticos básicos de la obra de Rousseau. En efecto, el contrato social crea un nuevo individuo y, cuando ello sucede: «a l'instant, au lieu de la personne particulière de chaque contractant, cet acte d'association produit un corps moral et collectif composé d'autant de membres que l'assamblée a des voix, lequel reçoit de ce même acte son unité, son moi commun, sa vie et sa volonté». Una vez creado este nuevo ser, en el cual todos han puesto en común su persona y su poder «sous la suprême direction de la volonté générale», el mismo será llamado por sus integrantes estado si es pasivo y soberano cuando es activo. Y los asociados recibirán colectivamente la denominación de pueblo o de ciudadanos como» partícipes de la autoridad soberana» (Rousseau, 1762).

Pero la voluntad general, que no es la voluntad de todos, implica un compromiso para el bienestar del todo y es indestructible. Es la voluntad moral que, en un estado ideal, las leyes deberían expresar ya que las voluntades particulares podrían reflejar intereses egoístas. En efecto cada persona, como individuo, podría tener una voluntad particular opuesta o incompatible con la voluntad general que tiene como ciudadano, pero el Estado tiene atribuciones para obligarlo a seguir la voluntad general, pues la misma expresa el interés común de todos los ciudadanos y es lo que ellos elegirían si se dieran cuenta de sus verdaderos intereses y de donde reside el bien común. Así, en el párrafo final del capítulo VII del Libro I, puntualiza que «Afin donc que le pacte social ne soit pas un vain formulaire, il renferme tacitement cet engagement qui seul peut donner de la force aux autres, que quiconque refusera d'obéir à la volonté générale y sera contraint par tous le corps: ce qui ne signifie autre chose sinon qu'on le forcera d'être libre; car telle est la condition qui donnant chaque citoyen à la Patrie le garantit de toute dépendance personelle» (Rousseau, 1762).

La libertad es esencial para la moralidad y, de acuerdo con Rousseau, el hombre será libre si sigue la voluntad general ya que, al adherirse a ella, se convierte en ciudadano cotitular de la soberanía.

Pese a que los postulados de Locke habían servido de inspiración a Jefferson para la Declaración de la Independencia de los Estados Unidos, y las propuestas de Rousseau dieron fundamento a la Declaración de los Derechos del Hombre y del Ciudadano de la Revolución Francesa, a fines del siglo XVIII la idea del contrato había decaído, excepto en Alemania donde las ideas relativas al contrato social mantuvieron una mayor vigencia bajo la influencia de las ideas de Rousseau. Sin embargo, ya en el siglo XIX la idea seguía vigente en los Estados Unidos y aparecen referencias al contrato social en varios debates relativos a la naturaleza de la Constitución.

A este respecto, habría que citar las aportaciones realizadas por J. Wise (1717) cuando al teorizar el significado de las cartas constitucionales de Connecticut y de Rodhe Island, distingue entre contrato social y acto constitucional. Mediante el primero se crea la comunidad. Mediante el segundo se institucionaliza la sociedad política a través de la Constitución.

Quizás sea en Kant donde encontramos un peculiar resurgimiento de los principios contractualistas severamente modificados. En sus obras, Kant reconoce la deuda que tiene hacia Rousseau por haberle hecho aceptar los principales valores humanos: la libertad y la igualdad, ideas que no figuran en sus escritos tempranos. Sin embargo, esta influencia queda modificada en la asociación que construye Kant entre moralidad y libertad bajo el imperio de la Ley. La libertad debería constituir el fin, y la moralidad el medio para alcanzarla de acuerdo con el imperativo categórico que establece como «todos los seres racionales deberán sujetarse a la ley que establece que nunca cada uno deberá tratar a sí mismo y a los otros como medio, sino siempre y al mismo tiempo como un fin en sí mismo. Y al hacer eso surgirá una unión sistemática de seres racionales bajo leyes objetivas comunes, esto es un reino» (Kant, 1785). Esta sería la versión que Kant presenta del contrato social en la cual todos los agentes se imponen libremente y en forma autónoma la ley que habrá de regirlos extendiendo la libertad a todos los otros agentes racionales. Para que la voluntad general pueda coincidir con la autonomía individual deberá entonces asegurarse a todos los ciudadanos tanta libertad como permitan los derechos civiles y esta será la principal función de la autoridad.

También Hegel mostró una clara influencia de ciertas ideas expresadas por Rousseau, si bien modifica la idea fundamental acerca de la voluntad general al adoptar el criterio de la voluntad universal o racional. Hegel no concibe una noción de libertad personal irrestricta pues la considera prácticamente inalcanzable.

Desde su punto de vista la verdadera libertad sería la libertad de elección moral que estaría expresando la voluntad universal o racional ya que, al actuar cada persona como un agente moral se generaría el contrato social de acuerdo con la concepción de Hegel (Hegel, 1821). En efecto, «al adoptar un comportamiento moral cada individuo podrá alcanzar sus propios objetivos, que habrán de coincidir con los de las restantes personas, ya que al guiarse por la voluntad universal o racional habrán de dejar de lado sus intereses particulares para considerar sólo la justicia y el bien común» (Montuschi, 2004).

Uno de los principales ataques a la teoría del contrato social provino de David Hume en su ensayo de 1748 *«On the Original Contract»*, donde hace notar que el contrato social había sido una construcción de los filósofos y que su mera idea estaba mucho más allá de la comprensión de salvajes en estado de naturaleza. Ninguna persona actuaría en los hechos como si hubiese otorgado su aceptación a un Estado y a un gobierno surgido de algún tipo de contrato al cual debió dar eventualmente su consentimiento. De acuerdo con Hume la legitimación de un gobierno se derivaría más bien de la aceptación gradual de quienes deban someterse al mismo que de un consentimiento original explícito (Hume, 1748).

En el siglo XX se produjo un resurgir de la tradición contractualista orientada, básicamente, en dos corrientes: la primera destaca la igualdad natural en el status moral de las personas y considera a la justicia, entendida como equidad, como el valor principal que debe regir el contrato social. Presuntamente inspirada en Kant, puede considerarse a Rawls el más importante teórico político contemporáneo del contrato social. La segunda, que se desarrolla básicamente sobre el contractualismo moral de Gauthier, se considera más cercana a los puntos de vista de Hobbes y defiende el mutuo beneficio que obtienen los sujetos, resultante de aceptar convenciones que protejan los intereses y las propiedades de cada uno.

La situación inicial, entendida como el estado de naturaleza, es la «posición original» definida por Rawls como una situación hipotética, un experimento mental, en la cual los individuos actuando de manera racional, por sí mismos o en representación de otros, eligen los principios de justicia que desearían rigiesen para siempre y para todos como ordenadores de la sociedad en la cual viven. La posición original representa «la igualdad de los seres humanos como personas morales».

Existen, no obstante, una serie de restricciones a la posibilidad de tener información respecto de esa situación inicial. En efecto, Rawls supone que las decisiones se toman detrás de un «velo de ignorancia» que oculta a todas las partes interesadas la información relevante respecto de sí mismos: raza, sexo, religión, nacionalidad, clase social, habilidades naturales, gustos e inclinaciones. Tampoco habrán de conocer las características políticas, económicas y culturales de su propia sociedad. Tras el velo de ignorancia todos los individuos son moralmente iguales, racionales y libres y se da por supuesto que todos saben que en el mundo real existirán diferencias en la dotación de activos y habilidades naturales que permitirán diferenciar distintos grupos de individuos.

En efecto, para Rawls el individuo es naturalmente egoísta y actúa movido por el interés propio. En esas condiciones el velo de ignorancia estaría evitando que en la discusión respecto de las normas que habrán de definir el contrato social una persona, movida por ese interés egoísta, pretenda imponer sus intereses propios. Dado que el contrato social no podrá modificar la posición original, se trata de que en el diseño del mismo se logre finalmente constituir una sociedad que resulte equitativa para todos en lo relacionado con los bienes sociales primarios que le toquen a cada uno de sus integrantes. Y las reglas que habrán de surgir del acuerdo deberán ser justas y equitativas sin favorecer en particular a ninguna persona determinada.

Detrás del velo de ignorancia cada persona, actuando en forma egoísta y movido por el interés propio, actuará, no obstante, de modo enteramente imparcial comportándose con benevolencia y teniendo presente el bien de cada persona de la sociedad pues al desconocer su propia posición en la misma el bien de los otros cuenta como el bien propio.

Dentro de estas restricciones las personas habrán de elegir los siguientes principios de justicia, entendida como equidad: «Cada persona tendrá igual derecho al más extenso sistema de libertades básicas compatible con un sistema similar de libertades para todos. Este principio es denominado principio de la libertad y significa que toda persona tendrá el más amplio derecho a bienes y libertades en cuanto el mismo no comprometa los derechos de otros a esos mismos bienes y libertades. Las desigualdades pueden ser aceptables en la sociedad siempre que se cumplan dos condiciones: deben responder a arreglos tales que resulten en beneficios para los miembros menos favorecidos de la sociedad, que sería el principio de la diferencia y, deben corresponder a puestos y funciones abiertos a todos los miembros de la sociedad, que sería el principio de igualdad de oportunidades, que tiene prioridad en relación con el primero. Cada persona intentará elegir el tipo de sociedad que ofrezca la menor alternativa mala, es decir aquella en que los individuos menos afortunados se encuentren en la situación menos infortunada, ya que nadie puede asegurar que no puedan finalmente encontrarse en dicha posición» (Rawls, 1971).

En efecto, según Montuschi, Rawls pretende revivir la tradición del contrato social proponiendo una redefinición del mismo sobre la base de los principios enunciados que tendrían un valor a priori y establecerían a la justicia, entendida como equidad (o imparcialidad), como la base de una sociedad bien ordenada. Para ello distingue entre el bien y la justicia y, al sostener la primacía de lo justo sobre el bien, afirmará que se trata de un problema de justicia política y no un problema del bien más elevado. Por tanto, puede argumentarse que Rawls al plantear su posición original es orientado por un conjunto de intuiciones morales entre las cuales sobresalen su evidente preocupación por el bienestar de la humanidad, su objetivo de lograr una mayor igualdad entre los seres humanos, sus ideas acerca de la libertad política y religiosa. Y el velo de la ignorancia constituye una forma de plantear la exigencia moral de ponerse en el lugar de los demás.

Gauthier (1998) pretende fundar la moralidad en la racionalidad en línea con el pensamiento original de Hobbes, suponiendo que, en principio, no existe una armonía de intereses entre las personas y que todas habrán de ganar si consienten a entrar en un acuerdo de cooperación. Pero, a diferencia de Hobbes quien suponía que sería necesaria la figura del soberano con los poderes para hacer cumplir los términos del acuerdo, Gauthier piensa que la racionalidad por sí misma llevará a las personas a cooperar y a atenerse estrictamente a los términos del acuerdo.

Para justificar su hipótesis, usa el modelo del dilema del prisionero tratando de mostrar que aun a las personas que se guían por el interés propio les conviene participar en acuerdos de cooperación, ya que se encuentran implicados en acciones en las que está presente una interacción con terceros quienes, con sus propias acciones, pueden afectar sus intereses.

Gauthier plantea el supuesto de que las personas, si actúan en forma racional, habrán de adquirir una actitud favorable a someterse a ciertas restricciones cuando se produzca la interacción con otros o cuando se presenten situaciones del tipo del dilema del prisionero. Esta elección racional deriva de la conveniencia de ser cooperadores y de adoptar principios de moralidad en beneficio mutuo, de tal modo que su propia fuerza les obligará a cumplir los acuerdos y hará inútil la presencia del soberano. Este beneficio mutuo es el fundamento de la moralidad de tal modo que los principios morales serán los que «orientan la elección en la interacción cooperativa, que es aquella en la que cada persona, completamente consciente de sus concretas circunstancias, capacidades e intereses, trata de que sus acciones estén en función de las acciones de los otros de un modo que sea beneficioso para todos» (Gauthier, 1986).

III. Consideraciones actuales

La existencia de un mundo globalizado, así como la pervivencia de una crisis económica duradera, que además es, al menos en algunos países, una crisis institucional y de valores, una crisis sistémica en suma, ha supuesto que desde determinados sectores doctrinales se vuelva a plantear la necesidad de un nuevo contrato social como única vía para superar la llamada «globalización de la miseria», salir de la crisis económica y sentar las bases de una nueva organización social y política. Pero creemos que, sin perjuicio de que esta categoría dogmática pueda conservar todavía una cierta utilidad científica, sin embargo la misma debe ser despojada de muchas de las características históricas que hicieron posible su configuración, en la cual, como acabamos de ver, existen también importantes diferencias conceptuales. Y ello, entre otras, por las siguientes razones:

1. En primer lugar, los supuestos son radicalmente distintos. No se puede afirmar que la sociedad actual se encuentre en una situación de anarquía permanente, de la cual hay que salir, ni tampoco en una situación idílica que hay que mantener a toda costa. Las sociedades actuales son sociedades fragmentadas y muy diferentes entre si según sea el espacio físico que analicemos. La globalización

no ha producido una igualación social sino que, al contrario, ha ahondado en las desigualdades sociales, produciendo amplias zonas de exclusión social incluso en las sociedades mas avanzadas. Pero es precisamente esta globalización, y aunque las desigualdades se hayan agrandado en espacios físicos concretos, la que impide un contrato social a la usanza antigua. Otra cuestión, radicalmente distinta, es proponer un contrato social que rebase los actuales marcos estatales y adquiera un carácter global, universal en su suma.

2. También los espacios públicos son diferentes. Hoy día es posible sostener que los marcos estatales, aunque continúen conservando un importante papel en determinadas cuestiones, como puede ser incluso la suavización de la actual crisis económica, no son siempre un marco de referencia para el desarrollo de determinadas políticas publicas. Si ello es así, también lo es que la solución de la actual crisis económica tiene un marco de referencia supraestatal, no siendo suficiente, por tanto, con un concreto contrato social que se refiera a un determinado marco estatal. Por ello, se habla también, aunque a nivel político y no científico, de la necesidad de un contrato social europeo.
3. Los titulares de ese hipotético contrato social tampoco pueden ser los mismos. Es cierto que del primitivo contrato social fueron excluidas las mujeres, pues la presencia de estas se reducía al espacio privado, incluso al meramente doméstico. Y también lo es que en el siglo XXI este contrato social sería inviable sin la presencia de las mujeres en el espacio público en condiciones de igualdad absoluta con los hombres; de igual modo que sería también impensable que el contrato social no afectara y se extendiera al mismo ámbito privado. Pero no se trata, simplemente, de que los individuos, aisladamente considerados, decidan libremente acordar determinadas cuestiones. Las sociedades actuales no son una suma de individuos sino de grupos sociales, con una complejidad mucho mayor. Aquellos deben ser los titulares de dichos hipotéticos acuerdos, lo cual ahonda en la dificultad de los mismos. Y nos estamos refiriendo a todos y cada uno de los grupos sociales, no solo a aquellos que se integran plenamente en el sistema, sino también a los que cuestionan el mismo, por entender que no se sienten representados en aquel. Tampoco parece necesario incidir en si el contrato social es un acto único o una sucesión de actos, es decir, si se trata solo de ordenar la sociedad civil o configurar también el nuevo poder político. O si el contrato social supone o no el definitivo abandono del estado de naturaleza.
4. Asimismo, ya no se trata de encontrar una forma de legitimación alternativa a las históricamente existentes, tal y como sucedía en las teorías contractualistas. Ahora nadie discute que el principio democrático es la única fuente de legitimación del poder, sin posibilidad de sustitutivo teórico alguno. Lo que hoy puede y debe plantearse es el significado y alcance del mismo, sus modalidades de expresión y su propio contenido.

5. Finalmente, hay que partir del principio de que el poder también se encuentra globalizado, lo que dificulta, sin duda alguna, la posibilidad de un contrato social. Esta globalización del poder hace imprescindible una constitucionalización de los poderes privados, los cuales deben participar en ese hipotético contrato social, pero también someterse al principio democrático. Asimismo, los acuerdos o contratos que se produzcan difícilmente pueden tener un carácter global, pues han de ser realizados a una pluralidad de niveles.

Y es que una vez que ya se han experimentado, históricamente hablando, todas las relaciones posibles entre la sociedad civil y los poderes públicos, se hace necesario encontrar nuevas formulas que, aun manteniendo algunos caracteres de las categorías clásicas —como es el propio contrato social—, se vean desprovistas de las connotaciones históricas que las propiciaron y contribuyan a formular un nuevo proceso de convivencia. No debemos olvidar que los márgenes de decisión en un mundo globalizado son radicalmente distintos. Y ello considerando al tiempo la enorme complejidad de las actuales sociedades, cada vez mas interdependientes entre si. Es decir, las relaciones entre gobernantes y gobernados han experimentado una radical alteración que requiere la existencia de nuevas categorías dogmáticas. Finalmente, también los Estados nacionales han experimentados cambios notables, habiendo desaparecido algunas de sus características estructurales, aunque la viabilidad de los mismos difícilmente puede ser puesta en entredicho.

Por todo ello, el «nuevo contrato social», si queremos mantener el mismo nombre, debe partir de la existencia de sociedades fragmentadas, tanto desde un punto de vista territorial, como interno. Fragmentación que es necesario al menos paliar cuanto antes. Es decir, el nuevo contrato social debe tender a la desaparición de dicha fragmentación y a la superación de las desigualdades creadas por la crisis económica, intentando que la actuación de los poderes públicos y privados no contribuya a aumentarlas.

Así pues, el contrato social, si lo entendemos en el sentido que fue concebido por los autores clásicos anteriormente analizados, difícilmente puede ser una categoría dogmática útil en nuestro días. Además, la lógica del principio democrático impone que no se pueda producir una renovación incontrolada del contrato social. Otra cosa bien distinta es que todo proceso electoral suponga siempre un contrato con la ciudadanía, que se formaliza en el correspondiente programa electoral que se pretende llevar a cabo. Es lo que científicamente se ha denominado un contrato de legislatura, debiendo reforzarse los mecanismos necesarios para que los gobernantes cumplan el programa político con el que se presentaron ante sus electores, pues no debemos olvidar que el pueblo soberano debe tener siempre en sus manos el pacto constitucional.

Este nuevo contrato social debe conducir, por seguir la terminología clásica, a un nuevo acto constitucional que refleje fielmente, a través de la adopción por parte del poder constituyente de las decisiones políticas fundamentales correspondientes, la configuración de una nueva realidad constitucional, cuya finalidad no es o no debe ser salir únicamente de la crisis o hacer desaparecer la globalización de la miseria, sino que, fundamentalmente, debe ser capaz de adoptar las decisiones que se consideren necesarias para prever futuras crisis y dar respuestas a las mismas.

Por estas razones, hay que ponerse de acuerdo en toda una serie de principios constitucionales, determinar su contenido y alcance, para evitar que la rigidez de las decisiones políticas nos conduzcan a nuevas crisis económicas e institucionales. Los ordenamientos jurídicos ya no pueden estar sujetos únicamente al principio de la voluntad de las partes, pues los poderes privados impondrán, de este modo, sus intereses al interés general. La reforma laboral aprobada en nuestro país no es sino una clara muestra de ello.

La historia del constitucionalismo representa una manifestación de las tensiones dialécticas entre el principio monárquico y el principio democrático. Ahora bien, aunque pueda parecer que la constitucionalizacion del Estado social supone el triunfo de este último, ello, sin embargo, no es cierto, pues las crisis cíclicas del capitalismo (inherentes a su propia filosofía política), suponen, a la postre, una vuelta a los postulados del principio monárquico. Y también porque si bien el principio democrático ha hecho su aparición, sin embargo el mismo no ha adoptado todas las decisiones políticas fundamentales para asentarse de un modo definitivo.

No debemos olvidar que la Constitución democrática, a diferencia de la constitución liberal, se caracteriza por determinar cuales sus principios informadores. Por eso estamos en presencia de una norma jerárquicamente superior a las demás (Fioravanti, 2004: 37-38), y por eso los preceptos constitucionales tienen el carácter de normas principiales, los cuales deben ser el reflejo de las decisiones políticas adoptadas por el poder constituyente.

Ahora bien, si la Constitución es la obra del poder constituyente —que lo es—, debemos determinar cuando este puede pronunciarse de nuevo en estado puro, es decir, como poder fáctico, ilimitado y absoluto. La historia de las revoluciones nos enseña que los cambios normativos nunca son totales, que siempre permanece algo del régimen jurídico anterior. Es decir, el poder constituyente casi siempre actúa a través de los poderes constituidos, los cuales, por su propia decisión, lo limitan y lo condicionan, debiendo tenerse en cuenta que muy pocas veces vuelve a actuar al margen de aquellos. En consecuencia con lo anterior, uno de los poderes constituidos, el poder de reforma, es el que realiza las modificaciones constitucionales pertinentes. Por esta razón, las teorías del contrato social, en su versión originaria e histórica, difícilmente pueden ser aplicadas a las sociedades fragmentadas de nuestros días.

Pero si esto, la actuación genuina del poder constituyente, es una limitación importante, también es licito afirmar que aquel debe actuar cuando se cambian las decisiones políticas fundamentales o cuando existe la necesidad imperiosa de incorporar otras nuevas. Los poderes constituidos —ni siquiera el poder de reforma—, están legitimados para producir dichas alteraciones por la razón de tener únicamente la consideración de poderes constituidos. Ello es una competencia del poder constituyente, que debe convertir esas decisiones políticas fundamentales en auténticos principios constitucionales que confirmen a la Constitución como norma jurídica suprema.

Sin embargo, existen otras cuestiones donde la actuación genuina del poder constituyente puede ser mas controvertida. ¿Debe este actuar cuando se alteran los poderes constituidos? ¿Y para modificar el propio poder de reforma? Las respuestas no pueden ser claras y contundentes, pues dependen de los diferentes supuestos de hecho que puedan plantearse.

Así, y por referirnos a nuestro país, puede entenderse que el poder de reforma se encuentra suficientemente legitimado para establecer un sistema monocameral o para prescindir del Tribunal Constitucional, atribuyendo sus competencias al Tribunal Supremo. ¿Y para cambiar un sistema monárquico por otro republicano? ¿Y para modificar el propio poder de reforma, pues la existencia de dos procedimientos parece claramente cuestionable? ¿Y para establecer clausulas de intangibilidad? Las respuestas en estos últimos casos no parecen tan claras y contundentes.

Las anteriores consideraciones entran dentro de la lógica del principio democrático, el cual no puede actuar al margen de la Constitución. Por ello, el poder constituyente en estado puro ha actuado en contadísimas ocasiones a lo largo de la Historia de la Humanidad. Si nos centramos en el proceso revolucionario francés, el verdadero acto revolucionario, le genuina manifestación del poder constituyente, fue la transformación de los Estados Generales en Asamblea Nacional, sin alterar un ápice su composición, aunque sí su significado. Es decir, los nuevos representantes, que eran los antiguos, cambian radicalmente el concepto de representación, pasando a representar ahora, no únicamente a sus electores, sino a la totalidad de la nación. Pero incluso en este caso la actuación del poder constituyente no fue una simple actuación *ex novo*, sino que venia condicionada por la identidad de los representantes.

Y es que aunque se estableciese el supuesto de una reforma total y la ausencia de limites materiales expresos a la actuación del poder de reforma, tal y como sucede incomprensiblemente en nuestra Carta magna, donde se constitucionaliza una especie de «harakiri constitucional», es necesario sostener la existencia de limites materiales inmanentes, no expresos, a la actuación del poder constituyente. Es decir, la propia expresión «poder constituyente», en análogo sentido a lo que sucedía con la categoría de «contrato social», continua conservado una cierta utilidad entre nosotros, pero desprovista del significado originario que le otorgaron los revolucionarios franceses.

En efectos, estos, a diferencia del proceso revolucionario norteamericano, buscaban un tipo de legitimidad nueva y distinta de la anterior. Por esta razón, se vieron obligados a la elaboración de categorías doctrinales también nuevas. Por el contrario, los revolucionarios norteamericanos no querían un cambio de legitimidad, sino simplemente adoptar, e incorporar a su territorio, la propia legitimidad que existía en la metrópoli, en Inglaterra. Por ello, no tuvieron necesidad de acudir a nuevas categorías dogmáticas, porque no había nada que derribar, como sucedía con el Antiguo Régimen en Francia. Esta diferencia entre ambos procesos revolucionarios es sumamente esclarecedora del tema que nos ocupa.

En la actualidad podríamos decir que nos encontramos mas próximos al proceso revolucionario norteamericano que al francés. En efecto, después de más de dos siglos de historia del constitucionalismo, se puede pretender la transformación radical del mismo, pero no un cambio de legitimidad del sistema. Por ello, cuando desde determinadas posiciones políticas se postula un cambio de sistema o un cambio de régimen, o bien se desconoce absolutamente el significado de determinadas categorías dogmáticas, o bien se pretende utilizar un lenguaje político determinado con vistas a la captación de votos. Pero los juristas, y mas aun los constitucionalistas, debemos tener claro donde nos encontramos, cual debe ser nuestra función como juristas, y cual debe ser nuestra propia responsabilidad social.

El principio democrático no puede admitir la existencia de un poder constituyente como poder fáctico y no sujeto a límite alguno. Si ello fuese así dicho poder podría decidir que no hay Estado de Derecho y no lo habría; el poder constituyente podría decidir hacer desaparecer la libertad, la igualdad, la justicia y el pluralismo político, y estos también desaparecerían; el poder constituyente podría decidir abolir el sistema de derechos fundamentales y estos, en esta lógica interna, también desaparecerían... Ello no es posible con la lógica del principio democrático, el cual se impone, como es obvio, a una actuación semejante del poder constituyente, pues aquel no puede actuar al margen de la «identidad constitucional», al margen de los principios y valores que aquella ha constitucionalizado.

El poder constituyente encuentra toda una serie de límites importantes. En primer lugar, nos encontramos con los que podemos denominar «límites procedimentales». ¿Cuándo puede actuar el poder constituyente? ¿Quién esta legitimado para propiciar la actuación del poder constituyente?¿Cuándo nos encontramos ante un auténtico proceso constituyente? Y en segundo lugar, los llamados «límites materiales», que serán expresos si así lo reconoce la propia Constitución, estableciendo, como sucede en diferentes países, unas clausulas de intangibilidad, a veces adoptadas como consecuencia de un referéndum previo y anterior a la propia y genuina actuación del poder constituyente. Pero también es posible la existencia de límites materiales no expresos, tal y como sucede en nuestro caso, debiendo entonces procederse a todo un proceso de interpretación, para el cual el único parámetro valido es la existencia del principio democrático, de cuales sean esos límites materiales a la actuación del poder constituyente. Es decir, tendrían esta consideración todos aquellos límites que de no respetarse harían desaparecer el propio principio democrático, tal y como sucede con los que acabamos de enumerar.

Una vez establecida la existencia de estos límites, el poder constituyente, como expresión de la voluntad general que es y que, por ello, supone una garantía imparcial de su actuación, tal y como había sucedido con la propia noción de ley en el constitucionalismo liberal, no actúa, procedimentalmente hablando, sino cuando es llamado por los poderes constituidos para actuar, especialmente por el propio poder de reforma, que no puede actuar como poder constituido que es. Es decir, el poder constituyente esta legitimado para actuar cuando hay que modificar, bien por supresión, bien por adicción, las decisiones políticas fundamentales adoptadas por la comunidad, porque estas no pueden ser decididas por los poderes constituidos. Ello fue lo que se hizo con la reforma constitucional del art. 135 de nuestra Constitución, que no fue realizada por el poder constituyente, cuando se trataba de una decisión política fundamental que, al menos, modificaba o podía llegar a modificar una previamente adoptada: la clausula del Estado Social de Derecho.

Si ello es así, el problema se traslada a determinar cuando nos encontramos ante una decisión política fundamental y, por tanto, ante la inequívoca actuación del poder constituyente. Es cierto que el significado actual del principio democrático nos proporciona una primer criterio interpretativo. Pero puede suceder que determinadas decisiones políticas pueden tener o no el carácter de fundamentales, tal y como explicitábamos en páginas anteriores. A este respeto, creo que hay que optar por un criterio interpretativo restrictivo. Las decisiones políticas fundamentales no pueden ser muy numerosas, pues la Constitución también debe contener la explicitación y el desarrollo mínimo de esas decisiones políticas fundamentales. No todo el contenido constitucional es una decisión política fundamental, sino solo algunas normas principiales, pues la Constitución también puede y debe contener reglas. Además, ello es congruente con la propia lógica interna del poder constituyente, el cual puede actuar por sí, cuando tiene que adoptar una nueva decisión política fundamental, o a través de los poderes constituidos, cuando se trata de decisiones políticas no fundamentales o de simples reglas constitucionales.

Si se admite nuestro razonamiento en torno a la utilización de las categorías del contrato social y del poder constituyente, habremos conseguido lograr una interpretación coherente y armónica del principio democrático, de la supremacía constitucional y del propio significado del poder constituyente en un Estado democrático. De lo contrario contribuiremos a la confusión conceptual y a la legitimación de determinadas actuaciones políticas interesadas.

Dicho lo anterior se nos plantea un última cuestión mas concreta y puntual, referente a nuestro país. En los momentos actuales nos encontramos ante pluralidad de opciones políticas e ideológicas, que parecen agotar todas las posibilidades teóricas existentes:

1. En primer lugar, con planteamientos independentistas, que hacen su propia interpretación del principio democrático, ajena a la que aquí se ha defendido.
2. En segundo lugar, posturas inmovilistas, que no quieren oír hablar ni de contrato social, ni de poder constituyente, ni de reforma constitucional alguna.
3. En tercer lugar, posturas que defienden una reforma parcial de la Constitución, aunque sin entrar en las decisiones políticas fundamentales, pero haciendo intervenir al poder constituyente a través del procedimiento del art. 168 CE.
4. Finalmente, posturas que dicen defender un cambio de legitimidad del sistema, al cual consideran agotado, y por lo tanto pretenden la actuación genuina de un nuevo poder constituyente, afirmando ya que nos encontramos ante un auténtico proceso constituyente.

Frente a todo ello, creo que hay que hacer, con carácter urgente y perentorio, es decir aprovechando la actual legislatura, una reforma en profundidad de nuestro Constitución, que pasa ineludiblemente por hacer intervenir al titular del poder constituyente. Y en esta reforma hay que hacer dos grandes tipos de actuaciones:

a) Por un lado actualizar algunas decisiones políticas fundamentales, tal y como sucede con la cláusula del Estado Social de Derecho, el principio de igualdad, o nuestro modelo de Estado, por no poner más que unos ejemplos importantes.
b) Introducir nuevas decisiones políticas fundamentales, quizás aun por definir, pero entre las cuales debe encontrarse la constitucionalizacion de los poderes privados, con todo lo que ello supone, y la previsión constitucional de futuras crisis económicas.

Y en este proceso los constitucionalistas tenemos una importante responsabilidad. A nuestro juicio, las reformas constitucionales, y máxime de la identidad de la que proponemos, no deben ser realizadas necesariamente sólo por profesores, aunque diferentes grupos de ellos hayamos ya explicitado, muchas veces con textos articulados, cuales podrían ser las soluciones adoptadas. La reforma constitucional debe ser realizada por el poder constituyente. Pero los constitucionalistas tenemos la obligación de coadyuvar, a través de todo un proceso de socialización política que es precisamente lo contrario a una actuación sesgada, propia de juristas persas, a que la sociedad, y también los poderes públicos y privados, comprendan lo que significa la «identidad constitucional», y que esta sea asumida, incluyendo su posible reforma, por todos ellos. Si no conseguimos hacer comprender que el Derecho Constitucional, como Derecho común que es del ordenamiento jurídico, presenta un potencial transformador importante, derivado de la Constitución como norma suprema y como conjunto de normas principiales, no habremos cumplido el significado de nuestra funciones que no es otra que Vivir o hacer Vivir en Constitución.

Para realizar toda esta función puede suceder que las categorías dogmáticas que conocemos conserven aun cierta utilidad, pero puede acontecer también que resulte imprescindible la adopción de categorías dogmáticas nuevas porque las anteriores han resultado ya plenamente superadas. Este es uno de los debates teóricos que debemos plantear, naturalmente sin olvidarnos de la función social que debemos cumplir.

IV. Bibliografía

Cole, Georges Douglas Howard, *Introductión at The Social Contract and Discourses by Jean Jacques Rousseau*, J.M. Dent and Sons, London, 1913.

Cueva Fernández, Ricardo, «Los Levellers y el Agrement: hacia la Teoría Constitucional moderna», *Universitas, Revista de Filosofía, Derecho y Política*, n.º 3, 2006.

Del Pino, Eloisa, y Rubio Lara, M.ª Josefa, *Los Estados del Bienestar en la encrucijada. Políticas sociales en perspectiva comparada*, Tecnos, Madrid, 2013.

Esteve Pardo, José, *La nueva relación entre Estado y sociedad. Aproximación al trasfondo de la crisis*, Marcial Pons, Madrid, 2013.

FERNÁNDEZ PEYCHAUX, Diego Alejandro, «La justicia como representación política: John Locke entre el Medioevo y la Modernidad», *Bajo Palabra, Revista de Filosofía*, II Época, n.º 5, 2010.

FIORAVANTI, Maurice, *El Estado moderno en Europa. Instituciones y derechos*, Trotta, Madrid, 2004.

GAUTHIER, David, *Egoísmo, moralidad y sociedad liberal*, Paidós, Barcelona, 1998.

— *Morals by Agreement*, Oxford University Press, Oxford, 1986.

HEGEL, George Wilhelm Friedrich, «System of Ethical Life and First Philosophy of Spirit», *Jena* 1802-3.

— *Philosophy of Right*, Berlin, 1821.

HOBBES, Thomas, *Leviatán*, 1642.

HUME, David, «Of the Original Contract», en *Essays: Moral, Political, Literary*», Liberty Fund, 1985.

KANT, Immanuel, *Fundamentación de la metafísica de las costumbres*, Riga, 1785.

LOCKE, John, *Segundo Tratado sobre el Gobierno Civil*, 1689.

MACPHERSON, Crawford Brough, *La teoría política del individualismo posesivo. De Hobbes a Locke*, Trotta, Madrid, 2005.

MONTUSCHI, Luisa, *La idea de contrato social de Sócrates a Rawls: ¿teoría ética o teoría política?*, Documentos de Trabajo, Universidad del CEMA, Buenos Aires, 2004.

RAWLS, John, *The teory of Justice*, Harvard University Press, Cambridg Mass, 1971.

RECASENS SICHES, Luis, *Historia de las doctrinas sobre el contrato social*, UNAM, México, 2003.

ROUSSEAU, Jean Jacques, *Discurso sobre el origen y fundamento de la desigualdad entre los hombres*, 1755.

— *El Contrato Social*, 1762.

VILLACAÑAS BERLANGA, José Luis, «Contrato en Kant, del Liberalismo al Republicanismo», en *El contrato social en la Filosofía Política Moderna*, Res Publica, Valencia, 1998.

WISE, John, *A Vindication for the Government of the New England Churches. A Drawn from Antiquity; the Light of Nature; Holy Scripture; its Noble Nature; and from the Dignity divine Providence has put upon it*, J. Allen, Boston, 1717.

ZARKA, Yves Charles, *Hobbes y el pensamiento político moderno*, Herder, Barcelona, 1997.

LOS DERECHOS SOCIALES Y LA FUNDAMENTALIDAD EN EL ESTADO CONSTITUCIONAL DE DERECHO

Gregorio Cámara Villar

Catedrático de Derecho Constitucional

Universidad de Granada

ÍNDICE: I. Dignidad, democracia, indivisibilidad e interdependencia de los derechos humanos y de los derechos fundamentales. II. El mantenimiento de la dualidad garantista entre derechos civiles y políticos vs. derechos económicos, sociales y culturales tanto en el plano internacional de los derechos humanos como en el interno de los Estados. III. En particular, el caso de España. IV. Crítica de esta realidad. V. Las grandes cuestiones pendientes en discusión sobre los derechos sociales en la fundamentalidad del Estado de Derecho. VI. El impacto de la crisis económica sobre la normatividad constitucional y los derechos sociales en España. VII. Bibliografía consultada y citada.

I. Dignidad, democracia, indivisibilidad e interdependencia de los derechos humanos y de los derechos fundamentales

Del mismo modo que «los derechos humanos presuponen y fomentan un modelo integrado de sociedad humana» (Acebal Monfort, 2014; 89), los derechos fundamentales en los Estados constitucionales de Derecho, expresiones positivizadas de aquellos en su ámbito interno, presuponen y fomentan un modelo integrado de sociedad democrática avanzada que solo podría tener existencia y desarrollo si todos los derechos (civiles, políticos, económicos, culturales y sociales) son tomados en serio y alcanzan un nivel de reconocimiento, protección y realización suficiente y razonable. Por línea de principio y a grandes rasgos contemplados, suele significarse que los derechos civiles y políticos son emanación de la libertad y los derechos sociales lo son de la igualdad; pero esta sería una visión no solo pobre sino irreal, pues estas categorías no están separadas, sino profundamente interconectadas, toda vez que la realización de la libertad no es posible sin igualdad ni la de la igualdad sin libertad, en tanto que ninguna de las dos puede ser real y efectiva sin la otra. Libertad e igualdad concurren, no de manera dual y separada, sino imbricada, a hacer posible una vida digna de la persona y, con ello, a la realización de la justicia en los ámbitos personal y social en una sociedad democrática. Esta idea la expresa con justeza un concepto que, aunque escasamente utilizado, está cargado de fuerza e implícitamente se encuentra presente en las declaraciones de derechos y en las constituciones de nuestros días: se trata del llamado «derecho a vivir» entendido de manera integrada, en tanto que el «derecho a la vida» no es solo el derecho a la inviolabilidad de la vida biológica de una persona, sino el derecho a vivir «en condiciones espirituales y materiales decentes conforme a la dignidad humana, así como el derecho al reconocimiento de todos los demás derechos» (Gros Espiell, 1988; 51). Resulta obvio que el reconocimiento de los derechos económicos, sociales y culturales proporciona a las personas un conjunto de derechos cuyo objetivo es «asegurar que la vida no es solo un proceso biológico que dura un específico periodo de tiempo, sino que también, necesariamente, les proporcionará el disfrute de derechos y servicios económicos, sociales y culturales que le permitan poder ejercer todos los demás derechos humanos para que puedan vivir una vida completa y digna» (Gros Espiell, *ibidem*).

Desde esta perspectiva material, la conexión, indivisibilidad e interdependencia entre los derechos rubricados como derechos civiles y políticos y los llamados sociales y culturales es una indiscutible realidad, por más que un positivismo jurídico estrecho venga manteniendo su separación contra viento y marea, como si fueran compartimentos estancos por naturaleza, estableciendo respecto de ellos la alternativa radical derecho subjetivo/norma programática, pretendiéndose de esta manera justificar un menor nivel de protección a los segundos, colocándolos en una posición de notoria debilidad que incluso llega a debilitar también al conjunto de los derechos y al sistema democrático. Como sistematiza muy acertadamente Pisarello (2009; 5), esta débil posición se manifiesta en varias dimensiones: a) en «la subordinación de los derechos sociales al ejercicio a menudo antisocial de derechos patrimoniales (como el de propiedad privada o la libertad de empresa) convertidos en auténticos poderes incontrolados y, por ello en fuente de arbitrariedad; b) se expresa también «en el devaluado reconocimiento de los derechos sociales a ciertos colectivos en especial situación de vulnerabilidad, como las trabajadoras y trabajadores precarios, las personas migrantes, las privadas de libertad, las que carecen de vivienda segura y asequible»; y c) en fin, y sobre todo, se hace visible «en la negación a los derechos sociales de los mecanismos de tutela institucional reservados al resto de los derechos... [de tal manera que...] la falta de justiciabilidad o, si se prefiere, la justiciabilidad débil de los derechos sociales en relación con el resto de derechos es un ejemplo nítido de este último fenómeno».

Pese a esta arraigada concepción político-jurídica, debe subrayarse que tal separación no es en absoluto real en su fundamento, sino que se trata de una consecuencia generada e impuesta por ideologías, prácticas económicas y sociales y sus correspondientes racionalizaciones político-jurídicas, que vienen a degradar y a veces a excepcionar los valores y principios sobre los que se fundamenta una sociedad democrática avanzada, organizada como Estado constitucional de Derecho. Y si la separación no es real en su fundamento, ésta no debería quedar consagrada jurídicamente como una inexcusable exigencia dogmática para situarlos genérica e inmatizadamente como derechos pertenecientes a una segunda y devaluada categoría.

Como los derechos humanos de los que son expresión, los derechos fundamentales son, en la realidad, indivisibles. La interdependencia de los derechos proviene precisamente del reconocimiento de la intrínseca e igual dignidad de la persona y de la unidad sistémica que forman los derechos para su realización en el marco de los principios y valores constitucionales; en este sentido material, todos ellos forman parte de la «fundamentalidad» del Estado constitucional de Derecho si dejamos por ahora de lado un criterio de fundamentalidad solo técnicamente concebido y atenido a la forma e intensidad de la justiciabilidad de los derechos constitucionalmente reconocidos. En su materialidad, todos los derechos están vinculados y se relacionan entre sí, prendidos en el entramado de un conjunto de valores y de principios indisociables ordenados por el constituyente a la realización de los mismos derechos que emanan de o se concitan con la dignidad de la persona (libertad, igualdad, justicia, pluralismo, equidad, solidaridad...)

Todos los derechos humanos y, por ende, su manifestación positivizada como derechos fundamentales en los ordenamientos internos de los Estados, entroncan con la dignidad de la persona, que es, de acuerdo con Häberle (2005; 627. 2009; 414 y 419), «premisa cultural antropológica» del Estado constitucional, de la que la democracia es su consecuencia organizativa y su resultado jurídico los derechos de los hombres y su garantía como expresión de los valores que la sociedad alienta y constitucionaliza. Desde su perspectiva, los derechos sociales son parte integrante de un auténtico Estado constitucional de Derecho en tanto que mantienen una relación umbilical con la dignidad de la persona y la democracia (1990; 99-100,102). Puede sostenerse así, con el mencionado autor, que desde el primer tercio del siglo XX, en el tránsito del Estado liberal al Estado constitucional de Derecho y más sustantivamente, con el paradigma constitucional que alumbró tras la Segunda Guerra Mundial, «el Estado de Derecho se ha desarrollado, en orden al servicio a la dignidad, hacia el Estado social de Derecho, de la misma manera que la obligación cultural del Estado constitucional se ha podido fundamentar en la dignidad» (2008; 215). La dignidad de la persona es en la sociedad democrática avanzada y en el Estado constitucional que la estructura, no solo un criterio de acción, sino un elemento constitutivo y, por tanto, de interpretación de la realidad y del ordenamiento jurídico que no se puede obviar. En este contexto, tanto la dignidad de la persona como el principio democrático-pluralista, según Häberle, exigen «un mínimo de derechos sociales que hagan viable la efectiva participación del ciudadano en el proceso democrático-deliberativo de un auténtica sociedad abierta» (2006; 533-34). Como resalta Sarlet (2010; 36), incluso cabría decir que según el pensamiento de este autor, «tal vínculo entre dignidad, democracia y derechos sociales, muestra en cierto sentido cómo todos los derechos fundamentales son también derechos sociales, porque siempre tienen una dimensión comunitaria, pero en especial porque todos son, en mayor o menor medida, susceptibles de concretización a través de medios estatales».

La revalorización y la difusión del concepto de dignidad como *ethos* universal de los derechos, ya presente en la Declaración francesa de los Derechos del Hombre y del Ciudadano de 1789 (art. 1) como su presupuesto y necesario correlato, se ha incorporado explícitamente a la Declaración Universal de los Derechos Humanos de 1948, a la Declaración Americana de Derechos y Deberes del Hombre de 1948, así como a la Convención Americana de Derechos Humanos de 1969 y a los tratados internacionales subsiguientes en materia de derechos humanos, y se expandió simultáneamente como elemento central del nuevo paradigma del Estado constitucional desde las constituciones de posguerra (Alemania, Italia, Japón), continuando con las siguientes oleadas del constitucionalismo democrático desde la década de los setenta del pasado siglo (Grecia, Portugal, España...) y con el nuevo constitucionalismo latinoamericano hasta la actualidad, así como en el plano supranacional de la UE; todo ello supone el progresivo avance en el plano político-jurídico de la revalorización de la persona y sus derechos fundamentales y la consiguiente subordinación a ellos de la actuación de todos los poderes públicos. La Carta de Derechos Fundamentales de la Unión Europea, quintaesencia textual de la evolución de las tradiciones constitucionales comunes de los estados miembros, parte en su preámbulo de considerar fundada a la Unión sobre *«los valores indivisibles y universales de la dignidad humana, la libertad, la igualdad y la solidaridad»* y reconoce en su art. 1 como derecho fundamental la dignidad humana, que es inviolable y habrá de ser respetada y protegida.

Esta realidad de la evolución del Estado constitucional de Derecho en un marco internacional y supranacional explícitamente presidido por la dignidad y los derechos humanos supone que si hasta el constitucionalismo de posguerra los derechos fundamentales solo eran válidos en el marco de la ley, en adelante la ley solo sería válida en el marco de los derechos fundamentales. «Si en el ordenamiento del Estado liberal los derechos existen a través de la ley, en el Estado constitucional existen a través de la Constitución» (Gambino, 2008; 1.1). Un cambio ciertamente revolucionario que otorga todo su sentido al paradigma del constitucionalismo de nuestros días. En él, el lugar de la dignidad de la persona en el discurso de los derechos fundamentales y su garantía y, correspondientemente, en la toma de decisiones judiciales, es prominente y fundamental (Rolla, 2002; *passim*). De esta manera y por encima de los incumplimientos relativos y las numerosas vulneraciones de que sigue siendo objeto, la dignidad de la persona es, como sostiene Häberle (1987; 849-854), premisa antropológico-cultural del Estado constitucional, fundamento y elemento central de la dimensión objetiva de los derechos fundamentales, garantía de la sociedad democrática y simultáneo camino y punto de no retorno para el desarrollo y la salvación de la civilización humana.

Simultáneamente a la revalorización del *ethos* de la dignidad de la persona (y como una clara exigencia de esta concepción) se genera en el mundo occidental a mediados del Siglo XX el llamado «pacto socialdemocrático», y sus desarrollos se van produciendo desde entonces en algunos países, bien es verdad que en formas muy diversas, con grandes dificultades y de manera muy debilitada. En términos generales, este gran pacto tácito es sencillo de formular en su sustancia: al tiempo que se asume y promueve la vida social y política en democracia y se respetan los principios y el funcionamiento del Mercado y las instituciones del capitalismo, este compromiso se contrapesa con variables exigencias de justicia social formuladas por la representación del movimiento obrero y de la izquierda política, con la aceptación de democristianos y liberales; exigencias que fueron fundamentalmente plasmadas en los derechos sociales incluidos en las constituciones nacionales y reconocidos en declaraciones y convenios internacionales como derechos humanos, todo ello cubierto en el plano económico con la inspiración teórico-práctica del pensamiento keynesiano. Ya incluso durante la misma Guerra Mundial se atisbaron los inicios de este pacto, generador del Estado de bienestar, cuyas bases teóricas se empezaron a gestar en el periodo de entreguerras (H. Heller, Fernando de los Ríos..). Pero es con la confluente culminación de los procesos de democratización, socialización y normativización iniciados en el periodo de entreguerras, que se produce tras la Segunda Guerra Mundial, cuando el Estado constitucional, como subraya F. Balaguer (2014; 115), «pasa a ser un Estado de Derecho que no solo es democrático, sino también social, esto es, un Estado que fomenta una mayor igualación social y que debe garantizar no solo la libertad de los ciudadanos, sino también las condiciones materiales que hagan posible la libertad y la dignidad».

Podría decirse que en este nuevo escenario y paradigma constitucional el concepto de dignidad humana se constituye, siguiendo a Habermas (2010; 7) y en una línea complementaria con el planteamiento de Häberle, en fuente moral para todos los derechos fundamentales y catalizador para su formación y desarrollo como derechos subjetivos. De esta manera los derechos concretos no vienen a ser sino «el sustrato normativo de la igual dignidad de cada ser humano», el detalle en el que la dignidad se expresa y se expande, razón por la que la dignidad también tiene una función creativa para la generación de nuevos derechos o para el incremento y mejora de las garantías para la realización de aquellos que son básicos y aparecen debilitados. La dignidad humana, en cuanto expresa un deber ser que ha de ser ponderado y concretado en cada caso, viene a ser así el punto nodal para la indivisibilidad de los derechos, en tanto que interconecta lógicamente a todos ellos en sus diferentes categorías y generaciones, pues los diversos derechos civiles clásicos, junto con los políticos, solo pueden adquirir «igual valor» y efectividad para todos los ciudadanos, como sostiene Rawls, únicamente cuando se complementan con derechos sociales y culturales que permitan su realización. Citando a Lhomann, Habermas (2010; 9) afirma:«La dignidad humana, que es una y la misma en todas partes y para todo ser humano, fundamenta la indivisibilidad de todas las categorías de los derechos humanos. Únicamente sobre la base de una colaboración recíproca, los derechos fundamentales pueden cumplir la promesa moral de respetar por igual la dignidad humana de cada persona».

Desde esta perspectiva, cabe enlazar este planteamiento con el de Herrera Flores (2008; 106), que entiende los derechos como productos culturales y como «procesos», esto es, como el resultado siempre *in fieri* y, por tanto, «siempre provisional, de las luchas que los seres humanos ponen en práctica para poder acceder a los bienes necesarios para la vida». Este planteamiento se aparta de la consideración de la dignidad y de los derechos como concepciones abstractas e idealizadas que la realidad constantemente contradice y pone el acento en la necesidad de alcanzar las condiciones materiales necesarias para su satisfacción. El resultado de «las diversas luchas por la dignidad» será así el contenido concreto y real de los derechos, de todos los derechos, en cada momento de la historia. Y el Derecho ha de comprenderse de esta manera como un instrumento de garantía de las luchas sociales por la dignidad humana y de sus logros. Si entendemos la dignidad de la vida como el derecho a vivir en un modo y sentido humano, en él se dan cita numerosos factores de libertad, pero también económicos, sociales, políticos y culturales que son expresión de la interdependencia de los derechos.

La conclusión es clara: si no se configura una sociedad en la que todos los derechos puedan ser ejercidos con razonable suficiencia, siempre existirá un déficit de compromiso con la igual dignidad de la persona y, por tanto, un déficit de ciudadanía y de democracia. Los derechos sociales básicos (derechos a la educación, a la protección social, a la salud, al trabajo, al acceso al disfrute de una vivienda digna y adecuada...) expresan y constituyen condiciones materiales básicas para poder ejercitar los demás derechos y disfrutar realmente de aquello que ofrecen (libertad, seguridad, salud, posibilidad de desarrollo personal, de formación, de participación, etc..). Por consiguiente, son requisito necesario para poder desarrollar libremente la personalidad, para poder participar en los asuntos públicos y, en definitiva, para poder alcanzar una vida digna, decente. Solo una comprensión y aplicación sistémica de los derechos y sus garantías puede proporcionar la satisfacción de los requerimientos de la dignidad de la persona en la fundamentalidad del Estado constitucional de Derecho.

Llegados a este punto en la constatación de la posición y función de los derechos económicos, sociales y culturales en el Estado constitucional de Derecho, se abren numerosas posibilidades interpretativas y aplicativas para reforzar sus garantías de realización por su conexión con otros derechos o principios, así como se establecen presupuestos de partida más exigentes para un desarrollo legislativo que los concretice más adecuadamente e incluso para poner en marcha reformas constitucionales que mejoren su categorización y sus garantías.

II. El mantenimiento de la dualidad garantista entre derechos civiles y políticos *vs.* derechos económicos, sociales y culturales tanto en el plano internacional de los derechos humanos como en el interno de los Estados

Podría decirse que hoy, pese a las duras realidades que estamos viviendo en todo el mundo, incluyendo las sociedades más desarrolladas y democráticas, se viene generando en los niveles ius-filosófico y en las positivaciones jurídicas más avanzadas un progresivo constitucionalismo que, al menos en su textualidad, es de un indudable cuño cosmopolita que viene a expresar tanto el «sentido común» de la humanidad ante los retos de la existencia cuanto las profundas aspiraciones de las personas a hacer efectiva la posibilidad de un mundo más igualitario en libertad, paz y seguridad, basado en el respeto y la realización de los derechos civiles y políticos y también de los derechos sociales fundamentales. Se trata de un constitucionalismo antropocéntrico, fundamentado en un humanismo renovado, que reivindica la dignidad de la persona y los derechos personales, políticos, sociales y culturales, que hallan expresión en numerosos textos internacionales o supranacionales y en las constituciones de muchos países democráticos. Donde puede adquirir su fuerza este constitucionalismo es en la existencia de un entramado constitucional normativo sustentado en el control del poder y en el respeto y garantía de todos los derechos fundamentales. No obstante, su debilidad sigue siendo manifiesta en el plano normativo y, sobre todo, en la praxis, tanto en el ámbito internacional como en el interno de los Estados, singularmente por lo que se refiere a los derechos sociales, toda vez que predomina el mantenimiento de su dualidad conceptual y garantista, dotándose de contenido a un criterio de «fundamentalidad» limitado y más formal que material, que excluye a la mayoría de los derechos sociales.

De un lado, si bien las normas de derecho internacional proclaman la indivisibilidad e interdependencia de los derechos humanos, éstos no son protegidos en ese nivel con las mismas garantías, siendo notoriamente más débiles las que amparan los derechos sociales, económicos y culturales. Así ocurre, como es bien conocido, en el sistema internacional general, en el que ambos tipos de derechos son regulados en dos instrumentos separados, aunque de la misma fecha (1966), a saber, el Pacto Internacional de Derechos Civiles y Políticos, que instituye una garantía más fuerte mediante el Comité de Derechos Humanos, reforzada por los Protocolos facultativos de 1966 y 1989, y el Pacto Internacional de Derechos Económicos, Sociales y Culturales, cuyo sistema de control mediante el Comité Económico y Social es claramente más débil, aunque ha supuesto una notable mejora el Protocolo Facultativo de 2008[1].

Por lo que se refiere al ámbito europeo, la Convención para la Protección de los Derechos y Libertades Fundamentales de 1950 instituye un sistema de protección con un alto grado de eficacia, de tal modo que la jurisprudencia emanada del Tribunal Europeo de Derechos Humanos (TEDH), de gran complejidad y autoridad, ha contribuido de manera fundamental a la formación de un Derecho europeo común en materia de derechos y libertades fundamentales, en permanente interacción y diálogo con las jurisdicciones nacionales y con el Tribunal de Justicia de la UE. Sin embargo, esta Convención, completada y desarrollada mediante sucesivos protocolos adicionales o de reforma, sustancialmente enuncia derechos civiles y políticos y no derechos econó-

[1] Su entrada en vigor se produjo el 5 de mayo de 2013 tras alcanzar el número de ratificaciones necesario (10 Estados).

micos, sociales y culturales, aunque existan algunos derechos garantizados que tienen una naturaleza mixta (como son los casos del derecho de sindicación o del derecho a la educación) y aunque el propio TEDH haya argumentado sobre *«prolongaciones de orden económico y social»* que presentan algunos de los derechos civiles y políticos, en tanto que para su satisfacción éstos exigen la obligación de la adopción de medidas positivas por los Estados; noción ésta de «obligación positiva» que ha hecho posible en determinados supuestos la emergencia de una cierta «jurisprudencia social» (Jimena Quesada, 2006; 68 ss.).

Pero los derechos sociales como tales fueron incluidos en otro tratado internacional, gestado también en el marco del Consejo de Europa: la Carta Social Europea de 1961 (también modificada por diversos Protocolos, entre los que cabe destacar el de 1995, y revisada en 1996) que cuenta con un mecanismo de protección de los derechos que enuncia de forma enteramente diferente al de la Convención y notoriamente muy débil, en tanto que basado en el sistema de reclamaciones colectivas, informes periódicos de los Estados y recomendaciones, con la intervención sucesiva de tres órganos, el Comité de Expertos Independientes[2], el Comité Gubernamental y el Comité de Ministros, y debates periódicos sobre la base de tales informes en sesiones plenarias de la Asamblea Parlamentaria (Cámara, 2014; 393 ss).

De otro lado, en el ámbito supranacional de la Unión Europea, como ya anticipamos, se proclama en el mismo Preámbulo de la Carta de Derechos Fundamentales la indivisibilidad y universalidad de todos los derechos que enuncia, pero en el sistema que resulta de las disposiciones generales que rigen su interpretación y aplicación (arts. 51, 52 y 53) éstos acaban siendo «meros parámetros de legitimidad normativa» en el marco de la satisfacción de las exigencias propias del mercado común (Gambino, 2008; 2.2.); especialmente interesa destacar, además, la distintinción entre derechos y principios que se establece en los arts. 51.1 y 52.5, según la cual *«se respetarán»* los derechos y *«se observarán»* los principios por las instituciones, órganos y organismos de la Unión y por los Estados miembros cuando apliquen derecho de la Unión, de tal manera que si bien los principios que contengan las disposiciones de la Carta *«podrán aplicarse»* mediante actos legislativos y ejecutivos, *«solo podrán alegarse ante un órgano jurisdiccional en lo que se refiere a la interpretación y control de la legalidad de dichos actos»*. De esta manera, nos encontramos con la realidad de la distinción (si bien nada clara en absoluto) entre «derechos» y «principios» y el diferente régimen jurídico que para ellos puede deducirse de las disposiciones de la Carta (de manera un tanto similar a como se opera la distinción en la Constitución española de 1978 entre los «derechos» y los «principios rectores» del Capítulo III del Título I). Es decir, los principios serían normas directrices que despliegan una eficacia, aunque vinculante,

[2] Llamado desde 1998 Comité Europeo de Derechos Sociales.

solo orientadora y hermenéutica y de control de legalidad, pero sin que configuren por sí derechos subjetivos susceptibles de ser esgrimidos como tales (Cámara, 2005; 5.3). Como también afirma Ridola (2004; 479), aunque los derechos sociales europeos se encuentran en la Carta, «se integran ahora en el marco del reclamo a las tareas y a las finalidades económicas de los Tratados» y, en general «el vértice de la solidaridad deja abierto las cuestiones (*sic*) sobre el papel que las <<políticas>> concretamente deberán desempeñar sobre la resolución de la tensión entre las políticas sociales de los Estados miembros y las políticas sociales de la Unión en cooperación de tipo subsidiario». En un similar sentido Gambino (2008; 2.2) concluye destacando que los derechos sociales en la UE por tener este carácter de «meros parámetros de legitimidad normativa» carecen por ello de una «validez en sí» y acaban teniendo «la naturaleza de derechos complementarios a la libertad económica, reservándose el relativo reconocimiento y la tutela en el ámbito interno de los Estados miembros, mientras la intervención normativa y jurisprudencial de la Unión queda en el ámbito externo subordinada a la tutela asegurada por las legislaciones de las jurisdicciones de los Estados miembros».

Finalmente, por lo que se refiere al plano interno de los Estados, los derechos sociales son contemplados en las constituciones democráticas con arreglo a diversos modelos, dependiendo de sus respectivas tradiciones. Siguiendo a muy grandes rasgos en este punto a Sarlet (2010; 42 ss.) y a Gambino (2008; 1) —y por supuesto sin pretensión de exhaustividad alguna—, uno primero sería el de la negativa a la constitucionalización específica de lo social, sea bajo la forma de derechos o bajo la de objetivos o deberes estatales. Sería el caso de los Estados Unidos de América, donde ciertamente existe una legislación en materia social, más limitada que en los países europeos, pero nada en la Constitución, pese a la existencia de una frustrada tentativa de incluir en ella un segundo *Bill of Rights* (discurso de F.D. Roosevelt de 11 de enero de 1944 *State of The Union Adress*). En el Reino Unido, que como es conocido no dispone de un texto constitucional formalizado como tal, sucede por tanto algo parecido, situándose la protección de los derechos sociales en el plano de las políticas sociales propias del Estado de bienestar. Por su parte, la Constitución austriaca ha renunciado a positivizar los derechos sociales y no consagra el carácter social del Estado, aunque no por ello carezca de un sistema difuso y disperso de protección de determinados derechos en su legislación.

El segundo modelo es aquel en el que la Constitución contempla una cláusula general sobre lo social, como es el caso de la República Federal Alemana (art. 20, párrafo I) destinada a vincular a los poderes públicos en sus actuaciones, pero sin incluir los característicos derechos sociales en el catálogo de derechos fundamentales, con la excepción de algunas libertades sociales como las de sindicación y huelga, e incluyendo también concretos deberes estatales de protección de determinados bienes sociales (maternidad, familia, bases naturales de la vida, medio ambiente..).

Otro modelo es el de aquellos países que con distintas y peculiares fórmulas de positivación constitucional han evolucionado normativa, jurisprudencial y doctrinalmente en el sentido del reconocimiento de los derechos sociales en el campo dogmático de los derechos fundamentales, afirmándose gradualmente con respecto a la discrecionalidad del legislador, si bien sus formas de protección no son las clásicas prestadas a los derechos civiles y políticos. Cabe incluir aquí los casos de Italia, España y Francia. En los ordenamientos italiano y español es donde el catálogo de los derechos sociales adquiere mayor amplitud y sistematicidad.

Aquellas constituciones que reconocen en general los derechos sociales como derechos fundamentales, como es el caso de Brasil y de Portugal, constituirían un modelo parcialmente distinto. En Brasil se conviene en que los derechos constitucionalmente reconocidos están sometidos a un mismo régimen jurídico y en Portugal se afirma que los derechos sociales son también fundamentales, pero su régimen jurídico, al menos en parte, es diferente del de los derechos, libertades y garantías, al tratarse de normas no directamente invocables ante los tribunales, entre otros aspectos, en lo que se parece al régimen de tales derechos en España.

III. En particular, el caso de España

En particular, la Constitución española parte también de la cláusula general social integrada en la fórmula definitoria del modelo de Estado (art. 1.1), acercándose en este punto a la LFB, incluyendo además un principio constitucional dinámico en la vertiente social para que la igualdad tienda a hacerse real y efectiva con la obligación de adopción por parte de los poderes públicos de medidas positivas y de remoción de obstáculos que impidan o dificulten su plenitud (art. 9.2) y un amplio elenco de contenidos sociales en su Título I, referido a los Derechos y deberes fundamentales, pero concretamente en su Capítulo III, rubricado *«De los principios rectores de la política social y económica»*, con algunos enunciados literales como si se tratase de derechos, pero cuyos contenidos no son reconducibles a estructuras jurídicas de semejante nivel garantista que los de las Secciones Primera y Segunda del Capítulo II, dedicado a los *«Derechos y Libertades»*. Los derechos situados en estas Secciones están protegidos como derechos subjetivos, aunque con importantes distinciones garantistas entre ellos según disponen los apartados 1 y 2 del artículo 53. Los clásicos derechos civiles y políticos están en su mayoría en la Sección 1.ª, dotada de las mayores garantías, si bien incluyendo algunas libertades sociales (libertad de sindicación, derecho de huelga, art. 28) y un típico derecho social fundamental (derecho a la educación, art. 27); mientras que en la Sección 2.ª se sitúan los derechos al trabajo, éste básicamente con contenidos de libertad y concordantes reiteraciones del principio de igualdad (art. 35), una referencia con remisión a la ley sobre la función social de la propiedad (art. 33.2) y el derecho a la negociación colectiva laboral y a adoptar medidas de conflicto colectivo (art. 37).

De acuerdo con lo dispuesto en el artículo 53.3, los llamados principios rectores del Capítulo III del Título I y los «derechos» sociales que en él se enuncian, contrariamente a los del Capítulo II, no gozan de la especial protección de su invocabilidad directa ante los tribunales, ni existe un contenido esencial de los mismos que, en principio, vincule al legislador (aunque puedan apreciarse entre ellos algunas garantías institucionales) sino que su efectiva aplicación y disfrute solo puede venir dada de su desarrollo mediante la acción de los poderes públicos, en tanto que *«informarán la legislación positiva, la práctica judicial y la actuación de los poderes públicos»*, pero *«solo podrán ser alegados ante la Jurisdicción ordinaria de acuerdo con lo que dispongan las leyes que los desarrollen»*. Un desarrollo que queda, por tanto, completamente en manos del legislador, sin que exista tampoco un mecanismo de control de constitucionalidad de las omisiones legislativas, salvo las de aquellas que siendo relativas pudieran deducirse indirectamente por la vulneración conexa de cualquier garantía constitucional vinculada (Cámara, 2014: 316 ss.).

No hay en la Constitución española, por tanto una categorización específica de derechos sociales, sino el reconocimiento como fundamentales de algunos derechos y libertades que lo son materialmente, agrupando a los demás como principios rectores, aunque a veces emplee la expresión «derecho» en su prefiguración constitucional (así, el *«derecho a la protección de la salud»* —art. 43—, el *«derecho a disfrutar de un medio ambiente adecuado para el desarrollo de la persona»* —art. 45—, el *«derecho a disfrutar de una vivienda digna y adecuada»* —art. 47—).

En España las normas del Capítulo III del Título I, por las razones antes expuestas, no configuran por sí mismas derechos subjetivos directamente exigibles ante los tribunales desde el plano constitucional, sino que serán las leyes las que concretarán su alcance y regularán su pormenor y, con ese contenido obligacional, esto es, desde el plano legal, aunque con fundamento constitucional, podrán ser exigidos entonces ante la jurisdicción. Su eficacia, en definitiva no es directa sino que está diferida e intermediada por lo que disponga el legislador respetando la prefiguración realizada por el constituyente, pero con un amplísimo y casi ilimitado margen de configuración. Por tanto, los principios rectores de este capítulo no tienen la estructura normativa de derechos; todo ello naturalmente, con independencia de ciertos márgenes de justiciabilidad que éstos pueden adquirir en determinados casos por conexión con derechos fundamentales entendidos en sentido estricto, como el derecho a la igualdad (art.14), a la integridad física y moral (art. 15), a la intimidad personal y familiar (art. 18), a la tutela judicial efectiva (art. 24), a la educación (art. 27), etc..., dependiendo de la interpretación que en cada caso puedan hacer los tribunales y, específicamente, el Tribunal Constitucional.

El criterio de fundamentalidad jurídica para los derechos que técnicamente se extrae de los mandatos del art. 53 no es, por tanto, un criterio material en toda su extensión, sino un criterio de preferencia del constituyente respecto a determinados derechos, fundado en diversas razones, que se hace realidad con el formal de su ubicación para otorgarles el carácter de fundamentales en sentido estricto, sustrayéndolos a la libre disponibilidad del legislador y estableciendo su eficacia directa y, por tanto su justiciabilidad (Cámara, 2014: 51 ss. y 330 ss.), que son las dos notas básicas de la «fundamentalidad» como criterio técnico. Se consagra así la escisión entre derechos fundamentales estrictamente tales y los «derechos» sociales, económicos y culturales (con las excepciones antedichas), a los que se atribuye naturaleza de principios rectores aunque algunos de ellos se enuncien explícitamente como derechos.

Aquello que en definitiva explica la diversidad de tales modelos jurídico-positivos de reconocimiento y protección de los derechos es, como sostiene Bastida (2008; 1090), «la selección y preferencia que hace el constituyente de unas expectativas individuales y sociales frente a otras», lo cual «tiene su reflejo jurídico no solo en la determinación de cuáles quedan configuradas como derechos fundamentales, sino también en el distinto grado de protección normativa que la Constitución puede dispensar a estos derechos», pudiendo hablarse de «una mayor o menor fundamentalidad de ellos, en función de ese grado de preservación normativa contemplado en la Constitución».

IV. Crítica de esta realidad

Siendo inobjetable este planteamiento desde una perspectiva jurídico-positiva que se ocupe de dar cuenta de la realidad tal cual es en un concreto momento y en un específico sistema jurídico, sin embargo resulta muy limitado desde la adopción de una perspectiva más amplia, material, dinámica y proyectiva, incluso si se quiere utópica, para el desarrollo de los derechos; una perspectiva que propenda a encontrar y establecer mecanismos para añadir cuotas de «fundamentalidad» jurídica a derechos sociales básicos que puedan disfrutar de un elevado nivel de protección, atendidos los principios y valores presentes en las declaraciones y pactos internacionales de derechos y en las constituciones de los Estados democráticos en relación con una vida digna para las personas.

Tales valores y principios también están positivados y son fuente de generación y de desarrollo de los derechos, activables no solo mediante interpretaciones sistémicas y teleológicamente orientadas con sustento en tales textos, sino también con reformas constitucionales que pueden y hasta deben ir en esa dirección, atendidas las expectativas sociales que hoy por hoy esos mismos textos han generado, que enuncian imperativamente derechos a los que, sin embargo, se deja por completo en manos de la política.

Por ejemplo, con la pretensión de recuperar el modelo social y el pacto socialdemocrático que lo hizo posible, y desarrollarlo con más profundidad a la vista de los problemas sociales actuales, hoy en España está en el debate sobre la reforma constitucional, entre otras materias, la posibilidad de reconocer como derechos fundamentales con todas sus garantías y no solo como principios rectores, los derechos a la protección de la salud y a la protección social, lo cual serviría también para contrapesar la constitucionalización tan rígida del principio de estabilidad presupuestaria (art. 135 CE), en cuyo desarrollo y aplicación, como estamos experimentando, puede producirse la minoración de muchos de los elementos propios del Estado social y también del democrático. Estos derechos, junto con el derecho a la educación, constituyen los grandes pilares del Estado social y por esta razón para ellos debería existir igualmente no solo una cláusula de preservación de mínimos en situaciones de crisis y excepcionalidad sino también, de manera combinada, un principio de consolidación de logros y de progresividad en su desarrollo, así como las garantías propias de la «fundamentalidad» de los derechos técnicamente entendida: indisponibilidad para los poderes públicos y, especialmente para el legislador, mediante el necesario respeto a su contenido esencial, y su invocabilidad directa ante la jurisdicción (con independencia de otras garantías como la reserva de la ley orgánica para su desarrollo, el procedimiento preferente y sumario y, en su caso, el recurso de amparo ante el Tribunal Constitucional, si fueran incluidos en la Sección 1.ª del Capítulo II del Título I).

«De esta manera —sostiene Presno en la misma línea antes apuntada en el primer epígrafe de este texto— se estaría favoreciendo la realización de la dignidad humana, uno de los fundamentos del orden político y la paz social (art. 10.1 CE), entendida como mínimo intangible de igualdad y justicia» (2014). Considera este autor —y comparto su criterio—, que los derechos a los cuales debería darse estatuto de «fundamentalidad» son, como mínimo, el derecho a la salud, el derecho a la seguridad social, el derecho a la vivienda y el derecho a prestaciones sociales. Naturalmente importa mucho determinar su contenido y en qué términos y condiciones debería hacerse dicho reconocimiento para armonizarlo con el elevado coste económico que tales derechos tienen; pero esta es una cuestión de precisión técnica que necesitaría de un desarrollo y argumentación por extenso en el que no podemos adentrarnos en esta ponencia de carácter más general. En cualquier caso, es necesario resaltar la idea de que pese a la complejidad estructural que conlleva la formulación normativa de estos derechos, son necesarias tanto la especificación de garantías de ciertas posiciones jurídicas subjetivas de sus titulares, formuladas de manera abstracta respecto de los poderes públicos —y, en ciertos casos, también respecto de particulares—, como garantías objetivas de carácter institucional, organizativo y procedimental (Porras Ramírez, 2004; 661).

Puede decirse que la realización de los derechos sociales básicos como derechos humanos y fundamentales, en tanto que derechos de igualdad, justicia y solidaridad, es la gran tarea actual y futura de la política democrática, que necesita operar sin reservas en esta dirección sobre el complejo entramado de condiciones económicas, sociales y culturales que permitan ir deshaciendo la desigualdad estructural en la que estamos inmersos, y que palmariamente hoy vivimos con especial crudeza como consecuencia de la gran crisis económica, social y política que sufrimos tanto en el nivel internacional como en el seno de muchos Estados, incluidos los que se han construido en las pasadas décadas sobre el paradigma del Estado de bienestar. Desigualdad que produce no ya solo índices insoportables de pobreza, precarización y exclusión social, sino que es el caldo de cultivo de otros muchos males sociales, pues son fundamentalmente las desigualdades tan descarnadas que hoy viven las personas y los pueblos las que impiden la realización o ponen en peligro la convivencia, la paz, la seguridad, la democracia, el Estado de Derecho y el desarrollo humano. Los mismos textos internacionales y las constituciones nos advierten, como dice L. Ferrajoli (2004; 64), pues «no se podrá hablar de paz y seguridad futuras, ni mucho menos de democracia y derechos humanos, si no se remueven, o al menos se reducen, la opresión, la desigualdad, el hambre y la pobreza de miles de millones de personas, cuya situación comporta una terrible negación de las promesas contenidas en numerosas cartas constitucionales e internacionales». Tales textos nos proporcionan grandes metas e ideales y bellas palabras, derechos imperativamente formulados, pero en muchos casos, demasiados, la realidad nos sigue devolviendo amargos hechos y grandes desmentidos sobre los derechos solemnemente proclamados.

Pese a ello, los derechos sociales constituyen ya una especie de «patrimonio común» del derecho internacional de los derechos humanos y del constitucionalismo contemporáneo (Sarlet, 2010; 59) y la normatividad que contienen tiene que ser la palanca en la que apoyarse para corregir las injusticias de la pobreza, las vulnerabilidades y la exclusión social, la desigualdad en todas sus formas y, en definitiva, las vulneraciones y desconocimientos de la igual dignidad de las personas. Avanzar en la consagración de la fundamentalidad de los Derechos sociales y, por tanto, en su vinculación para los poderes públicos, especialmente el legislador, y en su justiciabilidad a disposición de las personas, es una pieza fundamental en este camino. Aunque las normas que los consagren tengan necesariamente que presuponer un alto grado de libertad de configuración del legislador (como por otra parte ocurre con muchos de los derechos civiles y políticos) y estén condicionados en su realización a la situación de la economía, esa libertad de configuración afectaría al como y al cuanto en proporción a la situación, pero no al qué haya de protegerse, esto es, no al contenido sustancial o mínimo necesario, de tal manera que los intereses sociales protegidos con el enunciado del derecho no se vean defraudados.

Como sostiene Carlos de Cabo (2004; 47-56), el progreso del constitucionalismo formal y material de nuestros días consistiría en la interpenetración y el potenciamiento de las dos utopías que representan una cultura constitucional más individualista y tendente a la eliminación de obstáculos y otra más general y promocional, propia del Estado social. Un «constitucionalismo beligerante», por contraposición a otro predominantemente «funcionalista», solo se puede construir incorporando el pensamiento utópico, que implica una crítica a la situación presente y una propuesta transformadora. Un vector fundamental en este sentido sería revalorizar en el plano constitucional a los derechos sociales básicos, e incrementar el sentido de su indivisibilidad e interdependencia con los derechos personales y políticos así como las técnicas y procedimientos para su realización y protección.

V. Las grandes cuestiones pendientes en discusión sobre los derechos sociales en la fundamentalidad del Estado de Derecho

Recapitulando tras lo dicho, las grandes cuestiones pendientes en discusión para la efectividad de los derechos sociales, al menos de los que identificamos como básicos, son las siguientes:

La primera de ellas, afirmar su identidad como derechos fundamentales, tanto teóricamente como reforzando su garantía. Si bien en la teoría acerca de su fundamento material, realidad y sustancia, tras lo argumentado hasta ahora, quizás no existan grandes problemas, sí se darían en la práctica, y de ahí la resistencia a conceptualizarlos como tales. Porque el concepto de «fundamentalidad» se asocia normalmente, como acabamos de precisar, con el disfrute por determinados derechos de unos máximos niveles de protección, incluyendo su justiciabilidad directa, y esta idea viene primariamente vinculada, sobre todo, a la capacidad del Estado para afirmarlos como derechos subjetivos directamente invocables ante la jurisdicción desde la misma norma constitucional incluso en ausencia de la *interpositio legislatoris*, garantizando su aplicación en su contenido esencial. Pese a que, como también hemos dicho antes, existan libertades sociales y algún derecho social netamente de prestación, que tienen esta configuración, lo cierto es que existen otros muchos derechos de prestación que se configuran con otro régimen jurídico, según el cual no son auténticos derechos, sino otra cosa, principios o normas directivas o programáticas dirigidas a los poderes públicos para la realización de políticas y tareas que si bien pueden establecer ciertos derechos específicos y subordinados en el plano legislativo, no constituyen por sí mismos claros límites negativos y positivos al poder estatal desde la misma norma constitucional sino principios «informadores» de la actuación de los poderes públicos. Afirmar esos límites sería un primer y gran paso adelante.

Como señalara ya hace un cuarto de siglo Gomes Canotilho (1988; 247) «El problema actual de los derechos sociales... o derechos de prestación en sentido estricto está en tomarnos en serio el reconocimiento constitucional de derechos como el derecho al trabajo, el derecho a la salud, el derecho a la educación, el derecho a la cultura, el derecho al ambiente. Independientemente de las dificultades (reales) que suscita un tipo de derechos subjetivos en los que falta la capacidad jurídica (=poder jurídico, competencia) para obtener su efectividad práctica (=accionabilidad), no podemos considerar como un simple <<aleluya jurídico>> (C. Schmitt) el hecho de que las Constituciones (como la portuguesa de 1976 y la española de 1978) consideren ciertas posiciones jurídicas de tal modo fundamentales que su garantía o no garantía no pueda ser dejada a los criterios (incluso al arbitrio) de simples mayorías parlamentarias».

Para explicar y «justificar» la debilidad de técnicas y procedimientos de aseguramiento de estos derechos, juegan simultánea y entrelazadamente diversos argumentos: a) que la Constitución no puede garantizar estándares prestacionales predeterminados en tanto que no solo existe incertidumbre económica en la evolución de cada sociedad, sino límites evidentes a la efectiva disponibilidad de recursos por parte del Estado; b) la necesidad de preservar el principio democrático en el marco del sistema constitucional para que sea el legislador el que pueda arbitrar las políticas públicas de realización en uno u otro grado de los bienes y fines constitucionales que representan los derechos sociales; c) en complemento con lo anterior, la falta de competencia y legitimidad democrática del poder judicial en su labor de control y de decisión en los asuntos que les son planteados para sustituir al legislador extrayendo de las normas constitucionales determinaciones del contenido de las prestaciones que constituirían el objeto de los derechos sociales. Todo ello conduce, además, a sustentar la pérdida de fortaleza de un reivindicado y no satisfecho deber de progresividad y la correspondiente regla de la «irregresividad» de los logros en la realización y tutela de los derechos sociales ya incorporados al patrimonio de la ciudadanía (Sarlet, 2010; 59), lo cual abre peligrosamente la puerta a la posibilidad de una fuerte minoración del Estado social e incluso a su desmantelamiento, como está sucediendo claramente en nuestros días en la gestión de la gran crisis económica.

Todos estos son problemas y retos pendientes de despejar para el Estado social y democrático de Derecho en relación con los derechos sociales, al que se asocian otros como los siguientes: el de la sustentabilidad de estos derechos, especialmente de algunos de ellos, como los que están necesitados de un sistema prestacional universal, como es el caso de la seguridad social o la salud, teniendo en cuenta su altísimo coste; la integración proporcional con otros derechos de libertad, como la propiedad en sus diversas dimensiones, las libertades económicas, etc.., así como la concurrencia con otros bienes u objetivos de valor constitucional; y, en el marco de la globalización, cómo garantizar la integración de determinados grupos de personas más acentuadamente marcadas por la exclusión, como es el caso de los inmigrantes, etc…

A la vista de todas estas cuestiones, que solo se han podido enunciar (cada una de ellas necesitaría de una ponencia específica para su desarrollo), cabe concluir que los derechos, todos ellos, incluyendo los sociales, están necesitados de una nueva dogmática y de una nueva política que implica, además, la mejora de los procesos democráticos e incluso la superación de la democracia representativa mediante modelos democráticos que aseguren elementos efectivos de buen gobierno y de participación ciudadana directa, revalorizando los deberes de transparencia e información por Estados y corporaciones que permitan la creación de estructuras y procedimientos para la realización y efectividad de los derechos. En este sentido, como acertadamente nos recuerdan Sarlet (2010; 60) y Porras Ramírez (2004; 672), cabría acudir de nuevo a la concepción de Häberle acerca de un nuevo status, el *status activus processualis*, que haga posible una ciudadanía participativa y responsable, implicada también en la organización y el procedimiento. Y, en esta línea, tiene una gran virtualidad teórico-práctica, como nos propone Gomes Canotilho (1988; 249 ss.), abandonar la precomprensión teorético-jurídica todavía dominante, aunque hace ya tiempo rebatida, sobre la alternativa radical derecho subjetivo/norma programática y sobre la igualdad vinculación jurídica=control judicial, investigando desde la diferenciación estructural de las distintas *posiciones jurídicas prestacionales* que expresan los llamados derechos sociales, que pueden manifestar diversas densidades y, por tanto, la necesidad de una correlativa diversidad de formas jurídicas e instrumentos de protección, cada uno de ellos adecuado a la satisfacción de las necesidades básicas a las que atiende su formulación.

VI. El impacto de la crisis económica sobre la normatividad constitucional y los derechos sociales en España

En tanto que esta ponencia se enmarca en un Congreso sobre «Problemas actuales de Derecho Constitucional en un contexto de crisis», llegados a este punto quisiera referirme, aunque sea con brevedad y simplificación que ya se impone, al impacto que la actual crisis económica está teniendo sobre la normatividad de nuestra Constitución desde el plano de esta concepción sobre la fundamentalidad del Estado constitucional de Derecho y, por consiguiente, sobre el entendimiento de los derechos sociales. Para ello recurro a un resumen sumario de ideas que ya he expuesto con un más amplio desarrollo en un trabajo actualmente en proceso de publicación[3]. En él parto de la constatación de que la decisión fundamental más importante que incorpora la Constitución española, de la que derivan las demás, consistió en constituir a España en un «Estado social y democrático de Derecho», como claro reflejo del gran pacto socialdemocrático que sustentó el paradigma constitucional que se va desarrollando con posterioridad a la Segunda Guerra Mundial; fórmula que ha de ser entendida de manera dialécticamente integrada y no como yuxtaposición de sus elementos (García Pelayo, 1991; 2119 ss.). Ambas perspectivas, la social y la democrática, sin embargo, son puestas hoy materialmente en cuestión a propósito de la gestión de crisis económica con una gravedad extraordinaria que no podemos desconocer.

En su Preámbulo nuestra norma fundamental proclama la voluntad de la nación española de *«garantizar la convivencia democrática dentro de la Constitución y de las leyes conforme a un orden económico y social justo,... promover el progreso de la cultura y de la economía para asegurar a todos una digna calidad de vida... y establecer una sociedad democrática avanzada»*. Y entre sus decisiones fundamentales, cabe resaltar las siguientes: a) constituye en su artículo 1.1 un *«Estado social y democrático de Derecho que propugna como valores superiores de su ordenamiento jurídico la libertad, la justicia, la igualdad y el pluralismo político»*; b) impone a los poderes públicos en su artículo 9.2 el mandato de *«promover las condiciones para que la libertad y la igualdad del individuo y de los grupos en que se integra sean reales y efectivas, remover los obstáculos que impidan o dificulten su plenitud y facilitar la participación de todos los ciudadanos en la vida política, económica, cultural y social»*; c) establece un amplio y avanzado catálogo de derechos civiles y políticos, económicos, sociales y culturales en su Título I, que concretizan y desarrollan aquellos principios con sus respectivas garantías, correspondiendo las más intensas a los derechos reconocidos en la Sección Primera y al principio de igualdad.

[3] Se trata de mi trabajo «Crisis económica y Constitución. El caso de España», actualmente en fase de publicación en una obra colectiva en Homenaje al Profesor Carlos de Cabo Martín, aunque elaborado en 2013.

Sin embargo, partiendo de la existencia previa de diferentes episodios de crisis, esta prefiguración de la Constitución normativa se ha venido debilitando progresivamente tras el inmenso y profundo *crack*, con epicentro en 2008, que estamos todavía viviendo y que está poniendo gravemente en cuestión el paradigma constitucional pluralista y normativo, democrático y social. Esta crisis de normatividad se está proyectando sobre el conjunto dogmático que deriva de los principios y valores en los que se sustenta el sistema constitucional, sobre el conjunto de los derechos, especialmente los de carácter social (sean configurados como derechos o como principios rectores), y sobre las instituciones que conforman aquél, sus funciones y las responsabilidades que se les atribuyen. Con el desarrollo legal, el establecimiento y la ejecución de políticas públicas a partir de una determinada concepción ideológica de la crisis se están produciendo graves desconocimientos, desviaciones y reduccionismos de los enunciados del texto constitucional que lo están alejando cada vez más de la realidad que es vivida y experimentada por la ciudadanía. Este desajuste progresivo con la realidad está impidiendo a las instituciones cumplir sus respectivas atribuciones con la fidelidad necesaria al consenso alcanzado en 1978 según la fórmula política condensada como decisión fundamental en el apartado 1 del artículo 1.

Hoy por hoy, por estas circunstancias, el discurso constitucional explícito puede en muchos aspectos aparecer socialmente como un lenguaje en buena medida hueco, lleno de retórica y de promesas incumplidas, desvelando una evidente desviada mutación a un paradigma económico, social y político que no encaja con el constitucionalmente proclamado y que funciona de manera sobrepuesta y sobreentendida al mismo. En este sentido, M.L. Balaguer (2014; 8) habla de la «revisión de facto de un modelo de Estado que, en cuanto a lo social, se reduce a un mero nominalismo, rehabilitando todos los elementos esenciales de un modelo liberal de Estado propio de los cimientos teóricos de un modelo económico que ya ha sido con creces superado». El Estado que proclama en su Constitución su carácter social y los principios y derechos que lo integran, no solo no puede asegurar su efectividad, sino que produce normas y adopta decisiones que manifiestamente lo contradicen. Las exigencias de los mercados son antepuestas a las necesidades de las personas, los bienes que como necesidades básicas son el contenido de los derechos sociales se mercantilizan, la dignidad en la calidad de vida queda completamente relegada frente a objetivos económicos y, de esta manera, la política en su totalidad queda subordinada a la economía, entendida bajo el prisma del neoliberalismo (Tajadura, 2006; 129 ss.).

Pero conviene tener presente algo fundamental: que las causas económicas en las que suelen cifrarse los efectos de la actual crisis han venido funcionando en parte como realidad, pero también y sobre todo como una gran excusa para esta quiebra. La crisis se ha venido generando a lo largo de muchos años, como explica De Cabo (2010; 16), por la caída de la tasa de ganancia en la economía productiva, real, lo que produjo una ofensiva creciente para la liberalización económica y la privatización de estructuras desmercantilizadas de provisión social y, sobre todo, la huida del capital hacia la economía no productiva, financiera y desregulada, buscando más ventajas, rentabilidad y ganancias rápidas. Pero la espiral del exceso improductivo y la sobreproducción de crédito llegó finalmente a imposibilitar la rentabilidad buscada y a producir el consiguiente estallido de la burbuja financiera. La necesidad de salir de ella ha impuesto volver de manera muy dificultosa a la economía real, a la economía productiva, para lo cual se reclama desde el neoliberalismo económico y político, unas veces abiertamente, otras de manera encubierta, la desvalorización (coyuntural o indefinida, según los casos) de los contenidos del gran pacto socialdemocrático como requisito necesario, imprescindible, padeciendo así también la concepción del Estado constitucional de Derecho fundamentado en la dignidad de la persona y en el reconocimiento y protección de los derechos, tanto los civiles y políticos como los económicos, sociales y culturales.

De esta manera pueden explicarse los cada vez más intensos y explícitos embates contra el Estado de bienestar, si bien el arraigo popular y la relativa irreversibilidad conceptual de determinados contenidos del modelo de Estado social y su función legitimadora, impide que estos se produzcan en términos de radical exclusión de la dimensión social. Esta se va manifestando paulatinamente, enmascarada y en términos relativos, sobre el «grado de recorte» de las prestaciones y servicios sociales, sobre los modos de reorganización del sistema y, en definitiva, sobre los límites de la política social e intervencionista del Estado. Todo ello aboca a una amenaza sustancial para un Estado social ya de por sí muy débil en su misma concepción y desarrollo, en tanto que desde su formulación hasta el presente no ha sido concretizado sino de manera incipiente, limitada, finalista y por tanto aplazada y carente de las suficientes garantías jurídicas (Cámara, 2010; 9-10).

La política, que debería encauzar y dirigir la economía conforme al vigente y expreso paradigma democrático pluralista plasmado en las normas constitucionales, se ve así condicionada en términos prácticamente absolutos por la economía de un determinado y único signo, de la que ha sido expresión bien clara en España la reforma del artículo 135 de la Constitución, insertando en él el principio de estabilidad presupuestaria con una muy rígida prefiguración normativa que condiciona en exceso la capacidad para los poderes públicos, cualquiera sea su signo político, para desarrollar políticas económicas anticíclicas y de mantenimiento de ciertos logros básicos del Estado de bienestar que ya considerábamos en buena medida irreversibles. Esta reforma, forzada además desde instancias europeas por poderes y vías de hecho, viene a reflejar la quiebra del pacto socialdemocrático, porque el Estado cada vez más está al servicio del Mercado y de su reproducción desregulada y globalizada; por ello el actual artículo 135 actúa y seguirá actuando desde dentro del sistema constitucional, si no es matizado y contrapesado a su vez con una reforma necesaria (a la que más arriba me he referido), como una pieza contraria a los elementos que componen explícitamente el modelo de Estado social y democrático de Derecho.

El principal instrumento para hacer social y políticamente «presentable» y «justificar» esta quiebra ha sido la elaboración de un gran «constructo» ideológico, la «ideología de la crisis», que al tiempo que pretende dar cobertura a la reducción extrema del componente social del modelo de Estado se la da también a la limitación del pluralismo, rebajando así la democracia y la satisfacción de los derechos sociales, sobre cuya realidad y efectividad se sustenta la ciudadanía y la posibilidad de ejercicio de los demás derechos. La ideología económica de la «austeridad» a toda costa, que a las claras funciona como recesiva y ha demostrado su fracaso, se fundamenta en una concepción de la economía como si ésta fuera en sí misma neutra, sobrepuesta como realidad irreductible a la sociedad y a la política. Hasta que la economía «se recupere» viene a reclamarse una amplísima discrecionalidad ejecutiva y son impuestas como aceptables e inevitables ciertas medidas excepcionales que incluso pueden quebrar la normatividad constitucional en su sustancia (aunque pueda ser que no en la letra en toda su extensión), por lo que el juego político democrático también debe plegarse a este objetivo, en tanto que los mecanismos democráticos pueden resultar impeditivos o retardadores de la toma de decisiones, que debe ser «ágil» —se reclama— para poder ser eficaz. Los recortes operados en el modelo social y también en el representativo, así «justificados», pueden extenderse hasta allí donde la situación de excepcionalidad lo requiera, sin que importe qué sectores se puedan ver afectados (aunque encubriendo también ideológicamente la no afectación por estas medidas de los principales detentadores del capital y del poder financiero, los grandes agentes económicos y las élites sociales y económicas a ellos asociadas, en muchos casos no solo no afectados sino grandes beneficiarios de aquéllas).

Así las cosas, se limita extraordinariamente el pluralismo y pierden valor también el principio democrático y el Estado de Derecho, completándose el círculo para la devaluación de la fórmula integrada, paradigmática de nuestro modelo de Estado social y democrático de Derecho tal como fue concebido por el constituyente de 1978. Por decirlo de una manera gráfica, desde 2010 y, especialmente desde noviembre de 2011, en España venimos asistiendo a un goteo incesante de medidas que, en su conjunto, están funcionando como un potente mecanismo de succión de los contenidos del Estado social que, poco a poco, va debilitando capilarmente al Estado social y democrático de Derecho, resultando éste en su contraste con la realidad un modelo constitucional con numerosos contenidos por fuerza devenidos devaluados y retóricos.

Este modo ciego de seguir exclusivamente la lógica descarnada del *laissez-faire* y del beneficio inmediato y aparente como criterio de racionalidad social practicado por el liberalismo económico y político más extremo, es difícilmente entendible desde cualquier perspectiva, pues incluso va en contra de sus propios intereses a medio y a largo plazo, toda vez que las políticas redistributivas y sociales, como históricamente ha quedado probado, no solo no frenan el crecimiento sino que, antes al contrario, tienen efectos positivos sobre la recuperación y el desarrollo económico. Estas políticas, además, desempeñan una función socialmente preventiva, protectora y políticamente estabilizadora, al proveer a toda la ciudadanía con un conjunto de derechos y de servicios con acceso universal garantizado que legitima las instituciones democráticas y fortalece el espacio público y la integración social.

El caso es que simultáneamente a la actualmente instaurada política de austeridad a toda costa, se está practicando también un severo reduccionismo democrático que supone una merma inaceptable de las posibilidades de expresión del pluralismo sobre el gobierno de los asuntos públicos, desde el presupuesto de que no hay otra alternativa posible (abuso extremo del decreto-ley, leyes o decretos «ómnibus», «leyes paraguas», eliminación o suspensión de instituciones autonómicas de control, reducción de representantes en asambleas autonómicas, recentralización como reducción de las posibilidades de ejercicio de sus competencias por las Comunidades Autónomas y también de la autonomía de las entidades locales, etc...), operándose así una gran regresión en el plano del *status activus processualis* al que se refiriera Häberle y que más arriba citábamos.

Pero el impacto sobre nuestro modelo de convivencia ínsito en la fórmula dialécticamente integrada del Estado social y democrático de Derecho es mucho más amplio de lo que hasta ahora se ha señalado. Lo es porque de manera políticamente oportunista y como operación de refuerzo de los planteamientos ultraliberales que se están practicando en lo económico y en lo político, se están adoptando de manera trabada numerosas medidas cuya finalidad es implantar simultáneamente el modelo de convivencia que ideológicamente conviene al neoliberalismo político y económico (sobre todo recortando derechos y libertades). Un buen ejemplo de ello sería en España el embate que se está produciendo sobre un derecho social básico, como lo es el derecho fundamental a la educación, un derecho de «empoderamiento» personal y social y el único de este carácter (si dejamos fuera las libertades sociales) que está en la Sección primera del Capítulo II del Título I disponiendo, por tanto, de las máximas garantías. Aun así, la reciente reforma educativa instaurada por la LOMCE (Ley Orgánica 8/2013, de 9 de diciembre, para la Mejora de la Calidad Educativa), además de ser innecesaria, habida cuenta del normal y aceptable funcionamiento que estaba teniendo la LOE, y so pretexto de incrementar la calidad de la educación, rebaja injustificadamente los contenidos de este derecho, la equidad y la inclusión social, la igualdad, la formación en valores de ciudadanía y la participación de la comunidad educativa en el control y gestión de los centros sostenidos con fondos públicos, entre otros aspectos (Cámara, 2014; 10 ss., en prensa).

VII. BIBLIOGRAFÍA CONSULTADA Y CITADA

ACEBAL MONFORT, Luis, *¿Retórica o Futuro? Derechos Humanos en España hoy*, ACCI (Asociación Científica y Cultural Iberoamericana), Madrid, 2014.

BALAGUER CALLEJÓN, Francisco, «La Constitución», en Francisco Balaguer Callejón (Coordinador), Gregorio Cámara Villar, Juan Fernando López Aguilar, María Luisa Balaguer Callejón y José Antonio Montilla Martos, *Manual de Derecho Constitucional*, Vol. II, Cap.V, Tecnos, Madrid, 2014.

BALAGUER CALLEJÓN, María Luisa, «El declive y la fragilidad de los derechos en el Reino de España», *sinpermiso,* www.sinpermiso.info, 19 julio, 2014.

BASTIDA, Francisco J. «¿Son los derechos sociales derechos fundamentales? Por una concepción normativa de la fundamentalidad de los derechos», en VV.AA, *Estudios sobre la Constitución Española, Homenaje al Profesor Jordi Solé Tura*, Vol. II, Cortes Generales, Centro de Estudios Políticos y Constitucionales, Universitat de Barcelona, Ajuntament de Mollet del Vallés, Madrid, 2008.

DE CABO MARTÍN, Carlos, «El elemento utópico, ingrediente cultural del constitucionalismo», en F. Balaguer Callejón (Coord.), *Derecho Constitucional y Cultura. Estudios en Homenaje a Peter Häberle*, Madrid, Tecnos, 2004.

— «Lo viejo y lo nuevo en la crisis económica actual: aspectos jurídico-políticos», en Cámara Villar, Gregorio (ed. y coord.) *Pensamiento crítico y crisis capitalista*. Editorial Universidad de Granada, 2010.

CÁMARA VILLAR, Gregorio (ed. y coord.), en «Presentación» del libro *Pensamiento crítico y crisis capitalista, cit.*

CÁMARA VILLAR, Gregorio, «Los derechos fundamentales en el proceso histórico de construcción de la Unión Europea y su valor en el Tratado constitucional», en *ReDCE* (*Revista de Derecho Constitucional Europeo*), n.º 4, Julio-diciembre, 2005.

— «Garantías internacionales y europeas de los derechos fundamentales», en Francisco Balaguer Callejón (Coord.), Gregorio Cámara Villar, Juan Fernando López Aguilar, María Luisa Balaguer Callejón y José Antonio Montilla Martos, *Manual de Derecho Constitucional*, Vol. II, Capítulo XXIV: «Las garantías de los derechos», Madrid, Tecnos, 2014.

— «Los principios rectores de la política social y económica», en Francisco Balaguer Callejón (Coord.), Gregorio Cámara Villar, Juan Fernando López Aguilar, María Luisa Balaguer Callejón y José Antonio Montilla Martos, *Manual de Derecho Constitucional*, Vol. II, cit., Capítulo XXII: «Constitución económica y derechos sociales».

— «El sistema de los derechos y libertades fundamentales en la Constitución española» en Francisco Balaguer Callejón (Coord.), Gregorio Cámara Villar, Juan Fernando López Aguilar, María Luisa Balaguer Callejón y José Antonio Montilla Martos, *Manual de Derecho Constitucional*, Vol. II, cit., Cap. XVI.

— «El derecho a la educación en tiempos de crisis. La LOMCE en su contexto», *Revista de la Facultad de Derecho de la Universidad de Granada*, 2014 (en prensa).

FERRAJOLI, Luigi, *Razones jurídicas del pacifismo*, Madrid, Trotta, 2004.

FLORES HERRERA, Joaquín, «La Complejidad de los Derechos Humanos. Bases Teóricas para una Redefinición Contextualizada», *Revista Internacional de Direito e Cidadania*, n.º 1, 2008.

GAMBINO, Silvio, «Derechos sociales, Carta de Derechos fundamentales e integración europea», *ReDCE* (*Revista de Derecho Constitucional Europeo*), n.º 9, Enero-Junio, 2008.

GARCÍA PELAYO, Manuel, «La Constitución», en *Obras Completas*, Centro de Estudios Constitucionales, Madrid, 1991, Vol. III.

GROS ESPIELL, Héctor, «The right to life and the right to live», en Association of International Consultants on Human Rights, *Essays on the concept of a <<Right to Live>>* (Daniel Prémont, General Editor), Bruxelles, Bruylant, 1988.

HABERMAS, Jürgen, «El concepto de dignidad humana y la utopía realista de los derechos humanos», *Diánoia*, volumen LV, número 64, mayo 2010.

HÄBERLE, Peter, «El Estado constitucional Europeo», *ReDCE* (*Revista de Derecho

Constitucional Europeo), n.º 11, Enero-Junio 2009.

— «La ciudadanía a través de la educación como tarea europea», en *ReDCE* (*Revista de Derecho Constitucional Europeo*), n.º 4, Julio-diciembre, 2005.

— «Dignità Dell'Uomo e Diritti Sociali nelle Costituzioni degli Stati di Diritto», *Costituzione e Diritti Sociali*, Éditions Universitaires Fribourg Suisse, 1990.

— «La dignidad del hombre como fundamento de la comunidad estatal», en *Dignidad de la persona, derechos fundamentales, justicia constitucional y otros estudios de derecho público*, coord. por Francisco Fernández Segado, 2008.

— «Neue Horizonte und Herausforderungen des Kontitutionalismus», *EuGRZ*, 2006.

— «Die Menschenwürde als Grundlage der staatlichen Gemeinschaft», en Isensee/Kirchof (editores), *Handbuch des Staats Rechts*, tomo I: *Grundlagen von Staat und Verfassung*, Heidelberg, C.F. Müller, 1987.

JIMENA QUESADA, Luis, *Sistema Europeo de Derechos Fundamentales*, Madrid, Colex, 2006.

PRESNO LINERA, Miguel Ángel, «Derechos sociales fundamentales?, Texto publicado en *Agenda Pública* y *La Nueva España* el 6 de diciembre de 2014. Recogido en el Blog *El derecho y el revés* en la misma fecha. https://presnolinera.wordpress.com/2014/12/06/derechos-sociales-fundamentales/

PORRAS RAMÍREZ, José María, «Caracterización y garantía de los derechos de prestación en el Estado constitucional», en F. Balaguer Callejón (Coord.), *Derecho Constitucional y Cultura. Estudios en Homenaje a Peter Häberle*, Madrid, Tecnos, 2004.

RIDOLA, Paolo, «La Carta de Derechos Fundamentales de la Unión Europea y el desarrollo del constitucionalismo europeo», en F. Balaguer Callejón (Coord.), *Derecho Constitucional y Cultura. Estudios en Homenaje a Peter Häberle*, Madrid, Tecnos, 2004.

ROLLA, Giancarlo, «El valor normativo del principio de la dignidad humana. Consideraciones en torno a las Constituciones iberoamericanas», *Anuario Iberoamericano de Justicia Constitucional*, n.º 6, Enero/Diciembre 2002.

SARLET, Ingo Wolfgang, «Los derechos sociales en el constitucionalismo contemporáneo: algunos problemas y desafíos», en Miguel Ángel Presno Linera, Ingo Wolfgang Sarlet (Eds.) *Los Derechos Sociales como Instrumento de Emancipación*, Aranzadi, Thomson Reuters, Cizur Menor (Navarra), 2010.

TAJADURA TEJADA, Javier, «La crisis de los derechos sociales en el contexto de la mundialización», en *Nuevas Políticas Públicas: Anuario multidisciplinar para la modernización de las Administraciones Públicas*, n.º 2, 2006.

HACIA EL BARICENTRO ESTATAL DEL DERECHO EUROPEO: EL PLURALISMO INTEGRATIVO A PRUEBA. ALGUNAS REFLEXIONES COMPARATIVAS ENTRE ITALIA, FRANCIA Y ESPAÑA*, **

LAURA MONTANARI

Catedrática de Derecho Público Comparado

Universidad de Udine (Italia)

ÍNDICE: I. PREMISA. II. LA JURISPRUDENCIA CONSTITUCIONAL RELATIVA A LA POSICIÓN DEL DERECHO DE LA UNIÓN EUROPEA Y A LOS RELATIVOS CONTROLES. III. LA DOBLE PREJUDICIALIDAD. IV. EL REENVÍO AL TRIBUNAL DE JUSTICIA POR PARTE DEL TRIBUNAL CONSTITUCIONAL. V. CONCLUSIONES. VI. BIBLIOGRAFÍA.

I. PREMISA

El tema de la presente sesión —Globalización y constitucionalismo multinivel— nos sitúa ante uno de los aspectos de mayor actualidad desde la reflexión jurídica, aunque la situación de crisis que atravesamos (bajo una pluralidad de perspectivas), parece hoy favorecer una revalorización del espacio del Estado nacional.

En este ámbito, nuestra intervención estará dedicada a la experiencia europea, que constituye un laboratorio de enorme interés, en particular por lo que se refiere a la tutela de los derechos fundamentales. En Europa, de hecho, conviven y se confrontan tres diversos sistemas jurídicos: el constitucional, el de la Unión Europea, y el del Convenio Europeo de Derechos Humanos (CEDH) (Alonso García, 2014).

Como puede fácilmente imaginarse existen diversas posibilidades de análisis: en nuestro caso, hemos decidido concentrarnos en las relaciones entre el ordenamiento interno y el de la Unión Europea, con particular referencia al papel desempeñado por los Tribunales Constitucionales, intentando comparar las experiencias italiana, francesa y española.

* Traducción del italiano, de Rosario Tur Ausina, Profesora Titular de Derecho constitucional, Universidad Miguel Hernández de Elche.

** El presente trabajo es fruto de la reflexión desarrollada por la autora en el ámbito del Proyecto de Investigación PRIN 2010-2011 sobre «Jurisdicción y Pluralismo», coordinado por la Universidad de Trento.

Esta elección encuentra su razón de ser en las peculiares características del sistema UE, que regula de forma específica las relaciones entre las fuentes y entre los jueces, y que nos ofrece así interesantes puntos de vista para la reflexión en torno al denominado «constitucionalismo multinivel»[1].

Como es bien conocido, de hecho, los Tratados constitutivos, desarrollados desde la jurisprudencia del Tribunal de Justicia, establecen las coordenadas fundamentales para el funcionamiento del sistema: 1) la directa aplicabilidad/la eficacia directa del derecho de la Unión; 2) la primacía del derecho de la Unión y su consecuente prevalencia sobre el derecho interno en conflicto; 3) la facultad/la obligación para los jueces nacionales de relacionarse con el Tribunal de Justicia, cuando surjan problemas respecto a la validez/ interpretación del derecho de la Unión que están llamados a aplicar[2].

Si las normas de los Tratados constitutivos y la jurisprudencia intentan definir las relaciones con el derecho interno (fuentes y juicios), no es menos cierto que esto lo llevan a cabo colocándose en una perspectiva europea —una perspectiva supranacional o, para ser más explícitos, una perspectiva monista—.

Por esta razón, resulta interesante verificar la posición asumida por los Tribunales Constitucionales, que de un lado no pueden renunciar a su papel de garantes del sistema constitucional nacional, pero de otro no pueden dejar de contribuir al proceso de integración entre ordenamientos en Europa.

De aquí el título que hemos querido dar a nuestra intervención: «Hacia el baricentro estatal del derecho europeo: el pluralismo integrativo a prueba». Y es que en nuestra opinión, en los últimos años los Tribunales Constitucionales están intentando definir su propio espacio de participación en el «diálogo entre los jueces» en Europa, de tal forma que no queden subordinados al Tribunal de Justicia, pero al mismo tiempo tampoco marginados.

Así pues, para desarrollar esta reflexión tomaré como referencia tres aspectos conectados entre los mismos:

1) la jurisprudencia constitucional relativa a la posición del derecho de la Unión Europea y a los relativos controles;

[1] Se trata de una de las diferencias más importantes respecto al otro sistema de integración que opera a nivel europeo, el del CEDH. Para una comparación entre los dos sistemas nos remitimos a Montanari, 2005.

[2] En el sistema del CEDH la ubicación de las normas en el derecho interno depende de la forma de adaptación escogida por cada País, mientras no existe, hasta el día de hoy, un canal directo entre los jueces nacionales y el Tribunal de Estrasburgo. Así, al Tribunal de Estrasburgo se dirigen los individuos tras haber agotado las vías de recurso interno. Si bien es cierto que los jueces están obligados a respetar la interpretación que del CEDH ofrezca el Tribunal de Estrasburgo, no tienen sin embargo ninguna posibilidad de solicitarle ninguna ayuda interpretativa. La situación podría cambiar, al menos en parte, con la entrada en vigor del Protocolo XVI, que introducirá también para el CEDH un reenvío interpretativo, aunque con características peculiares.

2) la doble prejudicialidad (es decir, la relación entre juicio incidental de constitucionalidad y el reenvío prejudicial al Tribunal de Justicia);
3) el reenvío prejudicial al Tribunal de Justicia por parte de los Tribunales Constitucionales.

II. La jurisprudencia constitucional relativa a la posición del derecho de la Unión Europea y a los relativos controles

Pretendemos centrarnos, sobre todo, en el tema de la posición del derecho de la Unión y de los relativos controles, en cuanto constituye una premisa necesaria para comprender el posicionamiento de los Tribunales Constitucionales y, en particular, las resoluciones que éstos han adoptado en los años más recientes.

En todos los ordenamientos objeto de análisis, los jueces constitucionales han configurado una «cobertura constitucional» para el derecho comunitario/de la Unión Europea en las normas que prevén la posibilidad para el Estado de aceptar limitaciones de soberanía respecto a su participación en las organizaciones internacionales[3]. En el caso italiano, la referencia se encuentra en el art. 11 de la Constitución, que conecta esta cuestión con el objetivo de favorecer la paz y la justicia entre las naciones[4]; para España, sin embargo, el art. 93 de la Constitución acoge una solución más amplia, pues no se especifican las finalidades de las organizaciones a las que el Estado puede adherirse[5]. Y en la experiencia francesa, finalmente, la base no la encontramos directamente en la Constitución de 1958 sino en el Preámbulo de la Carta Magna de la IV República, que —como es sabido— se ha insertado en el denominado «bloque de constitucionalidad» gracias a la jurisprudencia del *Conseil constitutionnel*. En particular, en el Preámbulo de 1946 se señala que *«A condición de que haya reciprocidad, Francia acepta las limitaciones de soberanía necesarias para la organización y la defensa de la paz»*.

No obstante, la configuración de una cobertura constitucional sustancialmente análoga para todas las experiencias consideradas, no conduce a las mismas consecuencias respecto a la posición de los Tratados constitutivos de la organización supranacional y

[3] Hemos de señalar que en el texto continuará usándose la fórmula «derecho comunitario» como sinónimo de derecho de la Unión, también respecto a los acontecimientos sucesivos a la entrada en vigor del Tratado de Lisboa que, como es sabido, ha debilitado a la Comunidad Europea.

[4] El art. 11, originariamente pensado para la adhesión a Naciones Unidas, prevé que Italia *«[...] consiente, en condiciones de paridad con los otros Estados, las limitaciones de soberanía necesarias en un ordenamiento que asegura la paz y la justicia entre las Naciones; promueve y favorece las organizaciones internaciones dirigidas a tal objetivo»*.

[5] En España, el art. 93 de la Constitución establece que *«Mediante ley orgánica se podrá autorizar la celebración de tratados por los que se atribuya a una organización o institución internacional el ejercicio de competencias derivadas de la Constitución. Corresponde a las Cortes Generales o al Gobierno, según los casos, la garantía del cumplimiento de estos tratados y de las resoluciones emanadas de los organismos internacionales o supranacionales titulares de la cesión»*.

del relativo derecho derivado. En tal sentido, entran en juego, de hecho, de un lado la posición que históricamente cada País ha asumido respecto al derecho exterior y, de otro, las otras normas constitucionales relativas al derecho internacional pacticio.

Desde este punto de vista, el caso italiano se diferencia de las otras experiencias analizadas, incluso debiéndose tener en cuenta que, hasta la reforma de 2001, la Constitución no se ocupaba de los tratados internacionales[6]. Sin embargo, la Corte Constitucional ha continuado aplicando el tradicional enfoque dualista de las relaciones con el derecho internacional, incluso respecto a los Tratados constitutivos de las Comunidades Europeas. Tal enfoque requiere, en efecto, la adopción de un acto *ad hoc* al objeto de que un tratado internacional produzca sus efectos en el derecho interno, con la consecuencia de que las normas de origen internacional asumen la misma posición de las fuentes mediante las cuales se ha llevado a cabo la adaptación. Para los Tratados constitutivos de las Comunidades europeas la ejecución se produjo mediante ley ordinaria, de tal forma que la Corte Constitucional pudo afirmar —en la sentencia *Costa Enel* de 1964—, que incluso en este caso resultaban de aplicación *«los principios de la sucesión de las leyes en el tiempo»*[7]. Tal afirmación no pudo, obviamente, más que suscitar la reacción del Tribunal de Justicia, que interviniendo en el mismo caso (*Costa Enel*) confirmó la primacía del derecho europeo sobre el interno[8]. Pero el reconocimiento de tal principio a nivel nacional tuvo lugar no sin ciertas dificultades: en una primera fase, la Corte Constitucional, aún aceptando dicha primacía, sostuvo de todos modos que seguía siendo la exclusiva titular de la competencia para decidir sobre la validez de la ley, resolviendo los casos de vulneración del derecho comunitario en supuestos de inconstitucionalidad por indirecta violación del art. 11 de la Constitución[9]. Pero también esta lectura fue rebatida por el Tribunal de Justicia con otra famosa sentencia —la relativa al caso *Simmenthal* de 1978—[10]. Como resultado a este largo desencuentro, la Corte Constitucional aceptaría finalmente —en la decisión *Granital* de 1984—, que la verificación del respeto al derecho comunitario se desarrollase por el juez ordinario, con la consecuente inaplicación, en caso de conflicto, del derecho interno[11].

Se introduce de este modo una especie de control difuso de comunitariedad frente a un control concentrado de constitucionalidad. La distinción entre los dos ámbitos

[6] Las únicas referencias que se contienen en la Constitución son las relativas al papel de los diversos órganos implicados en el procedimiento de ratificación de los tratados: vid. arts. 80 y 87.

[7] Así en la sentencia de 7 de marzo de 1964, FJ 6. Las sentencias de la Corte Constitucional pueden consultarse en http://www.giurcost.it.

[8] Tribunal de Justicia, 15-7-1964, causa 6/64. Las sentencias del Tribunal de Justicia pueden consultarse en http://www.europa.eu.

[9] Vid. en particular las resoluciones *Frontini*, 27-12-1973, n.º 183 e *Industrie chimiche*, 30-10-1975, n.º 232.

[10] Tribunal de Justicia, 9-3-1978, causa 106/77.

[11] Corte constitucional, 8-6-1984, n.º 170.

se juega sobre la base de las atribuciones de la Comunidad (hoy Unión), que la Corte Constitucional ha interpretado como un criterio de reparto de competencias, entre ordenamientos incluso antes que entre fuentes. En los espacios correspondientes a la Unión, el relativo derecho prevalece sobre el nacional y los garantes son directamente los jueces ordinarios en relación con el Tribunal de Justicia[12]. No obstante, la Corte Constitucional efectúo una importante reserva, que implica su intervención, a través del respeto a los denominados «contralímites»: así, el derecho comunitario debe respetar los principios fundamentales y los derechos inviolables previstos en el ordenamiento nacional, es decir, el núcleo esencial de la identidad constitucional, que no puede ser objeto de discusión (Guastaferro, 2013 y Villani, 2009).

El panorama descrito de forma breve no se vio modificado con la reforma constitucional de 2001 —como se ha señalado con anterioridad—, que introdujo en el art. 117.1 de la Constitución la previsión según la cual *«La potestad legislativa es ejercida por el Estado y por las Regiones respetando la Constitución, así como los vínculos derivados del ordenamiento comunitario y de las obligaciones internacionales»*. Tal disposición atribuiría una especial resistencia al derecho internacional pacticio; pero sin embargo, respecto al derecho comunitario no ha modificado la doctrina perfilada por la jurisprudencia constitucional sobre la base del art. 11, que continúa siendo un punto de referencia fundamental[13].

Pasando a examinar los casos francés y español, se observa de inmediato cómo las Constituciones de ambos países regulan expresamente las relaciones con el derecho internacional pacticio, previendo, sobretodo, una forma de adaptación automática también para los tratados internacionales: estos últimos, una vez ratificados (y habiendo entrado en vigor a nivel internacional) producen sus efectos también en el ordenamiento interno, sin necesidad de posteriores intervenciones estatales[14]. En lo que atañe a las relaciones entre fuentes, a los tratados internacionales se les reconoce una posición

[12] Por jueces ordinarios (*giudici comuni*) nos referimos a todos aquellos diversos a los constitucionales.

[13] La misma Corte Constitucional ha señalado que *«El art. 117.1 de la Constitución, sin embargo, ha confirmado expresamente, en parte, aquello que ya se deducía del art. 11 de la Constitución, es decir, la obligación del legislador, estatal y regional, de respetar los vinculos derivados del ordenamiento comunitario. El límite al ejercicio de la función legislativa que impone el art. 117.1 de la Constitución es, sin embargo, sólo uno de los elementos relevantes de la relación entre derecho interno y derecho de la Unión Europea, relación que, globalmente considerada y tal y como se ha diseñado por esta Corte en el curso de las últimas décadas, encuentra todavía un «seguro fundamento» en el art. 11 de la Constitución. Quedan, de hecho, bien sólidos, también tras la reforma, además del vínculo principal al legislador y a la relativa responsabilidad internacional del Estado, todas las consecuencias que derivan de las limitaciones de soberanía que sólo el art. 11 de la Constitución permite, sobre el plano sustancial y sobre el procedimental, para la administración y los jueces»*: así, sentencia n.° 227 de 2010, FJ 7.

[14] Vid., en particular, el art. 53.2 de la Constitución francesa que, tras haber identificado los tratados para cuya ratificación o aprobación es necesaria una ley, precisa que *«Estos entran en vigor sólo tras la*

«super-legislativa». De un lado, de hecho, se establece su prevalencia sobre las normas internas en conflicto, pero de otro, a través de la introducción de un control preventivo respecto a la ratificación, se afirma su subordinación a la Constitución[15]. En el caso en que surja una contradicción con la Constitución, la ratificación estaría subordinada a la preventiva reforma de aquella.

Esta situación se produjo en Francia en el momento de la ratificación del Tratado de Maastricht. El *Conseil constitutionnel* —con la conocida resolución *Maastricht I*—, declaró, de hecho, la inconstitucionalidad de las previsiones en materia de política monetaria, del derecho al voto a nivel local para los ciudadanos europeos, y de las modalidades de decisión del Consejo en materia de visados[16]. Como consecuencia de ello, el Parlamento procedió a la reforma de la Constitución mediante la introducción del Título XIV, *«De las Comunidades Europeas y de la Unión Europea»*[17] —hoy Título XV *«De la Unión Europea»*—, que se ha convertido en el punto de referencia para las sucesivas fases en el proceso de integración europea. Así, se produjeron ulteriores pronunciamientos del *Conseil constitutionnel* antes de la ratificación del Tratado de Amsterdam y del de Lisboa, con consecuentes modificaciones de las normas constitucionales de referencia[18].

También el sistema español, como hemos anticipado, prevé la posibilidad de un control preventivo sobre la constitucionalidad de los tratados, que puede conducir a la

ratificación o aprobación», y el art. 96.1 de la española según el cual *«Los tratados internacionales válidamente celebrados, una vez publicados en España, formarán parte del ordenamiento interno»*.

[15] También en este sentido es oportuno citar las disposiciones constitucionales de referencia: en el caso francés el art. 55 establece que *«Los tratados o acuerdos debidamente ratificados o aprobados tendrán, desde el momento de su publicación, una autoridad superior a las leyes, a reserva, para cada acuerdo o tratado, de su aplicación por la otra parte»*, mientras el art. 54 prevé la posibilidad de un control preventivo sobre los tratados, con la consecuencia de que cuando se constate una contradicción con la Constitución *«la autorización para ratificar o aprobar el referido compromiso internacional sólo podrá otorgarse previa reforma de la Constitución»*; en España, el art. 96.1 utliza una fórmula menos precisa que la francesa, pero que confirma de todos modos la prevalencia de los tratados sobre las leyes en conflicto: *«Sus disposiciones sólo podrán ser derogadas, modificadas o suspendidas en la forma prevista en los propios tratados o de acuerdo con las normas generales del Derecho internacional»*; y respecto a las relaciones con la Constitución el art. 95.1 prevé que *«La celebración de un tratado internacional que contenga estipulaciones contrarias a la Constitución exigirá la previa revisión constitucional»*.

[16] *Conseil constitutionnel*, 9-4-1992, 92-308 DC, a las que siguieron las decisiones *Maastricht II* y *III* respectivamente 2-9-1992, 92-312 DC e 23-9-1992, 92-313 DC. Las decisiones del Consejo Constitucional pueden consultarse en http://www.conseil-constituttionel.fr; vid. también Favoreu, Philip, 2013 y Renoux, de Villiers, 2013.

[17] Se trata de la ley de reforma constitucional 92-554 del 25-6-1992, objeto sucesivamente de posteriores modificaciones: Renoux, de Villiers, 2013; 921 ss.

[18] Cfr. *Conseil constitutionnel* 31-12-1997, 97-394 DC; 19-11-2004, 2004-505; 20-12-2007, 2007-560 DC.

reforma de la Constitución[19]. Así tuvo lugar, efectivamente, con motivo de la ratificación del Tratado de Maastricht, a raíz de considerarse que existía una contradicción con la Constitución respecto a la previsión relativa al electorado pasivo de los ciudadanos europeos en las elecciones locales[20]. El Tribunal Constitucional, por otro lado, se pronunció en una segunda ocasión con motivo de la ratificación del Tratado constitucional, sin que observara entonces ningún elemento de conflicto[21].

Queda por considerar, de otra parte, la cuestión referida a la relación con las leyes ordinarias, sobre las cuales —como ya se ha señalado—, las normas pacticias prevalecen. En el caso de Francia, debe recordarse que desde la decisión IVG de 15 de enero de 1975, el *Conseil constitutionnel* ha rechazado su competencia para juzgar sobre el respeto del derecho internacional[22], con la consecuencia de que tal tarea ha sido asumida por los jueces ordinarios a través del control de convencionalidad y la consecuente inaplicación de la ley en conflicto (con los tratados internacionales en general y con el derecho de la Unión Europea en particular). Hasta la reforma constitucional de 2008, de otra parte, en Francia no estaba previsto el control incidental de constitucionalidad, por lo que el único control sucesivo para las leyes en vigor era el constituido por el control de convencionalidad. Precisamente esta peculiar situación, en nuestra opinión, condicionará —como veremos— los desarrollos más recientes sobre las relaciones entre ordenamientos.

Una tendencia similar se ha producido también en España, donde el Tribunal Constitucional siempre ha rechazado que el derecho comunitario pudiera convertirse en parámetro para el control de constitucionalidad de las leyes y justificar así su intervención[23]. La tarea de asegurar la prevalencia de las normas supranacionales sobre las internas corresponde, en consecuencia, a los jueces ordinarios, desde su consideración como jueces europeos en tal caso (Fernández Segado, 2005, 2009). Esta solución ha venido facilitada, muy probablemente, por el todavía reciente ingreso del País en la Comunidad Europea. De hecho, en dicho momento ya se había consolidado la jurisprudencia del Tribunal de Justicia sobre la primacía del derecho de la Unión y sobre el papel de los jueces ordinarios en este ámbito, que tuvo en el desencuentro con la Corte Constitucional italiana uno de los momentos de mayor dificultad[24]. De todos modos, se

[19] El procedimiento se regula en el art. 78 de la Ley Orgánica del Tribunal Constitucional.

[20] Declaración 1/1992, de 1-7-1992 sobre el Tratado de Maastricht. Las resoluciones del Tribunal Constitucional español pueden consultarse en http://www.tribunalconstitucional.es.

[21] Declaración n.º 1/2004, de 13-12-2004, sobre el Tratado constitucional.

[22] *Conseil constitutionnel*, 15-1-1975, 74-54 DC.

[23] Vid. por ejemplo Tribunal Constitucional, 14-2-1991, STC 28/1991, que califica las normas comunitarias como infraconstitucionales (FJ 5).

[24] En las resoluciones del Tribunal Constitucional se encuentra así la expresa referencia a la primacía afirmada por el Tribunal de Justicia: *«Ese principio de primacía, de construcción jurisprudencial, formaba parte del acervo comunitario incorporado en virtud de la Ley Orgánica 10/1985, de 2 de agosto,*

ha señalado que el Tribunal Constitucional se reserva la posibilidad de utilizar el derecho de la Unión, no tanto directamente como parámetro, sino como canon interpretativo, a través del art. 10.2 de la Constitución. Como es sabido, tal disposición prevé que *«Las normas relativas a los derechos fundamentales y a las libertades que la Constitución reconoce se interpretarán de conformidad con la Declaración Universal de Derechos Humanos y los tratados y acuerdos internacionales sobre las mismas materias ratificados por España»*. El Tribunal ha dado una lectura particularmente amplia de tal precepto, de modo que ya en el año 2000 hizo referencia, en la interpretación del derecho fundamental a la protección de datos personales previsto en el art. 18.4 de la Constitución, a la Carta de Niza, antes incluso de que a tal catálogo se le atribuyera fuerza vinculante desde la propia Unión Europea[25].

Del breve análisis llevado a cabo se pueden extraer algunos elementos para la reflexión, y que ayudan a comprender mejor la jurisprudencia constitucional más reciente. Respecto a los Tratados constitutivos —y al ordenamiento supranacional en su integridad— las experiencias analizadas parecen la expresión de modelos diferentes de construcción de la relación con la Constitución nacional[26]. Para Francia y España la necesidad de respetar la Constitución se traduce en un vínculo procedimental, superable a través del mecanismo preventivo de la reforma, mientras en Italia no se exigen modalidades particulares para la adhesión, aunque se hacen valer sucesivamente límites materiales (los contralímites), a través de una eventual intervención de la Corte Constitucional.

No obstante, estas diferencias no deben sobrevalorarse ya que en los tres ordenamientos los jueces constitucionales —no obstante la cobertura constitucional reconocida al derecho de la Unión Europea—, identifican de todos modos un núcleo esencial del ordenamiento nacional que no puede cuestionarse[27]. En tal sentido, citamos la Declaración del Tribunal Constitucional español 1/2004, relativa al Tratado constitucional, en la que se afirma que *«Producida la integración debe destacarse que la Constitución no es ya el marco de validez de las normas comunitarias, sino el propio Tratado cuya*

---

de autorización para la adhesión de España a las Comunidades Europeas, pues se remonta a la doctrina iniciada por el Tribunal de Justicia de las Comunidades con la Sentencia de 15 de julio de 1964 (Costa contra Enel)», así la Declaración 1/2004, FJ 4.

[25] Tribunal Constitucional, 30-11-2000, STC 292/2000; vid. sobre este aspecto Ugartemendia Eceizabarrena, Ripol Carulla, 2012; 17 ss., también respecto a la jurisprudencia más reciente.

[26] En una clasificación propuesta hace algunos años, Tania Groppi consideraba Francia y España entre los países que «en principio, no admiten la *primauté* constitucional, pero que permiten superar el obstáculo con un procedimiento reforzado», mientras Italia estaría entre aquellos que «en principio, admiten la primauté, pero con límites materiales (contralímite)»: Groppi, 2005.

[27] En las sentencias se encuentran fórmulas diversas que, de todos modos, se refieren al nucleo esencial de la Constitución: pensemos en los principios fundamentales y en los derechos inviolables en Italia, en la identidad constitucional para Francia, y en los principios y valores fundamentales en España.

celebración instrumenta la operación soberana de cesión del ejercicio de competencias derivadas de aquélla, si bien la Constitución exige que el Ordenamiento aceptado como consecuencia de la cesión sea compatible con sus principios y valores básicos»[28].

No es posible abordar en este estudio los debates sobre cuestiones de carácter general que se han desarrollado al respecto en los diversos Países —piénsese en el caso español, en la distinción entre el ejercicio y la titularidad de las competencias atribuidas a la Unión o, en el caso francés, en la reflexión relativa a la amplitud del poder de reforma constitucional—, pero sí quiere ponerse en evidencia que, si bien mediante modalidades y con alcances diferentes, los jueces constitucionales ejercen de todos modos una reconstrucción de las relaciones con la Unión Europea, y también de la primacía, fundada sobre y vinculada a la conservación del sistema constitucional nacional.

También respecto a las relaciones con la ley nacional, nos encontramos frente a soluciones similares, aunque con alguna que otra peculiaridad. Así, se asiste a una marginalización de los Tribunales Constitucionales frente al desarrollo del papel de los jueces ordinarios como jueces europeos, pues estos últimos están destinados a asegurar el respeto del derecho de la Unión Europea, relacionándose —si es necesario— directamente con el Tribunal de Justicia a través del reenvío prejudicial interpretativo o de validez.

Las trayectorias que llevan, sin embargo, a este resultado son diversas: de hecho, dicha opción parece en un cierto sentido «impuesta» en Italia, a raíz del conflicto entre las Cortes del que hemos hablado, mientras aparece fruto de una decisión «espontánea» en Francia, ligada más en general a las relaciones con el derecho externo y al papel del *Conseil constitutionnel*; para España, finalmente, puede hablarse probablemente de una «natural» adecuación al planteamiento consolidado por el Tribunal de Justicia, y ya aceptada por los otros Estados miembros.

Esta solución ha tenido consecuencias importantes para la Corte Constitucional italiana que, durante muchos años, se alejó de los acontecimientos europeos. El espacio que se había reservado, el de los contralímites, muy difícilmente habría podido

[28] Así, Declaración 1/2004, FJ 1. En esta misma decisión puede leerse que *«En el caso difícilmente concebible de que en la ulterior dinámica del Derecho de la Unión Europea llegase a resultar inconciliable este Derecho con la Constitución española, sin que los hipotéticos excesos del Derecho europeo respecto de la propia Constitución europea fueran remediados por los ordinarios cauces previstos en ésta, en última instancia la conservación de la soberanía del pueblo español y de la supremacía de la Constitución que éste se ha dado podrían llevar a este Tribunal a abordar los problemas que en tal caso se suscitaran, que desde la perspectiva actual se consideran inexistentes, a través de los procedimientos constitucionales pertinentes, ello aparte de que la salvaguarda de la referida soberanía siempre resulta a la postre asegurada por el art. I-60 del Tratado, verdadero contrapunto de su art. I-6, y que permite definir en su real dimensión la primacía proclamada en este último, incapaz de sobreponerse al ejercicio de una renuncia, que queda reservada a la voluntad soberana, suprema, de los Estados miembros»*, FJ 4.

conducir a su intervención, que en efecto hasta hoy no ha tenido lugar nunca[29]. Sin embargo, menos compleja parece la situación de los jueces constitucionales franceses y españoles: no obstante el control de convencionalidad de los jueces ordinarios sobre la ley, a aquellos les sigue quedando el control preventivo sobre los tratados, lo que ha garantizado su implicación en los episodios más significativos de la evolución del ordenamiento supranacional. En el caso francés, además, considerándose que hasta la reforma de 2008 el control de constitucionalidad fue solo preventivo, el control de convencionalidad (incluso respeto al derecho de la Unión Europea) se ha convertido en esencial para garantizar el respeto de los derechos fundamentales.

III. La doble prejudicialidad

Al menos inicialmente, se constata que los Tribunales Constitucionales renuncian a intervenir en los casos en los que entra en juego el derecho de la Unión Europea, dejando a los jueces ordinarios la tarea de resolver los conflictos con la legislación nacional, y proponiendo, si es necesario, el reenvío prejudicial al Tribunal de Justicia.

Los jueces ordinarios asumen de este modo una doble identidad: jueces nacionales cuando aplican el derecho estatal, relacionándose con el Tribunal Constitucional, y jueces europeos cuando aplican el derecho de la Unión, relacionándose con el Tribunal de Justicia. Aparentemente, pues, vemos que se trata de dos circuitos separados, dos ocasiones paralelas para el «diálogo entre jueces», destinadas además a no encontrarse. Los Tribunales Constitucionales se colocan, de esta forma, al margen del proceso de definición del «derecho jurisprudencial europeo»; mantienen el papel de garantes últimos de la Constitución nacional, aunque en los espacios estrictamente limitados a los que nos referimos con anterioridad.

Pero en realidad el panorama es mucho más complejo. Podemos encontrar, de hecho, casos en los que no se dé la separación a que aludimos. Uno de los ejemplos es precisamente el de la «doble prejudicialidad» de la que pretendemos ocuparnos: se trata de la hipótesis en la que una misma disposición nacional resulta hipotéticamente en conflicto con la Constitución y con el derecho de la Unión (Martinico, 2012; Losana, 2014; Cartabia, 2006). ¿Cómo debe proceder entonces el juez ordinario? ¿Qué canal ha de activar en primer lugar? Como dijimos antes, las circunstancias que han rodeado a los diversos ordenamientos nos ayudan a comprender las soluciones adoptadas.

La posición de la Corte Constitucional italiana ha estado desde hace mucho condicionada —en nuestra opinión— por su desencuentro con el Tribunal de Justicia. Desde los años 80, tras haber reconocido al juez ordinario el poder/deber de no aplicar la ley

[29] Sobre las consecuencias de la eventual subsistencia de tal conflicto, vid. Villani, 2009, según el cual no necesariamente se debería llegar a la salida de la UE, en cuanto la Corte Constitucional podría limitarse a decidir sobre la inaplicación de la concreta norma comunitaria.

que contravenga el derecho de la Unión Europea, la Corte ha afirmado que en los casos de doble prejudicialidad debe resolver antes de nada la cuestión de derecho comunitario, incluso con el reenvío interpretativo al Tribunal de Justicia. La eventual subsistencia de un conflicto con el derecho de la Unión, de hecho, excluiría la aplicación de la ley nacional en la causa en curso, con la consecuencia de que la cuestión de inconstitucionalidad quedaría privada de relevancia alguna[30].

La jurisprudencia al respecto es muy rica, pero puede citarse por todas la decisión 284 de 2007, que indica con claridad los términos de la argumentación de la Corte Constitucional. La Corte afirma que «*la cuestión de compatibilidad comunitaria constituye un prius lógico y jurídico respecto a la cuestión de inconstitucionalidad; pues afecta a la misma aplicabilidad de la norma censurada y por lo tanto a la relevancia de esta última cuestión*». En consecuencia, «*la cuestión debe ser declarada inadmisible en cuanto no compete a esta Corte, sino al juez ordinario, comprobar —valiéndose eventualmente del auxilio del reenvío prejudicial al Tribunal de Justicia— si las disposiciones del derecho interno, relevantes para el caso, entran en conflicto con las normas de derecho comunitario evocadas, provistas de efectos directos, y sacar las consecuencias al respecto (...)*»[31].

Significativamente diversa es la modalidad con la cual la «doble prejudicialidad» ha sido abordada en Francia. Como es sabido, el control sucesivo —de carácter incidental— sobre la ley ha sido introducido con la reforma constitucional de 2008, lo que ha significado, aunque se venía discutiendo desde hace tiempo, la apertura a una reflexión muy interesante no sólo sobre el instrumento en sí, sino también sobre el funcionamiento global del sistema.

Ha de advertirse, sobre todo, que la «*cuestión prioritaria de inconstitucionalidad*», ahora prevista en el art. 61.1 de la Constitución, presenta caracteres peculiares: sobre el plano procedimental, en primer lugar, puede ser promovida solo por los jueces que están en la cúspide (Corte de Casación y Consejo de Estado), con la creación de este modo de un doble filtro; sobre el plano sustancial, de otra parte, respecto al parámetro, afecta solo a los casos de vulneraciones de derechos y libertades previstas en la Constitución[32]. Con la introducción de este nuevo medio de control de constitucionalidad se

[30] Como es sabido, la relevancia es, junto a la no manifiesta falta de fundamentación, una de las condiciones para poder elevar una cuestión incidental ante la Corte Constitucional italiana. Se trata, en sustancia, de la necesidad de aplicar la ley controvertida al objeto del juicio *a quo*.

[31] Corte Constitucional, 4-7-2007, n.º 284, FJ 3.

[32] Puede ser útil, también en este caso, recordar el texto de la disposición:«*Lorsque, à l'occasion d'une instance en cours devant une juridiction, il est soutenu qu'une disposition législative porte atteinte aux droits et libertés que la Constitution garantit, le Conseil constitutionnel peut être saisi de cette question sur renvoi du Conseil d'État ou de la Cour de cassation qui se prononce dans un délai déterminé*».

quiere, por lo tanto, reforzar la tutela de los derechos, reconociendo el papel fundamental desarrollado por los Tribunales Constitucionales en este ámbito[33].

Para el sistema francés esta solución constituye una importante novedad, adoptada con el propósito de asegurar un mejor funcionamiento así como su efectiva «afirmación», en el momento en que se ha introducido un nuevo actor —el Consejo Constitucional— en un contexto donde habían operado hasta ahora los jueces ordinarios en relación directa con los Tribunales europeos. Ello explica la opción —a través de la Ley Orgánica 2009—1523 de ejecución de la norma constitucional- por prever el carácter «prioritario» de la cuestión de inconstitucionalidad. De esta forma, sin poner en discusión el control de convencionalidad desarrollado por los jueces ordinarios, se establece que en el caso de doble prejudicialidad se aborde primero la cuestión relativa a la contradicción con la Constitución y, sucesivamente, la relativa al derecho externo[34].

La aplicación de dicha solución al derecho de la Unión Europea fue respondida de modo inmediato. Como es sabido, de hecho, desde la sentencia *Simmenthal* de 1978, el Tribunal de Justicia había excluido la posibilidad por parte del derecho nacional, de condicionar o subordinar a una solución posterior, la verificación por parte de los jueces ordinarios del respeto del derecho comunitario, con la consecuente inaplicación del derecho interno en conflicto[35].

Este episodio crítico, relativo a las relaciones con el derecho europeo, se une a aquel, propiamente interno, de la redefinición de las relaciones entre los Tribunales nacionales. De hecho, fue la Corte de Casación la que puso en discusión el nuevo sistema, tomando la decisión de dirigirse en primer lugar al Tribunal de Justicia, en lugar de presentar la cuestión de inconstitucionalidad. Se trata del famoso caso *Melki*, en el que se solicitó —en sustancia— la verificación de la legitimidad (europea) de la solución adoptada por el legislador orgánico. Dicho en otros términos, si la regulación de la cuestión prioritaria de inconstitucionalidad no violaba el art. 267 TFUE sobre el reenvío prejudicial.

Ha de señalarse que tras el reenvío de la Corte de Casación, tanto el Consejo Constitucional como el Consejo de Estado, han intentado en algunas decisiones dar luz a la coherencia de la solución francesa con el derecho de la Unión, confirmando la

[33] Se trata de una opción coherente con los actuales rasgos esenciales de la justicia constitucional y la tutela de los derechos.

[34] El nuevo art. 23.2 de la Ley Orgánica sobre el Consejo Constitucional establece, de hecho, que *«en tout état de cause, la juridiction doit, lorsqu'elle est saisie de moyens contestant la conformité d'une disposition législative, d'une part, aux droits et libertés garantis par la Constitution et, d'autre part, aux engagements internationaux de la France, se prononcer par priorité sur la transmission de la question de constitutionnalité au Conseil d'Etat ou à la Cour de cassation»*.

[35] Según el Tribunal de Justicia corresponde al juez nacional encargado de aplicar las normas comunitarias, garantizar su plena eficacia inaplicando en su caso las normas internas que entran en conflicto, *«sin tener la obligación de solicitar o esperar la previa remoción en vía legislativa o mediante cualquier otro procedimiento constitucional»*: caso *Simmenthal*, FJ 24.

reserva a favor de los jueces ordinarios del control de convencionalidad, que se liga a la posibilidad del reenvío prejudicial ante el Tribunal de Justicia[36].

La respuesta del Tribunal de Justicia, en el caso anteriormente citado, resulta particularmente interesante para el objeto de estas reflexiones. Los jueces europeos, de hecho, han adoptado una postura diversa de la asumida en su tiempo respecto a la Corte Constitucional italiana, pareciendo que quieren dejar abierta la puerta a una definición «más flexible» de las relaciones entre los Tribunales. Remitiéndose al precedente del caso *Simmenthal*, se mantiene de hecho una posición de apertura respecto a la opción adoptada por el legislador francés. La sentencia, en efecto, se limita a concretar algunos «cerrojos» inderogables, relativos a la garantía para los jueces ordinarios de poder dirigirse al Tribunal de Justicia, dejando al juez nacional la tarea de valorar dicho extremo[37].

Menos relevante para este singular aspecto, es la experiencia española, probablemente también por el limitado papel del juicio en vía incidental frente a la centralidad del amparo. Por lo demás, es precisamente en el ámbito de este último tipo de juicio en el que el Tribunal Constitucional ha tenido la oportunidad de tomar en consideración el reenvío prejudicial al Tribunal de Justicia consiguiendo —con la resolución 58/2004—, reconducirlo a partir de la garantía de la tutela judicial efectiva y del derecho a un juicio justo *ex* art. 24 de la Constitución[38]. Si bien confirma su jurisprudencia anterior relativa a los poderes que corresponden al juez ordinario, el Tribunal Constitucional afirma que *«también es indudable que cuando se trata de inaplicar una ley, el planteamiento de la cuestión de inconstitucionalidad, si contradice la Constitución española, o el de la cuestión prejudicial, si es contraria al Derecho comunitario (eso sí, siempre y cuando, respecto de esta última y como ocurre en el presente caso, se den las circunstancias para tal planteamiento), debe convertirse en una de las garantías comprendidas en el derecho al proceso debido frente a inaplicaciones judiciales arbitrarias o insuficientemente fundadas de la ley española basadas en una pretendida inconstitucionalidad de la misma o utilizando como excusa la primacía del Derecho comunitario»*[39].

[36] Vid. en particular *Conseil constitutionnel*, 12-5-2010, n.º 2010-605 DC y *Conseil d'État*, 14-5-2010, n.º 312305, citados por el mismo Tribunal de Justicia.

[37] También en este caso es oportuno hacer referencia a las manifestaciones del Tribunal de Justicia, el cual aconseja que los jueces nacionales tengan capacidad de maniobra al efecto: *«Los otros órganos jurisdiccionales han de ser libres para: - someter al Tribunal de Justicia, en cualquier fase del procedimiento que consideren apropiada, y también al final del procedimiento incidental de control de la legitimidad constitucional, cualquier prejudicial que consideren necesaria, - de adoptar cualquier medida necesaria para garantizar la tutela jurisdiccional provisional de los derechos conferidos por el ordenamiento jurídico de la Unión, y - de inaplicar, al final del citado procedimiento incidental, la disposición legislativa nacional en cuestión cuando la consideren contraria al derecho de la Unión»*: caso *Melki*, FJ 57.

[38] Tribunal Constitucional, 14-4-2004, STC 58/2004, que modifica la jurisprudencia anterior.

[39] Así, FJ 14.

Los ejemplos aportados ponen en evidencia cómo la separación entre los dos circuitos —jueces ordinarios/Tribunal de Justicia y jueces ordinarios/Tribunal Constitucional— no es neta. Los jueces ordinarios, en su doble vertiente nacional y europea, juegan un papel esencial, debiendo intentar evitar, hasta donde les resulte posible, los conflictos. La opción de acordar la precedencia de las cuestiones relativas al derecho europeo y, en consecuencia, la prioridad del reenvío prejudicial al Tribunal de Justicia respecto a la presentación de la cuestión de inconstitucionalidad, desde este punto de vista es susceptible al menos de dos lecturas. Desde una perspectiva europea, se trata de un instrumento que asegura la inmediata aplicación del derecho comunitario y evita retrasos y diferenciaciones debidas a la diversa regulación de los sistemas jurisdiccionales nacionales, también de justicia constitucional; sobre el plano interno, dicha opción puede estar dirigida a evitar la creación de (o cuanto menos a pacificar los) conflictos entre la jurisprudencia de los órganos de clausura de los diversos sistemas. Eventualidad esta última que puede darse de todos modos, como evidencia en España el caso *Cordero Alonso*[40], pues resulta obviamente muy problemática la circunstancia de que una norma que ha sido salvada por el Tribunal Constitucional después resulte golpeada (indirectamente) por el Tribunal de Justicia.

El intento de «acomodamiento» llevado a cabo por el Tribunal de Justicia en el caso *Melki* parece reconocer cómo el mecanismo de garantía del derecho de la Unión Europea a través de la acción de los jueces ordinarios nacionales es «puesto a régimen», con la consecuencia de que no son ya necesarias o oportunas ciertas tomas de posición más fuertes. De otra parte, también la postura más abierta adoptada por el Tribunal de Justicia pone en el centro —otra vez más— a los jueces ordinarios, llamados a verificar, en el caso concreto, la efectiva articulación de las relaciones entre los sistemas y a garantizar el respeto del art. 267 TFUE. Son ellos los que han de decidir cuando dirigirse al Tribunal de Justicia: dicho en otras palabras, los que han de plantearse como asegurar el equilibrio entre los diversos procedimientos y las diversas legitimidades[41].

IV. El reenvío al Tribunal de Justicia por parte del Tribunal Constitucional

En los últimos años hemos asistido a una cierta evolución en todo este sistema con la implicación directa de los jueces constitucionales que, no sin dificultades, han aceptado relacionarse con el Tribunal de Justicia a través del reenvío prejudicial.

[40] El ejemplo es citado en Martinico, 2012; 874, a quien nos remitimos respecto a las referencias jurisprudenciales.

[41] Al respecto, puede ser interesante recordar el caso alemán, donde según el Tribunal Constitucional federal «*corresponde al juez a quo valorar en base a criterios propios de oportunidad, qué procedimiento incidental iniciar en primer lugar*»: así Poli, 2014; 474.

Este episodio constituye la expresión más fuerte del reacercamiento de los Tribunales Constitucionales al derecho de la Unión, así como del intento de recortar espacios en el «dialogo entre jueces» en el ámbito europeo. Exigencia esta última que seguramente se ha visto reforzada tras la atribución de fuerza jurídica vinculante a la Carta de Niza, convertida así en el punto de referencia para la tutela de los derechos fundamentales en el ámbito de la Unión, con evidentes consecuencias también a nivel nacional. A pesar de que el art. 6 TUE y las normas horizontales de la Carta confirman que la misma no amplia en modo alguno las competencias de la Unión, y que se aplica a los Estados miembros solo a propósito de la aplicación del derecho de la Unión, no puede subestimarse el alcance expansivo de los derechos, cuya garantía difícilmente puede quedar circunscrita a específicos sectores materiales. Incluso prescindiendo de esta última consideración, es de todos modos evidente el alcance abrumador de la nueva situación, al menos en lo que atañe a la experiencia italiana donde el Tribunal Constitucional excluye la posibilidad para los jueces ordinarios de ejercer el control de convencionalidad sobre la ley (con referencia, por ejemplo, al CEDH). En los ámbitos en los que se aplica el derecho de la Unión Europea, de hecho, el respeto a los derechos fundamentales previstos en la Carta debería venir asegurado por los jueces ordinarios, a través de la inaplicación de la ley nacional en los casos que se les someten a examen, eventualmente con la intervención interpretativa del Tribunal de Justicia, pero sin la intervención del Tribunal Constitucional[42].

Pasando a examinar los países objeto de análisis en este estudio, ha de recordarse que la Corte Constitucional italiana hizo su primer reenvío prejudicial en 2008[43], en el transcurso de un juicio en vía principal; al mismo le siguió el Tribunal Constitucional español en 2011 en un recurso de amparo[44]; y, finalmente, en 2013 tanto el *Conseil constitutionnel*[45] como la Corte italiana[46] se dirigieron al Tribunal de Justicia en el ámbito de un juicio en vía incidental. Ahora bien, no obstante la cercanía en el plano temporal, sin embargo cada experiencia presenta peculiaridades dignas de señalar.

El punto de referencia para comprender el caso italiano es, ciertamente, la autoexclusión de la propia Corte Constitucional de los asuntos comunitarios, que la ha llevado durante muchos años a negar su propia capacidad de juez nacional desde los fines del reenvío prejudicial, en cuanto no podía *«ser incluida entre los órganos judiciales, ordinarios o especiales, por cuanto hay muchas y profundas diferencias entre la tarea*

[42] No por casualidad Elisabetta Lamarque ha aludido al respecto, a una «verdadera y auténtica bomba de relojería, preparada para explotar de un momento a otro, apenas se den cuenta plenamente los jueces de tenerla a su disposición y siempre que, tras haberla descubierto, pretendan utilizarla»: Lamarque, 2012; 134.

[43] Corte Constitucional, auto 13-2-2008, n.º 103.

[44] Tribunal Constitucional, auto 9-6-2011, 86/2011.

[45] *Conseil constitutionnel*, 4-4-2013, n.º 2013-314 P QPC.

[46] Corte Constitucional, auto, 8-7-2013, n.º 207.

asignada a la primera, sin precedentes en el ordenamiento italiano, y aquellas bien conocidas e históricamente consolidadas de los órganos jurisdiccionales»[47]. Tal enfoque resultaba coherente con la opción, a partir de la sentencia *Granital* de 1984, de dejar a los jueces ordinarios la tarea de asegurar la aplicación y el respeto del derecho comunitario, creando las dos trayectorias paralelas a las que hemos hecho referencia con anterioridad.

Sin embargo, existen casos en los que la Corte Constitucional se encuentra inevitablemente con el deber de juzgar la ley que entra en conflicto con el derecho comunitario, con la consecuencia de que éste último se convierte en parámetro —interpuesto— de su juicio. Esto se evidencia sobretodo en el ámbito de los juicios en vía principal[48], como ha reconocido la propia Corte desde la decisión 384 de 1994[49], pero también en los que tienen lugar en vía incidental en la hipótesis de que el derecho de la Unión no es susceptible de aplicación directa. En estas situaciones, de hecho, el juez ordinario no tiene la posibilidad de inaplicar el derecho interno a favor del comunitario, con la consecuencia de que la única solución es la de la intervención de la Corte Constitucional. Se pueden citar como ejemplos las directivas (no *self-executing*) y las decisiones marco, que venían adoptadas en el ámbito del tercer pilar, antes de la reforma de Lisboa. Este último caso es particularmente interesante porque entre las decisiones marco se encuentra también la relativa a la orden de detención europea, que ha brindado la ocasión —como veremos— para el reenvío prejudicial francés y para el español.

Los jueces constitucionales están, por lo tanto, llamados a confrontarse con el derecho de la Unión, a interpretarlo y a aplicarlo a fin de controlar el derecho interno, so riesgo de la posibilidad de que queden en vigor y vengan utilizadas en particular normas nacionales que están en conflicto. La aplicación del derecho de la Unión por parte de los Tribunales Constitucionales hace que la misma deba tomar en consideración la jurisprudencia del Tribunal de Luxemburgo, que sobre aquel derecho constituye el intérprete último. La lectura de las sentencias más recientes de la Corte Constitucional es al respecto particularmente indicativa, en el sentido de que se encuentran amplias referencias al derecho y a la jurisprudencia de la Unión. Sin embargo, en cuanto emerjan dudas, surge también para los jueces constitucionales la necesidad de utilizar el instrumento del reenvío prejudicial.

Esto es lo que le ocurrió a la Corte en 2008 en el ámbito de un juicio en vía principal, modificando su consolidada jurisprudencia. Las primeras interpretaciones de esta resolución, incluso a la luz de los argumentos jurídicos, la han considerado estrechamente ligadas a la tipología del juicio. En realidad, cada vez que la Corte Constitucional debe aplicar el derecho de la Unión como parámetro en el juicio de constitucionalidad, el

[47] Así, Corte Constitucional, auto 15-12-1995, n.º 536.

[48] Juicios que, hasta la reforma constitucional de 2001, tenían un carácter exclusivamente preventivo.

[49] Corte Constitucional, auto 7-11-1994, n.º 384.

Tribunal de Justicia se convierte necesariamente en su punto de referencia para cuestiones interpretativas y de validez. Así ha ocurrido, a pocos años de distancia, con el primer reenvío prejudicial efectuado en el ámbito de un juicio incidental. Objeto de la cuestión de inconstitucionalidad era la regulación de los contratos temporales en el ámbito escolar, sobre la que se cuestionaba su posible contradicción con la directiva 1999/70/CE aplicable en la materia. Ante las dudas sobre el alcance de la norma europea, la Corte ha considerado, por lo tanto, que *«la interpretación requerida a esta Corte (Tribunal de Justicia) resulta necesaria para definir el exacto significado de la normativa comunitaria al objeto del sucesivo juicio de legitimidad que esta Corte deberá ejercer respecto al parámetro constitucional integrado por la citada normativa comunitaria»*.

El Tribunal de Justicia, en la reciente resolución de noviembre de 2014[50], ha interpretado la directiva comunitaria en un sentido incompatible con la regulación actualmente en vigor en Italia; por su parte, por el momento la Corte Constitucional no se ha pronunciado todavía, pero debería —consecuentemente— declarar la inconstitucionalidad de la normativa interna. Más problemática sería la hipótesis en la cual la Corte Constitucional decidiese someter al Tribunal de Justicia una cuestión de validez de la norma europea integrativa del parámetro y se tuviese que confrontar con una decisión que salva —a la luz del derecho europeo— una regulación que resulta de todos modos en conflicto con el derecho constitucional. A la luz del planteamiento general de las relaciones entre ambos sistemas, la Corte Constitucional debería por lo tanto adecuarse, salvo si hiciese valer los contralímites. En cualquier caso, ulteriores puntos de reflexión sobre estos aspectos emergen del análisis de otras experiencias consideradas.

Si en Italia se han necesitado muchos años antes de que la Corte Constitucional aceptase realizar un reenvío prejudicial al Tribunal de Justicia, en Francia, al poco tiempo de la introducción del juicio incidental, el Consejo Constitucional ha decidido dirigirse al Tribunal de Justicia. En realidad, respecto a los juicios en vía preventiva —hasta el 2008 la única forma de control de constitucionalidad—, el juez constitucional francés había excluido con anterioridad la posibilidad de utilizar el instrumento del reenvío prejudicial, teniendo en cuenta sobretodo la brevedad de los plazos de que disponía para decidir[51]. La diversa posición asumida en 2013 va probablemente ligada a la circunstancia del caso *Melki* antes señalada: el reenvío prejudicial puede ser visto como una respuesta del Consejo Constitucional a la posición de apertura asumida por el Tribunal de Justicia (Severino, 2014; Catalano, 2013).

La cuestión nace de una cuestión prioritaria de inconstitucionalidad presentada por la Corte de Casación, que en este caso ha decidido dirigirse, antes que nada, al

[50] Tribunal de Justicia, 26-11-2014, causas acumuladas C-22/13, de la C-61/13 a la C-63/13 y C-418/13.

[51] Cfr. sobre este aspecto, *Conseil costitutionnel*, 10-6-2004, n.º 2004-496 DC y 27-7-2006, 2006-540 DC.

juez constitucional[52]. El objeto del juicio fue una norma del Código de Enjuiciamiento Criminal adoptada en aplicación de la decisión marco sobre la orden de detención europea y considerada lesiva del derecho a un recurso efectivo, fundado sobre el art. 6 de la Declaración de 1789[53]. La posibilidad de la cuestión de inconstitucionalidad se ubica, en el sistema francés, en el limitado espacio en el que la intervención del legislador nacional goza de un margen de apreciación; diversamente, de hecho, operaría la cobertura constitucional del derecho de la Unión y en este caso —en particular— el art. 88.2 de la Constitución que, como recuerda el *Conseil constitutionnel*, ha sido aprobado con el objetivo de *«lever les obstacles constitutionnels s'opposant à l'adoption des dispositions législatives découlant nécessairement des actes pris par les institutions de l'Union européenne relatives au mandat l'arrêt européen»*[54]. Precisamente con la finalidad de verificar el carácter necesario, sobre la base de la decisión marco, de la norma en cuestión, el *Conseil constitutionnel* consideró que debía dirigirse al Tribunal de Justicia, que es el único órgano competente en el sentido del art. 267 TFUE para pronunciarse en via prejudicial sobre la cuestión[55]. El Tribunal de Justicia mediante la sentencia adoptada el 4 de abril de 2013[56], señaló que la solución prevista por el legislador francés no fue impuesta por el derecho europeo, con la consecuencia de que en la sucesiva decisión de 18 de junio de 2013 el *Conseil constitititutionnel* ha podido declarar la inconstitucionalidad de la disposición del Código de Enjuiciamiento Criminal en la parte en la que excluía el derecho al recurso.

El episodio que se ha trazado de modo sintético se asimila solo parcialmente al italiano, por diversas razones, conexas, de un lado, al diferente enfoque de las relaciones con el derecho externo y, de otro, a la configuración de la cuestión prioritaria de inconstitucionalidad, cuyo parámetro está formado exclusivamente —como se ha señalado— por los derechos y las libertades garantizados en la Constitución. Precisamente por esta razón, el *Conseil constitutionnel* ha precisado que *«le respect de l'exigence constitutionnelle de transposition des directives [que deriva del art. 88.1 de la Consti-*

[52] También la opción de la Corte de Casación se inserta en el contexto de los episodios antes señalados; esto hace particularmente significativa la decisión de dirigirse al Consejo antes que de formular directamente un reenvío prejudicial al Tribunal de Justicia, realmente planteada en el caso que se examina. Cfr. Catalano, 2013.

[53] Como es sabido, en Francia, gracias a la jurisprudencia del *Conseil constitutionnel*, también la Declaración de derechos del hombre y del ciudadano de 1789 ha entrado a formar parte del *bloc de constitutionnalité* utilizado como parámetro en los juicios sobre las leyes.

[54] Así *Conseil constitutionnel*, n.º 2013-314 P QPC, *cons.* 5.

[55] *Ibidem*, *cons.* 7.

[56] Ha de señalarse que se le solicitó al Tribunal de Justicia continuar con el procedimiento de urgencia previsto en el art. 23 bis del Protocolo n.º 3 al TFUE, para intentar evitar problemas ligados a los vínculos temporales, que habían contribuido a excluir la posibilidad del reenvío prejudicial en el ámbito del control de constitucionalidad en vía preventiva.

tución] ne relève pas des «droits et libertés que la Constitution garantit» et ne saurait, par suite, être invoqué dans le cadre d'une question prioritaire de constitutionnalité»[57].

La jurisprudencia francesa evidencia, sin embargo, una sinergia entre el sistema nacional de control y el europeo. Como señaló la resolución 2010/79 QPC, en el caso en el que la regulación nacional está dirigida a *«tirer les conséquences nécessaires de dispositions inconditionnelles et précises d'une directive de l'Union européenne»*, y no se está frente a una *«mise en cause d'une règle ou d'un principe inhérent à l'identité constitutionnelle de la France»*, el *Conseil* no puede intervenir, porque corresponde solo *«au juge de l'Union européenne, saisi le cas échéant à titre préjudiciel, de contrôler le respect par cette directive des droits fondamentaux garantis par l'article 6 du Traité sur l'Union européenne»*[58]. Cuando sin embargo el legislador goza de un margen de apreciación en la aplicación de la normativa europea, el juez constitucional se reserva la posibilidad —como ocurrió en el caso que examinamos—, de controlar la regulación nacional, a la luz exclusivamente, sin embargo, de los derechos y libertades garantizados en la Constitución.

La intervención en vía prejudicial del Tribunal de Justicia no sirve, sin embargo, tanto para establecer el alcance del parámetro para el juicio de constitucionalidad, como, en el caso italiano, más bien para definir los espacios de intervención de los dos sistemas —europeo y nacional—, con el objetivo útimo de evitar que haya «zonas» privadas de control[59]. Pero obviamente no debe subestimarse la importancia de esta intervención: como ya se ha señalado, de hecho, la introducción de un juicio incidental de inconstitucionalidad en Francia ha hecho necesario que se buscara una solución que permita, de un lado, salvaguardar la importante función del control de convencionalidad desarrollado por los jueces ordinarios y, de otro, revalorizar el nuevo papel del Consejo Constitucional en la garantía de los derechos. Esto puede ocurrir, hoy, sólo a través de su confrontación con los Tribunales Europeos, y con el Tribunal de Justicia en particular. No obstante, los primeros «experimentos» parecen demostrar que un *self restraint* de los Tribunales puede favorecer la búsqueda de nuevos espacios de diálogo.

Finalmente, hemos de aludir al caso español, y en particular al conocido episodio *Melloni*, que se caracteriza también por algunas peculiaridades que lo hacen solo en parte comparable con los anteriormente expuestos. Sobretodo, como se ha dicho, el reenvío prejudicial ha sido efectuado por el Tribunal Constitucional en el ámbito de un juicio de amparo y no de un juicio incidental. El parámetro es construido, por lo tanto, desde los derechos fundamentales y en particular del derecho a un proceso justo,

[57] En estos términos *Conseil constitutionnel*, 12-05-2010, n.º 2010-605 DC, en particular *cons.* 19.

[58] *Conseil constitutionnel*, 17-10-2010, n.º 2010-79 QPC, en particular *cons.* 3.

[59] Comentando el primer reenvío prejudicial del *Conseil constitutionnel*, Xavier Magnon señalaba que «le renvoi préjudiciel put être lu comme soulevant une question de compétence et non une question de hiérarchisation des juridictions»: Magnon, 2013; 918.

mientras la vulneración referida depende de la aplicación de una norma de la Ley de Enjuiciamiento Criminal por la que se da cumplimiento a la decisión marco sobre la orden de detención europea. La situación se caracteriza, sin embargo, por una particular complejidad, teniendo en cuenta las relaciones entre el derecho interno y el derecho de la Unión. Esto se confirma en la formulación del procedimiento de reenvío. La cuestión sometida al juez de Luxemburgo, de hecho, es articulada sobre tres puntos, de modo sucesivo para el caso de desestimación: se pide sobre todo una diversa interpretación de la disposición de la decisión marco; en tanto no sea posible, se solicita la verificación de su validez respecto a las garantías previstas en la Carta de Derechos Fundamentales; y finalmente, en caso de no reconocerse conflicto alguno con la Carta, se pregunta si el art. 53 de las cláusulas horizontales pueda ser interpretado en el sentido de permitir la aplicación en el caso en examen del nivel más alto de garantía de los derechos fundamentales previsto en la Constitución.

La graduación de las preguntas del Tribunal Constitucional, más allá de cualquier valoración sobre el fondo de la cuestión, es particularmente interesante porque pone directamente en juego la relación entre la tutela constitucional de los derechos fundamentales y la prevista en el derecho de la Unión Europea y destinada a operar en los sectores atribuidos a ésta última.

La respuesta del Tribunal de Justicia es negativa en cualquiera de los tres aspectos. En particular, se pueden citar las consideraciones realizadas a propósito del art. 53, donde se señala que *«Es verdad que el artículo 53 de la Carta confirma que, cuando un acto del derecho de la Unión requiere medidas nacionales de aplicación, se permite a las autoridades y a los jueces nacionales aplicar los estándares nacionales de tutela de los derechos fundamentales, con la condición de que tal aplicación no comprometa el nivel de tutela previsto en la Carta, tal y como ha sido interpretada por el Tribunal, ni la primacía, la unidad y la efectividad del derecho de la Unión»*[60]. Es precisamente esta última consideración la que evidencia la dificultad por encontrar un punto de equilibrio entre los diversos sistemas de garantía. El Tribunal de Justicia vuelve a poner el acento sobre las exigencias fundamentales ligadas al funcionamiento del ordenamiento supranacional, es decir, la primacía, la unidad y la efectividad del derecho de la Unión, incluso cuando esto puede significar la aplicación de un nivel de tutela de los derechos inferiores respecto al que está previsto a nivel nacional. Es cierto que desde siempre el Tribunal ha afirmado la prevalencia del derecho comunitario, sin tener en cuenta el carácter constitucional de las normas internas en conflicto, pero en este caso los jueces españoles han puesto el acento en un plano diverso, el de la Carta de Derechos Fundamentales. Así pues, no se trata de la regulación de un ámbito material, sino de elementos que afectan al núcleo esencial de ordenamiento nacional y respecto

[60] Tribunal de Justicia, 23-2-2013, causa C-399/11, FJ 60.

a los cuales es necesario encontrar mecanismos que permitan la integración entre los diversos sistemas de tutela.

Desde esta perspectiva puede comprenderse la respuesta del Tribunal Constitucional, que finalmente decidió desestimar el recurso de amparo[61]. Frente a la postura de clausura asumida por el Tribunal de Justicia, los jueces españoles han optado por evitar el desencuentro, pero al mismo tiempo reafirmando su propio papel en la garantía de los derechos fundamentales previstos en la Constitución. Sobre el plano técnico, tal solución se ha visto facilitada por el hecho de encontrarse en el contexto de un juicio de amparo, con la consecuencia que tiene sobre la interpretación del parámetro de constitucionalidad con el que el Tribunal ha podido operar. El *revirement* jurisprudencial —aunque dirigido sustancialmente a evitar el conflicto con la norma de aplicación de la decisión marco— encuentra no obstante una justificación interna al sistema nacional, sistema que de todos modos se caracteriza, como dijimos, por una particular apertura a las fuentes externas gracias al art. 10.2 de la Constitución[62]. De otra forma, el Tribunal Constitucional se habría visto obligado a reconocer de modo explícito que el derecho de la Unión Europea, y en particular la jurisprudencia del Tribunal de Justicia, puede imponer una reducción de las garantías de los derechos fundamentales reconocidos por la Constitución, tal y como ésta es interpretada por el juez constitucional.

V. CONCLUSIONES

Los ejemplos francés y español anteriormente expuestos, pero también la hipótesis formulada en torno a una posible propuesta por parte de la Corte Constitucional italiana de una cuestión prejudicial sobre la validez de un acto de la Unión, ponen en evidencia los problemas a los que nos referíamos a los inicios del anterior epígrafe, conectados a la nueva posición asumida por la Carta de Derechos Fundamentales en el sistema de la Unión Europea y a sus consecuencias sobre las relaciones entre los Tribunales.

La decisión francesa propone actuar en dos circuitos separados, con dos órganos de clausura —el *Conseil constitutionnel* y el Tribunal de Justicia— llamados a verificar la validez de las normas nacionales el primero, y de las europeas el segundo (con consecuencias indirectas, pero también sobre las normas nacionales de aplicación) a partir de dos diversos catálogos de derechos —la Constitución y la Carta de Derechos Fundamentales (y/o los principios generales del ordenamiento de la Unión a los que se refiere el art. 6 TUE)—. El Tribunal Constitucional da, sin embargo, un paso atrás y plantea directamente al Tribunal de Justicia la cuestión de fondo sobre las relaciones entre

[61] Sentencia de 13-2-2014, STC 26/2014.

[62] No por casualidad, en la resolución el Tribunal Constitucional se remite a las correspondientes normas del CEDH y de la Carta de Derechos Fundamentales de la UE, afirmando que operan *«como criterios hermenéuticos que nos permiten delimitar la parte de lo que hemos denominado contenido absoluto del derecho a un proceso con todas las garantías»*, FJ 4.

los sistemas donde está en juego la tutela de los derechos fundamentales: ¿es posible privilegiar de todos modos el nivel más intenso de tutela prescindiendo de cual sea el catálogo de los derechos constitucional o europeo (y la interpretación jurisprudencial) que lo asegura? En este caso es el Tribunal de Justicia, en su respuesta, quien vuelve indirectamente a la separación de los sistemas: donde entra en juego el derecho de la Unión éste prevalece, prescindiendo —podríamos añadir— de los contenidos, que se trate de la regulación de la producción de cuestiones de carácter más cotidiano como las mandarinas antes que de otras de mayor relevancia como las garantías de la tutela judicial efectiva.

La respuesta del Tribunal de Justicia en el caso *Melloni* nos deja perplejos no tanto por la decisión de fondo (se puede, de hecho, discutir sobre la bondad de la jurisprudencia española en la materia), como por el aspecto técnico de la definición de las modalidades de articulación de las relaciones entre los sistemas, donde entra en juego la tutela de los derechos. Desde este punto de vista también la decisión sobre el caso *Melki*, que ha sido indicada como ejemplo de una aproximación abierta del Tribunal de Justicia, orientada a favorecer el diálogo con los Tribunales Constitucionales nacionales, no parece significativa, porque se inserta de todos modos en el contexto de un rígido reparto de competencias —como el sucesivo reenvío prejudicial del *Conseil constitutionnel* ha confirmado— asegurando solo una mayor elasticidad en la activación de los procedimientos de control.

Estas primeras pruebas de diálogo entre los Tribunales Constitucionales y el Tribunal de Justicia dejan, de todos modos, abierta la cuestión de fondo de las relaciones entre los sistemas de tutela de los derechos en Europa, que en el título del presente trabajo se han querido resumir bajo la fórmula del «pluralismo integrativo». Desde hace muchos años, en sus reflexiones Antonio Ruggeri indica como vía para resolver los conflictos la de privilegiar de todos modos el «nivel más alto de tutela», que debería conducir a una «integración virtuosa entre los sistemas» (Ruggeri, 2015). Pues bien, la jurisprudencia que ha sido analizada brevemente, si bien evidencia cada vez más mayores puntos de contacto, parece todavía confirmar la presencia de dos circuitos separados de tutela de los derechos, uno nacional y otro supranacional.

VI. **Bibliografía**

ALONSO GARCÍA, Ricardo, *El Juez Nacional en la Encrucijada Europea de los Derechos Fundamentales*, Civitas, Madrid, 2014.

BIANCO, Giuseppe, MARTINICO, Giuseppe, «Il rapporto fra ordinamenti spagnolo e europeo alla luce del caso *Iberdrola*», in *Rivista italiana di diritto pubblico comunitario*, 2013, 1069 ss.

CALAMO SPECCHIA, Marina, «Il *Conseil constitutionnel* e le Corti europee: dall'indifferenza al dialogo?», in G.F. Ferrari (cur.), *Corti nazionali e Corti europee*, ESI, Napoli, 2006, 327 ss.

CARTABIA, Marta, «"Unità nella diversità": il rapporto tra la Costituzione europea e le Costituzioni nazionali», in *Il diritto dell'Unione europea*, vol. 3, Milano, 2005, pp. 583 ss.

— «La Corte costituzionale italiana e il rinvio pregiudiziale alla Corte di giustizia europea», in Zanon, Nicolò (cur.), *Le Corti dell'integrazione europea e la Corte costituzionale italiana*, ESI, Napoli, 2006, 99 ss.

CATALANO, Stefano, «Il primo rinvio pregiudiziale del *Conseil constitutionnel* alla Corte di giustizia dell'Unione europea: contesto e ragioni di una decisione non rivoluzionaria», in *Osservatorio AIC*, ottobre 2013.

DE VERGOTTINI, Giuseppe, *Oltre il dialogo tra le Corti*, il Mulino, Bologna, 2010.

FAVOREU, Luis, PHILIP, Loïc, *Les grandes décisions du Conseil constitutionnel*, Dalloz, Paris, 2013

FERNÁNDEZ SEGADO, Francisco, «El control de «comunitariedad» del Derecho interno por el juez nacional. Sus consecuencias constitutionales», in *La justicia constitucional: una visión de derecho comparado*, vol. I., Dykinson, Madrid, 2009, pp. 1201 ss.

— «Il giudice nazionale come giudice comunitario», in *Rivista di diritto costituzionale,* Torino, 2005, pp. 129 ss.

GROPPI, Tania, «La *primauté* del diritto europeo sul diritto costituzionale nazionale: un punto di vista comparato», in *ASTRID - Rassegna*, n. 13 del 2005.

GUASTAFERRO, Barbara, *Legalità sovranazionale e legalità costituzionale*, Giappichelli, Torino, 2013.

IACOMETTI, Miryam, «Il caso *Melloni* e l'interpretazione dell'art. 53 della Carta dei diritti fondamentali dell'Unione europea tra Corte di giustizia e Tribunale costituzionale spagnolo», in *Osservatorio AIC*, ottobre 2013.

— «La questione d'incostituzionalità nell'ordinamento costituzionale spagnolo», in M. Calamo Specchia, L. Montanari (cur.), *L'accesso in via indiretta alle Corti costituzionali: un modello per l'Europa?*, in *Diritto pubblico comparato ed europeo*, vol. 1, Torino, 2014, pp. 397 ss.

LAMARQUE, Elisabetta, *Corte costituzionale e giudici nell'Italia repubblicana*, Laterza, Roma-Bari, 2012.

LOSANA, Matteo, «La Corte costituzionale e il rinvio pregiudiziale nei giudizi in via incidentale: il diritto costituzionale (processuale) si piega al dialogo tra le Corti», in *Rivista AIC*, n. 1 del 2014.

MAGNON, Xavier,«La révolution continue: le Conseil constitutionnel est une juridiction... au sens de l'article 267 du Traité sur le fonctionnement de l'Union européenne», in *Revue Française de Droit constitutionnel*, Parigi, n. 96, 2013, 917 ss.

MARTINICO, Giuseppe, «*Multiple loyalties and dual preliminarity: The pains of being a judge in a multilevel legal order*», in *I•CON* (2012), Vol. 10 No. 3, 871 ss.

MARTINICO, Giuseppe, POLLICINO, Oreste, *The National Treatment of the ECHR and EU Law*, Europa Law Publishing, Groningen, 2010.

MONTANARI, Laura, «Jurisdicción ordinaria y Tribunales supranacionales: relación entre ambos sistemas», in *Anuario iberoamericano de justicia constitucional*, 2005, vol. 9; Madrid, pp. 177 ss.

ORLANDI, Maria Angela, «Il recepimento del diritto comunitario in Francia», in *Diritto pubblico comparato ed europeo*, vol. 4, Torino, 1999, pp. 1703 ss.

PÉREZ TREMPS, Pablo, *Constitución Española y Comunidad Europea*, Civitas, Madrid, 1994.

— «Constitución española y Unión europea», in *Revista Española de Derecho Constitucional*, 2004, pp. 103 ss.

POLI, Maria Daniela, «Il procedimento in via incidentale in Germania: *daskonkreteNormenkontrollverfahren*», in M. Calamo Specchia, L. Montanari (cur.), *L'accesso in via indiretta alle Corti costituzionali: un modello per l'Europa?*, in *Diritto pubblico comparato ed europeo*, vol. 1, Torino, 2014, pp. 464 ss.

POLLICINO, Oreste, *Allargamento dell'Europa a est e rapporto tra Corti costituzionali e Corti europee*, Giuffrè, Milano, 2010.

— «The Italian Constitutional Court and the European Court of Justice: a Progressive Overlapping between the Supranational and the Domestic Dimension», in M. Claes, M. de Visser, P. Popolier, C. Van de Heyning, *Constitutional Conversations in Europe,* Intersentia Publishing Ltd, Cambridge, 2012.

RENOUX, Thierry S., de Villiers, Michel, *Code Costitutionnel, Code costitutionnel*, LexisNexis, Paris, 2013.

ROMBOLI, Roberto, «Corte di giustizia e giudici nazionali: il rinvio pregiudiziale come strumento di dialogo», in *Rivista AIC*, n. 3 del 2014.

RUGGERI, Antonio, «Crisi dello Stato nazionale, dialogo intergiurisprudenziale, tutela dei diritti fondamentali: nozioni introduttive», in Consultaonline, 24-11-2014.

— «La Corte di giustizia, il primato incondizionato del diritto dell'Unione e il suo mancato bilanciamento col valore della salvaguardia dei principi di struttura degli ordinamenti nazionali nel loro fare «sistema», in *Diritticomparati*, 02-04-2013.

— «Maggiore o minor tutela nel prossimo futuro per i diritti fondamentali?», in *Consultaonline*, n. 1 del 2015, pp. 34 ss.

SCARCIGLIA, Roberto, «Diritto comunitario e relazioni tra il *Tribunal Constitucional* spagnolo, il Tribunale europeo dei diritti umani e la Corte di giustizia delle Comunità europee», in G.F. Ferrari (cur.), *Corti nazionali e Corti europee*, ESI, Napoli, 2006, pp. 381 ss.

SCIARABBA, Vincenzo, «La «manutenzione» della giustizia costituzionale in Italia e in Europa: spunti dalla Francia e dal Lussemburgo (caso *Melki*)», in C. Decaro, N. Lupo, G. Rivosecchi (cur.), *La «manutenzione» della giustizia costituzionale. Il giudizio sulle leggi in Italia, Spagna e Francia,* Giappichelli, Torino, 2012, pp. 117 ss.

SEVERINO, Caterina, «La *question prioritarie de constitutionnalité*. Quadro normativo e prassi applicativa del giudizio in via incidentale francese», in M. Calamo Specchia, L. Montanari (cur.), *L'accesso in via indiretta alle Corti costituzionali: un modello per l'Europa?*, in *Diritto pubblico comparato ed europeo*, vol. 1, Torino, 2014, pp. 477 ss.

TORRES PÉRES, Aida, «*Melloni* in Three Acts: From Dialogue to Monologue», in *European Constitutional Law Review*, Cambridge, 2014, pp. 308 ss.

UGARTEMENDIA ECEIZABARRENA, Juan Ignacio, RIPOL CARULLA, Santiago,«*Continuismo y ¿novedad? En la doctrina del Tribunal Constitucional sobre el Derecho de la Unión Europea*», WP IDER n. 12 (2012).

VECCHIO, Fausto, *Primazia del diritto europeo e salvaguardia delle identità costituzionali*, Giappichelli, Torino, 2012.

VILLANI, Ugo, «I «controlimiti» nei rapporti tra diritto comunitario e diritto italiano», in *Studi in onore di Vincenzo Starace*, vol. II, ES, Napoli, 2009.

LA CRISIS ECONOMICA COMO OPORTUNIDAD PARA LA EVOLUCION DEL PARADIGMA DEL ESTADO SOCIAL: BLINDAJE, EVOLUCION E INTERNACIONALIZACION. UN RELATO EN DIEZ PASOS Y UN EPÍLOGO DE AMOR

MIGUEL AGUDO ZAMORA
Profesor Titular de Derecho Constitucional
Catedrático acreditado
Universidad de Córdoba

ÍNDICE: I. CRISIS ECONÓMICA Y FINANCIERA: IMPOTENCIA ESTATAL Y NECESIDAD DE REGULACIÓN INTERNACIONAL. II. GLOBALIZACIÓN Y ANÁLISIS DEL ESTADO DESDE LA «CRÍTICA»: LA NECESIDAD DE INTERNACIONALIZAR LAS CATEGORÍAS PROPIAS DEL ESTADO. III. CONTRA LA DESAZÓN, ORGANIZACIÓN (INTERNACIONAL). IV. EL PARADIGMA DEL ESTADO SOCIAL: EL MEJOR PARADIGMA CONOCIDO PARA LA CONVIVENCIA. V. UN CUENTO DE HADAS: ESTADO SOCIAL Y ECONOMÍA DE MERCADO EN LA CONSTITUCIÓN ESPAÑOLA. VI. UNA HISTORIA DE TERROR: LA ELASTICIDAD DE LA CONSTITUCIÓN ECONÓMICA: LA REFORMA DEL ARTÍCULO 135 DE LA CONSTITUCIÓN. VII. PEQUEÑOS «REMEDIOS CASEROS» INDISPENSABLES PARA SALVAR EL ESTADO SOCIAL: EVOLUCIÓN, CALIDAD Y EVALUACIÓN. VIII. LA NECESIDAD DE ASEGURAR LA VIABILIDAD FINANCIERA DE LOS SERVICIOS PÚBLICOS FUNDAMENTALES. IX. Y POR LO TANTO, LA NECESIDAD DE ASEGURAR UNA SUFICIENTE FINANCIACIÓN DE LAS COMUNIDADES AUTÓNOMAS. X. HACIA UN NUEVO PARADIGMA DEL ESTADO SOCIAL: BLINDAJE E INTERNACIONALIZACIÓN. XI. EPÍLOGO DE AMOR. XII. BIBLIOGRAFÍA.

I. CRISIS ECONÓMICA Y FINANCIERA: IMPOTENCIA ESTATAL Y NECESIDAD DE REGULACIÓN INTERNACIONAL

Desde que Lehman Brothers —uno de los mayores bancos de inversión del mundo— quebró con deudas por encima de los seiscientos mil millones de dólares y otras instituciones financieras se fueron yendo a pique, se ha evidenciado que éste es el peor momento financiero y económico desde el crack de 1929. Esta crisis global ha puesto en peligro nuestros trabajos, ahorros, pensiones y servicios públicos por culpa de un mercado financiero que ha estado escasamente regulado y aún menos controlado en los últimos años. Aún sigue estando latente el riesgo de que la crisis pueda desencadenar una recesión mundial y seguir perjudicando sobre todo a quienes menos tienen. Los mercados financieros mundiales han parecido caballos indomables. Ante la desregulación, algunas entidades financieras, buscando rentabilidad a corto plazo a través de la laberíntica complejidad financiera, han acumulado enormes deudas y riesgos sin la supervisión adecuada. Por eso, incluso muchos defensores del libre mercado han pedido más y mejor normativa.

Conviene, en estos momentos, por ello, reivindicar el papel del Estado como regulador. La idea fundamental por la que existe el Estado Social radica en el objetivo de que el bien común no resulte automáticamente de la libre concurrencia de las fuerzas sociales y de los individuos, sino que el mismo requiere que el Estado, con su autoridad, arbitre una compensación de intereses. En este sentido, el Estado social persigue una justicia diferenciadora en función de criterios, objetivos y necesidades sociales. La más evidente consecuencia de estas dimensiones estatales es, sin duda, la interrelación que se establece entre el Estado y la sociedad, en la cual el Estado adopta una posición de constante regulador de la misma. El Estado asume el objetivo de asegurar la estabilidad de una sociedad cada vez más compleja, transformándose el papel clásico de la legislación, en el sentido de que ésta se convierte en un instrumento de intervención. Se pierde, por tanto, la primacía de la libertad individual en los ámbitos social y económico, atendiendo el Estado en su actividad a la satisfacción de unos intereses colectivos. La asunción de este pluralismo social lleva a un Estado intervencionista, cuya función ha de ser ordenar la sociedad en su pluralidad, procurando evitar los desequilibrios sociales y las crisis económicas que particularmente gravan a las clases peor dotadas.

Pero el Estado social, para la realización de estos fines, se encuentra con la barrera de las fronteras para conseguir sus fines de justicia. Por ello, tal como he tenido la oportunidad de exponer en otro trabajo (Agudo Zamora, 2013; 134), la reforma de los mercados financieros, a través de una transparente regulación internacional y de un eficaz control, es un paso vital hacia una globalización más justa.

II. Globalización y análisis del Estado desde la «Crítica»: la necesidad de internacionalizar las categorías propias del Estado

A estas alturas del Siglo xxi, resulta un lugar común afirmar, tal como adelantó el recientemente fallecido autor alemán Ulrich Beck (2001), que hace ya bastante tiempo que vivimos en una sociedad mundial, por lo que las tesis tradicionales sobre «espacios cerrados», tales como los Estados, resultan ficticias. No existe ya país ni grupo que pueda vivir al margen de los demás. Las distintas formas económicas, culturales y políticas no dejan de entremezclarse y junto a los gobiernos hay cada vez más actores transnacionales, públicos y privados, con cada vez más poder.

El Estado se ha quedado pequeño para controlar al «Poder». Y éste, controlar el Poder, fue el principal objetivo del nacimiento del modelo de Estado de Derecho que parió la Ilustración. Controlar el «Poder» en estos tiempos se refiere también a limitar la acción de grandes empresas transnacionales, de empresas de comunicación mundiales, de opacas entidades que «juegan a la ruleta en el casino» de los poco regulados mercados financieros. Por ello, el sujeto «Estado», al no ser capaz de «domesticar a estas fieras», corre el riesgo de convertirse en un instrumento inútil, o, al menos, insuficiente, para poder asegurar a los seres humanos unas condiciones dignas de existencia, lo que no deja de ser otro de los motivos de existencia del mismo, especialmente en su modelo de Estado social o del Bienestar.

Desde un punto de vista epistemológico, ocurre algo análogo: el Estado tradicionalmente se ha estudiado desde un prisma interno, en sus relaciones «ad intra»; estudio que ha sido llevado a cabo por el Derecho Político o Constitucional. O bien se ha estudiado desde un enfoque externo, en sus relaciones con otros Estados y con las organizaciones supranacionales; materia que ha correspondido al Derecho Internacional Público. Estos «compartimentos-estanco» se han quedado obsoletos. Desgraciadamente, estas dos disciplinas no han estado suficientemente relacionadas (Ver Agudo y Vázquez, 2014). Los nuevos tiempos nos obligan, porque la realidad política ha variado sustancialmente, a acercar planteamientos epistemológicos y axiológicos entre ambas disciplinas. Planteamientos que han de hacerse desde la teoría de la *Crítica*.

La *Crítica* se caracteriza por partir de la idea de que las normas jurídicas persiguen unos determinados objetivos y buscan la obtención de ciertas finalidades dentro del conjunto social al que se dirigen y dentro, también, de un sistema de valores y principios dado, que ha de tenerse en cuenta a la hora de la aplicación de las normas. En esta corriente de pensamiento, la interpretación sociológica y la teleológica son las más utilizadas a la hora de la interpretación y la aplicación de las normas. Por lo tanto, en la *Crítica*, a diferencia de las otras corrientes, que no saldrían del ámbito jurídico, se recurre también a los datos proporcionados por otras ciencias sociales a la hora de la interpretación y de la elaboración de criterios para el desarrollo y modificación de las reglas jurídicas existentes.

Tomando las palabras de Peláez Marón (2005), «siendo el Derecho internacional un sistema de normas jurídicas que aspira a regular la vida del más amplio agregado humano posible y siendo la norma jurídica, desde el momento en que discurre por el plano del deber ser (*seit*), una pauta modélica de comportamiento, habrá de incorporar necesariamente un conjunto de valores». Y en esa incorporación de valores, tanto el Derecho Constitucional como el Derecho Internacional, especialidades ambas de la disciplina global del Derecho Político, han de ser especialmente imaginativos para conseguir introducirse en determinados sectores de la realidad política que se resisten a ser juridificados. El problema del Derecho Constitucional y del Derecho Internacional, en lo que se juega su futuro, es en dar respuesta a los nuevos problemas derivados del proceso de globalización que se está construyendo. No podemos, pues, permanecer impasibles ante la paulatina pérdida de sentido de aquello que constituye el verdadero objeto de estudio del Derecho Político (tanto interno como externo), que no es otro que la articulación jurídica de una política basada en la democracia y que mantenga como horizonte la consecución de los tres grandes objetivos de la Revolución Francesa: la libertad, la igualdad y la solidaridad.

Y si éste es el horizonte axiológico de ambas disciplinas, para alcanzar el fin de una Política y de un Derecho, tanto estatal como internacional, que tenga como último referente al ser humano como proyecto vital, es preciso adoptar como herramientas de trabajo todos los instrumentos que las ciencias sociales ponen a nuestra disposición.

Así pues, un entendimiento del Derecho Constitucional y del Derecho Internacional coherente con sus contenidos y con su función no debe construirse restando herramientas de trabajo al estudioso, sino, al contrario, poniendo a su disposición todas las que resulte posible. Si no es así y, por ejemplo, se consagra el «método jurídico» como único instrumento válido de análisis de estas disciplinas creemos que no se logrará comprender el pleno significado de lo que, con una técnica jurídicamente depurada, se esté exponiendo. Pues la vida del Estado y de la sociedad internacional está imbuida de un amplio elenco de principios y valores de índole política, sociológica y económica, cuyo correcto entendimiento escapa a una mera valoración jurídica, y son únicamente explicables teniendo en cuenta los presupuestos metodológicos de las otras Ciencias que tienen por objeto el estudio del Estado y de sus relaciones.

Es verdad que, como, ha advertido Konrad Hesse, la concepción del Derecho Constitucional como ciencia normativa impide su equiparación con otras ciencias no normativas del Estado, como son la Ciencia Política, la Teoría del Estado y la Sociología Política. Ahora bien, importa decir que el que esta identificación no sea posible, no significa, sin embargo, que el constitucionalista y el internacionalista puedan prescindir de ellas para llevar a cabo su tarea. Más bien nos encontramos con que Ciencia Política, Teoría del Estado, Relaciones Internacionales y Sociología Política se erigen, entre otras, como ciencias complementarias, en instrumentos absolutamente necesarios e imprescindibles para la adecuada comprensión de estas disciplinas, las cuales no constituyen un fin en sí mismo, sino sobre todo un poderoso medio para conseguir una sociedad más justa y democrática, porque, de lo contrario, los análisis jurídicos podrían convertirse en técnica de ocultación de la realidad.

La conclusión a la que, a la vista de lo hasta ahora expuesto, debe llegarse, se nos antoja meridiana. Un entendimiento del Derecho Constitucional y del Derecho Internacional sin las aportaciones de la Teoría del Estado y de la Ciencia Política, de la Historia, de la Economía y la Sociología, de las Relaciones Internacionales y la Filosofía política, sería insuficiente, pues para alcanzar el fin de una política y un ordenamiento normativo, tanto estatal como internacional, que tengan como último referente al ser humano como proyecto vital, es preciso adoptar como herramientas de trabajo todos estos instrumentos que las ciencias sociales ponen a nuestra disposición para interpretar *críticamente* la realidad jurídica.

III. Contra la desazón, organización (internacional)

En estos tiempos una sensación de desánimo, desazón y decepción ha flotado en el ambiente y en el espíritu de España. La realidad ha golpeado contundentemente la confianza y el futuro de muchos ciudadanos. Se ha producido una avalancha de medidas que han supuesto que el «pato» de la crisis, el coste de las ayudas dadas por millones de euros a bancos y grandes compañías, en definitiva, que las ganancias obtenidas por las agencias de inversión en las que los multimillonarios triplican sus beneficios, lo hayan pagado los trabajadores, los pensionistas, la clase media, los que se han levantado todas las mañanas de su vida con la necesidad de trabajar para vivir.

La gestión ha sido mejorable. Confiar en el modelo keynesiano para salir de esta crisis es propio de un ingenuo. No porque el modelo socialdemócrata no valga. Por supuesto que es válido, probablemente el más válido, pero siempre que se pueda aplicar sobre estructuras socio-económicas que puedan ser reguladas por el poder político. La globalización financiera ha propiciado que determinadas prácticas económicas, que tienen suficiente capacidad como para hundir a un país en un día, se encuentren fuera de la capacidad de control de los Estados. Al no existir instituciones internacionales con potestad para regular una realidad económico-financiera global, las «jaurías de lobos» campean a sus anchas por las incontroladas praderas de las bolsas de las grandes ciudades y sus pingües e injustas ganancias causan destrozos en nuestro modelo de convivencia, en nuestro bolsillo y en nuestro sistema de bienestar, que con tanto esfuerzo, como sociedad, hemos sido capaces de idear e instaurar.

Por ello urge que los Estados se organicen, a nivel internacional, para que los que se enriquecen a costa de nuestro sacrificio no tengan capacidad para jugar con las economías de los pueblos y para que tributen una parte estimable de las ganancias que con tan poco esfuerzo logran. Como trabajadores, como ciudadanos, debemos demandarlo a nuestros gobernantes. Y no nos debe valer la excusa de la complejidad de la misión, pues los Estados saben organizarse de modo rápido y eficaz cuando le interesa a sus gobiernos, véanse invasiones como las de Afganistán o Irak.

Y urge porque, por primera vez, desde el nacimiento de la Modernidad, desde el triunfo de la Ilustración, se ha instalado en el ánimo (y en la conciencia) de la sociedad occidental la idea de que el futuro no es la mejor mansión donde habitar. Muchos pensamos que el mundo que vamos a dejar a nuestros hijos es peor que el que hemos disfrutado durante los últimos cincuenta años. Pero, desde luego, es nuestro deber, tanto como ciudadanos como por ser estudiosos del Derecho Público, luchar por acabar con esta profunda y densa desazón.

Por ello, contra la desazón, organización (internacional), para así poder hacer que evolucione y que se «blinde» el modelo de convivencia que denominamos Estado social.

IV. El paradigma del Estado social: el mejor paradigma conocido para la convivencia

Tras la Segunda Guerra Mundial se hace realidad, fundamentalmente en Europa Occidental, un modelo de Estado de derecho al que se conoce como Estado social o Estado del bienestar.

Tal como hemos tenido oportunidad de desarrollar en el libro *Estado social y felicidad* (2006), cuyas ideas fundamentales concretamos en este apartado, al Estado del bienestar se le puede definir como una modalidad de organización del poder político en la comunidad que comporta una responsabilidad de los poderes públicos en orden a asegurar una protección social y un bienestar básico para los ciudadanos y que se caracteriza por incluir los derechos sociales dentro de la categoría de los derechos de ciudadanía, perseguir la igualdad efectiva entre los ciudadanos y proveerles de seguridad económica y servicios sociales.

Supone, pues, la provisión pública de una serie de servicios sociales, incluyendo transferencias para cubrir las necesidades humanas básicas de los ciudadanos en una sociedad compleja y cambiante y la responsabilidad estatal en el mantenimiento de un nivel mínimo de vida a todos los ciudadanos pertenecientes a la comunidad política (Monereo, 1996). Así, Heller (1974) considera que «el sentido del Estado sólo puede ser su función social, es decir, la misión que tiene que cumplir como *factor*, como unidad de acción en la conexión de la actividad social».

Utilizando la clásica definición de Briggs, podemos definir, pues, el Estado de bienestar como «el poder organizado y usado deliberadamente a través de la política y la administración en un esfuerzo para modificar el juego de las fuerzas del mercado al menos en tres direcciones: primera para garantizar a los individuos y familias una renta mínima independientemente del valor de mercado de su trabajo o su propiedad; segundo, reducir la amplitud de la inseguridad para facilitar a individuos y familias satisfacer ciertas contingencias sociales (por ejemplo, enfermedad, vejez y desempleo) que de lo contrario conducen a crisis individuales y familiares; y, tercero, para asegurar que a todos los ciudadanos sin distinción de status o clase les sean ofrecidos los mejores estándares disponibles en relación a cierta gama acordada de servicios sociales».

El Estado social se responsabiliza, por lo tanto, de la *procura existencial*, concepto acuñado por Forsthoff y que supone, como señala García Pelayo (1982), la responsabilidad por parte del Estado «de llevar a cabo las medidas que aseguren al hombre las posibilidades de existencia que no puede asegurarse por sí mismo». Esta procura existencial se extiende directa o indirectamente a la generalidad de los ciudadanos, materializándose en una serie de prestaciones y medidas al hilo siempre de la concreta coyuntura económica y social. Este nuevo campo de acción lleva a que el Estado abandone su actitud pasiva —típicamente liberal— con el objetivo de regular y orientar el proceso económico. Así nace el Estado prestacional. La acción estatal pasa a ser intensa, encuadrándose en una dinámica de protección a la sociedad. Además, el Estado debe cumplir una función reguladora y de definición de los objetivos económico-sociales. Su actuación no debe entenderse como un conjunto de medidas aisladas, sino más bien como una continua intervención y regulación insertas en un programa no sólo de resultados inmediatos, sino más bien de perspectivas a largo plazo.

En este sentido, la cláusula del Estado Social ha de interpretarse como una norma definidora de fines del Estado, que obliga al legislador a actuar en términos de configuración social. La idea fundamental de la cláusula del Estado Social propone, pues, que el bien común no resulte automáticamente de la libre concurrencia de las fuerzas sociales y de los individuos, sino que el mismo requiere que el Estado, con su autoridad, arbitre una compensación de intereses. En este sentido, el Estado social ha de perseguir una justicia diferenciadora en función de criterios, objetivos y necesidades sociales. La más evidente consecuencia de estas nuevas dimensiones estatales es, sin duda, la interrelación que se establece entre el Estado y la sociedad, en la cual el Estado adopta una posición de constante regulador de la misma, en la búsqueda de la consecución de determinados objetivos tales como la necesidad de proveer seguridad económica y social, la reducción de la desigualdad de oportunidades o, incluso, la garantía de un mínimo vital que elimine o reduzca la pobreza.

Estos objetivos se pretenden alcanzar a través de mecanismos normativos, tales como la extensión y justiciabilidad de los derechos sociales, la inclusión, en los textos jurídico-políticos estructuradores de la convivencia social, de cláusulas que propugnan la igualdad sustancial o la regulación de mecanismos de participación del Estado en la vida económica.

V. Un cuento de hadas: Estado social y economía de mercado en la Constitución Española

Tal como ha sintetizado ejemplarmente Font Galán (2015), la vigente Constitución económica española se alinea en el llamado constitucionalismo social tardío de los pasados años 70 junto a la Constitución portuguesa de 1976 y la griega de 1975, todas ellas promulgadas en esos años una vez sucumbidas las largas dictaduras que sufrieron durante decenios precedentes. Formalmente, como viene proclamado en su art.1.1, la española es una Constitución del Estado social y democrático de Derecho. Pero esta definición constitucional de España como Estado no aclara del todo lo que somos o, mucho mejor, lo que debemos llegar a ser en marcha histórica. Pues la misma noción de Estado social está lejos de tener un solo significado. Esa complejidad no es menor en cuanto a determinar cuál deba ser el sistema económico del Estado social y democrático de Derecho. Pero, al menos, cabe extraer algunas conclusiones generales al respecto:

a) La constitucionalización formal del principio del Estado social en el frontispicio de la Constitución (art.1.1) expresa la voluntad de la nación española de construir y desarrollar un sistema económico compromisorio entre las fuerzas económicas enfrentadas, esto es, el capital y el trabajo; entre el mercado, la libre competencia y los derechos sociales; resultando el Estado obligado a intervenir para resolver ese conflicto. Nuestra Constitución tiene un doble compromiso inestable: el compromiso con el mantenimiento de la economía capitalista centrada en el mercado y la libre competencia (vínculo económico) y el compromiso de hacer valer el llamado vínculo social y público en la economía mediante la intervención proactiva del Estado (derechos sindicales y sociales, políticas sociales y mecanismos de defensa del interés general). La nuestra es una

Constitución económica tensionada por esos dos vínculos aparentemente enfrentados, pero que, en cuanto constitucionalizados, tienen necesariamente que compatibilizarse.

b) La cuestión que más interesa es saber cómo se han conciliado en nuestra Constitución el Estado social y la economía de mercado; esto es, la racionalidad social y la racionalidad económica. La respuesta no puede ser unívoca, porque habría que distinguir entre lo que proclama la Constitución formal y lo que realmente desarrolla en cada momento la legislación ordinaria y la acción de Gobierno y de la Administración pública (Constitución material). Nuestra Constitución formal refleja claramente el espíritu del consenso socialdemócrata o keynesiano de posguerra: de un lado, el Estado social (razón social) (art.1.1) y, de otro, la economía de mercado (razón económica) (art. 38). Pero es preciso indagar más de cerca los términos de esa conciliación de racionalidades y modelos socioeconómicos, tal como formula Font Galán, al que seguimos en estas líneas:

— La Constitución se abre con un Preámbulo prometedor: en él se habla de la justicia, la libertad, el bien común, el orden económico y social justo, la digna calidad de vida y de una sociedad democrática avanzada.

— Con este hermoso horizonte, el art.1.1 proclama el establecimiento formal del Estado social, pero con la particularidad de que, a continuación, el art. 9.2 vincula esta forma de Estado a la Constitución económica material para garantizar así, en contraste con lo sucedido en el Estado liberal, que la libertad y la igualdad de los individuos y de los grupos en que se insertan serán reales y efectivas, y no meramente formales, asegurando así su disfrute en plenitud.

— El arranque «socializante» de nuestra Constitución es espectacular: el art. 1.1 y el art. 9.2, constitucionalizan formalmente el núcleo del vínculo social de la Constitución económica; esto es, la racionalidad social del sistema económico constitucional.

— Aún más, el importante art. 9.2 obliga a los poderes públicos a materializar real y efectivamente ese «vínculo social» con las políticas económicas y sociales diseñadas en el Capítulo III del Título I (*«De los principios rectores de la política social y económica»*, arts. 39 a 52) y de conformidad con las atribuciones y pautas avanzadas establecidas en el Título VII (*«Economía y Hacienda»*, arts. 128 a 131): aquí están las bases y directrices de la llamada Constitución económica material que los poderes públicos está obligados a programar y ejecutar, si bien esta obligación y esta responsabilidad solo se impone como criterio político y, por tanto, sin garantizar su efectivo cumplimiento a los poderes públicos (Font Oporto, 2012).

— También se constitucionaliza el «vínculo económico» de la Constitución económica (su racionalidad económica); a saber: *«la libertad de empresa en el marco de la economía de mercado»* (art. 38). Ahora sí se obliga jurídicamente a todos los poderes públicos a su respeto y garantía, por cuanto el derecho-libertad de empresa goza de especial protección en la Constitución, por virtud del artículo 53.1. De este modo, la centralidad del mercado y la libre empresa en nuestra Constitución económica es inapelable y con ello la de la racionalidad económica, que ha de ser compatible con la realización del Estado social.

VI. UNA HISTORIA DE TERROR: LA ELASTICIDAD DE LA CONSTITUCIÓN ECONÓMICA: LA REFORMA DEL ARTÍCULO 135 DE LA CONSTITUCIÓN

De esta manera, concluye Font Galán, la tensión entre el vínculo social y el económico —es decir, entre Estado social y Mercado— se resuelve en favor de este, porque la superior y más eficaz tutela jurídica de la libertad de empresa y la economía de mercado (racionalidad económica inherente al vínculo económico de nuestra Constitución) confiere al sistema económico constitucional una *elasticidad* tan acusada como para consentir, sin mayores reparos de nuestro Tribunal Constitucional y de nuestro Consejo de Estado, políticas económicas y sociales extrañas o adversas al Estado social. Por eso se ha procedido sin sobresalto institucional alguno a la reforma exprés del art. 135 para introducir la llamada «regla de oro» de la estabilidad financiera. Se ha dicho con autoridad y audacia que este principio, tal como se ha establecido supone un claro bloqueo del «vínculo social» de la Constitución económica, facilita el despliegue unilateral de la racionalidad económica y maniata la acción política, todo ello con desprecio de la democracia. Ya tempranamente nuestro Tribunal Constitucional avaló esta elasticidad de la Constitución económica (Sentencia 1/1982) al declarar que ésta no garantiza ni sanciona un solo sistema económico, sino que dentro de los límites constitucionales cabe el funcionamiento de todos los sistemas. La cuestión es que el único límite fijamente establecido y jurídicamente protegido es el de la economía de mercado, la libertad de empresa y la libre competencia. En estas condiciones el «vínculo social» de la Constitución se disuelve en su propia *elasticidad*, con el aval de nuestro Tribunal Constitucional.

Y no deja de resultar paradójico que tras más de veinticinco años de la entrada de España en las Comunidades Europeas, la primera vez que se mencione a la Unión Europea en nuestra Constitución sea a través de una reforma constitucional express con un claro matiz defensivo, y no constructivo, cual es, tal como establece la Exposición de Motivos de la reforma de la Constitución de 27 de septiembre de 2011, la salvaguarda de la estabilidad presupuestaria como instrumento imprescindible para lograr la consolidación fiscal y la prevención de la aparición de un déficit presupuestario excesivo en la zona euro, para dar así confianza en la estabilidad económica de dicha zona y garantizar una convergencia sostenida y duradera de las economías de los Estados Miembros.

Indudablemente, tal como también se señala, la estabilidad presupuestaria adquiere un valor estructural y condicionante de la capacidad de actuación del Estado social. Un valor, pues, que podría entenderse que justifica su consagración constitucional, con el efecto de limitar y orientar, con el mayor rango normativo, la actuación de los poderes públicos. No en vano, la sostenibilidad económica y social del Estado en el marco de la Unión Europea se muestra como una premisa ineludible para el mantenimiento del Estado social y, muy especialmente, de la cohesión social y territorial.

Por ello, se puede concluir que esta reforma constitucional ha sido una «oportunidad perdida» para haber incluido en el texto constitucional alguna referencia al objetivo de cohesión social y territorial que persigue la Unión Europea, y, de la mano de la inclusión de ese objetivo, haber incluido también las referencias «a la defensiva» que se señalan en el nuevo artículo 135 de la Constitución

La Unión Europea ha supuesto para España la puerta que le ha conducido a parajes de modernización y prosperidad insólitos en nuestro país. Por ello, y por aproximar el texto de la Constitución a la realidad social, económica, política y cultural de la segunda década del Siglo XXI, la reforma de la Constitución debería haber incluido referencias expresas al hecho europeo que fueran más allá de las que se deducen del artículo 135.

Así, algunos autores son muy críticos con esta reforma y valga por todos ellos, la radicalidad con la que se expresa Font Galán (2015): «es por ahí por donde los representantes de los mercados y sus aliados políticos europeos nos han «colado» de forma tan fácil y antidemocrática la mencionada «regla de oro» del principio de estabilidad financiera que en buena parte enerva la racionalidad social que abanderan los arts. 1.1 y 9.2 de la CE. Este es el «certificado de defunción» del constitucionalismo social español».

Hagamos, por nuestra parte, un esfuerzo para aprovechar la crisis (y sus derivadas) para aportar ideas que ayuden a hacer evolucionar y blindar, en la medida de lo posible, el modelo de Estado social.

VII. PEQUEÑOS «REMEDIOS CASEROS» INDISPENSABLES PARA SALVAR EL ESTADO SOCIAL: EVOLUCIÓN, CALIDAD Y EVALUACIÓN

Las siguientes ideas, nacen del entendimiento de que forma parte del deber del autor, comprometido axiológicamente en la tarea, señalar algunas líneas de evolución y de «blindaje» del Estado social, que puedan coadyuvar a una digna pervivencia de este modelo de Estado:

1. Mantener el protagonismo que en España han tenido las esferas más periféricas del Estado (las regiones, los municipios, etc.) en el diseño y consecución del Estado social. Esto ha de suponer una mayor aproximación de los ciudadanos a la esfera pública, lo que debe permitir en teoría unos servicios públicos más eficientes dotados de una mejor capacidad de respuesta a las necesidades ciudadanas.
2. Permitir un mayor grado de participación y de compromiso activo de los propios ciudadanos en el diseño e implementación de los programas intervencionistas. La dinámica de la participación se configuraría así como un elemento esencial del Estado social en su fase avanzada, implicando una apertura de los organismos públicos a los sectores o redes sociales afectados por su actuación.
3. Mejorar la capacitación técnica de la burocracia y de sus directivos introduciendo nuevas fórmulas de gestión pública estratégica, contando en su caso con la aplicación de técnicas «manageriales» tomadas de la empresa privada (Porras Nadales, 2014), caracterizadas por técnicas intervencionistas más eficientes, con mejor

uso de los nuevos recursos tecnológicos, y que sean capaces al mismo tiempo de operar sobre la base de consensos sociales con los sectores sociales afectados.

4. Mejorar los sistemas de regulación y de control de la actuación intervencionista, incrementando tanto la calidad normativa como los mecanismos generales de control, introduciendo asimismo instrumentos de evaluación que permitan controlar el grado de cumplimiento de los objetivos asignados a las esferas públicas.
5. Estimular mecanismos de cooperación institucional o de «gobernanza multinivel» con capacidad de proyectarse incluso en la arena supraestatal, como singularmente sucede en la Unión Europea. Se trata de un modo de adaptar el Estado social a la complejidad de un sistema donde se superponen esferas de acción local, regional, estatal, europea e internacional (Agudo, 2013; 140).

VIII. La necesidad de asegurar la viabilidad financiera de los servicios públicos fundamentales

Nuestra Constitución diseña un original modelo de Estado social autonómico. Las coordenadas concretas que perfilan el Estado social autonómico español se deducen en primer lugar de la propia Constitución, en particular de la comparación entre el sistema general de derechos sociales o de prestación incluido en el Título I, y el sistema de distribución de competencias previsto en el Título VIII, artículos 148 y 149, donde se detecta que el grueso de las materias de competencia autonómica se corresponden con algunas de las áreas centrales propias del Estado social, como pueden ser educación, salud, asistencia social, medio ambiente o cultura. Además, el proceso de transferencia de competencias a las Comunidades Autónomas ha consolidado esta tendencia, donde en todo caso el Estado central asume competencias de legislación o regulación básica, y las Comunidades asumen potestades legislativas y sobre todo gestoras en los respectivos ámbitos materiales. Se puede afirmar, pues, que las prestaciones sociales de las Comunidades Autónomas se han acabado configurando como la principal instancia de desarrollo del Estado social en España.

Las Comunidades Autónomas se han configurado, pues, en el Estado español, como el nivel de gobierno que asume el protagonismo y la responsabilidad de puesta en marcha de los derechos sociales. Es, por ello, que la prestación de los servicios públicos fundamentales es competencia de las Comunidades Autónomas, a través del diseño e implementación de las diferentes políticas públicas de contenido social, para cuya ejecutoriedad y funcionamiento han articulado una estructura administrativa, funcional y de personal, dependiente de las propias instituciones autonómicas de autogobierno (Sánchez Pino, 2014). Por tanto, la satisfacción de los derechos de prestación de índole social requerirá, en todo caso, una actuación positiva de los poderes públicos autonómicos; sólo así se podrá dar cumplimiento a la obligación efectiva de garantizar a la ciudadanía el catálogo de prestaciones derivadas del Estado social.

Las Comunidades Autónomas, especialmente las que acometieron la reforma de sus Estatutos, han consolidado esta dimensión de nivel de gobierno responsable de las políticas sociales en su territorio y respecto de sus ciudadanos y ciudadanas. Ahora bien, el compromiso asumido por los poderes públicos en relación al funcionamiento adecuado de los servicios públicos fundamentales, destinados a hacer realidad el Estado del bienestar social en sus territorios requiere de la correspondiente financiación de los gastos que dichos servicios públicos generan, para que, tanto su puesta en marcha, como el mantenimiento de las prestaciones sociales, sean adecuados. Por ello, las Comunidades deben fijar y disponer de los recursos económicos necesarios para sufragar el coste financiero que se derivan de tales servicios públicos fundamentales.

Sin embargo, en las circunstancias actuales, con una coyuntura de crisis económica consolidada —alta tasa de desempleo, desestabilización del mercado financiero, deuda pública y déficit fiscal elevados, cierre y destrucción de empresas, baja renta per cápita, descenso del PIB autonómico, caída progresiva de la recaudación tributaria, o liquidez pública deteriorada— se ha producido una fuerte caída en la recaudación de los ingresos de las Comunidades Autónomas, y además se ha incrementado tanto el déficit público como la deuda pública autonómica.

Por otro lado, la propia situación socio-laboral de la población ha provocado un incremento en las demandas de prestaciones sociales y socioeconómicas de la ciudadanía: incremento del gasto público por prestaciones de desempleo, ayuda familiar y subsidios sociales; cobertura pública de los programas de reinserción social y laboral; aumento de la dotación económica de las políticas activas de empleo, formación profesional ocupacional y orientación laboral; coste económico del reajuste del mercado laboral, así como otras medidas de contenido social que inciden sobre la sostenibilidad de los servicios públicos fundamentales.

Es, precisamente, esta discordancia entre la disminución de los recursos financieros de las Comunidades Autónomas y la inflación de las demandas ciudadanas en relación con los servicios sociales fundamentales, así como el coste económico del mantenimiento de un sistema de prestaciones sociales adecuado al bienestar social, lo que requiere que reflexionemos sobre qué propuestas y medidas pueden articularse para hacer viable el mantenimiento del nivel de prestaciones sociales alcanzado, con la necesaria sostenibilidad financiera de los servicios públicos fundamentales en la generalidad de las Comunidades Autónomas.

IX. Y por lo tanto, la necesidad de asegurar una suficiente financiación de las Comunidades Autónomas

La financiación de las Comunidades Autónomas es un tema abierto desde la aprobación de la Constitución de 1978, que desde entonces ha pretendido cerrarse sin éxito en sucesivas ocasiones (Estatuto de Autonomía de País Vasco y de Cataluña 1979, LOFCA 1980, Leyes de Cesión de Tributos 1981-1983, Reforma de 1996, Reforma de 2001, reforma de 2009). Tal como ha señalado Hinojosa (2013), cada una de las reformas ha supuesto un avance en términos cuantitativos (ha aumentado el nivel de ingresos) y cualitativos (las Comunidades han ido asumiendo más competencias materiales y también más competencias normativas, sobre todo en relación con los tributos cedidos, una de sus principales fuentes de ingresos).

El modelo actual fue fijado en 2009, un año después de declarada oficialmente la crisis financiera pero antes de que empezaran a producirse los mayores ajustes y recortes del sector público. De hecho, la aceptación plena del modelo por parte de todas las Comunidades Autónomas se produjo porque el Estado pudo añadir aproximadamente 11.000 millones de euros a los inicialmente previstos, a repartir entre aquellas. Técnicamente, se basa en un mayor porcentaje de recaudación de los tributos cedidos, un aumento considerable de las competencias normativas, una revisión de la participación de las Comunidades y un reajuste del reparto de «capacidad» normativa entre Comunidades Autónomas y Entidades Locales en el establecimiento de impuestos sobre materias imponibles coincidentes.

Siendo el mecanismo de los impuestos cedidos el principal recurso financiero de las Comunidades, los ingresos de cada una dependen en gran medida de su potencial fiscal, es decir, de que —en términos generales— en sus territorios se contribuya más o menos. Eso coloca a unas Comunidades en una situación peor que a otras, de modo que para garantizar el principio de solidaridad interregional (arts. 156.1 y 158 CE) se instrumentaron cuatro fondos con la finalidad de equilibrar el nivel de prestación de servicios (el Fondo de garantía de los Servicios Públicos Fundamentales, el Fondo de Suficiencia Global y los dos fondos de convergencia autonómicas: el Fondo de cooperación y el Fondo de Competitividad y Compensación).

La crisis financiera se agudizó en los meses siguientes y en mayo de 2010 se produjeron los primeros recortes del sector público, luego seguidos por otros que han continuado hasta ahora. Como consecuencia de los ajustes fiscales en España forzados por la troika (Comisión Europea, Banco Central Europeo y Fondo Monetario Internacional), en 2011 y 2012 las Comunidades Autónomas hubieron de soportar a su vez un recorte proporcional de sus ingresos y una inevitable reducción de sus gastos.

Adicionalmente, durante la crisis se han producido dos circunstancias cuyo valor está siendo extraordinario, aunque no pueda afirmarse categóricamente que tienen una relación directa con aquella, al menos en cuanto a su causa. La primera es la STC 31/2010, sobre el Estatuto catalán, que limitó en parte las pretensiones financieras de Cataluña. La segunda, la relación de fuerzas políticas en Cataluña, que ha provocado un contencioso importantísimo con el Estado acerca de la consulta sobre la independencia de la Comunidad. Seguramente no por casualidad, la piedra de toque de las pretensiones catalanas se ha centrado en el debate sobre lo que allí se ha denominado el «expolio fiscal» catalán, expresión que ha calado desde las esferas políticas hasta las capas populares. Este expolio fiscal se identifica con la sustracción de recursos que el Estado hace a Cataluña por comparación entre lo que Cataluña aporta al Estado en términos fiscales y lo que —siempre en términos fiscales— recibe de este para su financiación. Este expolio debería hacerse patente en las llamadas «balanzas fiscales», es decir, en el balance de saldos positivos o negativos que cada Comunidad tiene con el Estado.

Las balanzas fiscales son una figura muy controvertida y no gozan de aceptación entre todos los estudiosos, ni siquiera los de la Hacienda Pública (Hinojosa, 2013), pues por un lado se dice que son las personas físicas o jurídicas las que pagan los impuestos —no los territorios en los que viven—; y por otro, se conviene en que las rentas fiscales entre territorios no son el único elemento que hay que tener en cuenta para valorar el trasvase de riqueza entre unos y otras, sino que hay que atender también a las rentas de explotación, es decir, a las derivadas de la actividad económica. Las pretensiones de Cataluña han desencadenado las reacciones de todas las demás Comunidades, unas oponiéndose y esgrimiendo para ello el principio de solidaridad y otras alegando una situación financiera en comparación con el Estado más desfavorable que la catalana.

La tensión entre Estado y Comunidades Autónomas en estos años de crisis ha sido tal que ha obligado al Estado a adoptar instrumentos de control del gasto así como a establecer mecanismos de ayuda o auxilio para las entidades territoriales. En particular, el Fondo de Liquidez Autonómico para el pago de deudas contraídas ha aliviado en parte las tensiones referidas, aunque es una solución transitoria (el dinero debe ser devuelto) y parcial (es limitado cuantitativamente).

La introducción de criterios como el de ordinalidad (mantenimiento del lugar en el escalafón de renta per cápita en el mismo puesto de clasificación antes y después del reparto de riqueza) desplaza al principio de solidaridad como eje de la redistribución de la riqueza, lo que aún se haría más interesante si se abriera el debate en relación al concierto económico con el País Vasco y Navarra y la compatibilidad de su existencia con el entendimiento generalizado de una financiación justa en el marco del debate acerca de la suficiencia financiera del Estado Autonómico, clave para el mantenimiento del Estado social en España.

Por lo tanto ha de asegurarse, a través de los oportunos cambios constitucionales y/o legislativos, la suficiencia financiera que garantice, en cualquier circunstancia, la viabilidad de los servicios sociales fundamentales derivados de los derechos de prestación que hacen realidad el Estado social.

X. Hacia un nuevo paradigma del Estado social: blindaje e internacionalización

Kuhn define al paradigma como «una completa constelación de creencias, valores y técnicas, compartidas por los miembros de una determinada comunidad». Bajo esta definición de Kuhn subyace otro sentido en el uso del término: «un paradigma también denota una suerte de elemento en esa constelación, la solución concreta del rompecabezas que, empleado como ejemplo o modelo, puede remplazar a las reglas explícitas como base para la solución de los rompecabezas remanentes de la ciencia normal» (Kuhn, 2005)

Para Kuhn, los que trabajan dentro de un paradigma, refiriéndose al campo científico, practican lo que este autor denomina «ciencia normal». La «ciencia normal» articula y desarrolla el paradigma en su intento por explicar y acomodar el comportamiento de algunos aspectos importantes del mundo real, tal y como se revelan a través de los resultados de la experimentación. Al hacerlo se encontrarán inevitablemente con dificultades y tropezarán con falsaciones aparentes. Si las dificultades de este tipo se escapan de las manos, se desarrolla un estado de crisis.

La crisis se resuelve cuando surge un paradigma completamente nuevo que se gana la adhesión de un número de científicos cada vez mayor, hasta que finalmente se abandona el paradigma original, acosado por los problemas. El cambio discontinuo constituye una «revolución científica». El paradigma nuevo, lleno de promesas y no abrumado por dificultades en apariencia insuperables, guía entonces la actividad científica normal hasta que choca con problemas serios y aparece una nueva crisis seguida de una nueva revolución.

Siguiendo el modelo de Kuhn, el paradigma del Estado social que nace en el Siglo XX conoce su máximo esplendor en los años cincuenta y sesenta en las sociedades occidentales desarrolladas, ya que el crecimiento económico que se produjo permitió ampliar las prestaciones estatales hasta alcanzar a la mayoría de la población, cubriendo las principales necesidades de los ciudadanos. Ahí se alcanzó la «completa constelación de creencias, valores y técnicas, compartidas por los miembros de una Comunidad», que no es otra que los Estados occidentales europeos

Sin embargo, a partir de la crisis económica de los años setenta, comenzó a hablarse de la crisis del Estado social. Porque cuando el crecimiento económico disminuye, el Estado no puede hacer frente a las demandas sociales en imparable crecimiento. Esta crisis provoca un aluvión de críticas desde distintas perspectivas ideológicas al modelo de Estado social, tal y como se venía entendiendo hasta ese momento.

Por ello, y debido a una serie de razones, desde hace varias décadas se habla continuamente de la *crisis del Estado del bienestar.*

Las críticas fundamentales radican en el hecho de que los servicios sociales son prestados mal y lentamente, por lo que se considera que siguen existiendo sectores desatendidos. Se ha señalado también que como administrador industrial, el Estado social está condicionado por las grandes industrias, tiende a asfixiar a la mediana y pequeña empresa y a sacrificar al sector primario. En su faceta de controlador económico, el Estado ha oscilado entre políticas contradictorias y ha sido incapaz de resolver problemas como el paro obrero. De la misma manera, gobiernos de ideologías diversas han seguido políticas económicas similares. Y finalmente, en relación a su papel de árbitro, tanto en el campo jurídico como socio-económico, estos autores consideran que se ha actuado insatisfactoriamente (Lucas Verdú y Lucas Murillo de la Cueva, 1994; 113 ss.).

En mi opinión, la doctrina ha sido excesivamente crítica con la efectividad del alcance real del Estado social. Y aunque no es menos cierto que a los argumentos ya señalados se podrían añadir otros tales como ciertas transformaciones en la organización del trabajo, cambios demográficos, nuevos modelos de familia e incorporación de la mujer al trabajo o la crisis de legitimación del Estado, incapaz de terminar con situaciones estructurales de pobreza o exclusión, la realidad es que el Estado social ha demostrado, por el bien de todos, ser capaz de regenerarse a través de determinados «mecanismos de salvación», que reseñaremos a continuación.

En todo caso, y como señala Porras (1988), más que de crisis del Estado social habría que hablar de crisis de su estructura básica de legitimación vía bienestar. Para este autor, el Estado de bienestar, fundamentado en la asistencia social y en la compensación de las desventajas, no puede prorrogarse si no se adopta una dinámica transformadora de las estructuras y si no se superan muchos de los esquemas del Estado liberal que aún siguen estando presentes en las modernas democracias. Por eso, concluye, es imposible, pues, de mantener un Estado que incrementa continuamente sus funciones y que no resuelve los problemas que engendró.

En definitiva, se señala que la crisis responde a la incapacidad del Estado para responder satisfactoriamente a los requerimientos de la sociedad. Una sociedad cada vez más compleja y que plantea nuevas y más exigentes demandas en el marco de un dinamismo que sobrepasa la capacidad de respuesta del Estado.

Y por eso se hace preciso, siguiendo a Kuhn, alcanzar un «paradigma nuevo, lleno de promesas y no abrumado por dificultades en apariencia insuperables», que sea capaz de guiar no tanto la actividad científica normal como la propia vida en sociedad y, sobre todo, la evolución del modelo de Estado hacia la consecución del Estado social «blindado».

Y ese nuevo paradigma del Estado social ha de pasar, pues, por el «blindaje».

En primer lugar, debemos profundizar en la idea de integración. La integración supone el reconocimiento de las mínimas condiciones de dignidad para todas las personas y en todos los ámbitos. Por ello, igual que resulta consustancial a la idea de Estado de derecho el reconocimiento y protección de los derechos, el paso de futuro del Estado social implica el reconocimiento y protección de determinados derechos sociales y su inclusión textual al máximo nivel posible de protección en los textos constitucionales e internacionales, incluyendo en los mismos las fuentes de financiación de estos derechos de prestación.

Junto a este reconocimiento normativo se ha de institucionalizar también el impulso y financiación de políticas públicas que los hagan efectivos, tal como ya hemos señalado.

Igualmente, se han de adoptar estas otras medidas: el reconocimiento y prestación de servicios y protecciones universales e incondicionales, financiados con impuestos progresivos; para hacer frente a la desregulación y desprotección en el mercado de trabajo se ha de promover la reducción progresiva de la jornada laboral y las políticas activas de empleo y de igualdad de género; la desburocratización y descentralización de los servicios públicos universales, incluyendo la participación y el control por parte de los ciudadanos; y, también, el reconocimiento de una renta básica garantizada, gracias a la cual el individuo podría vivir en condiciones suficientes de dignidad sin depender de las coyunturas propias del mercado de trabajo.

Por lo tanto, debemos recordar que la evolución social, cultural y económica de los Estados democráticos en los últimos cincuenta años ha ido acompañada de cambios legislativos y de acciones políticas que han tenido como horizonte hacer realidad el contenido axiológico propio del Estado social que puede definirse como el resultado más avanzado de las ideas constitucionalistas nacidas de la Ilustración, y que la llamada *crisis del Estado del Bienestar* ha evidenciado la necesidad de sustraer determinadas cuestiones del contingente juego político y de las inevitables coyunturas económicas e integrarlas y garantizarlas en las normas estructuradoras de los sistemas constitucionales.

El reconocimiento, protección y garantía de un mayor número de derechos sociales, la inclusión de un catálogo de políticas públicas en los textos constitucionales y estatutarios que comprometan la acción política, tanto legislativa como gubernamental, de los poderes públicos y la apuesta decidida de medidas que hagan realidad la igualdad material suponen las garantías precisas que se necesitan para conseguir la *salvación del Estado del bienestar* a través de una evolución (llámese cambio si se considera más preciso) del paradigma del Estado social.

Pues con estas garantías se debe asegurar el compromiso de los poderes en el mantenimiento y mejora de estas conquistas sociales y el sostenimiento de servicios sociales suficientes para la atención de personas y grupos, dirigidas al logro de su pleno desarrollo personal y social, así como a la eliminación de las causas y efectos de las diversas formas de marginación.

Y volviendo a lo señalado en los primeros epígrafes, se hace preciso que los fines y objetivos, la razón de ser del Estado social se «internacionalicen», que se superen ámbitos de actuación marcados por fronteras que no sólo dificultan sino que la mayoría de las veces impiden la efectividad de las medidas regulatorias e intervencionistas propias del Estado social.

Para ello, la Unión Europea ha de servir como necesario campo de pruebas, inmejorable laboratorio de ensayo, con su correspondiente financiación, para la evolución del paradigma del Estado social hacia un nuevo paradigma: el del Estado social internacional

XI. Epílogo de amor

Ya pronto se cumplirán quince años de los atentados del 11-S. Con ello se certificó que la Historia no había finalizado tal como proféticamente se había vaticinado una década antes. La realidad del 11-S y, posteriormente, la crisis económica en la que nos situamos, así como la emergencia de nuevas potencias políticas y económicas, han demostrado lo equivocado del pronóstico y que la Historia sigue *vivita y coleando*. Pero son muchos los occidentales a los que estos avatares históricos aún no les han traspasado la piel. Instalados mentalmente en la posmodernidad, se ha producido un rechazo radical de cualquier ideal de fundamentación de la realidad y desaparece la preocupación por el avance histórico.

Pero el planeta sigue moviéndose y el tiempo transcurriendo. La realidad cambia y, junto a problemas medioambientales, económicos, energéticos, demográficos y migratorios, las sociedades evolucionan. Por ello, a los que nos hemos criado intelectualmente con las coordenadas de la posmodernidad, si no queremos correr el riego de la depresión, del vacío espiritual, del nihilismo más destructivo, debemos retomar nuevamente la vieja idea de que el ser humano es Historia, de que hemos llegado a ser lo que somos gracias a todos nuestros semejantes que nos antecedieron, y que nos sigue correspondiendo la tarea de enarbolar la bandera que defienda el territorio más cercano, aquél que nos hace ser cada día más libres, iguales y justos, que no es otro que la defensa, por encima de todo, de la dignidad humana a través del reconocimiento y protección de los derechos y del libre desarrollo e la personalidad (Agudo, 2014; 141).

Porque, como señala Roura (2013; 74), si no es así, «la normatividad de la proclamación de Estado Social corre serios riesgos. La exigibilidad de las políticas que definen este modelo de Estado, tradicionalmente huérfanas de la inmediatez propia de otros derechos, por necesitar siempre la mediación legislativa, quedaría reducida y, ese creo es el estadio actual de la cuestión, a la política contingente. Quiere esto decir que, sin poder apelar a una norma constitucional auténticamente imperativa, el futuro de la exigibilidad de las políticas públicas que ponen de manifiesto la naturaleza Social del Estado, queda confiada a la acción de quienes operan en el tráfico político estatal»; o sea, sometidos a una mera ordenación contingente.

Y, como proyecto colectivo humano de la máxima importancia, debemos pasar de la ordenación contingente a la organización consciente de la felicidad, lo que inevitablemente ha de canalizarse a través del blindaje e internacionalización del Estado social; sabiendo aprovechar la crisis actual como oportunidad para hacer evolucionar el paradigma del modelo de organización que ha propiciado la igualdad y la justicia, como nunca jamás en nuestro periplo como seres morales; esa compleja realidad que propicia el bienestar y la igualdad de oportunidades, y, con ellos, aspira a hacer real el derecho a perseguir y obtener la felicidad.

XII. Bibliografía

Agudo Zamora, Miguel, *Estado social y felicidad,* Ed. El Laberinto, Madrid, 2006.

— *La protección multinivel del Estado social,* Tirant lo Blanch, Valencia, 2013.

Agudo Zamora, Miguel y Vázquez Gómez, Eva María, «Hacia una aproximación crítica entre el Derecho Constitucional y el Derecho Internacional», *Boletín Mexicano de Derecho Comparado*, n.º 140, mayo-agosto 2014.

Beck, Ulrich, *¿Qué es la globalización?,* Paidós, Barcelona, 2001.

Font Galán, Juan Ignacio, «Apogeo de racionalidad económica y disenso constitucional. Una reflexión constitucional», *Revista de Fomento Social*, aceptado y pendiente de publicación, 2015.

Font Oporto, Pablo, «Ruptura del consenso socialdemócrata y crisis del modelo de

Estado», *Revista de Fomento Social*, n.º 266, 2012.

GARCÍA PELAYO, Manuel, *Las transformaciones del Estado contemporáneo*, Alianza Editorial, Madrid, 1982.

HELLER, Herman, *Teoría del Estado*, Fondo de Cultura Económica, México, 1974.

HINOJOSA, Juan José, en *Decálogo de conclusiones del Foro del Estado Autonómico* (Agudo, Miguel, Coord), Centro de Estudios Andaluces, Sevilla, 2013.

KUHN, Thomas, *La estructura de las revoluciones científicas*, Fondo de Cultura Económica de España, Madrid, 2005.

LUCAS VERDÚ, Pablo y LUCAS MURILLO DE LA CUEVA, Pablo, *Manual de Derecho Político*, Tecnos, Madrid, 1994.

MONEREO PÉREZ, José Luis, *Derechos sociales de la ciudadanía y ordenamiento laboral,* Consejo Económico y Social, Madrid, 1996.

PELÁEZ MARÓN, José Manuel, «De nuevo sobre el concepto del Derecho internacional público en la doctrina española», *Soberanía del Estado y Derecho internacional. Homenaje al profesor Juan Antonio Carrillo Salcedo*, Universidad de Sevilla, Sevilla, 2005.

PORRAS NADALES, Antonio, «El Estado social», en *Manual de Derecho Constitucional,* (Agudo Zamora y otros), Tecnos, Madrid, 2014.

— *Introducción a una teoría del Estado postsocial.*, P.P.U., Barcelona, 1988.

ROURA GÓMEZ, Santiago, «El desarrollo del Estado social autonómico», en *El papel de Andalucía en la construcción del Estado social autonómico,* Centro de Estudios Andaluces, Sevilla, 2013.

SÁNCHEZ PINO, Antonio (coord.), *Cuestiones claves en el desarrollo del Estatuto de Autonomía de Andalucía,* Tirant lo Blanch, Valencia, 2014.

CAUSAS JURÍDICO-CONSTITUCIONALES DE LA DESAFECCIÓN CIUDADANA HACIA EL SISTEMA REPRESENTATIVO[*]

MIGUEL ÁNGEL PRESNO LINERA
Profesor Titular de Derecho Constitucional
Catedrático acreditado
Universidad de Oviedo[**]

ÍNDICE: I. APROXIMACIÓN. II. UN SISTEMA ELECTORAL QUE MENOSCABA EL PLURALISMO REPRESENTATIVO. III. LA INSUFICIENTE DELIBERACIÓN PÚBLICA EN LAS INSTITUCIONES REPRESENTATIVAS. IV. LA AUSENCIA DE PARTICIPACIÓN CIUDADANA EN EL DEBATE LEGISLATIVO PARLAMENTARIO. V. PRERROGATIVAS PARLAMENTARIAS QUE HAN DEVENIDO EN PRIVILEGIOS. VI. LA POSTERGACIÓN DE OTRAS FORMAS DE PARTICIPACIÓN POLÍTICA. VII. ALGUNAS CONCLUSIONES. VIII. BIBLIOGRAFÍA CITADA.

I. APROXIMACIÓN

En los últimos tiempos ha hecho fortuna, y no solo entre los movimientos sociales más críticos, la expresión «no nos representan», con la que se quiere denunciar la insuficiente respuesta que el sistema representativo está ofreciendo a las aspiraciones ciudadanas de alcanzar una sociedad democrática avanzada. Se trata, como es bien sabido de un tema «clásico» en el ámbito de la filosofía, la ética, la ciencia política, el derecho político y constitucional,..., hasta el punto de que autores tan, en principio, opuestos como Hans Kelsen y Carl Schmitt coincidieron en denunciar —aunque, obviamente, no con la misma intensidad, argumentos o confianza en su reforma— las carencias democráticas del parlamentarismo.

Es también conocido que la intensa discusión que sobre estas cuestiones se produjo en los años 20 y 30 del siglo pasado no zanjó un debate, que sigue siendo objeto de constante atención. Así, Hanna F. Pitkin reconoció en 1985, en el prefacio a la edición

[*] Este trabajo forma parte del proyecto «Reforma electoral y derechos de participación de los extranjeros residentes en España: el derecho de sufragio en las elecciones generales, europeas, autonómicas y locales» financiado por el Ministerio de Economía y Competitividad (referencia DER2012-34411).

[**] Correo: presnolinera@gmail.com; página académica: http://presnolinera.wix.com/presnolinera; blog: http://presnolinera.wordpress.com

española de *El concepto de representación*, que la omisión más relevante en su libro es la no consideración de «lo que ahora me parece que es el tema político más importante en la teoría de la representación: la problemática relación existente entre representación y democracia». Por su parte, Jeremy Waldron admite, en una «nota para los críticos», que uno de los defectos flagrantes de su libro *Derecho y desacuerdos* es que no incluye una discusión adecuada sobre la representación.

No es el propósito de las páginas siguientes volver sobre el análisis conceptual de la representación política. Lo que pretendemos, de forma mucho más modesta, es revisar la actual situación institucional española para ver en qué medida se detectan síntomas de la crisis democrática de la representación, tal y como fueron diagnosticados en 1920 por Hans Kelsen, que habló de «cierta fatiga del parlamentarismo» y de la necesidad de reformarlo fortaleciendo el elemento democrático. Este recurso a Kelsen se justifica también por la conveniencia, que él anunció, de atender a las fórmulas de participación política directa, no para reemplazar a las instituciones parlamentarias sino para que, parafraseando a Hanna Arendt, la política deje de ser un problema y vuelva a ser una promesa.

II. Un sistema electoral que menoscaba el pluralismo representativo

El Estado, a través del proceso electoral, selecciona y filtra las opciones políticas susceptibles de gozar de representatividad en las instancias estatales, cuyas moderadas dimensiones obligan a que accedan a ellas un número limitado de opciones políticas. El problema se plantea cuando los partidos en las instituciones añaden restricciones que menoscaban el pluralismo más de lo necesario para que la institución representativa sea funcional.

En España estas limitaciones datan del Decreto-ley sobre normas electorales, de 18 de marzo de 1977, que reguló las primeras elecciones después de la Dictadura. Ahí aparecen las claves de bóveda de nuestro vigente sistema electoral: a) el mapa, con un mínimo de diputados por circunscripción; b) una distribución de escaños que, paradójicamente en un sistema proporcional, «suaviza en alguna medida los efectos de nuestra irregular demografía y atiende a un mayor equilibrio territorial en la representación»; c) las candidaturas de listas cerradas y bloqueadas; d) la fórmula electoral «D'Hondt»; e) la barrera electoral y f) la voluntad decidida de corregir el «excesivo fraccionamiento de las representaciones parlamentarias».

Estas previsiones estuvieron muy presentes en el proceso de elaboración del texto constitucional y con su incorporación a la Norma Fundamental se convirtieron en indisponibles para las Cortes Generales, formando, en expresión de Francisco Caamaño, nuestra «Constitución electoral». Aquí están los elementos del sistema electoral para el Congreso de los Diputados, cuya articulación se deja en manos del Legislador, que cuando se decidió a desarrollarlo admitió sin pudor que su renovación no era en modo alguno radical, *«debido a que el propio texto constitucional acogió los elementos esenciales del sistema electoral contenidos en el Real Decreto-Ley»* (Exposición de motivos de la LOREG).

Y un elemento del sistema electoral que ha venido incidiendo de manera muy relevante en la minoración del pluralismo representativo es el juego combinado de la fórmula electoral, el número de escaños a elegir por circunscripción y el tamaño de las entidades representativas: la combinación de una cámara parlamentaria con pocos miembros junto con un tamaño pequeño de la mayoría de las circunscripciones provoca una «distribución desproporcionada de escaños», que, como demuestra Arendt Lijphart, beneficia a los grandes partidos e incrementa la posibilidad de que se den mayorías parlamentarias artificiales.

El sistema electoral español, tejido a partir de unos mimbres constitucionales y legales muy rígidos, es un caso paradigmático en el derecho comparado de cómo se puede influir en el sistema de partidos, reduciendo el número de formaciones, beneficiando a los grandes partidos y aumentando la probabilidad de que se produzcan cómodas victorias electorales de la formación mayoritaria. Como consecuencia existen partidos políticos sobrerrepresentados y otros infrarrepresentados, que componen un Parlamento que no refleja como debiera las preferencias políticas de los ciudadanos, lo que, en opinión de Francisco Bastida, es directamente contrario a la Constitución.

Las reticencias a una mayor proporcionalidad electoral invocan argumentos como favorecer la gobernabilidad, evitar la fragmentación de la representación, facilitar la capacidad de trabajo de las Cámaras o asegurar una opción razonable en cuanto a la representación parlamentaria de las fuerzas políticas (STC 193/1989, FJ 4). Pero lo cierto es que ninguno de estos principios ha sido acogido en la Constitución como también lo es que así los propios partidos mayoritarios obtienen cómodas mayorías de gobierno: en las elecciones de 20 de noviembre de 2011 el Partido Popular con el 44,62% de los votos al Congreso de los Diputados consiguió el 53% de los escaños.

La inconsistencia democrática de esta situación se constata viendo el derecho electoral de otros países (sistemas más proporcionales, menos control por parte de las formaciones mayoritarias, campañas electorales más equitativas,...). El propio Consejo de Estado español ha señalado, en su Informe sobre la reforma electoral, *«que el sistema electoral del Congreso de los Diputados... presenta algunos aspectos que podrían ser susceptibles de mejora, en aras de garantizar la igualdad de electores y partidos políticos en el proceso electoral y de revalorizar la participación de los ciudadanos en la designación de sus representantes... Un avance en este sentido podría comportar efectos beneficiosos para el fomento de la participación política de los ciudadanos y una mayor implicación de éstos en el funcionamiento democrático de las instituciones, en línea con lo ya dispuesto en la inmensa mayoría de los ordenamientos europeos».*

III. La insuficiente deliberación pública en las instituciones representativas

Una de las exigencias propias de la democracia es que la toma de las decisiones más relevantes se lleve a cabo a través de un procedimiento que garantice la publicidad y el debate. En palabras de Habermas, el grado de vitalidad de una democracia se mide por el papel que desempeñan la deliberación, la reflexión y el espíritu crítico en la marcha de los asuntos públicos. Waldron, por su parte, recuerda la alta consideración que John Stuart Mill tenía sobre las capacidades deliberativas de nuestros Parlamentos: «un Congreso en que cada interés, cada matiz de la opinión, pueda ser sostenida con pasión, enfrente del Gobierno y de los demás intereses y opiniones, puede hacer que éstos escuchen su voz y digan «sí» a sus exigencias, o demuestren claramente por qué dicen «no».

Como es conocido, esta confianza en la deliberación parlamentaria fue sometida a una aguda crítica por Schmitt, que denunció la primacía de los intereses partidistas. Al creciente protagonismo de los partidos políticos en la función legislativa se ha añadido, a lo largo del siglo XX, el del Gobierno. Y esa preeminencia gubernamental se constata tanto en los sistemas presidenciales como en los parlamentarios. Es más, como señala Maurice J.C. Vile, los cambios durante el procedimiento legislativo tienden a ser marginales y, en ocasiones, las modificaciones se deben al interés del Gobierno en enmendar su propio texto al advertir algún error o como resultado de un cambio de criterio gubernamental. Esta facultad del gabinete de alcanzar sus objetivos legislativos —en ocasiones frente a una considerable oposición fuera del Parlamento— fue descrita por el Lord Chancellor Hailsam como *«elective dictatorship»*.

Pues bien, aunque podrían mencionarse diversos ejemplos sobre la escasa deliberación realmente existente en el Parlamento español, preferimos mencionar dos muestras recientes de esa irrelevancia deliberativa en la toma de decisiones del máximo relieve político y constitucional.

El «olvido» del mecanismo deliberativo en materia de orientación política aconteció en la segunda semana de mayo de 2010: después de una reunión, el 7 de mayo, de los Jefes de Estado y de Gobierno del Eurogrupo, el día 9 los Ministros de economía del ECOFIN, siguiendo las instrucciones de los Jefes de Estado y de Gobierno del Eurogrupo, aprobaron el Mecanismo Europeo de Estabilización para movilizar hasta 750.000 millones de euros en defensa de la Unión Monetaria y de las economías de la eurozona. Esta cuestión se debatió en el Congreso de los Diputados el día 12 y, como admitió el Presidente del Gobierno, era «una respuesta sencillamente inimaginable sólo unos días antes frente a la inestabilidad de los mercados… no es fácil para el Gobierno aprobar las nuevas medidas que voy a anunciar. Y la dificultad no se aminora por el hecho de que estemos convencidos de su necesidad…».

En términos democráticos, un cambio de tal magnitud en la orientación política debe articularse a través de la cuestión de confianza prevista en el artículo 112 de la

Constitución (CE) en relación con el programa de gobierno o una cuestión de política general. En cualquiera de los dos supuestos se podría incluir lo que ocurrió el 12 de mayo de 2010: o una rectificación del programa que venía desarrollando el Gobierno desde la investidura del Presidente en 2008, o, cuando menos, una declaración política de extraordinaria relevancia que demanda una nueva orientación de la política del Gobierno que se dirige de manera directa a los ciudadanos.

Y es que la cuestión de confianza, únicamente planteada en dos ocasiones en nuestra reciente historia constitucional, existe para que el Gobierno compruebe el respaldo parlamentario ante un cambio muy relevante de su programa político, pero también sirve para que los ciudadanos conozcan de manera solemne las explicaciones con las que se trata de justificar un giro radical en la orientación política, que se traducirá en decisiones que van a afectarles de forma muy directa e intensa.

La eficacia de la institución representativa se evidencia cuando hace posible el debate y la crítica a una actuación gubernamental, con publicidad, en todas las actividades de la Cámara. Un pleno monográfico «ordinario» es una actividad pública del Congreso, pero el carácter extraordinario del asunto —«una respuesta sencillamente inimaginable unos días antes»— exigiría un debate de esa índole. Así, la cuestión de confianza que planteó Adolfo Suárez se justificó en que la actividad económica y la lucha contra el desempleo requerían «la adopción de numerosas decisiones, difíciles e inevitables, que deben contar con el respaldo suficiente de la Cámara».

Pero si hemos vivido en fechas recientes un auténtico «momento constitucional», ese ha sido el cambio del artículo 135 de la Constitución, de 2011. Lo llamativo no es ya que entre la fecha de la entrada de la Proposición en el Congreso y su aprobación y publicación transcurriera un mes sino que la tramitación parlamentaria en sentido estricto duró 9 días: el 30 de agosto el Pleno del Congreso acordó tomar en consideración la Proposición de Reforma, publicada en el Boletín Oficial de las Cortes Generales, de 26 de agosto de 2011, así como su tramitación directa y en lectura única.

En suma, las Cortes dedicaron exactamente 6 horas y 10 minutos a debatir en sus respectivos Plenos la segunda reforma de la Constitución en 33 años. Pero dejando de lado el contenido de esta reforma, el curioso *jurista persa* —por utilizar la expresión de Pedro Cruz Villalón— que se aproximara a su tramitación quizá experimentara cierta perplejidad ante la decisión de aplicarle el artículo 150.1 del Reglamento del Congreso (RC): *«cuando la naturaleza del proyecto o proposición de ley tomada en consideración lo aconsejen o su simplicidad de formulación lo permita, el Pleno de la Cámara, a propuesta de la Mesa, oída la Junta de Portavoces, podrá acordar que se tramite directamente y en lectura única»*. Y es que ese *jurista* no ignora que el RC no contiene una previsión específica, a diferencia del Reglamento del Senado, sobre el procedimiento de revisión constitucional pero tampoco que no estamos ante un «proyecto o proposición de ley» ni ante una reforma constitucional de evidente «simplicidad», como revela la remisión que se hace en el nuevo apartado 5 a una Ley Orgánica que *«desarrollará los principios a que se refiere este artículo, así como la participación, en los procedimientos respectivos, de los órganos de coordinación institucional entre las Administraciones Públicas en materia de política fiscal y financiera. En todo caso, regulará: a.- La distribución de los límites de déficit y de deuda entre las distintas Administraciones Públicas, los supuestos excepcionales de superación de los mismos y la forma y plazo de corrección de las desviaciones que sobre uno y otro pudieran producirse. b.- La metodología y el procedimiento para el cálculo del déficit estructural. c.- La responsabilidad de cada Administración Pública en caso de incumplimiento de los objetivos de estabilidad presupuestaria».*

Tal norma es la Ley Orgánica 2/2012, de 27 de abril, de Estabilidad Presupuestaria y Sostenibilidad Financiera, que ha tenido un camino parlamentario con más debate que el precepto fundamental de la que trae causa.

Es verdad que el Tribunal Constitucional no se dejó impresionar y concluyó (Auto 9/2012, de 13 de enero) que no existe exclusión de la lectura única en el procedimiento de reforma constitucional ni tampoco materias vedadas. Además, la mayoría del Tribunal encontró razones para resolver que el procedimiento de urgencia no conculca el derecho de participación, garantizado a través de las enmiendas y el debate en pleno. Probablemente la perplejidad del *jurista persa*, aunque no la del Tribunal Constitucional, fuera en aumento a medida que escuchaba en el fugaz debate tanto a la portavoz del Grupo Popular como al portavoz del Grupo Socialista referirse al positivo precedente que suponía la reforma de la Ley Fundamental de Bonn del año 2009. Y no es que no existiera tal precedente pero lo que no admite comparación es el procedimiento seguido: para realizar la reforma, en Alemania, se constituyó la «Comisión para la modernización de las relaciones financieras entre la Federación y los *Länder*», cuya actividad se prolongó durante 2 años, en los que tuvieron lugar 19 sesiones de trabajo y durante los cuales se generaron más de 170 informes y dictámenes, así como alrededor de 120 documentos de trabajo, individuales y conjuntos, elaborados por los propios miembros de la Comisión y por otros representantes públicos, instituciones, expertos y especialistas de diversas disciplinas, todos ellos fácilmente accesibles a través de la página web del *Bundestag*.

La reforma de la Constitución puede realizarse por diferentes vías pero no a través de un «procedimiento de lectura única» —no tenemos, además, un instrumento para la revisión urgente como sí ocurre en las Constituciones de Estonia y Finlandia—, que, por definición, excluye una previa deliberación sostenida.

IV. La ausencia de participación ciudadana en el debate legislativo parlamentario

Está demostrado que la participación ciudadana en la elaboración de las leyes mejora la información que reciben las Cámaras, intensifica la transparencia y publicidad de la actividad legislativa y potencia la legitimidad de las leyes y su eficacia. Y dicha intervención tiene una forma adecuada de expresión a través de las audiencias públicas, muy consolidadas en el Congreso de los Estados Unidos, a través de los conocidos *hearings*, que incluyen tanto las comparecencias previas de las personas que aspiran a ocupar determinados cargos institucionales, como las audiencias en las comisiones de investigación y en el procedimiento legislativo (*legislative hearings*), que también se producen en comisión.

Estas prácticas son más recientes en Europa, si bien en Alemania ya se contemplaron en 1951 y, por ejemplo, en Portugal es la propia Constitución la que las convierte en obligatorias en determinadas materias y respecto a ciertas comparecencias. En Alemania se prevén tanto en el ámbito federal como en los *Länder*, se rigen por los principios de pluralismo político y publicidad —con frecuencia se transmiten vía televisiva y se pueden consultar a través de Internet— y el Tribunal Constitucional ha reconocido la legitimidad de las pretensiones de las organizaciones sociales de influir en la formación de la voluntad estatal (*BVerfGE*5/1985), y su consolidación ha venido de la relevancia que han tenido en determinadas reformas legales, como la del derecho penal en 1966.

Es importante recordar que en el *Bundestag* las audiencias se celebrarán si lo solicita la cuarta parte de los integrantes de la Comisión correspondiente, lo que sirve tanto a la aportación ciudadana, a la deliberación parlamentaria, como a la propia garantía del pluralismo que supone ese instrumento en manos de la minoría.

Como ya se ha anticipado, en Portugal se prevé en la propia Constitución la participación de ciertas organizaciones en el procedimiento legislativo cuando la norma que se tramite les afecte; así, el artículo 54.5 dispone que constituye un derecho de las comisiones de trabajadores: d) *«participar en la elaboración de la legislación laboral»*, y el artículo 56.2 a) atribuye ese mismo derecho a los sindicatos. El Tribunal Constitucional declaró que la omisión de dicha participación convierte a la ley aprobada en inconstitucional (Acuerdo 31/1984, de 17 de abril). Por su parte, el Reglamento de la Asamblea de la República contempla que las Comisiones Parlamentarias puedan solicitar la participación en sus trabajos de cualesquiera ciudadanos (artículo 102.2).

La tradición de las audiencias ya tiene cierta solera en países como Suecia, que suele celebrar unas 40 al año, Dinamarca, Holanda, Bélgica e Italia, con más incidencia y regulación, en el caso italiano, en los parlamentos regionales.

En España, durante el debate constituyente se propuso, por el grupo de Alianza Popular, que la normativa reguladora de las peticiones individuales y colectivas ante las Cortes Generales incluyera un apartado previendo la recepción de «delegaciones de grupos legítimos de intereses, en sesiones que siempre tendrán carácter público». Esta pretensión no salió adelante ni en la Comisión de Asuntos Constitucionales ni en el Pleno con el argumento, entre otros, expuesto por el Diputado Luis Solana, de que «hemos optado por dejar las puertas abiertas al posterior desarrollo del sistema de democracia directa, y hemos creído que en este momento no sería prudente constitucionalizar estos sistemas que, inmediatamente después de estar vigente la Constitución, podrían ser utilizados por minorías extraparlamentarias para introducir conflictos graves en el adecuado funcionamiento del sistema».

El Reglamento del Congreso se limita a decir (art. 44) que *«las Comisiones, por conducto del Presidente del Congreso, podrán recabar la comparecencia de otras personas competentes en la materia, a efectos de informar y asesorar a la Comisión»* y el del Senado prevé (art. 67) que las Comisiones, si lo pide la tercera parte de los miembros, *«podrán solicitar la presencia de otras personas para ser informadas sobre cuestiones de su competencia»*. Parece que el objetivo de ambas normas es que las personas comparecientes contribuyan con sus aportaciones a mejorar la información que los parlamentarios tienen sobre una determinada cuestión, pero sería importante poner el acento en que dichas comparecencias son una forma de participación ciudadana en la vida política del país e instrumentos adecuados para la transparencia y publicidad de la actividad legislativa, así como para incrementar la legitimidad social de las leyes aprobadas y favorecer su eficacia y aplicación.

Sin embargo, no existe ni en los Reglamentos de las dos Cámaras ni en la mayoría de las normas equivalentes de los Parlamentos Autonómicos una previsión específica para que participen de manera directa en el procedimiento legislativo colectivos que puedan verse afectados por la aprobación de una determinada ley, aunque las cosas han empezado a cambiar con la aprobación de los nuevos Estatutos de Autonomía en los últimos 6 años: así, el artículo 29.4 del Estatuto de Autonomía de Cataluña proclama *«el derecho a participar, directamente o a través de entidades asociativas, en el proceso de elaboración de las leyes del Parlamento»*. En el mismo sentido han ido algunos de los Estatutos aprobados con posterioridad; así, el artículo 15.2.b) del Estatuto de Autonomía de les Illes Balears garantiza el derecho a participar *«en la elaboración de leyes, directamente o mediante entidades asociativas»;* el artículo 30.1.b) del Estatuto andaluz reconoce el *«derecho a promover y presentar iniciativas legislativas ante el Parlamento de Andalucía y a participar en la elaboración de las leyes, directamente o por medio de entidades asociativas, en los términos que establezca el Reglamento del Parlamento»*, y el artículo 113 reitera que *«los ciudadanos, a través de las organizaciones y asociaciones en que se integran, así como las instituciones, participarán en el procedimiento legislativo en los términos que establezca el Reglamento del Parlamento»;* el artículo 15.2 del Estatuto de Aragón dispone que *«los aragoneses tienen derecho a presentar iniciativas legislativas ante las Cortes de Aragón, así como a participar en el proceso de elaboración de las leyes, de acuerdo con lo que establezcan la ley y el Reglamento de las Cortes»*.

A modo de contraste, por lo que prevé precisamente su Estatuto de Autonomía, el Reglamento del Parlamento de les Illes Balears se limita a decir (art. 46) que las comisiones, a través de la Presidencia del Parlamento, podrán recabar la comparecencia de otras personas competentes en la materia, a efectos de informarlas y de asesorarlas. En la misma línea está el Reglamento del Parlamento de Canarias (art. 42), el de Cantabria (art. 48), Castilla-La Mancha (art. 54), Castilla y León (art. 43), Galicia (art. 44), La Rioja (art. 41), Navarra (art. 56), País Vasco (art. 51) y Comunidad Valenciana (art. 44). Más aperturistas han sido en Extremadura, la Comunidad de Madrid y la Región de Murcia.

En suma, algunos de los nuevos Estatutos y varios Reglamentos parlamentarios han mostrado en España el camino a seguir en esta materia y que se viene recorriendo en otros países desde hace décadas: el de propiciar la participación de la ciudadanía en la elaboración de las leyes, directamente o por medio de entidades asociativas. Pero mientras esta configuración no presida todas las distintas instancias representativas, estatales y autonómicas, seguiremos careciendo de una herramienta adecuada para paliar en alguna medida la indudable fatiga que las aqueja y que incide en su falta de porosidad ante las demandas ciudadanas.

V. Prerrogativas parlamentarias que han devenido en privilegios

Como es frecuente en las Constituciones, en la española se incluyen una serie de prerrogativas que tienen como finalidad garantizar el ejercicio adecuado de las funciones representativas que corresponden a diputados y senadores (art. 71):

> *«1. Los Diputados y Senadores gozarán de inviolabilidad por las opiniones manifestadas en el ejercicio de sus funciones. 2. Durante el período de su mandato los Diputados y Senadores gozarán asimismo de inmunidad y sólo podrán ser detenidos en caso de flagrante delito. No podrán ser inculpados ni procesados sin la previa autorización de la Cámara respectiva. 3. En las causas contra Diputados y Senadores será competente la Sala de lo Penal del Tribunal Supremo. 4. Los Diputados y Senadores percibirán una asignación que será fijada por las respectivas Cámaras».*

El origen de estas previsiones se remonta al Parlamento inglés y al episodio que supuso, en 1397, la condena a muerte del diputado Thomas Haxley por criticar a la Corte Real. Tiempo después, Thomas Moro reivindicó como esencial a la tarea de los parlamentarios poder expresarse con libertad, y en el *Bill of Rights*, de 13 de febrero, se reconoció la *«libertad de expresión, debate y procedimientos»* en el Parlamento.

Si a lo largo de los siglos se ha justificado la necesaria protección de las personas que han venido ejerciendo funciones representativas frente a las amenazas que podían provenir de la Corona o del Poder Judicial, su configuración e, incluso, su existencia, han de someterse a debate en un sistema democrático en el que se proclama la subordinación de todos los poderes públicos a normas jurídicas y donde los partidos políticos se han consolidado como un elemento clave del sistema constitucional, al actuar como correa de transmisión entre el Gobierno y el Parlamento y proyectar su organización y funcionamiento en sede representativa a través de los Grupos Parlamentarios, que son hoy, y no los diputados y senadores singularmente considerados, los que desempeñan las funciones más relevantes.

¿Hasta dónde debe llegar la irresponsabilidad de los parlamentarios por las opiniones emitidas en el ejercicio de sus funciones? ¿Es compatible con un Estado social y democrático de derecho, que proclama como algunos de los valores superiores de su ordenamiento la igualdad y la justicia, que no se pueda inculpar ni procesar a un diputado o senador sin la previa autorización de la Cámara a la que pertenece o que no pueda ser detenido más que en caso de flagrante delito?

La reclamación para que se elimine la inmunidad no es algo reciente; Kelsen, en 1920, la calificó de «privilegio anacrónico» pues no estaba justificada la desconfianza frente a la Administración de Justicia ni tampoco frente al Gobierno. Consideraba que esta institución era una de las causas que explicaban que el parlamentarismo de su tiempo no se hubiera granjeado las simpatías de las masas ni la de la minoría ilustrada.

Sin embargo, en España todavía hoy la regulación constitucional de la inmunidad alcanza una extensión difícilmente justificable: como es sabido, *«durante el período de su mandato los Diputados y Senadores gozarán asimismo de inmunidad y sólo podrán ser detenidos en caso de flagrante delito. No podrán ser inculpados ni procesados sin la previa autorización de la Cámara respectiva»*.

En primer lugar, resulta excesivo que los parlamentarios únicamente puedan ser detenidos en caso de flagrante delito, sin atención alguna a la gravedad que pudiera revestir ese delito o a la posible relación que tuviera el acto de la detención con el ejercicio de las funciones representativas, cosa que sí es tenida en cuenta en otros textos constitucionales: así, por ejemplo, el artículo 30 de la Norma Fundamental de Finlandia prevé que *«no se podrá detener o privar de su libertad a un Diputado... sin el consentimiento del Parlamento, salvo que existan motivos suficientes para considerarlo culpable de un delito para el que estuviese establecida una pena mínima de seis meses de privación de libertad»;* en la misma línea, el artículo 8 de la Constitución de Suecia dispone que si *«un miembro del Parlamento es sospechoso de haber cometido un acto criminal, son aplicables las disposiciones de la ley relevantes relativas al arresto, detención o custodia, sólo si se declara culpable o es detenido en el acto, o si la mínima pena por el crimen no es menor a dos años de prisión»;* el artículo 13 de la Constitución de Irlanda establece que *«los miembros de cada Cámara del Parlamento, salvo en caso de traición, como se define en esta Constitución, felonía o violación de la paz, no serán arrestados en los desplazamientos a una cualquiera de las dos Cámaras o dentro de los límites de las mismas»*, y el artículo 69 de la Constitución de Luxemburgo dispone que *«la detención de un diputado durante la duración de la sesión está, salvo caso de flagrante delito, sujeta a la autorización previa de la Cámara»*.

Y en un contexto más próximo, la Constitución francesa (artículo 26) ha previsto que *«en materia criminal o correccional, ningún miembro del Parlamento, podrá ser objeto de arresto o de cualquier otra medida privativa o restrictiva de libertad sin autorización de la Mesa de la Cámara de la que forme parte. Esta autorización no es necesaria en caso de crimen, flagrante delito o condena definitiva»*. Por su parte, la Constitución de Portugal dice (artículo 157.3) que *«ningún Diputado puede ser detenido o encarcelado sin autorización de la Asamblea, excepto por delito al que corresponda la pena de prisión referida en el apartado anterior [límite máximo superior a 3 años] y en flagrante delito»*. La Constitución de los Países Bajos no prevé la inmunidad.

Por lo que respecta a la necesidad de que las Cámaras concedan el suplicatorio para que diputados y senadores puedan ser inculpados o procesados, tal exigencia no existe en Alemania, Francia, Finlandia, Irlanda, Italia, Luxemburgo o Suecia. Y lo mismo sucede en España en los Parlamentos Autonómicos.

En cuanto a la inviolabilidad, o exención total de responsabilidad por las opiniones y actos realizados en el ejercicio de las funciones parlamentarias, su aplicación ha de ajustarse a los términos constitucionalmente previstos y debe interpretarse de manera restrictiva; en palabras del Tribunal Constitucional, no operará como circunstancia que impide la exigencia de responsabilidad *«cuando los actos hayan sido realizados por su autor en calidad de ciudadano (de «político» incluso) fuera del ejercicio de competencias y función que le pudieran corresponder como parlamentario. Así las funciones relevantes para el artículo 71.1 de la Constitución no son indiferenciadamente todas las realizadas por quien sea parlamentario, sino aquellas imputables a quien siéndolo, actúa jurídicamente como tal»* (STC 51/1985, de 31 de octubre, FJ 6).

Sin embargo, no siempre el Tribunal ha sido coherente con su jurisprudencia y así (STC 30/1997, de 24 de febrero) entendió que bastaba la constatación de que un diputado había hecho unas declaraciones en el transcurso de una sesión de la Cámara a la que pertenecía para que no se pudiera abrir un procedimiento contra él, aunque —como era el caso— afectaran a un particular y resultara cuestionable que tuvieran que ver con el ejercicio de su función representativa.

En definitiva, y aunque no han vuelto a producirse episodios como la negativa del Senado a conceder el suplicatorio del senador Carlos Barral, a pesar de que el propio senador había pedido que se concediese, no parece que carezca de justificación la petición de que, como ocurre en otros ordenamientos democráticos, se suprima o, al menos, se restrinja la inmunidad que protege a los parlamentarios y que, como diría Kelsen, es una más de las causas que explican que el parlamentarismo de nuestro tiempo no se haya granjeado las simpatías ciudadanas.

Sería, pues, conveniente una reforma del artículo 71 de la Constitución para que o bien se elimine la inmunidad de diputados y senadores o cuando menos la imposibilidad de su detención se limite a los delitos menores que tengan alguna conexión con el ejercicio de las funciones representativas. También, que se suprima el suplicatorio, a semejanza de lo que ocurre en Alemania, Francia, Finlandia, Irlanda, Italia, Luxemburgo o Suecia.

Finalmente, tampoco parece justificable la amplia configuración del fuero jurisdiccional de los parlamentarios, que en España se ha extendido a los diputados autonómicos: corresponde decidir sobre su inculpación, prisión, procesamiento y juicio al Tribunal Superior de Justicia de la Comunidad Autónoma. Si los hechos atribuidos fueron cometidos fuera de la Comunidad la responsabilidad penal será exigible ante la Sala de lo Penal del Tribunal Supremo.

¿Se puede mantener, en pleno siglo XXI, que, como dijo el Tribunal Constitucional en 1993, el aforamiento asegure *«la máxima protección de la función parlamentaria»*? Entendemos que no sufriría dicha función por el hecho de que los mismos órganos judiciales, independientes y sometidos a la ley, juzguen, indistintamente, a diputados y a personas que no lo son, máxime si se tiene en cuenta que la sustracción al que sería el órgano judicial común alcanza a todos los implicados en la causa que se siga contra un parlamentario.

Con los parlamentarios autonómicos concurre una circunstancia adicional que hace menos defendible el aforamiento: mientras que cuando se trata de diputados y senadores el conocimiento de sus causas penales por el Tribunal Supremo impide que contra la sentencia condenatoria se pueda presentar un recurso ante una instancia superior (al margen del recurso de amparo ante el Tribunal Constitucional), cuando se trata de actuaciones penales contra parlamentarios autonómicos por delitos presuntamente cometidos en la Comunidad sí se puede presentar un recurso de casación ante el Tribunal Supremo.

VI. La postergación de otras formas de participación política

Según Gerhard Leibholz, en los sistemas democráticos modernos no se habla de participación directa porque las instituciones que la caracterizan no son necesarias al convertirse las elecciones en actos plebiscitarios a través de los cuales se identificaría la voluntad expresada por la mayoría con la de la colectividad. Estaríamos ante una nueva configuración de la voluntad estatal, articulada no a partir del principio de representación sino del de identidad. Pero, llevadas estas ideas al extremo, la conclusión debiera ser, como ha dicho el profesor Rubio Llorente, que no sólo son innecesarias las instituciones de democracia directa, sino el propio Parlamento.

Las tesis que han venido despreciando o, cuando menos, rechazando las posibilidades que ofrecen los instrumentos de participación directa adoptaron, en una primera forma, una posición *elitista*, desde la que se combaten unas formas de intervención ciudadana que pretenden ir más allá que la entrega periódica de su voto a una u otra opción política. Este elitismo se remonta ya a Edmund Burke, para quien únicamente los que integran el Parlamento tienen la capacidad suficiente para deliberar y decidir acerca de la «cosa pública».

Existen también otras argumentaciones, en apariencia más «elegantes», que consideran que abrir las puertas a la participación directa de la ciudadanía en los asuntos públicos puede poner en grave peligro alguno de los logros democráticos que tanto ha costado conseguir; es lo que, dentro de las *retóricas de la intransigencia*, Albert Hirschman denomina la «tesis del riesgo».

Lo cierto es que siguen teniendo sentido tanto las instituciones representativas como las de democracia directa y participativa, y de lo que se trata es de la combinación de todas ellas al servicio de la conformación ciudadana de la voluntad política, propuesta que, como es bien sabido, no es reciente pues ya el proyecto de Constitución presentado ante la Asamblea Nacional el 15 de febrero de 1793 por el Marqués de Condorcet preconizaba un procedimiento para la sanción popular de las leyes y otro para el impulso y posterior ratificación popular de la reforma constitucional. Aunque ese proyecto no llegó a entrar en vigor, en el siglo XIX será tenida en cuenta esa pretensión de que la voluntad ciudadana se haga presente en el ejercicio del poder.

Como recuerda Aguiar de Luque, de presentarse como una alternativa frente al sistema representativo, el ideal *roussoniano* se institucionalizó e incorporó a un cuerpo constitucional como medio de garantizar la virtualidad del principio de soberanía popular. Y es que la democracia implica, por definición, participación de los ciudadanos en el gobierno de los asuntos públicos y para ello se cuenta tanto con instrumentos representativos como con impulsos inmediatos de la propia ciudadanía, que en sociedades democráticas avanzadas dispone de capacidad de autodeterminación política suficiente para decidir sobre aspectos esenciales del gobierno de la comunidad.

Explica Waldron que, precisamente porque convivimos con millones de personas debemos afrontar nuestros problemas comunes en esta escala. Si creemos que todas las personas afectadas por un problema tienen derecho a opinar sobre su solución, entonces no podemos hacer otra cosa que establecer un procedimiento para contar, y de algún modo evaluar, los millones de opiniones individuales.

1. **La participación directa y algunas falacias sobre sus riesgos**

Son bien conocidas las críticas que en su día suscitaron las reformas electorales que ampliaron el sufragio, primero a los hombres no propietarios, luego a las mujeres y, en todo momento, las que rebajaron la edad para participar en los comicios. El argumento del peligro que tales cambios implicaban se reprodujo en España en los debates constituyentes de 1978 a propósito tanto de la iniciativa legislativa popular como del referéndum. Hay que situar las reticencias en el contexto de la transición de la dictadura a la democracia pero se exageraron sus peligros, se desvirtuó su eficacia en el derecho comparado y nada se hizo después, y con la democracia ya consolidada, para atribuirles la relevancia que merecen. Más bien, como refleja el Preámbulo de la Ley Orgánica 3/1984, de 26 de marzo, reguladora de la iniciativa legislativa popular, se consolidaron dichos prejuicios en contra de esta figura y a favor del papel omnipresente de los partidos políticos[1].

[1] *«...La participación popular en el gobierno del Estado y en la gestión de la cosa pública se encauza básicamente, por tanto, a través de la elección de representantes populares en los órganos de gobierno que alcanza su máxima expresión en las elecciones legislativas, en las que el pueblo designa a sus representantes en las Cortes Generales. Ello no es óbice para que siguiendo la tendencia de los más modernos Estados democráticos, la Constitución se proponga, como se señala en el número 2 del artículo 9, intensificar la participación de los ciudadanos y de los grupos en la vida pública... La regulación constitucional de la iniciativa legislativa popular recoge, asimismo, las limitaciones propias de este instituto, derivadas de las enseñanzas históricas. De ahí que la Constitución, amén de excluir de la iniciativa popular campos normativos particularmente delicados, encomiende al legislativo la misión de regular, mediante ley orgánica, la forma concreta del ejercicio de la iniciativa popular...».*

En realidad, y como recuerda Pedro Cruz Villalón, a los constituyentes españoles les parecieron especialmente preocupantes los resultados del referéndum italiano de 11 de junio sobre la Ley de financiación de los partidos políticos, a favor de cuya derogación se pronunciaron el 43% de los votantes. Y, precisamente en esas fechas, el Tribunal Constitucional italiano recordó (Sentencia n.º 16, de 2 de febrero de 1978) que *«la institución del referéndum derogatorio fue introducida en la Constitución, como instrumento de genuina manifestación de la soberanía popular».*

Las reticencias frente a la participación ciudadana se han mantenido hasta la actualidad, olvidando que ha sido constitucionalizada de manera expresa en el artículo 23 de la Norma Fundamental española.

Por otra parte, y frente a los agoreros, debe recordarse que la garantía de los derechos de las minorías —y la primera minoría es la persona— es necesaria tanto en los casos de ejercicio representativo del poder como en los de ejercicio directo, pues los abusos de las mayorías no son privativos de las fórmulas de participación inmediata. Para prevenirse frente a ellos la solución no radica en repudiar estos cauces de autogobierno ciudadano, sino en garantizar constitucionalmente los derechos de las minorías, lo que convertiría en nulos los intentos legislativos de menoscabarlos, y en someter dichos cauces a procedimientos transparentes y plurales; incluso a procedimientos agravados de reforma constitucional.

De lo que se trata entonces es de articular diseños institucionales que sometan las preferencias de los ciudadanos a un proceso de discusión inclusivo e intenso y tal pretensión no es ni mucho menos novedosa en España pues contamos con el precedente que supuso la Constitución republicana de 1931, a su vez influenciada por la Constitución de Weimar. La Norma Fundamental de 1931 ya instituyó un plebiscito «autonómico» (artículo 12)[2] así como un referéndum legislativo y la iniciativa legislativa popular (artículo 66)[3].

2 Para la aprobación del Estatuto de la región autónoma, se requieren las siguientes condiciones: a) Que lo proponga la mayoría de sus Ayuntamientos o, cuando menos, aquellos cuyos Municipios comprendan las dos terceras partes del Censo electoral de la región. b) Que lo acepten, por el procedimiento que señale la ley Electoral, por lo menos las dos terceras partes de los electores inscritos en el Censo de la región. Si el plebiscito fuere negativo, no podrá renovarse la propuesta de autonomía hasta transcurridos cinco años. c) Que lo aprueben las Cortes.

3 El pueblo podrá atraer a su decisión mediante «referéndum» las leyes votadas por las Cortes. Bastará, para ello, que lo solicite el 15 por 100 del Cuerpo electoral. No serán objeto de este recurso la Constitución, las leyes complementarias de la misma, las de ratificación de Convenios internacionales inscritos en la Sociedad de las Naciones, los Estatutos regionales, ni las leyes tributarias. El pueblo podrá asimismo, ejerciendo el derecho de iniciativa, presentar a las Cortes una proposición de ley siempre que lo pida, por lo menos, el 15 por 100 de los electores. Una ley especial regulará el procedimiento y las garantías del «referéndum» y de la iniciativa popular.

Aunque algunas instituciones de democracia participativa, como la iniciativa legislativa popular, se supediten a la voluntad de la representación política ello no impide que su puesta en marcha desencadene todo un conjunto de actividades de promoción política por parte del ciudadano que deben entenderse integradas en un concepto más amplio de participación democrática directa, todo ello en aras a la consecución de lo que Benjamin Barber llama una «democracia más fuerte».

2. La regulación del referéndum en la Constitución española de 1978

En cuanto al referéndum, arraigado en algunos países, llama la atención que mientras que la Constitución de 1931 contempló, aunque con limitaciones, el legislativo —*«El pueblo podrá atraer a su decisión mediante «referéndum» las leyes votadas por las Cortes. Bastará, para ello, que lo solicite el 15 por 100 del Cuerpo electoral. No serán objeto de este recurso la Constitución, las leyes complementarias de la misma, las de ratificación de Convenios internacionales inscritos en la Sociedad de las Naciones, los Estatutos regionales, ni las leyes tributarias...»* (art. 66)— tal cosa no ocurre en la Constitución de 1978, donde ni se habilita a los ciudadanos para solicitar la convocatoria de un referéndum ni se prevé el carácter abrogativo de las consultas, contemplado en otros ordenamientos constitucionales[4] y también previsto en el Anteproyecto de Constitución.

Así, el artículo 85 de ese Anteproyecto disponía:

[4] De acuerdo con el art. 43 de la Constitución de Austria, *«Toda resolución legislativa del Consejo Nacional deberá ser sometida a votación popular..., si lo acuerda así el propio Consejo Nacional o lo pide la mayoría de los miembros del mismo».*

En Dinamarca (art. 29.2), *«La edad requerida para el ejercicio del derecho de voto será la que se fije por mayoría de votos, en referéndum...»*; *«Cuando un proyecto o proposición de ley haya sido aprobado por el Folketing, un tercio de los miembros de la Asamblea podrá pedir al Presidente, dentro de los tres días hábiles siguientes a la votación definitiva, que el proyecto en cuestión sea sometido a referéndum. Esta petición deberá ser formulada por escrito y firmada por los miembros que la apoyen. 5. En el referéndum los electores votarán a favor o en contra de la proposición de ley. Para que sea derrotada la proposición de ley, se requerirá que la mayoría de los votantes y al menos el 30 por 100 de todos los electores inscritos, hayan votado contra la proposición. 6. No pueden ser sometidos a referéndum los proyectos de leyes presupuestarios que traten del presupuesto ordinario, del presupuesto extraordinario o del provisional, los proyectos de ley que autoricen empréstitos del Estado, de leyes que fijen retribuciones o pensiones de jubilación, de leyes que concedan la nacionalidad, de leyes de expropiación, de leyes que establezcan impuestos directos o indirectos, ni los proyectos de ley que versen sobre la observancia de obligaciones contraídas por tratado... Para la revisión de la Constitución, se aplicarán las normas previstas en el artículo 88. 7. En casos de especial urgencia, el Rey podrá sancionar un proyecto de ley susceptible de someterse a referéndum inmediatamente después de su aprobación por el Folketing si el proyecto incluyera alguna disposición a tal efecto. Si un tercio de los miembros del Folketing requiriera un referéndum sobre el proyecto de ley o sobre la ley sancionada, en virtud de las normas previstas en el párrafo primero, el correspondiente referéndum deberá tener lugar conforme a las normas precedentes. En caso de rechazo de dicha ley por referéndum, el Primer Ministro lo hará publicar sin demoras inútiles y, a más tardar, dentro de los quince días siguientes al referéndum. La ley caducará a partir de la fecha de tal publicación».*

«1. La aprobación de las leyes votadas por las Cortes Generales y aún no sancionadas, las decisiones políticas de especial trascendencia y la derogación de leyes en vigor, podrán ser sometidas a referéndum de todos los ciudadanos. 2. En los dos primeros supuestos del número anterior el referéndum será convocado por el Rey, a propuesta del Gobierno, a iniciativa de cualquiera de las Cámaras, o de tres asambleas de Territorios Autónomos. En el tercer supuesto, la iniciativa podrá proceder también de setecientos cincuenta mil

---

En Irlanda, el art. 27 de la Constitución dispone que *«El presente artículo será aplicable a cualquier proyecto de ley que, no conteniendo declaradamente una propuesta de modificación de esta Constitución, se considere, en virtud del artículo 23, aprobado por las dos Cámaras del Parlamento. Podrán la mayoría de los componentes del Senado y no menos de un tercio de los miembros de la Cámara de Representantes, mediante petición conjunta dirigida al Presidente de la Republica con arreglo al presente artículo, solicitar al Presidente que se abstenga de firmar y promulgar como ley un proyecto determinado al que sea aplicable este artículo, por la razón de que el proyecto contiene alguna propuesta de tal importancia que se debería comprobar la voluntad del pueblo sobre el particular… En todos los casos en que el Presidente de la Republica decida que un proyecto de ley objeto de una petición del tipo indicado en el presente artículo contiene una propuesta de tal trascendencia nacional que procede consultar la voluntad popular sobre el particular, informará en consecuencia al Jefe del Gobierno y al Presidente de cada una de las Cámaras del Parlamento mediante escrito de su puño y letra y con su sello, y se abstendrá de firmar y promulgar el referido proyecto de ley a menos y hasta que haya sido aprobada la propuesta en cuestión bien por el pueblo en referéndum, con arreglo a lo dispuesto en el párrafo 2 del Artículo 47 de esta Constitución, dentro de un lapso de dieciocho meses a partir de la fecha de la decisión del Presidente, bien por resolución de la Cámara de Representantes aprobada dentro del lapso de referencia después de haber sido disuelta y haber vuelto a reunirse la propia Cámara…».*

La Ley Fundamental de Bonn consagra el referéndum para la reordenación del territorio federal en su art. 29.2 y en dos casos concretos dentro del ámbito regional en los arts. 118 y 118 a).

La Constitución de la Confederación Helvética proclama: *«Deberán ser sometidos al voto del pueblo y de los cantones: a. las revisiones de la Constitución; b. la adhesión a organismos de seguridad colectiva o a comunidades supranacionales; c. las Leyes Federales declaradas urgentes desprovistas de base constitucional y cuya validez sobrepase el año; estas leyes deberán someterse a la votación en el plazo de un año a partir de su adopción por la Asamblea Federal. 2 Deberán ser sometidos al voto del pueblo: a. las iniciativas populares para la reforma total de la Constitución; a. bis. el proyecto de ley y el contraproyecto de la Asamblea federal relativos a una iniciativa popular general; b. las iniciativas populares generales rechazadas por la Asamblea federal; c. la cuestión de si se debe llevar a cabo una reforma total de la Constitución en caso de desacuerdo entre los dos Consejos»* (art. 140).

«1. Si 50.000 ciudadanos con derecho de voto u ocho cantones lo solicitan en un plazo de 100 días a contar desde la publicación oficial del acto, se someterán a votación popular: a. las Leyes Federales; b. las Leyes Federales declaradas urgentes cuya validez sobrepase un año; c. las disposiciones federales, en la medida en que la Constitución o la ley así lo prevean; d. los tratados internacionales que: 1. tengan una duración indeterminada y no sean denunciables; 2. prevean la adhesión a un organismo internacional; 3. contengan disposiciones importantes que fijen las reglas de derecho o cuya ejecución exija la adopción de leyes federales» (art. 141).

«1. Los actos sometidos a la votación popular se aceptarán por mayoría de los votantes. 2 Los actos sometidos a la votación popular y a la de los cantones necesitarán ser aprobados por la mayoría de los votantes y la mayoría de los cantones para que se acepten. 3 El resultado del voto popular en un cantón representa su voluntad. 4. Los cantones de Obwalden, Unterwalden, Basilea (Ciudad y Campo), y de Appenzell (las dos Rodas) cuentan cada uno como un medio voto» (art. 142).

electores. 3. El plazo previsto en el artículo anterior, para la sanción real, se contarán en este supuesto, a partir de la publicación oficial del resultado del referéndum. 4. El resultado del referéndum se impone a todos los ciudadanos y a todos los órganos del Estado. 5. Una ley orgánica regulará las condiciones del referéndum legislativo y del constitucional, así como la iniciativa popular a que se refiere el presente artículo y la establecida en el artículo 80».

Este texto, que tenía el precedente del artículo 6 de la Constitución de 1931, resultó modificado parcialmente por la Ponencia constitucional y experimentó una completa transformación a su paso por la Comisión de Asuntos Constitucionales y Libertades Públicas en virtud de una enmienda «in voce» presentada por el diputado Solé Tura y apoyada por todos los Grupos Parlamentarios salvo el de Alianza Popular:

«1. Las decisiones políticas de especial trascendencia podrán ser sometidas a referéndum consultivo de todos los ciudadanos. 2. El referéndum será convocado por el Rey con refrendo del Presidente del Gobierno y previo debate del Congreso de los Diputados. 3. Una ley orgánica regulará las condiciones y el procedimiento de las distintas modalidades de referéndum previstas en esta Constitución».

Esta es, en esencia, la redacción que acogerá el texto definitivo de la Norma Fundamental.

En suma, tanto en los supuestos de referéndum en sentido estricto, por tratarse de la aprobación o modificación de una norma jurídica (modalidades contempladas en los

---

En un ámbito político y jurídico-constitucional más próximo, el artículo 11 de la Constitución francesa prevé que *«El Presidente de la República, a propuesta del Gobierno y mientras dure el período de sesiones, o a propuesta conjunta de las dos Cámaras, publicadas en el Journal Officiel, podrá someter a referéndum cualquier proyecto de ley que verse sobre la organización de los poderes públicos, sobre reformas relativas a la política económica o social de la Nación y a los servicios públicos que concurren en ella, o que proponga la ratificación de un tratado que, sin ser contrario a la Constitución, pudiera tener incidencias en el funcionamiento de las instituciones. Cuando se organice el referéndum a propuesta del Gobierno, éste presentará ante cada Cámara una declaración que será seguida de un debate. Cuando el referéndum concluya con la aprobación del proyecto de ley, el Presidente de la República promulgará la ley dentro de los quince días siguientes a la proclamación de los resultados de la consulta»;* conforme al art. 88.5 *«Todo proyecto de ley que autorice la ratificación de un tratado relativo a la adhesión de un Estado a la Unión Europea y a las Comunidades Europeas será sometido a referéndum por el Presidente de la República. Sin embargo, mediante el voto de una moción adoptada en términos idénticos por cada Cámara por mayoría de las tres quintas partes, el Parlamento podrá autorizar la adopción del proyecto de ley según el procedimiento previsto en el tercer párrafo del artículo 89».*

Por su parte, el artículo 75 de la Constitución italiana de 1947 dispone que *«Se convocará referéndum popular para decidir la derogación total o parcial de una ley o de un acto con valor de ley, cuando lo requieran quinientos mil electores o cinco Consejos regionales... La propuesta sometida a referéndum será aprobada si en la votación ha participado la mayoría de los que tienen derecho a ello y se alcanza la mayoría de los votos válidamente expresados».* Esta posibilidad confiere al cuerpo electoral una notable capacidad de orientación política, como se ha demostrado de manera muy gráfica en las consultas sobre la derogación de la legislación electoral.

arts. 151.2.3.º, 152.2, 167 y 168 de la Constitución), como en el caso de las consultas de naturaleza política (supuesto al que se hace mención en el artículo 92 del texto constitucional), el papel atribuido a los ciudadanos es, en esencia, pasivo.

En particular, y por lo que se refiere a la consulta popular prevista en el artículo 92, la propuesta está reservada al Presidente del Gobierno y debe ser autorizada por la mayoría absoluta del Congreso de los Diputados, que decide sobre esta cuestión luego de un debate en el Pleno de la Cámara ajustado a las normas previstas para los de totalidad (art. 161 Reglamento del Congreso).

Por compararnos con un país y un sistema constitucional similar, los ciudadanos españoles no pueden impulsar estas consultas populares, a diferencia de lo que ocurre en Italia, donde se concede al electorado, en un número de 500.000 personas, la posibilidad de iniciar una consulta abrogativa y se permite a los promotores de un referéndum, considerados como un grupo único, participar en la campaña de propaganda previa a la consulta popular (artículo 52 de la Ley 352/1970, de 25 de mayo).

En España, lo que hace la Ley Orgánica 2/1980, de 18 de enero, sobre Regulación de las Distintas Modalidades de Referéndum, es consolidar el papel de las formaciones políticas presentes en el Congreso de los Diputados pues (art. 14.1),

> *«durante la campaña de propaganda, los medios de difusión de titularidad pública deberán conceder espacios gratuitos. Sólo tendrán derecho al uso de espacios gratuitos los grupos políticos con representación en las Cortes Generales, de acuerdo con los siguientes criterios: a. En el supuesto de que la consulta se extienda a todo el territorio del Estado, se concederán espacios de alcance nacional. En este caso serán beneficiarios de los espacios los grupos políticos con representación en las Cortes Generales, en proporción al número de Diputados que hubieren obtenido en las últimas elecciones generales. b. En las restantes modalidades de referéndum reguladas en la presente Ley los espacios se concederán en emisiones, en las horas de gran audiencia, o publicaciones que cubran las provincias en que se celebre el referéndum. En este caso serán beneficiarios los grupos políticos en proporción a la representación obtenida en el Congreso de los Diputados, conseguida a través de cualquiera de las provincias a las que afecta el referéndum y en la Asamblea legislativa de la Comunidad Autónoma o, en defecto de ésta, en cualquiera de las Diputaciones Provinciales comprendidas en el ámbito territorial a que afecte el referéndum».*

Como es sabido, las dos únicas consultas populares celebradas al amparo del artículo 92 de la Constitución fueron la de 12 de marzo de 1986 cuando se preguntó al electorado si consideraba «conveniente para España permanecer en la Alianza Atlántica en los términos acordados por el Gobierno de la Nación?», y la de 20 de febrero de 2005, donde la pregunta fue: «¿Aprueba usted el Tratado por el que se establece una Constitución para Europa?»[5].

[5] Pueden verse los resultados en la página del Congreso de los Diputados http://www.congreso.es/consti/elecciones/referendos/index.htm

Las reticencias frente a las consultas populares se evidenciaron con la consulta sobre la permanencia de España en la OTAN, que tuvo lugar el día 12 de marzo de 1986, convocada por el Real Decreto 214/1986.

El Presidente del Gobierno pretendía así dar cumplimiento a la promesa recogida en el programa electoral presentado por el Partido Socialista Obrero Español a los comicios celebrados el 28 de octubre de 1982. En diciembre de 1984, y durante el transcurso del XXX Congreso del PSOE se aprobó, a propuesta del Secretario General del Partido y Presidente del Gobierno, la modificación del programa salido del XXIX Congreso, celebrado en 1979, en el sentido de abogar por la permanencia de España en la OTAN. Como consecuencia de esta rectificación, el PSOE solicitó en la campaña electoral previa a la consulta popular el voto favorable a la permanencia en la organización atlántica, propuesta que fue ratificada por el electorado[6], al que la convocatoria se le presentó en buena medida, tanto por la formación política que defendía la permanencia en la OTAN (el PSOE), como por quienes estando de acuerdo con dicha permanencia no aceptaban que se sometiera a consulta popular y propugnaron el voto en blanco (Alianza Popular), como un plebiscito sobre la figura política del Presidente del Gobierno.

Por contraposición al caso español, el impulso de la ciudadanía ha permitido que en Italia se celebraran 17 convocatorias en las que se sometieron a consulta 67 cuestiones derogatorias, algunas sobre asuntos de tanta relevancia política, social y económica como el divorcio (1974), la financiación de partidos políticos y la protección del orden público (1978), el aborto, la cadena perpetua o las medidas antiterroristas (1981), varias cuestiones relativas a las centrales nucleares (1987), la privatización de la televisión pública, la publicidad televisiva y las elecciones municipales (1995), diversas cuestiones electorales (1999 y 2000), la investigación con embriones y la fecundación asistida (2005), las candidaturas electorales (2009) o las privatizaciones, la energía nuclear y los impedimentos procesales a favor de los miembros del Gobierno (2011). Si bien la participación ciudadana en estas consultas ha ido oscilando, en las celebradas en 2011 el índice fue del 57'4% (casi 27 millones de italianos)[7].

3. La iniciativa popular en la Constitución de 1978

A propósito de la iniciativa popular, las previsiones constitucionales españolas no han sido mucho más generosas, pues a las restricciones de carácter general contenidas en el art. 87.3 hay que añadir su exclusión en los procedimientos de reforma constitucional

[6] Votaron a favor de la permanencia en la OTAN el 31,3% de los electores (52,5% de los votantes); en contra el 23,8% (39,8% de los votantes), y en blanco el 3,9% (6,5% de los votantes). La abstención alcanzó el 40,3% de los electores; fuente: «El referéndum del 12 de marzo de 1986 sobre la permanencia de España en la OTAN y sus consecuencias para el sistema político»,... p. 215.

[7] Pueden verse todas las consultas y la respectiva participación en la página del Ministerio del Interior http://elezionistorico.interno.it/index.php?tpel=F&dtel=12/06/2011 (15 de noviembre de 2013).

(art. 166), siendo significativo el hecho de que no pueda ejercerse en *«materias propias de Ley Orgánica»,* con lo que se veda a esta institución el acceso a cuestiones directamente relacionadas con el desarrollo constitucional, como los derechos fundamentales y las libertades públicas, los Estatutos de Autonomía y el régimen electoral general (art. 81), además de todos aquellos ámbitos cuya regulación exige, por mandato constitucional, la aprobación de una Ley Orgánica (Defensor del Pueblo, Consejo General del Poder Judicial, sucesión a la Jefatura del Estado,...).

1. *La exclusión de la iniciativa popular para la reforma de la Constitución*

Llama la atención que los ciudadanos no puedan participar en la fase de iniciativa en una cuestión tan relevante como es la reforma constitucional. Sin embargo, tal cosa no estaba prevista en términos tan excluyentes en el Anteproyecto de Constitución pues el art. 157 —*«La iniciativa de reforma constitucional se ejercerá en los términos del artículo ochenta»*— remitía con carácter general al art. 80, donde se regulaban las diferentes iniciativas legislativas, incluida la popular. Como es sabido, el vigente art. 166 alude a los apartados 1 y 2 del art. 87, no al apartado 3.

En suma, el resultado final provoca una contradicción notable con el principio de soberanía popular (art. 1.2) y, desde luego, nada tiene que ver con lo previsto en la Constitución de la Confederación Helvética, donde se admite la iniciativa popular para una reforma total o parcial de la Norma Fundamental:

> Art. 138: *«1. 100.000 ciudadanos con derecho de voto pueden proponer la revisión total de la Constitución en un plazo de 18 meses a contar desde la publicación oficial de su iniciativa. 2. Esta proposición se someterá al voto del pueblo».*
>
> Art. 139: *«1. 100.000 ciudadanos con derecho de voto pueden solicitar la revisión parcial de la Constitución en un plazo de 18 meses a contar desde la publicación oficial de su iniciativa, bajo la forma de un proyecto escrito. 2. Cuando una iniciativa popular no respete el principio de unidad de forma, el de unidad de la materia o las disposiciones imperativas de derecho internacional, la Asamblea Federal la declarará total o parcialmente nula. 3 La iniciativa está sometida al voto de la población y de los cantones. La Asamblea Federal recomendará su aceptación o rechazo. En este último caso, podrá plantear un proyecto alternativo».*

Los ejemplos de iniciativa popular para un cambio constitucional se han extendido a otros países; así, en Letonia pueden promoverlo la décima parte de los electores (art. 78 de la Constitución); en Rumania (art. 150) 500.000 ciudadanos con derecho de voto y en Lituana 300.000 electores (art. 147). En Austria (art. 41) 200.000 ciudadanos con derecho a voto o la mitad de los que tengan derecho a voto en cada uno de tres Estados pueden presentar proposiciones de leyes constitucionales.

2. *Las materias vetadas a la iniciativa legislativa popular*

En el debate constitucional aparecieron todo tipo de reticencias respecto a las materias legislativas susceptibles de iniciativa popular, llegándose a mencionar, por el diputado Pérez Llorca, la posibilidad de «conflictos gravísimos… que podrían ser planteados por minorías, por grupos extraparlamentarios minoritarios, y en ciertas cuestiones concretas podrían crear conflictos graves al funcionamiento adecuado del sistema». Eso provocó que durante la tramitación del Proyecto de Constitución se acotase todavía más el ámbito abierto a esta iniciativa pues en la redacción inicial quedaban fuera la legislación tributaria, la materia internacional y la prerrogativa de gracia, pero no las leyes orgánicas (art. 80.4 del Anteproyecto de Constitución).

El resultado final y conocido es que no cabe tampoco en materias propias de Ley Orgánica, lo que supone, entre otras cosas, la exclusión del desarrollo legislativo de los derechos fundamentales y libertades públicas, lo que puede explicar el escaso empleo de esta institución.

En esta línea, Víctor Cuesta recuerda que, además de excluir las materias reservadas a la Ley Orgánica, el constituyente español ha optado por trasladar, casi literalmente, las restricciones materiales del referéndum abrogativo italiano previsto en el art. 75 de la Constitución italiana[8] al art. 87.3 de la española, lo que es cuestionable, pues mientras esta última institución se dirige al cuerpo electoral que impone su voluntad a los representantes políticos, la iniciativa legislativa ciudadana siempre puede ser rechazada en sede parlamentaria. Como él concluye, se quiere ahorrar al Legislador eventuales presiones políticas externas respecto a un conjunto de materias especialmente sensibles.

Pues bien, de lo que se trata en un sistema democrático es, precisamente, de que las personas destinatarias de las decisiones políticas y normas jurídicas puedan dialogar con el Legislador, al menos en la forma de petición legislativa sujeta a reglas sustanciales y formales, y si en algún ámbito deben poder hacerlo, sin que eso suponga presión ilegítima alguna, es en las materias política, social o económicamente más sensibles. Lo que parece profundamente antidemocrático es que se excluyan de esa forma mínima de debate materias tan relevantes para la vida de la ciudadanía como el Código Penal, las normas electorales o derechos fundamentales como la vida, la libertad personal, la educación, la huelga, las reuniones y asociaciones,…

3. *El número de personas que debe respaldar la iniciativa legislativa popular*

Por si las exclusiones materiales no ejercieran ya un fuerte efecto disuasorio para las iniciativas legislativas populares, el constituyente añadió otra barrera: la exigencia de que sea respaldada por, al menos, 500.000 firmas ciudadanas.

Y ello a pesar de que en la sesión de la Comisión de Constitución del Senado, de 5 de septiembre de 1978, el Senador Xirinacs defendió que se rebajara a 100.000 el número de firmas exigido:

[8] No se admitirá el referéndum para las leyes tributarias y presupuestarias, de amnistía y de indulto, ni de autorización para ratificar tratados internacionales.

> «es solamente para pedir que se rebajara un poco la cifra de 500.000 electores para presentar un proyecto de ley. Me parece que cuesta mucho encontrar tantas firmas; es una barbaridad, una cosa dificilísima y entra dentro del capítulo de las dificultades que suelen poner los políticos a la democracia directa, de la cual está salpicada toda la Constitución. Yo creo que esto viene bien para complementar los peligros de una democracia que no fuese nunca y en nada directa. Mi enmienda quiere avalar un poquito en la práctica el principio establecido en el primer artículo de la Constitución que dice que el poder viene del pueblo. Vemos también, en el título sobre el ejecutivo, que el borrador primitivo habla de participación de los ciudadanos en la toma de decisiones, luego se rebajó esto a la audiencia de los ciudadanos. En el título del judicial vemos que la acción popular y los jurados también se dificultan. En el legislativo está la participación por medio de la iniciativa legislativa, que no es nada, que no puede aprobar nada, sólo presentar, y para esta presentación se exige medio millón de firmas. Si alguien de ustedes ha intentado recoger esa cantidad de firmas sabrá lo que representa. Creo que esta cifra se debía rebajar a 100.000, que me parece más razonable»[9].

La razonabilidad a la que apelaba el Senador Xirinacs se evidencia si, una vez más, acudimos al derecho comparado: en Italia, un país con mucha más población que España, el número mínimo requerido son 50.000 firmas, cantidad prevista también en países mucho menos poblados que España como Hungría o Lituania. La cifra es inferior en Portugal (35.000) y Eslovenia (5.000). En un Estado como Polonia, con una población un poco menor que la española, el respaldo a la iniciativa legislativa popular se reduce a la quinta parte: 100.000 firmas. Y no deja de llamar la atención que en la reciente regulación de la iniciativa legislativa europea se haya fijado el número total de firmas en 1.000.000, el doble que en España, pero, obviamente mucho más fácil de alcanzar si se tiene en cuenta el número potencial de firmantes, incluso con las exigencias de que provengan al menos de siete de los veintisiete Estados miembros de la Unión Europea y cuenten con un número mínimo de firmantes en cada uno[10].

4. *Las leyes reguladoras de la iniciativa legislativa popular*

Además de la Ley Orgánica 3/1984, de 26 de marzo, reguladora de la iniciativa legislativa popular en el ámbito estatal, se han aprobado normas equivalentes en las Comunidades Autónomas. No me ocuparé sobre su contenido, que no altera en lo esencial lo dicho hasta ahora, sino que me limitaré a recordar lo que refleja parte de lo incluido en el Preámbulo de la Ley Orgánica 3/1984, donde se alude a

> *«las limitaciones propias de este instituto, derivadas de las enseñanzas históricas, que demuestran la facilidad con que el recurso al pronunciamiento popular directo puede servir*

[9] http://www.congreso.es/public_oficiales/L0/SEN/DS/S_1978_049.PDF

[10] Véase el Reglamento (UE) n.º 211/2011 del Parlamento Europeo y del Consejo, de 16 de febrero de 2011, sobre la iniciativa ciudadana; accesible en:
http://eur-lex.europa.eu/LexUriServ/LexUriServ.do?uri=OJ:L:2011:065:0001:0022:ES:PDF

de fácil cauce para manipulaciones demagógicas o, incluso, para intentar legitimar con un supuesto consenso popular, lo que no es en sustancia sino la antidemocrática imposición de la voluntad de una minoría... La Ley Orgánica trata de recoger con la máxima fidelidad y sencillez el mandato constitucional, regulando el ejercicio de la iniciativa en forma tal, que respetando al máximo el papel institucional de los partidos políticos como órganos de manifestación de la voluntad popular e instrumentos fundamentales de la participación política, se canalice el ejercicio de la iniciativa con las máximas garantías...».

Nótese que el Legislador se refiere a los partidos no ya como órganos que *«concurren a la formación y manifestación de la voluntad popular»* (art. 6 de la Constitución), sino como *«órganos de manifestación de la voluntad popular»*. Con anterioridad se alude a la facilidad para manipular de forma demagógica el pronunciamiento popular directo, riesgo desde luego inexistente en el cauce de la iniciativa legislativa popular, pues la decisión final no es, por definición, competencia del cuerpo electoral, sino de las Cámaras parlamentarias. De esta forma, se atribuye un protagonismo a los partidos que va más allá de lo querido y previsto por el constituyente, lo que prueba la desconfianza del Legislador y, en definitiva, de los propios partidos, hacia todas aquellas instituciones cuya organización y funcionamiento puedan quedar al margen, por pequeño que éste sea, de su control y supervisión.

El Legislador no ha considerado suficientes los límites impuestos por el constituyente a la intervención inmediata de los ciudadanos en los asuntos del Estado y ha cegado más los ya angostos canales previstos en nuestro texto constitucional para la interiorización directa de las informaciones políticas procedentes del medio social. De esta forma, los partidos han conseguido hacerse con el control total de los mecanismos jurídicos de interrelación entre el entramado social y la organización estatal, postergando cualquier fórmula externa y alternativa al propio sistema de partidos, con lo que se menoscaba tanto una vía de expresión directa del medio social, como la posibilidad de articular un sistema de verificación de la fiabilidad que ofrecen los partidos como instrumento adecuado de participación política.

En suma, no es que las instituciones de democracia directa resulten innecesarias, sino que entre el constituyente y el legislador las han convertido en inoperantes y esta constatación es la que fundamenta la necesidad de su revitalización como instrumento de participación y de control tanto de los partidos como de los representantes en el ejercicio de sus funciones.

VII. ALGUNAS CONCLUSIONES

Primera.- El sistema electoral del Congreso de los Diputados debe ser reformado para garantizar la igualdad de electores y partidos políticos y revalorizar la participación de los ciudadanos en la designación de sus representantes. Dicho cambio comportaría efectos beneficiosos para el fomento de la participación política de los ciudadanos y una mayor implicación de éstos en el funcionamiento democrático de las instituciones, en línea con lo ya dispuesto en la inmensa mayoría de los ordenamientos europeos.

Segunda.- Es necesario que el Parlamento sea el lugar de debate sobre la toma de las decisiones más relevantes para la comunidad y que la discusión se lleve a cabo a través de un procedimiento que garantice la publicidad y el control por parte de las minorías.

Tercera.- Sería conveniente una reforma del art. 71 de la Constitución para que o bien se elimine la inmunidad de diputados y senadores o cuando menos la imposibilidad de su detención se limite a los delitos menores que tengan alguna conexión con el ejercicio de las funciones representativas. También parece oportuna la supresión del suplicatorio y estudiar el sentido del fuero jurisdiccional de los parlamentarios, especialmente de los miembros de las Cámaras autonómicas.

Cuarta.- Es imprescindible promover la participación directa de la ciudadanía en el procedimiento legislativo tanto en la fase de iniciativa del mismo —eliminando los límites a la iniciativa legislativa popular—; en la fase deliberativa —permitiendo que pueda opinar en sede parlamentaria para mejorar la información que reciben las Cámaras, intensificar la transparencia y publicidad de la actividad legislativa, y potenciar la legitimidad de las leyes y su eficacia—, y en la fase final, regulando la figura del referéndum derogatorio.

Quinta.- Las personas no pueden estar excluidas de la capacidad normativa para impulsar un cambio constitucional. El pueblo gobernado debe poder ser pueblo gobernante especialmente cuando se trata de la Norma Fundamental que regula la convivencia ciudadana.

VIII. Bibliografía citada

Aguiar de Luque, Luis, *Democracia directa y Estado constitucional*, Editorial Revista de Derecho Privado, Madrid, 1977.

Arendt, Hanna, *La promesa de la política*, Paidós, Barcelona, 2008.

Barber, Benjamin, *Strong Democracy: Participatory Politics for a New Age*, University of California Press, Berkeley, 1984.

Bastida Freijedo, Francisco, «Proporcionalidad inversa en la representación e inconstitucionalidad de LOREG. Propuesta para una reforma», en *El informe del Consejo de Estado sobre la reforma electoral. Texto del informe y debates académicos*, Consejo de Estado/CEPC, Madrid, 2009.

Burke, Edmund, *TheWrittings and Speeches of Edmund Burke*, Clarendon Press, Oxford, 1981.

Caamaño, Francisco,«Elecciones y Tribunal Constitucional. ¿Una intersección no deseada?», *Revista de las Cortes Generales*, n.º 41, 1991.

Cruz Villalón, Pedro, *La curiosidad del jurista persa, y otros estudios sobre la Constitución*, CEPC, Madrid, 2007, 2.ª edición.

Cuesta López, Victor, *Participación directa e iniciativa legislativa del ciudadano en democracia constitucional*, Thomson Civitas, Madrid, 2008.

HABERMAS, Jürgen, *La teoría de la acción comunicativa*, Taurus, Madrid, 1987.

HIRSCHMAN, Albert, *Retóricas de la intransigencia*, Fondo de Cultura Económica, México, 1991.

KELSEN, Hans, *De la esencia y valor de la democracia*, KRK, Oviedo, 2006.

LEIBHOLZ, Gerhard, *Strukturprobleme der modernen Demokratie*, ScriptorVerlagKronberg/Ts., 1975.

LIJPHART, Arendt, *Sistemas electorales y sistemas de partidos*, CEC, Madrid, 1995.

PITKIN, Hanna F., *El concepto de representación* CEC, Madrid, 1985.

PRESNO LINERA, Miguel Ángel, *El derecho de voto: un derecho político fundamental*, Porrúa, México, 2012.

RUBIO LLORENTE, Francisco, «El Parlamento y la representación política», en *La forma del poder (Estudios sobre la Constitución española)*, Centro de Estudios Constitucionales, Madrid, 1993.

SCHMITT, Carl, *Der Hüter der Verfassung*, Duncker&Humblot, Berlín, 1962.

STUART MILL, John, *Del gobierno representativo*, Tecnos, Madrid, 1985.

WALDRON, Jeremy, *Derecho y desacuerdos,* Marcial Pons, Madrid, 2005.

CRISIS, INSTITUCIONES, Y DERECHOS

ENRIQUE BELDA PÉREZ-PEDRERO
Profesor Titular de Derecho Constitucional
Universidad de Castilla-La Mancha

ÍNDICE: I. INTRODUCCIÓN. II. INSTITUCIONES COMO OBJETO DE CAMBIO, POR SU COSTE O PRESUNTO COSTE. III. LA ECONOMÍA NO CONDICIONA, PERO HA DE ESTAR PRESENTE EN CUALQUIER ACTO NORMATIVO. IV. LOS DERECHOS COMO LÍMITE ANTE REFORMAS INSTITUCIONALES. V. BIBLIOGRAFÍA.

I. INTRODUCCIÓN

Las primeras palabras de esta aportación han de ser de agradecimiento a la Universidad Miguel Hernández, en la persona de la Dra. Tur Ausina, por su amable invitación a esta publicación, y a los organizadores de las jornadas que la sustentan, en especial a los profesores Sanjuán y Calabuig; así como a las entidades colaboradoras: El Instituto de Derecho Publico, en la persona del Dr. Álvarez Conde, y la Red Feminista de Derecho Constitucional, presidida por la Dra. Sevilla.

El tema propuesto acaba de ser abordado en una de mis publicaciones más recientes —(Belda, 2014)— y es precisado y ampliado en el seno de un proyecto financiado por el Ministerio de Economía y Competitividad[1]. La pregunta básica es la siguiente: ¿El contexto de crisis económica requiere una nueva respuesta global desde las instituciones, que pase por su propia reforma y nueva formulación? Si así fuera, ¿Debe condicionar la economía la estructura del Estado hasta hacerla depender de ella? Si en parte debe de ser así, ¿en qué medida? Desde esta disciplina, el Derecho constitucional, caben muchas argumentaciones y puntos de vista (el que sigue es uno de ellos, parcial); y, además, puede ser incompleto, pues de los términos que se manejan nacen inevitable-

[1] En la Convocatoria 2013, Modalidad 1: Proyectos de I+D+i, del Programa Estatal de Investigación, Desarrollo e Innovación orientada a los retos de la sociedad, CONSTITUCIÓN Y MERCADO EN LA CRISIS DE LA INTEGRACIÓN EUROPEA (DER2013-48327-C3-1-R).

mente caminos de análisis extenso (se puede aludir a los derechos como límites a las reformas institucionales, pero demanda un tratamiento especializado señalar la forma en la que operan juntos y por separado).

Se trata, pues, de utilizar la excusa de un tema de actualidad, para tratar problemas que pueden permanecer en el tiempo, evitando el comentario de las iniciativas de carácter temporal, que, aunque son citadas, no se sabe si pueden requerir una mayor atención hasta no ser consideradas en sede parlamentaria. Y, finalmente, se evita el diálogo científico con quienes desde puntos de vista más generales (filosóficos) o más particulares (administrativos) plantean soluciones a la encrucijada institucional en la que parecen encontrarse nuestras estructuras. El planteamiento que aquí se contiene, tiene una utilidad limitada cuando se trata de hacer crítica de las instituciones que pretenden cambiarse, y se atiene más bien a presentar la adecuación constitucional de los caminos de reforma. Un análisis nacido desde un solo campo del conocimiento que intente marcar un rumbo para una reforma estructural del país y de su ordenamiento, ya sea por obligaciones de la economía o de la política, está destinado a fracasar sin el concurso de otras disciplinas. Si desde el Derecho constitucional, incluso con la utilización de bases referenciales ajenas, se pretende una modificación de alcance de las actuales estructuras políticas y administrativas, sin el concurso especializado del resto de disciplinas jurídicas concurrentes, y sin la economía o la ciencia política, el resultado de nuestras propuestas será el fracaso.

Partiendo de esa actualidad marcada por una crisis económica que en el sector público se caracteriza por la ausencia de fondos para afrontar funciones y competencias de diversa naturaleza; junto a una crisis política que cuestiona muchas instituciones constituidas, al menos tal y como están configuradas, formularíamos las siguientes preguntas: 1.ª ¿Justifica la crisis económica, política o social, un cambio en las instituciones, para reformarlas o suprimirlas? Adelanto que la respuesta es positiva. 2.ª ¿Permite la Constitución española la reforma de sus instituciones? Naturalmente que sí, con respeto a un procedimiento y teniendo presente la garantía institucional que se deriva del propio texto constitucional o de las leyes que las crean. 3.ª ¿Es pertinente asociar a cualquier reforma institucional, los efectos que ello genera sobre sus competencias, y tras esto, las posibles afecciones a derechos de la ciudadanía? Sí. No sólo es pertinente, es obligatorio. 4.ª ¿Existen límites jurídicos a las reformas y supresiones? Sí.

II. Instituciones como objeto de cambio, por su coste o presunto coste

Las instituciones fueron fijadas en la Constitución y las leyes para cumplir con unos objetivos y funciones de la organización política diseñada. Su afectación, cualquiera que sea el motivo (mejora, pérdida de reconocimiento popular avalado por la realidad detectada por los legisladores, necesidades económicas como las que parece encierran las propuestas actuales) demanda, de una parte, un procedimiento formal de cambio o alteración, y de otra, una evaluación de los efectos que va a provocar en el resto de las instituciones y en los ciudadanos. Esta última perspectiva es la que puede requerir una mayor atención, pues la finalidad de toda institución es la de cumplir un rol en el funcionamiento de la cosa pública, y raro es encontrar una manifestación o acto institucional que no afecte a la consecución de un derecho individual o colectivo. Creo que es de suma importancia la utilización de los derechos constitucionales como patrón de evaluación de los cambios, reformas o supresiones de las instituciones. Es decir, importa: 1) Saber si se puede alterar o suprimir un órgano cualquiera, atendiendo a su garantía constitucional o legal; 2) salvado ese obstáculo, en principio posible pues hasta la propia Constitución permite su reforma y con ella la de los órganos que contiene, habrá de observarse un procedimiento formal; y 3) como cuestión más relevante, habrá que traer a colación en cada cambio que desde los poderes públicos se deba de alentar, los resultados de esa reforma en el ejercicio y contenido de los derechos reconocidos por la Constitución para individuos y grupos. La permanencia de la efectividad de los derechos es un nuevo límite, probablemente el más decisivo, para responder positiva o negativamente sobre el aval constitucional de las alteraciones o supresiones institucionales y orgánicas (sean de base constitucional o legal), en el marco de la Constitución española de 1978.

Al hablar de los derechos como el mecanismo más relevante a la hora de la determinación de la constitucionalidad de una reforma o supresión (las instituciones cumplen funciones constitucionales y legales que concluyen tarde o temprano afectando a uno o más derechos ciudadanos), estamos obligados a recordar que los textos constitucionales de los Estados sociales y democráticos de Derecho tienen un alma o parte dogmática que requiere para su comprensión de una interpretación que ha de impregnarse de elementos externos. La propia actividad del legislador al desarrollar mediante leyes los derechos constitucionales introduce aspectos sociológicos y valorativos descubiertos en el cuerpo electoral por ellos representado. Incluso la actividad jurídica interpretativa, en último caso, de los tribunales de garantías constitucionales, puede estar influenciada por valoraciones que superan lo formal.

De esta manera, la pregunta que al final es la más importante respecto del tema propuesto es la siguiente: ¿Los cambios afectan a los derechos? Mejor aún: ¿Se «recortan» derechos cuando se reforman o suprimen instituciones como consecuencia de una situación de crisis, y la causa de las propuestas de cambio es la ausencia de recursos? Estas son las preguntas-clave, que se traducen a nivel del ciudadano en una: ¿Me quitan derechos por la crisis? La formulación para el Derecho constitucional de esta realidad sería mejor: ¿Qué derechos o facultades se ven afectados por un cambio institucional?, y, ¿Permite la Constitución recortes en los derechos? Y de ser así, ¿En todos?, ¿Hasta qué punto o límite? Tras estos planteamientos está una realidad evidente: los derechos son costosos, en términos económicos, para las sociedades. El desarrollo de cualquier respuesta estrictamente jurídica que concluyera que ningún derecho alcanzado en el sistema puede ser recortado (con independencia de su calificación, posición constitucional o categoría), podría ser cierta, pero alejada de la realidad de una situación de crisis.

Aquellos estudios que terminen llegando a esa conclusión, puede que lleven razón, pero entonces debería responderse que la necesidad social tendría que obligar a una reforma constitucional que procurase la alteración que anuncian imposible. Nuestra perspectiva no va a tratar de negar el mantenimiento a ultranza de todos los derechos que se entienden como consolidados, pero, al menos, ha de barajar que en caso de procederse a afectarlos o restringirlos, ha de respetarse el esquema o gradación que la Carta Magna consagra, con lo que ello supone a efectos de fortaleza de unos frente a otros. Y desde luego, antes que eso suceda, parece mucho más práctico y coherente suprimir los gestores de los derechos, y no los propios derechos. Es decir, es preferible reajustar las instituciones competentes y reorganizar las funciones o cometidos sin que los derechos sufran menoscabo y los ciudadanos reparen en esa circunstancia. Y cuando esa operación concluya, habrá que acudir a la afectación de facultades de derechos que sean complementarias, y no a las básicas o derivadas de lo más esencial del contenido de cada uno.

Las modificaciones operadas sobre las instituciones políticas tienen su origen en el mismo motivo que justifica la actividad ordinaria del legislador: adaptar el mundo del Derecho a la realidad social. Los poderes o sujetos que tienen reconocida la iniciativa de reformar la Constitución o las leyes, ponen en evidencia utilizando un criterio de apreciación política, la necesidad de cambios y, por su parte, el legislador (o los poderes constituidos competentes, cuando se trata de una reforma constitucional) estima, rechaza o modula estas motivaciones, produciendo un cambio. En las iniciativas destinadas a la alteración de instituciones, la causa generadora puede ser diversa, siendo la más habitual la detección de una anomalía estructural que afecta el ejercicio de las competencias que tenga atribuidas, por lo cual demanda el oportuno cambio. Pero también otros criterios de carácter puramente coyuntural, reflejado por la oportunidad política: por ejemplo, una opinión negativa sobre la legitimidad o reconocimiento popular de una institución (el caso del Senado español según la mayor parte de las críticas doctrinales y políticas), o las que motivan aportaciones como la presente: la inadecuación de los recursos económicos que el sistema aporta al sostenimiento de una institución, en relación con los cometidos normativamente asignados a la misma. La apreciación, por tanto, de la necesidad de cambio, es puramente política, por más que se pueda respaldar en criterios económicos contrastados, y la representación del pueblo tiene la última palabra al efecto, Por eso, poco puede decirse al respecto desde un estudio de carácter jurídico-constitucional, salvo recordar las cuestiones de técnica y forma, así como supervisar las consecuencias de las reformas en otras instituciones, bienes y derechos.

Ahora bien, ha de apuntarse al menos, para ser coherentes con la realidad institucional actual, que esta sencilla respuesta sobre la competencia de los representantes del pueblo para promover reformas de toda índole, reflejando la soberanía del pueblo de un Estado, se somete hoy a las consecuencias del proceso de fragmentación de la soberanía —en palabras de Balaguer (Balaguer Callejón, 2002)—, muy especialmente por las consecuencias prácticas del ejercicio de competencias cedido a instituciones supranacionales. Por ejemplo, las amplias reformas del régimen local «decididas» por los poderes constituidos de Grecia y Portugal, derivan de una decisión de la Unión Europea, y la actividad de los representantes de esos pueblos soberanos ha sido la de «refrendar», por más que finalmente y hasta con convencimiento, hayan tomado una decisión coincidente.

III. La economía no condiciona, pero ha de estar presente en cualquier acto normativo

Durante los años de vigencia del texto constitucional de 1978, desde el mundo del Derecho, se ha reflexionado escasamente sobre lo indispensable que es recordar que los derechos y las instituciones conllevan para su desarrollo y eficacia, respectivamente, un coste económico. En general, el mundo de las decisiones políticas, parlamentarias o ejecutivas, está plagado de diarias determinaciones que no siempre obedecen al esquema «existencia de fondos presupuestados —autorización de gasto– ejecución». Las leyes, acompañadas de su memoria económica, y los actos administrativos con la mención de la partida presupuestaria desde la que se disponen, mantienen la lógica descrita. Pero, de una parte, los propios representantes ejerciendo la función presupuestaria en asambleas representativas, vienen históricamente gozando de un margen de discrecionalidad para cuantificar las habilitaciones de gastos; y por otra, los ejecutores del presupuesto, toman numerosas decisiones que en principio no generan coste alguno pero que de manera indirecta terminan afectando a los presupuestos públicos. Algo tan básico, pues, como es el coste económico de las decisiones parlamentarias y políticas, ha sido observado desde el proceso político institucional de toma de decisiones, como un tema tangencial o subsumido en las garantías procedimentales de la elaboración presupuestaria. Sin embargo, esto es un profundo error en una sociedad caracterizada por la asimilación de la calidad democrática al hecho de la extensión y garantía de derechos prestacionales costosos. No pocas veces se teoriza sobre la irrenunciabilidad de los avances en derechos educativos, sanitarios y sociales sin exigir una cuantificación sosegada, ni modificar reglas antiguas de consignación presupuestaria. Veamos: si una ley garantiza el seguimiento de un embarazo por la sanidad pública, el que realiza la consignación presupuestaria al efecto para cubrir su coste, todo lo más que puede conocer es una estimación de los partos que pueden producirse en su área sanitaria, así como las posibilidades de tener que intervenir sobre mujeres embarazadas desplazadas y cuyo origen se encuentre en un área sanitaria distinta. Mucho más difícil es prevenir costes adicionales con ocasión de embarazos de alto riesgo, o complicaciones que se produzcan durante el transcurso del mismo (costes de intervención, sanitarios, asistenciales…). Y ya es imposible anticiparse, por ejemplo, a apariciones de gasto que decisiones judiciales generarían sobre los gestores de la sanidad pública y que se deducen de obligaciones derivadas de diversas eventualidades (por ejemplo, la necesidad de efectuar una prueba radiográfica de última generación ante la sospecha de malformaciones fetales, que se deriva de la obligación de facilitar un servicio sanitario adaptado al estado de la ciencia en el momento en el que se produce determinada sintomatología en la futura madre). El problema es mayúsculo puesto que las facultades de los derechos, en la práctica, no sólo se extienden desde el ámbito normativo del legislador, que fija unos derechos: además de eso, la propia práctica ejecutiva de las administraciones públicas incrementa el nivel de prestaciones que, de no ofrecerse a todos los administrados por igual, serían base para argumentar un trato desigual (médicos que prescriben pruebas adicionales a los protocolos establecidos y cuya práctica se generaliza). O incluso los tribunales de justicia, al enjuiciar una responsabilidad de cualquier tipo, concluyen incrementando la obligación prestacional para el conjunto (por ejemplo, si varias resoluciones judiciales disponen que la media exigible de vigilancia, para los niños que juegan en un recreo de preescolar de un centro público, es de un número determinado de cuidadores, la administración responsable acabará adaptando al mismo sus contrataciones). En definitiva, el coste económico de los derechos y de las instituciones que los procuran, ha sido más un tema esquivado, pues inadecuado e incorrecto era asociar democracia con dinero y recordar que cada acción frente a los poderes públicos para hacer valer nuestros derechos, tiene un valor económico. Llegados a este punto, los planteamientos de reforma de estructuras político-administrativas y de prestaciones, o bien evitan entrar en el asunto, bajo propuestas destinadas a eliminar órganos trasladando las prestaciones de derechos a otros ámbitos (se repite la necesidad de ahorrar en gestores, o eliminar duplicidades competenciales); o bien directamente se encaminan a recortar derechos no básicos o no derivados inmediatamente de los derechos fundamentales reconocidos en el Título I, capítulo segundo, sección primera de la Constitución (se mantiene la protección sanitaria ante una enfermedad pero se relajan las campañas de prevención sobre la misma, por ejemplo). Y, sin embargo, el camino previo para racionalizar el sistema de gasto público aparejado a los derechos ciudadanos, está abierto desde varias ramas y disciplinas, y su impregnación en el proceso de toma de decisiones políticas, y muy especialmente en el de la elaboración de leyes, evitaría, desde la profusión de instituciones con indicios de duplicidad competencial, al reconocimiento de facultades adicionales insostenibles en los derechos básicos, tanto en tiempo de crisis como de bonanza económica. En esta órbita, el análisis económico del Derecho ha posibilitado una aproximación a todas estas materias desde hace décadas —(Posner, 1973), (Mitchel Polinsky, 1985), (Torres López, 1989), (Holmes y Sunstein, 2011), entre otros— pero lo ha hecho desde un punto de vista mucho más amplio, referido al impacto de la normativa en todo el sistema económico. De la generalidad de su enfoque tan sólo podrían ser relevantes sus conclusiones referidas al campo de los derechos para evitar formulaciones generales que sirvieran al legislador como detector de tendencias. Por ejemplo, es evidente que la dispensación gratuita de medicamentos supondría un coste que influiría en el incremento del déficit público, pero lo que el legislador (y antes el autor de la iniciativa legislativa, habitualmente el Gobierno promotor del proyecto) demanda, es una cuantificación aproximada del montante total anual, para lo que baraja estimaciones nacidas de los datos de dispensación pasados, y previsiones sobre campañas futuras. El eje de la cuestión reside en la capacidad de determinar con los centenares de decisiones prestacionales, cuáles prefiere a la vista de la situación económica, y cuáles está obligado a mantener por su implicación con derechos fundamentales básicos e indisponibles. Tras la reforma del art. 135 CE también se trataría de analizar si hay algún cambio de parámetros constitucionales; es muy posible que así sea, ante la consagración a este nivel de la estabilidad presupuestaria y la consecuente obligación estatal de sujetar el endeudamiento público. Innumerables están siendo los estudios al respecto. Por ejemplo, (Medina Guerrero, 2012).

La toma de decisión tiene un componente primordialmente político en el que se concreta la voluntad del cuerpo electoral a través de sus representantes (en la confianza sobre la iniciativa gubernamental y en la participación misma sobre el contenido de la ley, presupuestaria o temática); pero no ha de olvidarse que la opción está claramente condicionada por esas estimaciones económicas previas. Así, lo que habría de ofrecerse ante este tipo de toma de decisiones es algo más que un marco normativo presupuestario que marcara topes de gasto: los derechos marcan unas obligaciones prestacionales que deben de combinarse con los márgenes de actuación presupuestaria (por otra parte cada vez más limitados en países como el nuestro con parcelas de soberanía cedida en este ámbito). ¿Y cómo operan los derechos, en este papel previo, y respecto de la asignación de gastos? Pues parece que el elaborador de los presupuestos habrá de cuantificar, en primer término, las acciones de los poderes públicos destinadas a satisfacer el contenido de los derechos garantizados al máximo nivel constitucional, posteriormente aquellas acciones que vayan a dar cumplimiento a los derechos contenidos en normas de desarrollo de otros derechos y principios constitucionales. Y finalmente, aquellas acciones benefactoras y comprensivas de prestaciones sin referencia constitucional (aunque la mayor parte de las que podamos imaginar se pueden al menos enlazar con algún Principio de Política Social y Económica). El ejemplo para culminar este razonamiento que, como a continuación se verá no comparto, sería el siguiente: se debe cuantificar y consignar presupuestariamente antes, lo que cuesta garantizar el respeto de la integridad física de las personas, a partir del artículo 15 CE, que lo que cueste la Seguridad Social, del art. 41 CE, que es la consecuencia de un Principio Rector de Política Social y Económica del capítulo III del Título I CE. Y finalmente, cualquier otro tipo de gasto tangencial, como por ejemplo, hacer gratuitos todos los conciertos de música de iniciativa pública. Esta respuesta es notablemente insatisfactoria, y lo sería más si con este criterio preferimos asegurar el respeto del derecho de manifestación (art. 21.2 CE) antes que garantizar el contenido de la ley que desarrolla las «(…) prestaciones y servicios necesarios» de los que nos habla el principio rector de política social y económica referido a la salud, situado en el art. 43.2 CE. El problema tampoco se resuelve respondiendo que los derechos y principios constitucionales desarrollados por el legislador se equiparan a aquellos que tienen un carácter fundamental por su ubicación en el Título I, capítulo segundo, sección primera. Puede ser así, pero cuando la situación de crisis demanda una elección, parece más adecuado que el operador jurídico constitucional ofrezca una solución que gradúe o priorice los derechos, de tal forma que quienes elaboran un proyecto de ley de presupuestos, y quienes después lo enmiendan y aprueban, sepan distinguir cuáles son las prestaciones básicas o si se quiere, mínimas, que exige el Estado social y democrático de derecho para su funcionamiento.

El interés de los derechos fundamentales en el tema, como elemento de garantía, parece presentarse como de mayor relevancia. Los derechos tienen un coste pero al tiempo son una exigencia constitucional. Para el punto de vista de estas consideraciones que les traslado, las instituciones se pueden cambiar por necesidades económicas pero sólo tiene sentido cualquier estructura político-administrativa si con ella se va a atender una finalidad relativa al cumplimiento de los derechos de los ciudadanos. Por ello, los derechos tal y como se configuren, son un límite a las supresiones o modificaciones que se propongan sobre una institución u órgano, sea constitucional o legal, convirtiéndose en elementos de garantía que se suman, en su caso, a las garantías intrínsecas o institucionales que ya vengan dispuestas en las normas para proteger esa estructura.

Lo que ya resulta ajeno a la finalidad de esta ponencia, y desde luego escaparía a las limitaciones de espacio, pretensiones y conocimiento de este autor, es tratar abiertamente qué derecho o qué facultades del mismo pueden afectarse con las reformas, apelando a una justificación económica, cuáles son intocables y, finalmente, de entre los susceptibles de alteración, si puede ofrecerse una prelación recomendable para ver en qué orden se afectan. Los meros ejemplos propuestos (confrontación del «antiguo» derecho de manifestación con la actual concepción del derecho a la salud) llevarían a adelantar que la clasificación constitucional de los mismos no bastaría por sí sola para elegir. Lo único que podemos hacer desde estas páginas es la sugerencia de que, al menos, los derechos actúen como freno a reformas institucionales cuya desaparición o cambio de funcionamiento genere una alteración en su eficacia, y ese cambio, a la vez, repercuta en el ejercicio y disfrute de los derechos por los ciudadanos, de manera concretada y demostrable.

IV. Los derechos como límite ante reformas institucionales

Como se ha escrito más arriba, partimos de una base incuestionable, como es la supremacía de los derechos —(Alexy, 2002), (Ferrajoli, 2002)— y su doble dimensión: atribuyen derechos subjetivos y reflejan valores objetivos (Opinión consolidada del Tribunal Constitucional desde la Sentencia 25/1981, de 14 de julio) «*La función de protección es la más evidente y, sin duda, prioritaria: los derechos fundamentales nacieron precisamente como instrumentos de salvaguardia del individuo frente a los poderes públicos. (...). Cuando se dice que los derechos fundamentales protegen frente a los «poderes públicos», se hace referencia a todos los poderes públicos cualquiera que sea su naturaleza (legislativa, ejecutiva o judicial) o nivel (estatal, autonómico local)*» (Diez-Picazo, 2005; 43). Un derecho es la capacidad de los ciudadanos de recibir una acción u omisión (en definitiva, una atención y conocimiento) de los poderes públicos, para ello se han de tener unas instituciones que cumplan con la función que los posibilite, y hacerlo en los términos de compromiso e inmediatez que requiere el art. 9.2 CE y el Estado social y democrático de Derecho con su exigencia de vinculación positiva a los derechos fundamentales. Desde ese momento, proteger cada función de las instituciones constitucionales o legales, es una necesidad, y esa realidad (el cumplimiento de la función) es lo más importante, y no tanto el mantenimiento del órgano o institución que lo desarrolle. El correcto desempeño de las funciones de cada institución lleva al cumplimiento de los derechos, y así hay que concretar qué derechos y libertades, o qué facultades de los mismos, son imprescindibles en nuestro sistema constitucional, erigiéndose en frente a cualesquiera propuestas de supresión o reforma.

Los derechos protegidos constitucionalmente son relevantes, incluso irrenunciables, como freno a cualquier actuación pública, sea de alteración o supresión institucional, o sea directamente una acción sobre los mismos. Lo complicado es responder cómo opera ese límite, pues es claro que no parece absoluto, ni tampoco se presenta con la misma relevancia cuando afecta a algunos derechos en vez de a otros. Lo que sí parece claro es que deben erigirse como un muro de contención o velo protector en torno a los avances prestacionales acumulados durante décadas, y que se derivan de su contenido esencial o ampliado. Y asimismo que cualquier intervención motivada por la crisis, habría de revestirse de todas las justificaciones que exige la excepcionalidad que los provoca, lo que también significa un compromiso de transitoriedad en su afectación o supresión, sólo aceptable mientras la imposibilidad, derivada de la escasez, permanezca. La actuación pública requeriría, además, de la concurrencia de análisis de naturaleza económica y de intervención social (y por ello de los ámbitos de estudio de otras disciplinas como las ciencias económicas y políticas, o las relativas al trabajo social).

La ciencia jurídica, en su área constitucional, requiere determinar: a) El contenido protegido de los derechos, no sólo el esencial. b) Su garantía e irrenunciabilidad en determinados extremos. c) La justificación de la excepcionalidad y transitoriedad de su intervención, agotados el resto de caminos que permitan sufragar su coste. Y d) un control de todo ello desde el punto de vista constitucional o legal. Las dos primeras respuestas, y la cuarta las puede ofrecer con la Constitución, la ley, la jurisprudencia y la doctrina científica. La tercera sólo en parte, pues está en condiciones de alertar sobre la excepcionalidad de cualesquiera limitaciones de derechos, pero carece de resortes para determinar, sin la concurrencia de informes económicos y sociales, la viabilidad o inviabilidad de las prestaciones derivadas de los mismos. Por todo ello, la normativa que concluya con la disminución o supresión de derechos y prestaciones, parece obligado que acentúe sus exigencias documentales de acompañamiento en el momento de su tramitación, sea cual sea el rango que revista, para que las instituciones de control jurídico, parlamentario o constitucional, estén en condiciones de valorar: a) Que existe una ausencia de fondos para mantener prestaciones, indubitadamente planteada. b) Que las decisiones presupuestarias de gasto han tenido en cuenta, manteniendo la competencia conferida, las distintas opciones de distribución. Y, en este último caso, se plantearía el problema postrero que impide dar una respuesta cerrada a esta cuestión, ya que colisionaría la necesidad constitucional de satisfacer los derechos, y siguiendo una obligada interpretación extensiva de los mismos, habilitar todas las medidas a su alcance para remover los obstáculos que los dificultan; con la soberanía de los representantes populares en el ejercicio de la más antigua de las tradicionales funciones parlamentarias: decidir sobre el destino del gasto. Quede apuntado este problema, pero cabe subrayar que el margen de disponibilidad de los poderes públicos sobre los recursos no puede ser absoluto y que el sometimiento a la legalidad constitucional condiciona su actuación. De aquí que se pueda concluir afirmando el soporte constitucional de una propuesta como la contenida en estas páginas: el texto constitucional protege los derechos por encima de las instituciones que los posibilitan, y las reformas de instituciones políticas o jurídicas (ya no me refiero sólo a poderes y órganos) como consecuencia de la crisis puede ser aconsejada desde el Derecho constitucional recordando las prioridades marcadas en la Carta Magna. Por lo tanto, sólo se despeja cualquier sombra de duda sobre la actuación pública en torno a los derechos, que suponga una supresión o limitación de prestaciones, cuando previamente se haya constatado que las reformas se han centrado en los aspectos organizativos y estructurales que no afectan directamente a la función de posibilitarlos.

En el resto de los casos habría que volver la mirada hacia el derecho que ampara las prestaciones afectadas, y evaluar del mismo la esencialidad de su contenido. Todo ello debería de ser controlado por la justicia ordinaria o constitucional, según la fuente reguladora del órgano o institución, que habrá de estar en condiciones de supervisar el fondo, realizando un análisis de las afecciones que genera en personas concretas.

Si se apela a los derechos como límites ante supresiones y reformas, nada más fácil habría que reformarlos y suprimirlos también, con carácter previo o al tiempo de la reforma orgánica pretendida, para eliminar barreras ante las actuaciones propuestas. Esta vía es claramente improcedente. La insostenibilidad de este planteamiento hace mirar a la necesaria apelación a la existencia de límites implícitos ante la reforma, en este caso externos. De esta manera, una reforma constitucional total por la vía del art. 168 CE que pretendiera suprimir el régimen de derechos homologado internacionalmente, como objeto principal de la misma o para evitar su concurrencia como garantía frente a cambios en la estructura institucional democrática, sería un despropósito, no ya político, sino también jurídico, pues no bastaría con afectar uno o varios derechos implicados: además, habría que cambiar, cuando menos, el propio art. 1.1 CE, así como la vinculación o sometimiento que proclama el art. 53.1 CE; pasando por la anulación o supresión del art. 10.2 CE y su mandato de interpretar el catálogo de derechos conforme a las exigencias de la Declaración Universal de Derechos Humanos y demás convenios internacionales signados en la materia. Ello llevaría a su vez a una serie de procedimientos de denuncia que el orden constitucional de los Estados de nuestro entorno, y el contexto de naciones democrático, no permitiría, o al menos, dejaría de compartir el concierto democrático con nosotros. Es evidente que existe en este campo un límite material —(Diez-Picazo, 2006)—, y no merece más tiempo un razonamiento tendente a desechar los derechos como límites, por el uso de una descabellada supresión que los sacase del campo de juego.

Cuestión distinta es que una reforma de estas características, total y vía art. 168 CE, pudiera afectar a derechos constitucionales del Título I, sin entrar en desdibujar los contenidos estandarizados o internacionalizados de los derechos, y, por tanto, manteniendo nuestras obligaciones internacionales y regionales (Naciones Unidas, Consejo de Europa, Unión Europea). En ese caso, la reforma constitucional del órgano sujeto a cambio que se viere limitada por un derecho, también constitucional, podría acompañarse de la alteración del mismo que facilitase el nuevo planteamiento institucional. En todo caso, no se me ocurre ejemplo alguno de esta hipótesis que parece entonces no sólo de laboratorio, sino también un abierto error dada la homologación generalizada del articulado constitucional sobre derechos fundamentales.

En suma, existe un ensamblaje necesario, y por tanto, inseparable, de los derechos ciudadanos y de los órganos del Estado. Esa es la seña de identidad del constitucionalismo avanzado que soporta los esquemas del Estado social y democrático de Derecho. Una institución u órgano del Estado, cualquiera que sea su naturaleza, no tiene razón de ser en su existencia por sí misma, ni su labor se agota en actos internos. Su finalidad y objeto es cumplir una función. Y cada función, por su parte, tiene sentido para concretar una acción de la estructura política o administrativa en el ciudadano, considerado individual o colectivamente. Con estas acciones cumplen su papel de hacer efectivos los derechos de las personas. Instituciones y derechos se unen, con descanso en la realización de las funciones que las primeras tienen encomendadas de cara a la materialización de los segundos. Por ello, los planteamientos de reformas exigen la utilización de modelos para evaluar la afectación de las funciones. Para no dar, en ese caso, una respuesta negativa que paralizase cualquier cambio, por justificado que fuere (ya que toda institución reformada va a ver alteradas sus funciones, su proyección interna o externa, en mayor o menor medida) parece preciso señalar qué afectaciones funcionales tienen relevancia sobre los derechos, y encontrada la respuesta a esa pregunta, hasta qué punto es admisible que se produzca la afectación de los mismos, como se ha dicho, con independencia de su grado de protección legal o constitucional (pues no nos corresponde hacer una gradación más allá de la presentada por el Título I CE). Y finalmente, llegados a ese término, qué afectación de derechos, y de sus facultades es relevante para provocar cambios sustanciales en el estatuto del ciudadano.

En esta meta, el operador jurídico-constitucional ha de responder que sea cual sea el origen o motivación del cambio (o desaparición, en su caso) institucional, las estructuras democráticas que levantan la Constitución de 1978, actual o reformada, impiden supresiones o alteraciones que afecten al contenido esencial de los derechos humanos reconocidos por España en tratados y convenios, que en la práctica es lo mismo que decir que es necesario el respeto a los derechos fundamentales y las libertades públicas de nuestro Título I. Y tras este límite infranqueable, razones ponderadas, justificadas, excepcionales y temporales; todas ellas explicitadas en normas del rango adecuado según la institución u órgano sujeto a reforma, han de acompañar al resto de derechos y facultades no considerados como esenciales desde la Constitución y la jurisprudencia constitucional, en caso de que vayan a verse afectados por las reformas orgánicas planteadas.

V. BIBLIOGRAFÍA

ALÁEZ CORRAL, Benito, *Los límites materiales a la reforma de la Constitución española de 1978*, BOE-CEPC, Madrid, 2000.

ÁLVAREZ CONDE, Enrique, *Reforma constitucional y reformas estatutarias*, Iustel, Madrid, 2007.

BALAGUER CALLEJÓN, Francisco, «Capacidad creativa y límites del legislador en relación con los derechos fundamentales: la garantía del contenido esencial de los derechos», en *Derechos Constitucionales y Pluralidad de Ordenamientos*, págs. 93 a 116, CEDEX, Barcelona, 2001.

— «El status constitucional de la reforma y la fragmentación del poder constituyente», en *La democracia constitucional.* Estudios en homenaje a Francisco Rubio Llorente, CEPC, vol. I, págs. 99 a 130, Madrid, 2002.

BELDA PÉREZ-PEDRERO, Enrique, *Los derechos de las personas y las funciones del Estado como límite a la supresión de instituciones. La crisis económica y la reforma del Estado*, Centro de Estudios Políticos y Constitucionales, Madrid, 2014.

CABO MARTÍN, Carlos de, *La Reforma constitucional en la perspectiva de las Fuentes del Derecho*, Trotta, Madrid, 2003.

CÁMARA VILLAR, Gregorio, y RUIZ ROBLEDO, Agustín, «Reflexiones sobre una hipotética reforma constitucional del capítulo II del Título I de la Constitución», en *Revista de Derecho Político*, n.º 36 (especial *La reforma constitucional*), 1992.

DÍEZ-PICAZO JIMÉNEZ, Luis María, «Límites internacionales al poder constituyente», en *Revista Española de Derecho Constitucional*, n.º 76, 2006.

EMBID IRUJO, Antonio, *El Derecho de la crisis económica*, Prensas universitarias de Zaragoza, Zaragoza, 2009.

ESTEVE PARDO, José, *La nueva relación entre Estado y Sociedad*, Marcial Pons, Madrid, 2013.

HÄBERLE, Peter, *La garantía del contenido esencial de los derechos fundamentales en la Ley Fundamental de Bonn*, Dykinson, Madrid, 2004.

HOLMES, Stephen y SUNSTEIN, Cass R., *El costo de los derechos*, Siglo XXI Editores, Buenos Aires, 2011.

JELLINEK, Georg, *Reforma y mutación de la Constitución*, Centro de Estudios Constitucionales, Madrid, 1991.

MARTÍNEZ-PUJALTE, Antonio Luis, *La garantía del contenido esencial de los derechos fundamentales,* CEPC, Madrid, 1997.

MEDINA GUERRERO, Manuel, «La reforma del artículo 135 de la Constitución», en *Teoría y Realidad Constitucional,* n.º 29, 2012.

MUÑOZ MACHADO, Santiago, *Informe sobre España*, Crítica, Barcelona, 2012.

PALOMAR OLMEDA, Alberto (dir.), *La Administración en tiempos de crisis*, Aranzadi, Madrid, 2012.

POLINSKY, Mitchell A., *Introducción al análisis económico del derecho*, Ariel, Barcelona, 1985.

POSNER, Richard, *Economic Analysis of Law*, Little Brown, New York, 1973.

REQUEJO RODRÍGUEZ, Paloma, «¿Suspensión o supresión de los derechos fundamentales?», en *Revista de Derecho Político* n.º 51, 2001.

RUIPÉREZ ALAMILLO, Javier, «Algunas consideraciones sobre la reforma constitucional», en *Revista de Estudios Políticos*, n.º 75, 1992.

TORRES LÓPEZ, Juan, *El análisis económico del derecho*, Tecnos, Madrid, 1989.

VEGA GARCÍA, Pedro de, *La reforma constitucional*, Tecnos, Madrid, 1991.

VV.AA., *España en crisis: sociedad, economía, instituciones*, Colegio Libre de Eméritos, Madrid, 2010.

— *Los derechos sociales en tiempos de crisis*, Tirant lo Blanch, Valencia, 2011.

LAS LEYES DE TRANSPARENCIA, PARTICIPACIÓN, BUEN GOBIERNO Y GOBIERNO ABIERTO: ¿INSTRUMENTOS ÚTILES PARA HACER FRENTE A LA DESAFECCIÓN CIUDADANA? LA PERSPECTIVA LEGISLATIVA AUTONÓMICA*

Enriqueta Expósito

Profesora Titular de Derecho Constitucional

Universidad de Barcelona

ÍNDICE: I. Introducción. II. El buen Gobierno: planteamiento y contexto. III. La respuesta normativa: en especial, las Leyes autonómicas de Buen Gobierno, Transparencia, Participación y Gobierno Abierto. IV. La transparencia como principio de actuación y el derecho de acceso a la información: 1. El deber de actuar con transparencia: *1. Sujetos obligados. 2. Contenidos del deber de informar (publicidad activa)*. 2. Derecho de acceso a la información: *1. Sujetos titulares. 2. ¿A qué información se tiene derecho a acceder? ¿Cómo? Y ¿con qué límites? 3. Obligaciones derivadas del acceso a la información*. V. Participación: 1. Ámbitos, instrumentos y órganos de garantía de la participación ciudadana. 2. Eficacia de la participación ciudadana. VI. Buen Gobierno: 1. Destinatarios. 2. Contenido. VII. Rendición de cuentas. VIII. Régimen de garantías. IX. La relativa (in)eficacia de la anterior aproximación legislativa a las exigencias del Buen Gobierno. Reflexiones finales. X. Bibliografía.

I. Introducción

Asistimos, desde mediados de los años dos mil, a una proliferación legislativa, especialmente por parte de los Parlamentos de las Comunidades Autónomas (CCAA), que tiene como objeto específico la ordenación normativa de la buena administración, la transparencia en la actividad pública, el acceso a la información y la participación ciudadana. Todas estas leyes presentan, sin excepción, un mismo propósito: cambiar la forma de gobernar o de adoptar las decisiones que vinculan a la colectividad. Tratan de sustituir la tradicional imagen de opacidad que irradiaba el aparato institucional y

* El presente trabajo se inserta en el marco de las actividades del Grupo de Estudios sobre Democracia y Constitucionalismo (GEDECO) y del proyecto financiado por el Ministerio de Economía y Competitividad DER2012-37567 sobre «Democracia multinivel: la participación de los ciudadanos y de los entes territoriales en los procesos de decisión pública».

burocrático de la administración y del proceder de los gestores públicos, haciéndolos más abiertos, más transparentes, además de más cercanos a la ciudadanía, a sus intereses y necesidades.

No puede afirmarse, sin embargo, que éstos sean objetivos nuevos de la actuación pública. Todos ellos se acogen de forma explícita tanto en la Constitución de 1978, cuando explicita los principios que deben someter la actuación de la administración (arts. 9.1, 9.3 y en especial, art. 103 de la CE) o los derechos que amparan al ciudadano en sus relaciones con la administración (art. 105 de la CE), o en la legislación que la desarrolla en este concreto ámbito —entre otras, la Ley de Organización de la Administración General del Estado o la de Régimen Jurídico y Procedimiento Administrativo Común de la Administración, así como en sus homólogas autonómicas—. Sin olvidar, en este apartado, el alcance del mandato constitucional del artículo 9.2 de la CE en relación con la participación del ciudadano. Incluso algunos de ellos, como la transparencia, constituye, por sí misma, una exigencia implícita a todo proceso de adopción de decisiones.

¿Cuál es, entonces, el punto de inflexión, el catalizador de toda esta proliferación normativa? Sin duda alguna la crisis económica. Entre otros muchos efectos, la crisis ha desencadenado la generalización de un sentimiento de descontento de la ciudadanía. Ciudadanía que asiste a la regresión de los logros consolidados en el Estado social en los tiempos de prosperidad económica y que cuestiona cada vez más la inoperancia o incapacidad de sus representantes y gestores públicos para hacer frente a su desmantelamiento progresivo. En definitiva, se ha hecho más patente la necesidad de una nueva forma de gobernar fundamentada en el buen gobierno, definido como «aquel capaz de diseñar e implementar políticas públicas eficaces mediante una gestión eficiente de los recursos públicos disponibles en respuesta a las demandas sociales» (Porras Nadales, 2014; 17). Por otra parte, algunas actitudes o formas de proceder de algunos cargos públicos —especialmente en la utilización de dinero público— han provocado que la regeneración de la vida democrática se articule no sólo en torno a la exigencia de un buen gobierno, también en la de un gobierno 'ético' (Pérez Francesch, 2012; 465).

Las leyes aprobadas en la última década por los Parlamentos autonómicos pretenden hacer frente a este descontento ciudadano. Y al objeto de articular una nueva forma de gobernar, regulan, desde diferentes perspectivas —aunque con un contenido más o menos equiparable—, todos estos nuevos conceptos que se asocian a las nuevas exigencias de gobierno. Ahora bien, a la vista de esta regulación ¿constituyen estas leyes un instrumento útil y adecuado para el propósito que se proponen? Una vez analizado el contenido de las mismas, la conclusión es que no, a pesar de reconocer que es positivo el hecho de su mera adopción, en tanto que manifiestan la preocupación del legislador.

Teniendo en cuenta el anterior contexto, este trabajo partirá de una somera exposición de cómo ha afectado la crisis al gobierno —entendido en sentido amplio: en tanto que proceso de adopción de decisiones vinculantes para la colectividad— y una delimitación de las repercusiones que pueden proyectarse en el sistema institucional que articula esa forma de gobernar exigiendo una nueva forma de proceder (apartado

1). El núcleo principal se dedicará a analizar cuál ha sido la repuesta normativa de los legisladores (apartado 2), examinando algunos contenidos de todas estas leyes aprobadas por los parlamentos autonómicos. Me limitaré a señalar aquéllos comunes. En especial, en cómo se han concretado las nuevas exigencias de transparencia, participación, rendición de cuentas y/o responsabilidad que lleva aparejada esta nueva forma de gobernar propugnada por las leyes de las CCAA, así como del régimen de garantías que acompaña la efectividad de los mismos y los principios que articulan el buen gobierno (apartados 3 a 7). Se concluirá con unas reflexiones finales en las que se pretende dar respuesta al interrogante planteado en torno a la relativa (in)eficacia de estas leyes para dar respuesta a las nuevas exigencias de buen gobierno (apartado 8).

II. El buen Gobierno: planteamiento y contexto

La crisis, o mejor dicho, la gestión de la misma por los representantes de los ciudadanos, ha hecho aflorar viejos temas relativos a la soberanía —titularidad y ejercicio—, a la participación y a la representación —y, en su seno, el papel de los partidos políticos—. Y desde esta perspectiva, las cuestiones a las que debe darse respuesta son esencialmente tres: (a) cómo se legitima en su ejercicio el poder —al margen del acto electoral que es el que le confiere una legitimidad de origen—; (b) cómo se ejerce el poder y cuál es la intervención de la ciudadanía; y (c) qué consecuencias se derivan de un mal ejercicio del mismo, lo que nos aboca al tema de la responsabilidad.

Coincidiremos en que todos estos interrogantes están presentes desde que el ser humano se ha cuestionado respecto de la política: las elucubraciones acerca del 'buen gobierno' vienen de antiguo: son viejos debates que han fluctuado, en su intensidad, en función de modas y tendencias de pensamiento.¿Dónde estriba ahora la diferencia? De entrada, puede advertirse que, en el presente momento, han resurgido todos al unísono como si de una tormenta perfecta se tratara. No se está discutiendo un aspecto u otro, sino todos ellos a la vez, proyectando esta discusión en todo el entramado democrático y provocando que éste entre en una fase de cuestionamiento absoluto. Pero también es que el debate ha saltado el estricto círculo de la Academia y se ha instalado con fuerza en la ciudadanía: amplios sectores de la población ponen en duda que el gobierno —en sentido amplio— sea legítimo en su actuación, o que les represente. Son cada vez más los ciudadanos que desconfían y que reclaman ser parte activa de las decisiones que se adopten

Por si el escenario no fuera suficientemente complicado, la crisis del sistema económico capitalista a escala mundial ha venido a dificultar más, si cabe, la confianza del ciudadano en el mecanismo democrático e incluso en la viabilidad de la democracia representativa. Como afirma Alguacil (2013; 151) la crisis ha convertido en insoportables algunas de las deficiencias del sistema participativo e institucional que, en tiempos de bonanza eran contempladas con una relativa indiferencia. Desde algunas posiciones, incluso, se defiende, con un cierto tono apocalíptico, que el modelo está absolutamente superado, agotado; en definitiva, que es inservible y no basta con reformar o modernizar: urge inventar.

Pero, ¿estamos realmente ante un contexto de desafección? O, por el contrario, a pesar de la generalización y la contundencia con la que se manifiesta ¿estamos en un momento de desencanto, desilusión, hartazgo o, incluso, decepción? Son todos ellos términos que tienden a utilizarse de forma indistinta, pero que aluden a situaciones muy diversas. Si es lo primero, lo que se está cuestionando es la legitimidad del sistema democrático; esto es, «la actitud positiva de los ciudadanos hacia las instituciones democráticas, consideradas como la forma de gobierno más apropiada» (Montero y otros, 1998; 12). Si es lo segundo, lo que se está evidenciando es una insatisfacción con el rendimiento de este sistema, con su capacidad para solucionar problemas que los ciudadanos consideran de especial importancia. Y es, precisamente, esta insatisfacción la que conduce al desencanto o la desilusión. El epicentro del problema lo constituye, en este segundo escenario, la actuación de los actores a la hora de resolver los problemas que afectan a la comunidad (Montero y otros, 1998; 20). Todo ello sin obviar cómo la crisis se ha presentado como el catalizador de todo este proceso de desprestigio en la medida que, como evidencian numerosos estudios empíricos, la legitimidad de las democracias occidentales depende cada vez más de sus rendimientos económicos (Montero y otros, 1998; 23).

La diferencia me parece oportuna a los efectos de vislumbrar las posibles soluciones o actuaciones a emprender para hacer frente a los problemas planteados. En un profundo contexto de desafección lo que se exige es un cambio de sistema, fundamentado en otras premisas. El problema que se plantea —irresoluble por ahora— es que no conocemos otro sistema alternativo mejor. Ni la democracia directa ni la participativa constituyen, hoy por hoy, formas de democracia separadas o autónomas que originen, por sí mismas un nuevo modelo de democracia alternativo al existente (Floridia, 2010; 92). Este nuevo modelo sería un ideal inalcanzable y, por esta razón, su persistente reivindicación como alternativa genera una permanente insatisfacción (Castellá, 2014; 144). En cambio, si, como me inclino a pensar, es desencanto, decepción o hartazgo, no se cuestiona el sistema, sino su funcionamiento. La crisis no es de la democracia, sino de la forma de actuar del gobierno representativo en torno al cual esta democracia se ha consolidado. Y, siendo éste el contexto, las soluciones existen: no urgen reinventar, basta reformar. Reformas que deben fundamentarse en la actualización de esos 'viejos' conceptos en los que se basa la democracia (pluralismo y participación) partiendo de su sentido originario, complementándolos con otros formas de ejercicio y acomodándolos a una nueva realidad. Como afirma Carlos de Cabo (2014; 96) esta actualización de la democracia permitiría seguir concibiéndola como un «arma antisistema», evitando que, bajo otros mantos, pudiera verse adueñada por otros transformándola, en esta apropiación, en un «arma del antisistema».

El gobierno —o la forma de desempeñarlo— no puede seguir legitimándose democráticamente sólo en el acto electoral. Debe ser, además, un buen gobierno a través de una legitimidad en su acción con el acercamiento a la ciudadanía, a sus problemas y necesidades reales (calidad de la democracia). Y en esta lógica cobra una especial relevancia la participación ciudadana a través de la potenciación de instrumentos de democracia participativa, esto es: mecanismos por los que el ciudadano —individualmente o a través de sus asociaciones— interviene, colabora e influye en el proceso decisional sin que, por ello, esté capacitado para adoptar la decisión final (Pizzorusso, 1982; 517-518). La transparencia en el proceder público y el acceso a la información son presupuestos de la participación sin los cuales ésta es impracticable.

El objetivo es conseguir un modelo de gobierno caracterizado por la interacción entre sujetos públicos —que seguirán adoptando las decisiones— y ciudadanía. Formulado en estos términos, la potenciación de los instrumentos de participación se concibe como una de las soluciones. No se plantea, sin embargo, un cambio de modelo de democracia, sino una regeneración cualitativa de la misma sin renunciar, por ello, a su hábitat natural (la democracia representativa). La única forma de democracia viable es la representativa pero su subsistencia requiere dar nuevas respuestas a los interrogantes planteados. De otro modo, nos consolidaríamos en este estado permanente de 'platonismo constitucional', al que alude Carlos de Cabo (2014; 10), proporcionando siempre idénticas respuestas a todos los problemas sin resolver ninguno de ellos.

III. La respuesta normativa: en especial, las leyes autonómicas de buen gobierno, transparencia, participación y gobierno abierto

El cambio en cómo se gobierna no es una preocupación reciente ni para el legislador estatal, ni para los autonómicos, como así evidencia el contenido de diferentes normas reguladoras del régimen de incompatibilidades, el funcionamiento y régimen jurídico de la administración o los gobiernos. El salto cualitativo en el plano normativo se produce, a mitad de los años dos mil —muy influenciado por la normativa internacional: OCDE (2004: «Principios de Gobierno»), Consejo de Europa (2005: «Código europeo de conducta para la integridad política de los representantes locales y regionales electos» y 2009: Convenio sobre acceso a los documentos Públicos) o Unión Europea (2001: «Libro blanco sobre la gobernanza») y, muy especialmente, con la Carta de Derechos Fundamentales de la Unión Europea—. Éste es, además, un momento que coincide, en el ámbito estatal interno, con el proceso de reforma y aprobación de nuevos Estatutos de Autonomía (EEAA).

En los contenidos de estos nuevos EEAA, la participación ciudadana constituye un elemento de significativa importancia: se explicitan principios y mandatos de favorecer, impulsar y estimularla —al margen del genérico mandato constitucional del art. 9.2—; se formulan como derechos subjetivos instrumentos constitucionales de participación directa (Iniciativa Legislativa Popular) y se concretan nuevos derechos de democracia participativa no acogidos en la Constitución (participación en el procedimiento legislativo y consultas). Pero también, se subjetivizan los principios de actuación de la Administración dando lugar, entre otros, al derecho a una buena administración. En definitiva, son contenidos que, al ser asumidos en la norma institucional básica de la Comunidad Autónoma, necesariamente deben conllevar cambios en la forma de gobernar y de relacionarse los poderes públicos autonómicos con la ciudadanía.

A partir de esta fecha, esta preocupación se ha generalizado y ha guiado la actuación de los legisladores de las CCAA, incluso de aquellos cuyos EEAA no han sido modificados (Galicia, Canarias, Cantabria y La Rioja o más recientemente, País Vasco) o no han sido alterados sustancialmente (Región de Murcia).

El propósito común de todos ellos ha sido, sin duda alguna —como se ha señalado en las primeras líneas de este trabajo—, cambiar el modelo de gobernar. Aspiración que queda reflejada de forma nítida en la Exposición de Motivos de la Ley de Extremadura de Gobierno abierto (2013) en la que se afirma que «*Gobernar no es simplemente ejercer el poder legítimo que emana de los votos de la ciudadanía y someterse, finalmente, al escrutinio electoral de las urnas. Gobernar es ampliar, consolidar y fortalecer el concepto de lo público, del interés general. Hacerlo más profundo, compartido, y asumido por todos los actores sociales. El desafío es extraordinario para las administraciones públicas, para las instituciones democráticas y para sus representantes* [...] *La ciudadanía quiere más democracia, pero de mayor calidad. Anhela más política, y más próxima* [...]». Se propugna, por tanto, un nuevo modelo de gobierno (abierto) entendido como «*aquel que es capaz de entablar una permanente conversación con los ciudadanos con el fin de escuchar lo que dicen y solicitan; que toma sus decisiones centrándose en las necesidades y preferencias de estos; que facilita la participación y la colaboración de la ciudadanía en la definición de sus políticas y en el ejercicio de sus funciones; que proporciona información y comunica aquello que decide y hace de forma transparente; que se somete a criterios de calidad y de mejora continua; y que está preparado para rendir cuentas y asumir su responsabilidad ante los ciudadanos a los que ha de servir*» (art. 3b de la Ley foral *de transparencia y Gobierno abierto* de Navarra y art. 4 de la ley *de gobierno abierto* de Extremadura).

A pesar del empeño común, los parlamentos de las CCAA han dado respuestas desde diferentes perspectivas: (i) potenciando el papel del ciudadano en sus relaciones con los poderes públicos aprobando leyes de participación (Valencia: 2008; Canarias: 2010 y Cataluña: septiembre de 2014) o leyes de buenas prácticas de la Administración en la que se especificaban los derechos de los ciudadanos en sus relaciones con la Administración (Galicia: 2006 y Castilla y León en 2010); (ii) cambiando la forma de actuar de esos mismos poderes públicos haciendo de la transparencia o del buen gobierno su eje central. En el primero de los casos, se diferencian entre los que adoptan una ley que la tenga como único objeto (Andalucía: 2014 y el proyecto de ley de Asturias) de aquellos otros que acompañan la regulación de la transparencia o con el acceso a la información pública (Canarias: 2014), o con la participación (Región de Murcia: 2014; Aragón: 2015 y Castilla y León: 2015). Entre los segundos también se distinguen entre los que optan por dictar leyes que regulan solo el buen gobierno (Navarra: 2011 y Cantabria:

2013), de aquellos otros que disciplinan, a la vez, el buen gobierno y la transparencia (La Rioja: 2014); (iii) combinando en una sola norma la regulación de la buena administración y el buen gobierno (Illes Balears: 2011); (iv) regulando diversos contenidos como transparencia, acceso a la información pública y buen gobierno (Cataluña: diciembre de 2014) o transparencia, buen gobierno y participación (Comunitat Valenciana: 2015); (v) incorporando todas esas nuevas exigencias en normas de gobierno abierto (Castilla y León: 2012 y Extremadura: 2013); o (vi) asumiendo todas estas demandas en la norma reguladora del funcionamiento de la Administración de la CA (País Vasco: proyecto de ley de 2014).

Finalmente debe destacarse que si bien lo habitual es que una sola ley aborde todas las anteriores exigencias, algunas CCAA han mantenido —o pretenden hacerlo— una regulación específica para la participación ciudadana. Es el particular caso de Canarias, y lo será de Andalucía, si llega a buen puerto el anteproyecto de la Junta andaluza de participación ciudadana elaborado en la anterior legislatura autonómica. En cambio, en la Comunitat Valenciana la ordenación de la participación ciudadana contenida en la ley de 2008 se ha visto subsumida en la ley de 2015 que la regula junto con la transparencia y el buen gobierno.

IV. La transparencia como principio de actuación y el derecho de acceso a la información

Al margen de otros contenidos, la regulación de la transparencia constituye el eje central en las leyes de las CCAA. Se parte de la premisa de que la pérdida de la confianza de la ciudadanía en la gestión pública se ha ido nutriendo *«por el desconocimiento de los objetivos y acciones ejecutadas por las instituciones públicas»* (así, Exposición de Motivos de la ley *de transparencia y acceso a la información pública* de Canarias). La transparencia constituye, desde la perspectiva de las normas analizadas, un fin cuya consecución se logra a través de la exigencia de un principio de actuación del que se deriva un deber jurídico para la administración y un derecho de los ciudadanos de acceso a la información.

1. El deber de actuar con transparencia

El cumplimiento de esta obligación se concreta, esencialmente, en la obligación de proporcionar, difundir y publicar de una forma veraz, objetiva y actualizada, pero también clara y comprensible, toda la información pública cuya divulgación se considere de mayor relevancia para garantizar la transparencia de su actividad.

1. *Sujetos obligados*

En general, las leyes autonómicas analizadas señalan a la administración en un sentido amplio incluyendo entes locales, universidades públicas, agencias públicas, entidades de derecho público, universidades públicas, fundaciones públicas, empresas con participación pública de más de un 50% de su capital, etc.

Algunas leyes identifican, también, a otros sujetos distintos —siguiendo en este sentido las directrices establecidas en el citado Convenio sobre acceso a los documentos públicos del Consejo de Europa (Guichot Reina, 2011; 18). En especial, a los Parlamentos de sus respectivas CCAA, «*cuando ejerzan actividades sometidas al derecho administrativo*» (Andalucía, La Rioja, Canarias, Aragón y Comunitat Valenciana) y «presupuestario» (Comunitat Valenciana). La ley *de gobierno abierto* de Extremadura y la ley *de transparencia, buen gobierno y participación ciudadana* de la Comunitat Valenciana contienen, entre sus disposiciones adicionales, un explícito mandato para incluir en el reglamento parlamentario la exigencia de publicidad de toda la actividad parlamentaria, salvo las limitaciones que puedan establecerse en atención a su naturaleza. Exigencia que también se proyecta a las actividades de régimen interior —presupuesto anual, medios materiales y humanos y régimen retributivo— y funcionamiento tanto de sus órganos de gobierno como de los grupos parlamentarios. El legislador valenciano da un paso más al enumerar los principios y obligaciones que reclama a la normativa reguladora del funcionamiento de Les Corts (entre otros: facilitar el acceso de los ciudadanos a la información y documentación parlamentarias, desarrollar su portal de transparencia o desarrollar y promover mecanismos de participación activa de los ciudadanos en la actividad legislativa). Sólo la ley *de transparencia y buen gobierno* de La Rioja señala como destinataria a la administración de justicia *«cuando no contradigan lo dispuesto en la legislación procesal o cualesquiera otras normas dictadas en ejecución de las competencias exclusivas del Estado»*.

Además de los órganos públicos, las leyes de Andalucía, La Rioja, Canarias, Región de Murcia, Cataluña y la Comunitat Valenciana, así como el proyecto de ley del País Vasco, obligan a suministrar información a los partidos políticos, organizaciones sindicales y organizaciones empresariales. En la ley andaluza y en la aragonesa también se extiende a las iglesias, confesiones, comunidades y otras entidades inscritas en el registro de entidades religiosas, las corporaciones, asociaciones, instituciones, entidades representativas de intereses colectivos y otras entidades que perciban durante el período de un año ayudas o subvenciones públicas en determinadas cuantías o cuando un porcentaje importante del total de sus ingresos anuales tengan carácter de ayuda o subvención pública.

2. *Contenidos del deber de informar (publicidad activa)*

Por lo que se refiere a los ámbitos materiales, las leyes de las CCAA coinciden en proyectarla, con especial intensidad, en los relativos a contratación pública; convenios de colaboración; concesiones; actividad de fomento (subvenciones); patrimonio; obras y empleo público; y ordenación del territorio y urbanismo. Pero también, en cuanto a los contenidos, igualmente coinciden en detallar o enumerar —con mayor o menor sistematización— la información que, en todo caso, está sometida a publicación: información institucional, organizativa, de planificación y programación, de relevancia jurídica, económica, presupuestaria y estadística.

Y entre los contenidos adquiere un significado especial la obligación de informar sobre las retribuciones, que la mayoría de normas autonómicas entienden en un sentido amplio: remuneraciones —con desglose de conceptos—, indemnizaciones, beneficios o compensaciones que se reciban por cualquier concepto vinculado con el ejercicio de su cargo. Obligación que, en algunas normas, abarca, también, la declaración patrimonial que comprenda la totalidad de sus bienes, derechos y obligaciones. La ley de *Buena Administración y Gobierno* de las Illes Balears exige, además, publicar en la web institucional, cada seis meses, todos los expedientes de gasto superiores a 500 euros que se tramiten y se resuelvan en relación con dietas, gastos de representación o similares de miembros del Gobierno o altos cargos —información que deberá permanecer publicada mientras dure el mandato del miembro del Gobierno o alto cargo—. Sólo la ley foral de Navarra de *transparencia y gobierno abierto* de 2012 y la ley *de transparencia y participación ciudadana* de Castilla y León, de 2015, así como el proyecto de ley *de modificación de la ley 2/2009, del Presidente y del Gobierno* de Aragón exige esta publicidad también respecto de los bienes y derechos patrimoniales que posean al inicio, durante y al final de su mandato o cargo público.

Ninguna de las anteriores constituye, sin embargo, una información tasada por lo que facilita el acceso por parte de los ciudadanos a la información que no está sujeta a la obligación de publicidad.

2. **Derecho de acceso a la información**

1. ***Sujetos titulares***

Éste es un derecho que las leyes de las CCAA reconocen a las personas o los ciudadanos, en general —sin ulteriores especificaciones—. Más concretas son las previsiones de las leyes *de transparencia y del gobierno abierto* de Navarra, la *de transparencia y bien gobierno* de La Rioja, la de Aragón *de transparencia pública y participación ciudadana,* y la *de transparencia, buen gobierno y participación* de la Comunitat valenciana que especifican, como sujetos titulares del derecho de acceso a la información, «*Cualquier ciudadano: a título individual y en su propio nombre; o en representación y en el nombre de las organizaciones legalmente constituidas en las que se agrupen o que los representen*».

La ley *de transparencia, acceso a la información pública y buen gobierno* de Cataluña y la *de transparencia pública y participación ciudadana* de Aragón lo atribuyen a los menores de edad, a partir de los dieciséis años —en el caso catalán— y de catorce —en el aragonés—.

2. *¿A qué información se tiene derecho a acceder? ¿Cómo? Y ¿con qué límites?*

El ejercicio del derecho se refiere a la información pública, esto es, toda aquélla que haya sido elaborada o adquirida por la administración —en sentido amplio: el propio sector público— en el ejercicio de su actividad, funcionamiento y organización. Y se articula a través de los procedimientos que regulan las mismas leyes. Todas ellas contemplan su ejercicio a través de una simple solicitud en la que conste: la identidad del solicitante, información precisa de la información y la forma o formato en la que se prefiere acceder. Y no se exige motivación.

Por lo que se refiere a sus límites, la posición del legislador autonómico no es homogénea. Algunos se remiten expresamente a lo dispuesto en la ley estatal 19/2013. Otros, en cambio, los especifican aludiendo a todas aquellas informaciones que tengan que ver con la seguridad nacional, la defensa, las relaciones exteriores, la seguridad pública o la prevención, investigación y sanción de los ilícitos penales, administrativos o disciplinarios; a las que afecten a los derechos de la privacidad o, en general, a la protección de datos. Igualmente, se excluyen aquellas que estén en curso de elaboración o de publicación general. En todo caso, se exige que las limitaciones deban ser proporcionadas, deberán interpretarse de forma restrictiva y justificada y se aplicarán a menos que un interés público superior justifique la divulgación de la información (así lo disponen expresamente la ley *de transparencia y de gobierno abierto* de Navarra y la ley *de transparencia pública* de Andalucía). Y no se aplicarán estas limitaciones cuando se impida el acceso de un ciudadano a documentos e informaciones que le puedan afectar de un modo personal particular y directo y, en concreto, si dicha afección se refiere a sus derechos e intereses legítimos (así, la ley foral de Navarra).

Junto con los límites, algunas leyes autonómicas también especifican las causas de inadmisión de las solicitudes cuando éstas se refieran a información excluida del derecho de acceso, en especial, las consultas jurídicas o las peticiones de informes o dictámenes; a información que no obre en poder de la entidad a la que se dirijan (las leyes andaluza y navarra disponen, en este supuesto, una obligación de tramitar a la autoridad competente, si se conoce, o a dar respuesta al solicitante); a documentación preparatoria, material en curso de elaboración o documentos o datos inconclusos —aquellos en los que la administración esté todavía trabajando internamente y no se haya emitido ningún dictamen, informe o aprobación— y que no formen parte del expediente administrativo; y a comunicaciones internas que carezcan de relevancia pública o interés público. Igualmente no serán admitidas las que se consideren abusivas por su carácter manifiestamente irrazonable o repetitivo; y las que estén formuladas de manera excesivamente general (sean imprecisas y no se haya subsanado).

3. *Obligaciones derivadas del acceso a la información*

En ocasiones, el legislador acompaña la proclamación de derechos de acceso con una concreción de las obligaciones que deben seguir las personas que accedan a la información pública. Y, en este sentido, se exige que lo ejerzan con respeto a los principios de buena fe e interdicción del abuso de derecho; que realicen el acceso a la información de forma que no se vea afectada la eficacia del funcionamiento de los servicios públicos, concretándose lo más precisamente posible la petición; a respetar las obligaciones establecidas en la normativa básica para la reutilización de la información obtenida; y, en general, a cumplir las condiciones y requisitos materiales para el acceso que se hayan señalado en la correspondiente resolución cuando el acceso se realice de forma presencial en un archivo o dependencia pública. La ley *de transparencia y de acceso a la información pública* de Canarias añade, además, que el acceso a la información se realice de forma que no se vea afectada la eficacia del funcionamiento de los servicios públicos, concretándose lo más precisamente posible la petición; y a abonar las tasas establecidas para la obtención de copias y la trasposición de la información a un formato diferente del original.

V. Participación

Si exceptuamos el caso de Galicia, las primeras normas que adoptan los legisladores autonómicos tienen como objeto el fomento de la participación ciudadana. La pionera fue la Comunitat Valenciana, en 2008 —que ha estado vigente hasta la aprobación de la ley *de transparencia, buen gobierno y participación ciudadana* que prevé expresamente su derogación—, seguida de Canarias en 2010. A este grupo se añade el territorio histórico de Guipúzcoa, en 2010. No obstante, debe advertirse que, con la excepción de algunos concretos contenidos, los principios inspiradores de estas leyes, así como los derechos e instrumentos contemplados en su articulado han sido también previstos, con alguna originalidad, en el resto de normas de las CCAA en las que la participación no constituye su objeto o, al menos, no su propósito principal.

1. Ámbitos, instrumentos y órganos de garantía de la participación ciudadana

La exigencia de participación ciudadana se proyecta en el diseño y la elaboración de la programación; en la definición y evaluación de políticas públicas y en determinadas normas, también en la elaboración de presupuestos (Presupuestos participativos, contemplados en la ley *de buena administración y gobierno* de las Illes Balears y en el anteproyecto de ley *de participación ciudadana* de Andalucía; pero expresamente excluidos como objeto de participación en la ley *de Transparencia y participación ciudadana* de Castilla y León). Todas las leyes contemplan, además, la posibilidad de que los ciudadanos con residencia legal puedan plantear iniciativas reglamentarias–con similares restricciones que adolece la regulación de la iniciativa legislativa popular en sus respectivas CCAA en cuanto a las materias excluidas, el elevado número de firmas solicitadas y la escasa o nula participación de los promotores en su tramitación posterior, en el caso de ser admitida a trámite por el órgano competente—.

En cuanto a los mecanismos o instrumentos, no se advierte mucha diferencia entre las leyes de las CCAA. Todas ellas, en mayor o menor medida aluden a los foros de consulta, los paneles y los jurados ciudadanos, consultas, encuestas, sugerencias (o «aportaciones ciudadanas» según la ley de *transparencia y participación ciudadana* de la Región de Murcia) y audiencias públicas.

En este homogéneo contexto, la ley extremeña *de gobierno abierto* introduce un nuevo cauce de participación: el debate público. Según indica esta ley, son debates entre los presidentes de los grupos parlamentarios y/o los diferentes integrantes de los mismos, al margen de los debates parlamentarios y los debates electorales. Igualmente se dispone que sean abiertos a su participación tanto por otras fuerzas políticas y sociales representativas en la CA como por los ciudadanos.

También la ley de *Transparencia de la actividad pública y participación ciudadana* de Aragón alude a los debates públicos pero con un significado muy diverso a cómo se contemplan en la citada ley extremeña. Para el legislador aragonés, estos debates públicos se definen como «procesos de deliberación participativa» en los que se contrastan argumentos y motivaciones en relación con la formulación de una política pública, en su fase inicial. Estos procesos de deliberación, que inicia la administración a fin de recabar «los intereses, posiciones y propuestas de la ciudadanía» es obligatorio, entre otros, en los proyectos normativos con rango de ley que afecten a derechos civiles, políticos y sociales.

Y, por lo que respecta a los órganos de impulso o garantía de la participación, solo son previstos en algunas de las leyes analizadas, con un alcance muy diverso. La ley *de transparencia, buen gobierno y participación ciudadana* de la Comunitat Valenciana alude al *Consejo de Participación ciudadana* al que, sin embargo, no dota de funciones protectoras: la ley lo concibe como órgano consultivo de la Generalitat al que se encomienda el impulso del acercamiento de la Administración a la sociedad civil y la ciudadanía, facilitando su comunicación. Con una clara inspiración en el órgano valenciano, la Región de Murcia remite, en la disposición final segunda de su ley de transparencia y participación ciudadana, a un posterior decreto, la creación del *Consejo Asesor de Participación Ciudadana* al que concibe como órgano consultivo de la administración pública de la CA que tendrá como finalidad *«impulsar el acercamiento de la ciudadanía y de la sociedad civil a la administración regional, facilitando su mutua comunicación»*. La ley extremeña, en cambio, opta por un órgano híbrido: el *Consejo Extremeño de Ciudadanos* es un foro de consulta —permanente— para el ejercicio de la participación, a la vez que uno de los garantes del cumplimiento efectivo de la citada ley en todo lo referido a la capacidad de iniciativa ciudadana en los distintos sectores de la acción pública a los que se refiere, realizando el seguimiento donde corresponda respecto de las distintas propuestas o sugerencias ciudadanas que se le formulen. Su existencia se vincula, *ex lege*, a la Asamblea de Extremadura a la que debe remitir un Informe anual —para que esta lo dé a conocer públicamente y sea debatido en Pleno— acerca del grado de satisfacción de la ciudadanía con el efectivo cumplimiento de los principios de participación ciudadana por parte de las instituciones que integran el sector público al que se refiere la ley, estableciendo propuestas o sugerencias de mejora en dicho campo. La ley, además, le atribuye las funciones de incentivar y promover debates sobre cuestiones de actualidad y de formular propuestas ante las instituciones y autoridades públicas autonómicas. Se compone de todos los colectivos y ciudadanos que deseen formar parte del mismo —inscritos en el Registro de Participación y Colaboración Ciudadanas— y participen en sus reuniones, las cuales podrán celebrarse en las distintas localidades de la Comunidad.

2. **Eficacia de la participación ciudadana**

Con carácter general, la, en ocasiones, prolija regulación de la participación ciudadana no viene acompañada de cláusulas que la doten de mucha efectividad. Es un denominador común en las leyes analizadas enfatizar que las proposiciones, sugerencias o recomendaciones recibidas «*serán tenidas en cuenta*» por el órgano competente: podrán asumirse o rechazase y se dará cuenta a través de un informe final en el cual recibirán una respuesta razonada. La ley foral *de transparencia y gobierno abierto* de Navarra y la ley *de Transparencia y participación ciudadana* de Castilla y León son algo más precisas y concretan este mandato —en Navarra sólo cuando la participación se refiere al ámbito de la programación y planificación general. En estos casos, se dispone que una vez examinadas las observaciones y opiniones expresadas por los ciudadanos, se les deberá informar de las decisiones adoptadas y de los motivos y consideraciones en los que se basen dichas decisiones. Igualmente, se prevé la obligación de dar una respuesta individual y motivada al autor de las observaciones y opiniones.

En este panorama normativo la excepción la constituye la norma foral 1/2010, *de participación ciudadana* del territorio histórico de Guipúzcoa. En la parte de las disposiciones generales, una vez que se determina que el proceso participativo «*no alterará ni supondrá menoscabo de la capacidad ni de la responsabilidad de la Diputación Foral en la adopción de las decisiones que le corresponden*» se afirma que: «*Los resultados que deriven de los procesos participativos podrán ser asumidos por la Diputación Foral en el ejercicio de la acción de gobierno y administración del Territorio Histórico. No obstante, cuando, en el ámbito de procedimientos en los que se haya producido un proceso participativo en aplicación de lo previsto en esta Norma Foral, la Diputación Foral no acoja, total o parcialmente, sus resultados, estará obligada a motivar las razones de su decisión*» (art. 4). Esta genérica previsión se completa con otra ulterior, según la cual «*La apertura de un proceso de deliberación participativa en relación con una determinada política pública suspenderá cualquier actuación que condicione la decisión final a adoptar, salvo los actos de trámite*» (art. 15). Y, en un ámbito más concreto, el relativo a las consultas populares, la norma foral dispone en su artículo 21 que una vez realizada «*la Diputación Foral, en el plazo de tres meses* [...] *adoptará un acuerdo en el que precise la forma en que los resultados obtenidos afectan a la deci-*

sión o política a adoptar. Específicamente, la Diputación Foral deberá establecer si los resultados obtenidos a través de la consulta popular suponen la renuncia al proyecto, la presentación de un proyecto alternativo, su modificación o si, por el contrario, pretende continuar con el proyecto en los mismos términos en que fue propuesto. En el caso de que acuerde modificar el proyecto deberá precisar las modificaciones que se incorporarán al mismo. El acuerdo de la Diputación Foral deberá ser motivado, indicando, en caso de que no se adecué a los resultados de la consulta popular, las razones por las que decide no acogerlos.»

En una línea similar, aunque no tan comprometida como la norma foral guipuzcoana, las leyes de *transparencia y participación ciudadana* de la Región de Murcia, así como el anteproyecto de *ley de participación* de Andalucía derivan de los procesos participativos el compromiso de motivar las aportaciones rechazadas.

VI. Buen Gobierno

1. Destinatarios

El conjunto de normas, de muy distinta naturaleza, que acoge el articulado de las leyes de las CCAA, se dirigen, principalmente, a los miembros del Gobierno y altos cargos de la administración (y de las entidades del sector público autonómico en la ley *de gobierno abierto* de Extremadura, además del personal eventual y, en general, todo el personal que ocupe cualquier puesto de trabajo de naturaleza directiva, sea cual fuere su denominación, en la ley *de buena administración y gobierno* de las Illes Balears). En definitiva, los destinatarios de la ordenación del buen gobierno son los integrantes del ejecutivo, entendido en sentido amplio (ver, como ejemplo, la exhaustividad con las que los concreta en su identificación el *Código de Buen Gobierno de los miembros del Gobierno y de los Altos cargos,* aprobado por Acuerdo del Consejo de Gobierno de Cantabria, en octubre de 2013). La ley foral que aprueba el *Código de buen gobierno* de Navarra y la ley extremeña, también identifican como sujetos obligados a los representantes electos de las entidades locales. Esta última ley además extiende esta sujeción a los cargos electos de su Asamblea.

2. Contenido

La regulación del buen gobierno se nutre, en las leyes analizadas, de un conjunto de principios de actuación y reglas de conducta que, en su mayor parte, se limitan a reiterar, sin aportar nada, los principios y reglas que ya someten la actuación de los poderes públicos desde la Constitución y otras normas (principalmente, LRJyPAC o LOFAGE) —tales como el principio de constitucionalidad, el de legalidad (también en la presupuestaria), la objetividad, imparcialidad, la interdicción de la arbitrariedad, la actuación conforme a los principios de igualdad y no discriminación, el respeto y protección de los derechos fundamentales—.

Junto a las anteriores se introducen otras nuevas que, por un lado, tratan de dar respuesta normativa a supuestos concretos de comportamientos corruptos de cargos públicos que han salido a la luz pública en los últimos tiempos; pero, por el otro —y quizás sea lo que más las destacaría— es que su alcance es de difícil concreción por lo que complica además su exigibilidad ante un tribunal. Que sean regulaciones que están pensando en un hecho concreto lo evidencia la norma —acogida en todas las leyes analizadas— de prohibir la aceptación de regalos, favores o servicios en condiciones ventajosas que superen los usos habituales, sociales o de cortesía, préstamos u otras prestaciones económicas que puedan condicionar el desarrollo de las funciones del cargo público. Pero también puede citarse la prohibición de poner a disposición de los miembros del Gobierno o altos cargos tarjetas de crédito para que sean utilizadas como medio de pago de sus gastos de representación, contenida en la ley de la Comunitat Valenciana *de Transparencia, Buen Gobierno y Participación ciudadana* y en el proyecto de ley *de modificación de la Ley del Presidente y del Gobierno* de Aragón.

Y por lo que refiere a la dificultad de concreción de su contenido y alcance, un buen ejemplo serían las previsiones de las leyes de *Transparencia y buenas prácticas en la Administración Pública* de Galicia y la *de gobierno abierto* de Extremadura que exigen ejercer *«los poderes que les atribuye la normativa vigente con la finalidad exclusiva para la que les fueron otorgados y evitarán toda acción que pueda poner en riesgo el interés público, el patrimonio de las administraciones o* la imagen que debe tener la sociedad respecto a sus servidores». También en la ley balear y en la ley de la Comunitat Valenciana se obliga a los servidores públicos a *«administrar los recursos públicos con austeridad y evitar actuaciones que puedan menoscabar la dignidad con la cual se debe ejercer el cargo público»*. Incluso, la exigencia de actuar con buena fe que demanda la ley de *transparencia, acceso a la información y buen gobierno* de Cataluña y la ley *de transparencia, buen gobierno y participación ciudadana* de la Comunitat Valenciana.

A las dificultades para concretar su alcance, se añade el hecho que las leyes analizadas no acompañen estas exigencias de garantía alguna para verificar su cumplimiento (a diferencia de los principios generales que se concretan a lo largo de articulado). Sólo en algún caso (leyes navarra y extremeña), se dispone que sea el mismo Gobierno el que, mediante un Informe anual, dé cuenta *«sobre los eventuales incumplimientos de los principios éticos y de conducta, con el fin de analizar los procedimientos y actuaciones que con arreglo a lo dispuesto en otras leyes forales reguladoras de la incompatibilidad del Gobierno y sus altos cargos pudieran incoarse»*.

Estos contenidos comunes en la ordenación legal del buen gobierno se completan ocasionalmente con otros. Así, en la ley *de buena administración y gobierno* de las Illes Balears y en el Acuerdo *por el que se aprueba el Código de buen gobierno* en Cantabria, se regulan supuestos de conflictos de intereses de los que se derivan deberes específicos de abstención o inhibición en la toma de decisiones en las cuales tengan o puedan tener intereses ellos mismos, sus cónyuges o personas unidas por relación análoga, y cualquier persona con vínculo de parentesco hasta el segundo grado de consanguinidad o afinidad. En las leyes de las Illes Balears, Navarra y Extremadura aparece la regulación del proceder del Gobierno en funciones. Y en las leyes *de transparencia y buenas prácticas en la Administración pública* de Galicia y *de buena administración y de gobierno* de las Illes Balears se contempla la obligación de sus respectivos Gobiernos de poner en conocimiento del Parlamento de la Comunidad Autónoma el nombre de las personas propuestas para presidir determinados entes (Compañía de Radio-Televisión, Tribunal de Defensa de la Competencia, del Consejo Económico y Social o similares o de gerentes de empresas públicas) «*a fin de que pueda disponer su comparecencia ante la comisión correspondiente de la Cámara*» que «*examinará, en su caso, las candidaturas propuestas*» limitándose a formular preguntas o solicitar las aclaraciones que estimen convenientes. No obstante, no se contemplan las consecuencias de tal intervención parlamentaria. En la ley balear esta obligación de informar al Parlamento insular alcanza también a los miembros del Gobierno.

VII. Rendición de cuentas

La responsabilidad de los que adoptan las decisiones es, por sí misma, uno de los elementos en los que debe articularse la nueva forma de gobernar, amén de constituir el corolario de todos los anteriores. Y sin embargo, las leyes analizadas más allá de referirse a ella —simplemente aludiendo al concepto o formulándola con amplios términos— no la dotan de un contenido concreto. Es el caso de las previsiones de las leyes de Navarra, Extremadura y Comunitat Valenciana. Dichas normas reivindican —con idéntica literalidad— la rendición de cuentas de los miembros del Gobierno, exigiendo, al mismo tiempo, la regulación e implantación de instrumentos para que el Gobierno y cada uno de sus integrantes, puedan, entre otros fines, «*Facilitar el control ciudadano de toda la actuación del Gobierno y fortalecer la capacidad de los ciudadanos y ciudadanas para estimular y orientar esa acción*». Lo que parece ser la remisión a una norma reglamentaria empaña la finalidad de la rendición de cuentas y sobre todo ofrece un amplio margen de maniobra al ejecutivo para disponer de su propia responsabilidad.

En este contexto, aparece mucho más ajustada al sentido originario de este instituto, lo dispuesto en el *Código de buen gobierno* de Cantabria que exige a los miembros del Gobierno y altos cargos de su Administración mostrar «*su predisposición a dar cumplida cuenta de la acción llevada a cabo en el uso de sus competencias ante el Parlamento de Cantabria, en su calidad de máximo órgano de representación política*[…] *al tiempo que prestarán su máxima colaboración para el normal desarrollo de los procedimientos de control político, económico, administrativo o judicial que en cada caso instruyan las instituciones u organismos competentes*».

VIII. Régimen de garantías

De todos los contenidos de las normas analizadas, el de las garantías constituye el ámbito en el que se evidencian carencias de mayor calado. De las normas examinadas, solo cuatro disponen en su articulado títulos específicos reguladores de un régimen de garantías: las leyes de *Derechos de los ciudadanos con la Administración* de Castilla y León, la ley de *transparencia y del gobierno abierto* de Navarra, la ley *de gobierno abierto* de Extremadura y la ley *de transparencia, acceso a la información pública y buen gobierno* de Cataluña. Todas ellas hacen referencia a la posibilidad de instar recursos administrativos y jurisdiccionales de conformidad con los que dispongan las leyes vigentes —con expresa remisión a la Ley de la Jurisdicción contenciosa estatal— y a la de acudir —salvo en el caso de Extremadura— a la figura del *Ombusdman* autonómico. La ley catalana implica, además, a la Oficina antifraude y al Tribunal de Cuentas de esa Comunidad Autónoma. Y si bien es cierto que no aportan novedades —sustantivas, procesales o institucionales— en el marco legal vigente antes de su aprobación, no deja de causar cierta perplejidad su ausencia en el resto de normas reguladoras de esta materia.

Lo que sí se contiene en estas leyes es la previsión de órganos específicos inspirados, en algunos casos en el Consejo de Transparencia y Buen Gobierno estatal —al cual se remite expresamente la ley de La Rioja—. A pesar de esta influencia no puede afirmarse que sean órganos similares al estatal respecto el cual presentan notables diferencias en algunos casos. Pero tampoco puede concluirse en la existencia de un único modelo 'autonómico' alternativo al estatal, ya que entre las previsiones de las leyes analizadas también existen divergencias significativas y no sólo nominales.

Los legisladores de Andalucía y Canarias acogen un órgano cuya presidencia es designada por una mayoría cualificada de sus respectivos parlamentos. Pero mientras que el *Comisionado-a de Transparencia y Acceso a la Información Pública* que contempla la ley *de transparencia y de acceso a la información pública* de Canarias se configura como un órgano unipersonal; el *Consejo de Transparencia y Protección de Datos de Andalucía* es de carácter colegiado. Este último se compone de un Presidente designado por la mayoría absoluta del Parlamento y nombrado por el Consejo de Gobierno por un mandato de cinco años, no renovables y por catorce miembros más provenientes de la Administración, del Parlamento —a los que exige la condición de diputado o diputada—, de las administraciones locales, de las universidades públicas andaluzas, de las entidades representativas de consumidores y usuarios y de los intereses económicos y sociales, y de expertos en la materia; además de un representante de la Oficina del Defensor del Pueblo Andaluz y un representante de la Cámara de Cuentas de Andalucía. Y al mismo se le asignan las competencias de verificar el incumplimiento de las disposiciones del Título relativo a la publicidad activa y de conocer las reclamaciones en relación con el derecho de acceso. Finalmente, la ley andaluza exige que el Presidente del Consejo comunique al Defensor del Pueblo andaluz las resoluciones relativas a la protección de los derechos explicitados en la ley.

A un modelo similar con alguna particularidad responde la *Agencia vasca de Transparencia-GARDENA* prevista en el proyecto de ley de *la administración pública* del País Vasco compuesta por una *Presidencia* y el *Consejo de Transparencia vasco*. La primera será desempeñada por la persona que proponga el Gobierno de la CA una vez haya comparecido en la comisión competente del Parlamento vasco. El Parlamento interviene pero solo a efectos de verificar su idoneidad. Y al Parlamento debe dar cuenta del desarrollo de sus actividades y sobre el grado de cumplimiento de las disposiciones contenidas en la norma a través de una Memoria anual. Y por lo que se refiere al *Consejo* es el propio proyecto de ley el que concreta todos y cada uno de sus integrantes, entre los cuales destacan un parlamentario, un representante de la asociación de municipios vascos con mayor implantación, un representante por cada uno de los Territorios Históricos y un representante del *Ararteko.*

De carácter colegiado es también el *Consejo de Transparencia* regulado en la ley de Aragón, pero está adscrito a la Consejería competente en la materia. En su composición participan, además de miembros y altos cargos del Gobierno aragonés, otras instituciones y órganos de control de la CA: dos miembros nombrados por las Cortes de Aragón; un representante del *Justicia de Aragón*; del Consejo Consultivo, de la Cámara de cuentas y de las entidades locales. Y a esta misma lógica responde el *Consejo de Transparencia* de la Región de Murcia.

El legislador asturiano parece inclinarse —a tenor de lo dispuesto en el proyecto de ley *de transparencia*— por la existencia de dos órganos: *Consejo para la transparencia* y la *Comisión de Transparencia.* El *Consejo* aparece adscrito al Consejo Consultivo y es el encargado de resolver las reclamaciones en materia de acceso a la información. Se integra de un Presidente y cuatro vocales: el Presidente del Consejo Consultivo (que asume la presidencia del Consejo para la transparencia) y los restantes cuatro vocales que integran el máximo órgano consultivo del Principado. A pesar de esta identidad de miembros, el proyecto de ley advierte que este *Consejo* actuará con separación de sus funciones y con plena independencia respecto del *Consejo Consultivo «ejerciendo las funciones y dictando las resoluciones que correspondan».* Y la *Comisión de Transparencia* es el órgano destinado a promover la transparencia de la actividad pública en la Comunidad Autónoma y de velar por el cumplimiento de las obligaciones de publicidad, garantizando el ejercicio del derecho a la información pública. Se adscribe a la Consejería competente en materia de transparencia. Es, igualmente, un órgano colegiado en que están presentes, además de otros altos cargos y técnicos de la administración asturiana, un diputado por cada uno de los grupos parlamentarios de la Junta General del Principado; un representante de la Federación Asturiana de Concejos, a propuesta de la Federación y un representante de la Universidad de Oviedo, a propuesta de la misma.

En este apartado, destacan las previsiones contenidas en la ley catalana, de la Comunitat Valenciana y de Castilla y León. La ley *de transparencia, acceso a la información pública y buen gobierno* de Cataluña contempla la existencia de la una *Comisión de Garantías del derecho de acceso a la información pública.* En el panorama normativo descrito, su originalidad radica en el hecho de que es un órgano —colegiado— de estricta designación parlamentaria: sus integrantes, entre tres y cinco, son elegidos por una mayoría de tres quintos del *Parlament*, aunque se adscribe al Gobierno, concretamente *«al Departamento que se determine por decreto».* De su actividad, no obstante, debe dar cuenta al *Parlament* a través de un Informe que presentará anualmente y al *Síndic de Greuges* en tanto que órgano evaluador de la aplicación de la ley.

El *Consejo de transparencia, acceso a la información pública y buen gobierno* previsto en la ley *de transparencia, buen gobierno y participación ciudadana* de la Comunitat Valenciana es, como en el caso anterior, un órgano de estricta designación parlamentaria, al menos en lo referido al Presidente y a los tres vocales integrantes de su Comisión ejecutiva. La Comisión consultiva se compone de diversos representantes de la administración, universidades públicas, entidades locales, asociaciones representativas del ámbito social y económico de la CA, además de un representante del Consejo de Participación ciudadana, uno de la *Sindicatura de Comptes* y otro del *Síndic de Greuges*.

Y finalmente, las funciones del *Comisionado de Transparencia* regulado en la ley *de transparencia y participación ciudadana* de Castilla y León las asigna al *Procurador del Común* que será asistido, en su ejercicio, por una *Comisión de Transparencia* integrada por el mismo *Procurador del Común* —que la presidirá—, su adjunto, además de un secretario que será designado por el Procurador de entre el personal al servicio de la institución.

IX. La relativa (in)eficacia de la anterior aproximación legislativa a las exigencias del Buen Gobierno. Reflexiones finales

No puede negarse que en el espíritu del legislador autonómico la adopción de estas leyes responde a un intento de hacer frente o de reaccionar a esa apatía del ciudadano en relación con sus representantes y las instituciones que integran. Ahora bien el análisis de las mismas pone de manifiesto que esta actuación del legislador de las CCAA responde, en su mayor parte, a los cánones de una operación de «maquillaje legislativo» —con algunas pinceladas de 'electoralismo' (como evidencia alguna concreta regulación, como la que prohíbe el uso de tarjetas de crédito a los altos cargos, sin especificar, entonces, cómo se va a proceder a hacer frente a los gastos que se generen en el desempeño de su actuación o funciones públicas). En este sentido, exteriorizan más una aparente voluntad de cambio (Cotino, 2013; 65 y 70), que un compromiso real y firme de regular las cuestiones que se derivan de la demanda de un buen gobierno. Las leyes analizadas presentan significativas objeciones, que evidencian, hasta qué punto no siendo inútiles, sí resultan, en su mayor parte, incapaces de dar respuesta, por sí mismas a las exigencias que implica esa nueva forma de gobernar. Resaltaré sólo alguno de los aspectos que me permiten concluir en este sentido.

De entrada, me suscita una cierta perplejidad la actitud del legislador de Navarra al adoptar dos normas distintas en algo más de un año de diferencia (y con una similar mayoría parlamentaria) reguladoras del *Código de Buen Gobierno* —marzo 2011—, la primera, y *la transparencia y el Gobierno abierto* —julio del 2012—, la segunda —en la que se incluye, por remisión, el contenido de la primera—.

Por otra parte, y desde una óptica formal, me parece que su adopción es bastante cuestionable. En mi opinión hubiera sido más acertado reconducir muchos contenidos de estas leyes a otras ya vigentes reguladoras del Gobierno, de la administración, incluso del régimen de incompatibilidades y de conflictos de intereses de las autoridades y altos cargos de la Comunidad Autónoma, incluso a los reglamentos parlamentarios y normas reguladoras de otras instituciones y órganos estatutarios de la CA. No es solo porque se refieren a los mismos destinatarios. También, porque si atendemos a su regulación sustantiva, es habitual encontrar en el texto articulado de estas leyes las reglas formales que disciplinan el buen gobierno, entre las que se incluyen la forma de actuar del Gobierno en funciones; al régimen de incompatibilidades; o la exigencia de transparencia, la buena administración, los derechos del ciudadanos con la administración —entre ellos: el derecho de acceso a la información o la participación —en la adopción de decisiones y en su evaluación ¿Acaso no son contenidos que pueden reconducirse a leyes ya vigentes en el ordenamiento jurídico de las CCAA examinadas? Tan sólo realizaría una excepción en la ordenación de la participación ciudadana, a la que me referiré en breve.

Los anteriores son factores que tienen, ya de por sí, un difícil encaje con el propósito de simplificación normativa, presente en el articulado de la mayoría de estas leyes, en cuya virtud se establece un mandato a la administración y poderes normativos, en general de «*procurar el mantenimiento de un marco normativo estable y lo más simplificado posible, fácilmente accesible*[...] *que posibilite el conocimiento rápido y comprensible de la normativa vigente que resulte de aplicación*» (ley foral de Navarra), incluso de adoptar medidas «*que tiendan a reducir el número de normas reguladoras y su dispersión y se fomentarán los textos refundidos*» (leyes de las Illes Balears y de Andalucía). Su adopción no solo atenta contra este espíritu, sino que también choca con algunos de los principios que sustentan esta exigencia de simplificación normativa. En especial, con los principios —a los que estas mismas leyes hacen referencia expresa—, de seguridad jurídica en virtud del cual, las facultades de iniciativa normativa se ejercerán de manera coherente con el resto del ordenamiento para generar un marco normativo estable y predecible; o con el de simplicidad, por el que se exige que toda iniciativa normativa deberá atender a la consecución de un marco normativo claro y poco disperso, que facilite su conocimiento y comprensión.

En todo este enjambre normativo destaca el encomiable esfuerzo del legislador vasco por aglutinar la ordenación de estas exigencias en la norma reguladora de la Administración. De esta manera, el proyecto de ley de la Administración pública vasca, admitido a trámite por la Mesa del Parlamento vasco el pasado mes de octubre de 2014, dispone que «*No se trata de codificar toda la regulación existente en un único texto. Más bien, se trata de una opción sistemática para disponer de una ley de cabecera que organice el conjunto de normas que disciplinan el quehacer de la Administración vasca. Con ello se busca, primero, reducir las disfunciones y contradicciones que genera la amplia legislación vigente sobre la misma temática. Y, segundo, instar al debate* [...] *sobre la mejora de la percepción de la ciudadanía respecto a la llamada cosa pública*

[...] *contribuyendo a crear, en definitiva, una nueva cultura administrativa basada en los nuevos paradigmas que requieren los tiempos actuales, relacionados entre otros muchos aspectos con la eficacia y la eficiencia, la organización y la gobernanza, la transparencia y la participación de la ciudadanía en los asuntos públicos»*.

Igualmente suscita un cierto asombro llevar a una norma jurídica un conjunto de principios éticos de actuación que dotan de contenido al buen gobierno, desprovistos de eficacia normativa (Castel Gayán, 2013; 171) y, en algunas ocasiones, de difícil concreción. Porque una cosa son los principios que cobran eficacia a través de otras normas contenidas en el articulado de la ley y otra muy distinta es llevar contenidos éticos a una norma jurídica. Y más cuando en la mayoría de las veces no hay previstas consecuencias efectivas en caso de incumplimiento, como podría ser el cese automático o la destitución, en caso de que esto sea posible.

Por lo que respecta a la rendición de cuentas me genera serias dudas el afán que muestran las leyes analizadas, con excepción de la norma cántabra, por su exigencia, aunque, en el mejor de los casos, no deje de formularse como un mero principio orientador sin ulteriores consecuencias o concreciones. Sin embargo hay veces en que estas previsiones legales remiten a que sea el propio Gobierno el que determine los instrumentos a través de los cuales deba hacerse efectiva esta responsabilidad. Si dejamos a un lado aspectos como la asimilación del órgano destinatario del cumplimiento con el que debe garantizarlo o del hecho que estaríamos ante un contenido lo suficientemente importante para que sea el propio legislador el que identifique estos instrumentos, los cauces para hacerlos efectivos y las consecuencias que se derivarían de su ejercicio; la cuestión más relevante a dirimir es cuál es el margen de actuación del Parlamento en el ejercicio de la función de control político al ejecutivo —y su acción de gobierno— que le encomienda la Constitución. Si ya el juego de las mayorías en este órgano hace que, en muchas ocasiones sea, si no imposible, sí muy difícil de ejercer esta función, la regulación de la rendición de cuentas que se realiza por parte de las leyes de las CCAA es posible que acabe por confirmar la percepción que desde hace tiempo se tiene según la cual los parlamentos están dejando de ser órganos de control, pero también lugares para el control (Presno, 2014; 130).

Pero junto con el Parlamento, las leyes se refieren a otros órganos que deben ejercer también el control de los gobernantes en sectores de especial importancia: los tribunales de cuentas y los *ombusdmen* de las CCAA. ¿Por qué no fortalecer, entonces, su papel como garantías específicas? Es cierto que muchas de estas normas contemplan la existencia de un representante de ambos órganos en sus respectivos Consejos de transparencia. Específicamente en relación con los defensores del pueblo autonómicos, sorprende esta carencia (Castellà y Expósito, 2013) cuando es ésta una institución cuya existencia se justifica, precisamente, en la protección de derechos del ciudadano en relación con la actuación pública, fiscalizando esta acción bajo los parámetros de la buena administración. Sólo la ley foral de Navarra y la ley catalana aluden a esta institución como una garantía específica de los derechos de los ciudadanos que proclaman estas leyes y del sometimiento de los poderes públicos a las mismas —en el caso catalán le confiere, además, funciones de evaluación de la actuación de los poderes públicos y del grado de cumplimiento de las previsiones legales—. Un caso particular es, además, la ley *de Transparencia y participación ciudadana* de Castilla y León que atribuye todas las funciones de garantía y control al Procurador del Común. A lo anterior se añade una ulterior consideración que incrementa si cabe la falta de compromiso del legislador respecto del objeto de estas normas: la extensión de derechos de los ciudadanos respecto de la actuación de los poderes públicos no sólo no viene acompañada de un régimen de garantías en el que cobre un especial protagonismo el *Ombusdman*, sino que, además, en el tiempo con la supresión de estos mismos órganos en aras a la sostenibilidad del gasto público (Castilla La Mancha, La Rioja, Asturias o la Región de Murcia).

Finalmente, por lo que se refiere a la participación, mi posición es defender una regulación separada. En la medida que es la ley la que debe conferir o traducir en auténticos derechos subjetivos las previsiones constitucionales y/o estatutarias en relación con la democracia participativa, coincido plenamente con Tur Ausina (2010; 27-31), en que dicha exigencia solo se satisfaría con la adopción de leyes generales (o 'integrales', según esta autora) que diseñaran un modelo participativo real y fueran más allá de su ordenación sectorial. Es el modelo que inició el legislador de la Comunitat Valenciana con la aprobación de la ley 11/2008 —hoy abandonado—, seguido por Canarias —y, es probable que también por Andalucía si se mantiene el compromiso de dar curso al anteproyecto de participación ciudadana elaborado por el ejecutivo andaluz socialista en la anterior legislatura.

Y, si como ya he señalado en las primeras páginas de este trabajo, la participación constituye el eje central de la acuciante demanda en el cambio de gobernar, las leyes siguen siendo temerosas en su ordenación, si exceptuamos la norma foral de Guipúzcoa —que, a mi juicio, sería el ejemplo a seguir—. La iniciativa de los procesos e instrumentos participativos siguen estando, en su gran mayoría, en manos de los poderes públicos, dejando poca maniobra a las iniciativas ciudadanas que, cuando se posibilitan, no son de obligada aceptación por parte de la autoridad ante la que se insta. Y son mayoritariamente mecanismos unidireccionales (Tur Ausina, 2013; 223). Este aspecto ya es suficientemente distorsionador en sí mismo ya que lo que, en teoría se enuncian como derechos acaban convirtiéndose, por las propias previsiones legales, en «concesiones graciosas» del poder público a la ciudadanía (Ruiz-Rico Ruiz, 2013; 45). Es, igualmente necesario, que se definan los ámbitos en los que es relevante la implicación de la ciudadanía (Escobar Roca, 2014 propone consultar a los ciudadanos en materias especialmente polémicas —que involucren cuestiones morales o que dividan de manera clara a la ciudadanía o que impliquen un incumplimiento flagrante del programa electoral—). No toda actuación de los poderes públicos debe ser sometida a un proceso deliberativo y/o participativo. Si así fuera caeríamos en un estado de 'participacionismo difuso' que haría difícil la gobernabilidad (Porras Nadales, 2014; 30), sino que también llevaría al hartazgo de la ciudadanía de tenerse que pronunciarse por todo y sobre todo.

Los ciudadanos no queremos participar, sino que pretendemos que nuestras opiniones sean tenidas en cuenta. Solo así se revierte en una mejora de la democracia y solo así tiene sentido la participación. De otro modo, la adopción de estas leyes consiguen, precisamente, un efecto contrario al que, en definitiva, las motiva: se incrementa la lejanía y se fomenta la apatía pudiendo generar que un contexto de desencanto provoque a la larga una situación de desafección, llevando el cuestionamiento de la forma de gobernar o del rendimiento de los poderes públicos («no nos representan») a un sentimiento de deslegitimación del propio sistema democrático («no a la representación»).

Pero sobre todo, por lo que respecta a la participación, es absolutamente imprescindible dotar a los resultados de la misma de una eficacia palpable en la línea que regula la norma foral de Guipúzcoa. Que la opinión de la ciudadanía no sea vinculante ni sustitutiva de las facultades de decisión que corresponden al órgano público, no quiere decir que deban estar desprovistos de toda eficacia. La intervención del ciudadano en el proceso decisional debe integrarse en el ejercicio del poder de decisión mismo (Allegretti, 2010; 25) y no ser concebida como un instrumento accesorio u ornamental. Incidir en este error no solo cuestiona el propósito del legislador, sino lo que es más grave: puede generar, en muchos casos, un efecto totalmente distinto al que se proponen contribuyendo, de esta manera, a una mayor desconfianza de la ciudadanía hacia sus gestores públicos y favoreciendo un alejamiento todavía mayor.

X. **Bibliografía**

ALGUACIL GONZÁLEZ-AURIOLES, Jorge, *Estado de partidos: participación y representación*, Marcial Pons, Madrid, 2013.

ALLEGRETTI, Umberto, «Democrazia partecipativa: un contributo alla democratizzazione della democrazia» en Allegretti, U. (Ed.), *Democrazia partecipativa. Esperienze e prospettive in Italia e in Europa*, Firenze University Press, Florencia, 2010.

CASTEL GAYÁN, Sergio, «Gobierno abierto en el Estado autonómico: régimen jurídico y estrategias», en Bermejo Latre, J. Luís y Castel Galán, Sergio (Eds.), *Transparencia, participación ciudadana y administración pública en el siglo XXI* (Monográfico n.º XIV de la *Revista Aragonesa de Administración Pública*), Zaragoza, 2013.

CASTELLÁ ANDREU, Josep M.ª, «Las enseñanzas del tiempo transcurrido, o de cómo la democracia representativa sigue siendo imprescindible», en Gutiérrez Gutiérrez, Ignacio (Coord.), *La democracia indignada. Tensiones entre voluntad popular y representación política*, Comares, Granada, 2014.

CASTELLÁ ANDREU, Josep M.ª y EXPÓSITO, Enriqueta, «Participación administrativa y *Ombusdman*», ponencia presentada al II Congreso Internacional Ombusdman y democracia. Mesa 1: *El* Ombusdman *como instrumento y garante de los derechos de participación ciudadana* (Madrid, 25-27 de septiembre de 2013), de próxima publicación en el libro de Actas (texto mecanografiado)

COTINO HUESO, Lorenzo, «Derecho y 'Gobierno abierto'. La regulación de la transparencia y la participación y su ejercicio a través del uso de las nuevas tecnologías y las redes sociales por las administraciones públicas. Propuestas concretas», en Bermejo Latre, J. Luís y Castel Galán, Sergio (Eds.), *Transparencia, participación ciudadana y admi-*

nistración pública en el siglo XXI (Monográfico n.º XIV de la *Revista Aragonesa de Administración Pública*), Zaragoza, 2013.

ESCOBAR ROCA, Guillermo, «Participación ¿para qué?», en el *Blog* de la *Revista Catalana de Dret Públic,* de 21 de julio de 2014.

FLORIDIA, Antonio, «Idee e modelli di partecipazione. Il caso della legge toscana», en Allegretti, U. (Ed.), *Democrazia partecipativa. Esperienze e prospettive in Italia e in Europa*, Firenze University Press, Florencia, 2010.

GUICHOT REINA, Emilio, *Transparencia y acceso a la información pública en España: análisis y propuestas legislativas*, Fundación Alternativas (Documento de trabajo n.º 170), Madrid, 2011.

MONTERO, José Ramón, GUNTHER, Richard y TORCAL, Mariano, «Actitudes hacia la democracia en España: legitimidad, descontento y desafección», en *Reis: Revista Española de Investigaciones Sociológicas*, n.º 83, Madrid, 1998.

PÉREZ FRANCESCH, Joan Lluís, «Codificación del buen gobierno y responsabilidad social. Aportaciones jurídicas al concepto de civismo» en *Constitución y democracia: ayer y hoy. Libro homenaje a Antonio Torres del Moral,* Vol. I, Universitas, Madrid, 2012.

PIZZORUSSO, Alessandro, «Democrazia partecipativa e attività parlamentare», en *Studi in onore di Antonio Amoth*, Vol. II: *Scritti di Diritto Costituzionale e altri*, Giuffrè, Milán, 1982.

PORRAS NADALES, Antonio, *La acción de gobierno. La gobernabilidad, gobernanza, gobermedia,* Trotta, Madrid, 2014.

PRESNO LINERA, Miguel, *El 15M y la promesa de la política*, Agenda Pública, 2014.

RUIZ-RICO RUIZ, Catalina, «Hacia la innovación en el Estado autonómico a través de las leyes de participación: una perspectiva constitucional», *Deliberación. Revista para la mejora de la calidad democrática*, n.º 3, 2013.

TUR AUSINA, Rosario, «Participación ciudadana. Oportunidad, necesidad y esencia de su regulación legal», en *Deliberación. Revista para la mejora de la calidad democrática*, n.º 1, 2010.

— «Leyes de participación ciudadana: las experiencias canaria y valenciana», en Bermejo Latre, J. Luís y Castel Galán, Sergio (Eds.), *Transparencia, participación ciudadana y administración pública en el siglo XXI* (Monográfico n.º XIV de la *Revista Aragonesa de Administración Pública*), Zaragoza, 2013.

CUANDO LA MACROECONOMÍA DEJA A UN LADO LA CONSTITUCIÓN SE OLVIDA DE LA CIUDADANÍA

JUANA AZNAR MÁRQUEZ
Profesora Contratada Doctora de Fundamentos del Análisis Económico
Universidad Miguel Hernández de Elche

ÍNDICE: I. INTRODUCCIÓN. II. LA IMAGEN DISTORSIONADA QUE NOS DEVUELVE EL ESPEJO: ALGUNOS ARTÍCULOS DE LA CONSTITUCIÓN Y LAS MEDIDAS DE CONTENCIÓN FISCAL APLICADAS PARA SALIR DE LA CRISIS. III. CONCLUSIONES. IV. BIBLIOGRAFÍA.

I. INTRODUCCIÓN

La crisis económica que se inició en el verano del 2007 ha tenido muchas y muy variadas consecuencias no sólo a nivel macroeconómico sino en el día a día de la ciudadanía.

Como es bien conocido, la última gran crisis económica a nivel mundial también llamada «Gran Recesión» tuvo sus orígenes en el sector financiero estadounidense, pero dado el elevado nivel de integración del mismo, se extendió rápidamente a lo largo y ancho de todo el planeta siendo especialmente sensibles los países más desarrollados. Los bancos son agentes económicos que juegan un importante papel en la economía, sobre todo porque son mediadores entre las personas que disponen de recursos económicos y aquellas otras que lo solicitan para realizar una actividad productiva (las empresas), pero también para los hogares cuando necesitan disponer de fondos con los que financiar los pagos que implican un importante desembolso económico. Si este mecanismo de concesión de créditos se ralentiza o incluso se detiene, la actividad económica se resiente.

El mecanismo de canalización del ahorro hacia la inversión realizada por el conjunto de entidades financieras (bancos privados y cajas en el Estado español) fue durante siglos el *live motive* de este sector. Sin embargo, en las últimas décadas, las entidades bancarias buscando unos mayores beneficios, potenciaron un conjunto de operaciones que van más allá de la mera concesión de préstamos. Con los denominados derivados financieros, es decir, instrumentos financieros cuyo valor depende del precio de un activo (un bono, una acción, un producto o mercancía), de una tasa de interés, de un tipo de cambio, de un índice (de acciones, de precios, u otro), o de cualquier otra variable cuantificable, la ingeniería financiera se desarrolló ampliamente. Además, el avance de las comunicaciones y la interdependencia de las entidades financieras llevó a que los problemas de una empresa financiera se pudieran trasmitir muy fácilmente al resto.

Después de la caída de Lehman Brothers y los problemas que sufrieron los bancos prácticamente a nivel mundial, se observó cómo las autoridades de los distintos países fueron tomando medidas con el propósito de evitar el colapso del sistema financiero. Estas medidas se adoptaron desde una doble perspectiva: por una parte, tenemos las actuaciones de los bancos centrales que modificaron su política monetaria, mientras que por otra, los ejecutivos de distintos países introdujeron medidas de apoyo directo a las entidades financieras. Así tenemos por ejemplo, y sin ánimo de ser exhaustivos, para el caso español el Real Decreto 7/2008 de 13 de octubre, de Medidas Urgentes en Materia Económico Financiera en relación con el Plan de Acción concertada de los Países de la Zona Euro. Se trataba de un programa de avales del Estado a la emisión de pagarés, bonos y obligaciones que hicieran las entidades financieras, por valor de hasta 100.000 millones de euros (en torno a un 10% del PIB de 2008). A lo que hay que añadir el Real Decreto 14/2013 de 29 de noviembre, por el cual se detalla una nueva ayuda por valor de 30.000 millones de euros dirigido a garantizar buena parte de los activos fiscales en propiedad de los bancos.

Las anteriores medidas se vieron acompañadas por la intervención de los distintos bancos centrales que aplicaron medidas monetarias muy expansivas. El objetivo perseguido era que fluyera el crédito y se redujera la incertidumbre motivada por la menor actividad económica y el incremento de la tasa de desempleo. De esta manera los tipos de interés a nivel mundial han ido mostrando una evolución continuamente a la baja. En la actualidad se sitúan en mínimos históricos, de hecho prácticamente son cero. Nos estamos refiriendo a los tipos de interés que definen los bancos centrales para sus operaciones con las entidades financieras privadas (tipos de interés de referencia), no así los que cobran cajas y bancos a sus clientes en sus transacciones cotidianas. Concretamente, tenemos que en julio de 2007 los tipos de interés de referencia se situaban en el 1,5% mientras que en la última operación sobre estos tipos (4 de julio de 2014) el Banco Central Europeo (BCE) los dejó en el 0,050%.

Por lo que se refiere a la economía española, los bajos tipos de interés a los que podían endeudarse las entidades financieras llevó a la aparición de un efecto no deseado. El elevado nivel de endeudamiento público (aspecto que pasaremos a revisar con posterioridad) tuvo que financiarse con volúmenes cada vez mayores de deuda pública. Para que estas emisiones fueran atractivas en un contexto de incertidumbre, la rentabilidad asociada a las mismas tuvo que mostrar una tendencia al alza. En otras palabras, el tipo de interés que se pagaba por la subscripción de deuda pública era elevado. Durante meses, parecía que el país vivía pendiente de la llamada «prima de riesgo», es decir, de la diferencia de remuneración que tenía el bono español a diez años con el mismo tipo de bono alemán. Las entidades financieras apreciaron como una forma que implicaba muy poco riesgo (y desde luego mucho menor que el negocio bancario de concesión de préstamos y créditos) pedir prestado al Banco Central Europeo a unos tipos de interés muy bajos para luego adquirir deuda pública: obteniendo como beneficio la diferencia entre la rentabilidad de la deuda pública y los tipos de interés que les cobraba el BCE. Aún cuando esta práctica es totalmente legítima, no tenía como resultado el aumento del crédito a empresas y familias, lo que aceleró aún más la contracción de la actividad económica. Resumiendo, podríamos decir que para el caso español, al menos en los años más duros de la crisis, la política monetaria expansiva tuvo muy pocos efectos en la economía real puesto que el crédito llegaba a cuentagotas. Pero además las entidades financieras aprovecharon la expansión monetaria para sanear sus balances al mismo tiempo que exigían (y conseguían) el apoyo de los gobiernos puesto que «no se podía dejar caer a los bancos». Valga de ejemplo que el saldo total recibido por las entidades financieras españolas durante 2012 entre recapitalizaciones y avales resultó ser de 80.370 millones de euros.

La otra vía de intervención de las autoridades en la economía es a través de la política fiscal, entendiendo como tal el conjunto de actividades que afectan al presupuesto público. Por lo tanto, nos referimos tanto a acciones que afectan al sistema tributario como a la forma en que se distribuye el gasto público. Antes de avanzar en estos temas cabe señalar que los países de la zona euro están comprometidos con el cumplimiento del Pacto de Estabilidad y Crecimiento (PEC). En este contexto tienen unos objetivos marcados y su incumplimiento conlleva sanciones. En concreto, nos estamos refiriendo a tres variables: el ratio déficit publico/PIB (3%), el ratio deuda pública/PIB (60%) y la tasa de inflación (2%). Para el caso de endeudamiento público se permitía superar este límite si el país se encontrara en una recesión y su capacidad recaudatoria fuese menor que el gasto público efectuado.

Durante la fase expansiva del ciclo económico anterior a la crisis económica que se inició en el verano de 2007 encontramos que presentaban déficits numerosas economías (ver Gráfico 1), bordeando cuando no superando el límite marcado por el PEC. España, a diferencia de Alemania o Gran Bretaña y gracias al fuerte crecimiento de los primeros años del siglo XXI, se encontraba en mejor posición. Sin embargo, la situación se agravó en la medida en que la crisis llevó a una importante reducción de los ingresos fiscales por la menor actividad económica, a lo que hay que sumar el menor gasto público. Ante el empeoramiento de las cuentas públicas se pusieron en marcha a nivel internacional un conjunto de medidas con el propósito de reducción del gasto público y de incremento de la recaudación tributaria.

Gráfico 1. *Evolución del déficit/superávit de las Administraciones Públicas en algunos países de la Unión Europea*

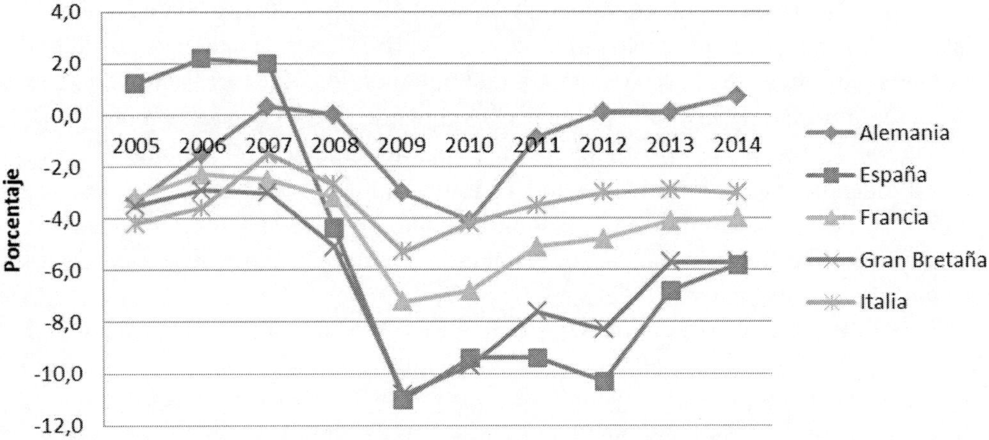

Fuente: Eurostat

Las medidas de contención del gasto junto con unas economías más dinámicas que se adaptaron más rápidamente a la nueva situación económica llevaron a que el proceso de recuperación del déficit fuera menos doloroso en economías como la alemana, la francesa o la italiana (ver Gráfico 1). Sin embargo la estructura productiva española sostenida sobre los pilares de la construcción y el sector turístico presentaron mayores limitaciones. La estructura del mercado de trabajo español así como la persistencia de una serie de construcciones sociales, ha llevado a que las consecuencias de las políticas de ajuste del gasto público así como las posibilidades de crecimiento de la economía española presenten características que merecen especial atención, lo que se desarrollará en otros apartados de este mismo trabajo.

En otro orden de cosas cabe destacar que apelar a la Carta Magna ha sido una práctica asumida con demasiada frecuencia haciendo referencia a que nos proporciona un marco de convivencia que nos ha permitido crecer no sólo en términos económicos sino también en términos democráticos y en participación en instituciones internacionales. Los argumentos a favor o en contra de una reforma constitucional quedan fuera del propósito de este trabajo, si bien no podemos dejar de lado que la única ocasión desde 1978 en que ha habido un acuerdo mayoritario para la introducción de una modificación en la Constitución tuvo lugar en 2011, y ésta fue realizada por motivos única y exclusivamente económicos y bajo la presión de las instituciones europeas, pero sin considerar a la ciudadanía.

Tenemos, pues, que en España los requerimientos relacionados con los compromisos adquiridos con la Unión Europea no han sido suficientes, sino que en septiembre de 2011 se accedió a una reformulación del artículo 135 de la Constitución en el que tanto el Estado como las Comunidades Autónomas se comprometen al cumplimiento del principio de estabilidad presupuestaria. De esta manera, se fijan unos límites para el déficit estructural[1] y sólo si están autorizados por ley, Estado y Comunidades Autónomas podrán emitir deuda pública o contraer crédito. Según la Ley 2/2012 de Estabilidad presupuestaria, el límite del déficit se sitúa en el 0,4% del Producto Interior Bruto.

Somos plenamente conscientes de que una situación de endeudamiento continuo lleva a un estrangulamiento de las posibilidades de sostenimiento de las sociedades. Abogamos por una racional gestión de los recursos públicos. Gastar pensando que la bolsa no tiene fin solo lleva a dolorosas medidas de contención en un futuro no demasiado lejano, como se ha podido comprobar. Es importante concienciar de que el dinero público, que procede de la recaudación tributaria, es de todos/as y que por lo tanto su gestión debe ser llevada pensando en el bienestar general. Las personas que se ocupan de la gestión pública deben ser responsables de sus decisiones, y la ciudadanía no debe mirar hacia otro lado cuando aparecen comportamientos alejados de lo que se consideraría ético.

En los párrafos anteriores se ha mostrado que las autoridades económicas tanto fiscales como monetarias han intervenido en la economía, tanto en los años previos como en los de la crisis económica y posteriores. Cuando se oye que la no intervención es buena para el sistema económico ¿se está haciendo una abstracción de la realidad? ¿Sólo se interviene cuando se ven implicados agentes poderosos? ¿Son más importantes las cuentas públicas que la ciudadanía? En este trabajo el objetivo general es llevar a cabo una breve revisión de algunas medidas que se han tomado para poder «salir de la crisis» y su relación, en muchos casos contradicción, con los compromisos que quedan recogidos en la Constitución Española de 1978. Por otra parte como objetivos específicos perseguimos:

- Identificar las responsabilidades que se piden a las autoridades públicas y que quedan recogidas en la Constitución.
- Visibilizar las restricciones que, a través de los presupuestos públicos, pueden llevar a que se tenga que «priorizar» unas actuaciones sobre otras.
- Señalar las implicaciones de los compromisos adquiridos por España como país miembro de la Unión Europea.
- Mostrar que las medidas adoptadas «para salir de la crisis» no son neutrales y que sus efectos están siendo especialmente relevantes sobre colectivos especialmente sensibles.

[1] En el estudio del déficit público se suele recurrir a analizar sus componentes cíclico y estructural. El déficit cíclico está relacionado con las fases de expansión y contracción de la economía que constituyen el ciclo económico. Es frecuente encontrar que el déficit cíclico disminuya en situaciones de crecimiento económico puesto que la recaudación tributaria aumenta mientras que el gasto público como el relacionado con el desembolso por prestaciones por desempleo disminuye. Por otra parte, el componente estructural del déficit tiene que ver con el desequilibro persistente en las cuentas públicas. El cómputo del déficit estructural no es sencillo pero es importante identificarlo puesto que no está relacionado con el ritmo de la actividad económica. Es por ello que es donde ponen su énfasis la Unión Europea, y es el indicador que se incorpora en el artículo 135 de la Constitución.

El trabajo se organiza del siguiente modo, finalizada la introducción pasamos a adentrarnos en el objeto de estudio que no es otro que mostrar las contradicciones que aparecen entre los compromisos incorporados a la Constitución de 1978 y las actuaciones de las autoridades para hacer frente a la crisis económica. A continuación se presentan las conclusiones del trabajo.

II. La imagen distorsionada que nos devuelve el espejo: algunos artículos de la Constitución y las Medidas de Contención Fiscal aplicadas para salir de la crisis

Muchas son las definiciones que encontramos acerca del concepto de Constitución, pero el propósito de este trabajo no es adentrarnos en cuestiones técnicas propias del Derecho constitucional. Más bien lo que hacemos es partir de la idea de que la Constitución constituye el conjunto de normas fundamentales que determinan y garantizan unos derechos y libertades a la población.

Si bien han pasado 37 años desde que se aprobó la Constitución de 1978, y se ha avanzado mucho tanto en términos políticos como sociales y económicos, desde entonces no podemos pensar que con sólo la inclusión un derecho en uno o varios artículos en la Constitución se puede garantizar el disfrute del mismo. La realidad nos ha mostrado más bien lo contrario, hay que seguir luchando para que no se haga trizas el marco de referencia que permite la consolidación de una sociedad democrática, justa y que favorezca la igualdad de oportunidades. Es por ello que nos planteamos en este trabajo cuánto de los derechos incluidos en la Constitución de 1978 se han dejado un tanto de lado en estos años de crisis económica, y los efectos que han tenido estas actuaciones sobre determinados colectivos, en especial los más vulnerables.

Dado que la política monetaria queda determinada por un organismo independiente como es el Banco Central Europeo, nos centramos en medidas adoptadas que tienen que ver con el presupuesto público, es decir con la política fiscal que es decidida por el Estado. Dado que en nuestro país las Comunidades Autónomas tienen transferidas algunas competencias, cuando hablemos de Estado estamos incluyendo tanto el central como el autonómico o incluso el local. El nivel de descentralización en el ámbito de decisión es menos relevante para el propósito de este trabajo que las consecuencias que se han derivado de las medidas adoptadas.

En un contexto económico de crisis, la reducción de los presupuestos públicos ha llevado a que se hayan resentido las dotaciones de recursos disponibles. Pero los efectos sobre el bienestar de la ciudadanía no son iguales, sino que dependen más de unas partidas que de otras.

Dos de los derechos incluidos en la Constitución y que creemos que permiten garantizar unas mejores condiciones de vida de cara al futuro así como crear conciencia de ciudadanía, son los relativos a la educación y la sanidad (artículos 27 y 43). Pero por otra parte, constituyen dos de las partidas más importantes dentro del presupuesto público. El papel de la educación en el progreso social y económico de las sociedades ha sido ampliamente estudiado. Si consideramos el sistema educativo, se observa que el sector público provee de todas las plazas de educación obligatoria necesarias. Siendo este servicio producido en centros públicos, concertados y privados. Por otra parte, la educación no obligatoria puede ser subvencionada, como en el caso de guarderías y enseñanza universitaria.

Forman parte del gasto total en educación las retribuciones al personal ya sea funcionario o con contratación laboral, pero también al mantenimiento de los centros públicos. Por el contrario, no se cubren los gastos relacionados con el material escolar. Es importante destacar que una vez alcanzada la escolaridad obligatoria para toda la población, el reto consiste en la mejora de la misma, con lo que se conseguiría no sólo un importante avance en el nivel educativo medio de la población sino también romper con una importante lacra de nuestro sistema: el fracaso escolar. Si no se destinan recursos sobre todo para que no quede fuera del sistema la población escolar por dificultades especiales en el aprendizaje, por ser personas llegadas de otros países, por pertenencia a minorías étnicas o grupos sociales en los que tiene especial incidencia los problemas de desempleo y exclusión, no creemos que se esté cumpliendo el artículo 9.2 de la Constitución en el que se muestra que *«Corresponde a los poderes públicos promover las condiciones para que la libertad y la igualdad del individuo y de los grupos en que se integra sean reales y efectivas; remover los obstáculos que impidan o dificulten su plenitud y facilitar la participación de todos los ciudadanos en la vida política, económica, cultural y social».* Reducir el fracaso escolar crea las condiciones para que se pueda cerrar la brecha entre distintos grupos sociales. Se encuentra constatado a lo largo y ancho del planeta que conseguir un buen nivel educativo lleva a mejorar las condiciones de vida, en especial de las personas vulnerables.

Siguiendo con el rendimiento alcanzado por el alumnado tenemos que en los informes internacionales sobre la materia como por ejemplo el informe PISA[2], se observa que para el caso español los resultados no son destacables. Las posibles líneas de mejora que se señalan desde estas instituciones vienen por la atención a la diversidad, la reducción de los ratios de alumnos/as por clase y también la mejora de la formación del profesorado. Respecto a las dos primeras ya hemos hecho un breve apunte en el párrafo anterior, pero respecto al profesorado consideramos que es importante hacer un inciso. Los profesionales de la educación han visto como se ha deteriorado su posición respecto a otras profesiones a lo largo del tiempo. Se hacen cargo durante un importante número de horas al día de nuestros hijos/as, pero sin embargo cuestionamos continuamente su papel y autoridad, además de valorar poco su trabajo lo que lleva a que las retribuciones

[2] Informe del Programa Internacional para la Evaluación de Estudiantes o Informe PISA (por sus siglas en inglés: *Programme for International Student Assessment*).

del profesorado tengan un perfil moderado. Con estos condicionantes, exigirles siempre una motivación elevada y una formación continua cuando se deterioran sus condiciones de trabajo con cada vez menos recursos y menos personal, es bastante difícil de justificar.

El gasto educativo en España se ha situado en porcentajes bastante inferiores a las de las economías escandinavas (ver Gráfico 2). Concretamente entre 2002 y 2006, años que se corresponden a la fase alcista del último ciclo económico, el porcentaje del Producto Interior Bruto (PIB) destinado a la educación estuvo entre el 4.23% y el 4.28%. A lo largo de los últimos 12 años el valor máximo de esta variable se sitúo en 2009 en el 5.02%, con lo que podemos observar una muy poco significativa variación de esta partida a pesar de los efectos positivos que genera. La utilización de recursos en educación es una apuesta hacia el futuro. Personas formadas demuestran una mayor empleabilidad al ser más productivas, acceden a puestos de trabajo mejor remunerados y favorecen la adaptabilidad de las economías a las condiciones cambiantes de los mercados mundiales. La rentabilidad de la educación es a largo plazo, y por lo tanto no se traduce rápidamente en votos para la próxima campaña electoral, pero la educación es la vía más efectiva para mejorar las condiciones de vida de las personas a nivel individual y de conseguir unas sociedades más avanzadas en términos sociales y económicos.

Gráfico 2. *Evolución del Gasto Público en Educación como proporción del Producto Interior Bruto*

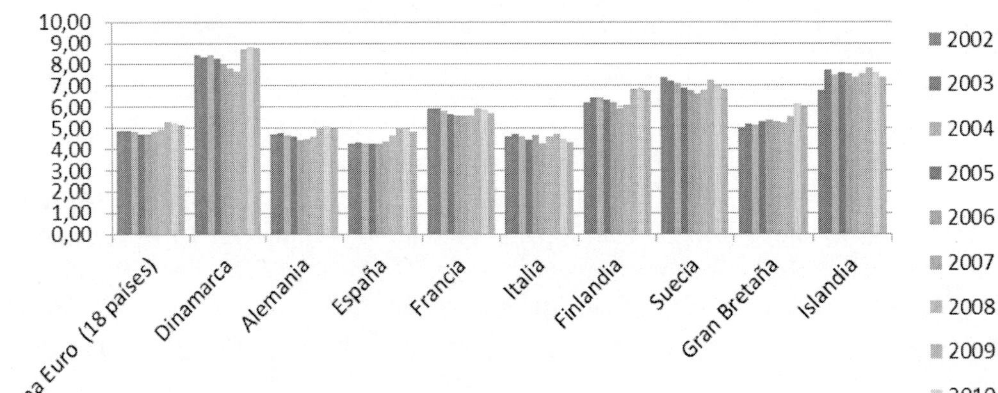

Fuente: Eurostat

Por lo que respecta a la sanidad, cabe señalar que se trata de un sector altamente valorado por la población. A lo largo de los años se ha ido desarrollando un sistema sanitario que de forma universal cubría las necesidades de la población sin que se vieran los recursos familiares altamente afectados por una enfermedad. Estos cuidados pueden llegar a ser muy elevados y por lo tanto no siempre asumibles por una familia media. Si bien los medicamentos están subvencionados para la mayor parte de la población (siendo gratuitos para las personas jubiladas y enfermas crónicas), la atención en los centros de salud y hospitalarios son «aparentemente gratuitos», y pongo entre comillas este término porque no podemos olvidar que en realidad se financian con cargo a los presupuestos del Estado y que por lo tanto proceden de las aportaciones realizadas por la población en forma de tributos.

El sector sanitario implica personal altamente preparado pero también de maquinaria y utensilios, que son caros. Es especialmente reseñable destacar el coste de los productos farmacéuticos, en un contexto en el que el poder de la industria farmacéutica es muy elevado.

Por otra parte, tenemos que las necesidades de la población han ido cambiando en los últimos treinta años, sobre todo por el envejecimiento de la población española, que ha llevado a un incremento en la demanda de estos servicios. Sin embargo, comparando con economías avanzadas de la Unión Europea, tenemos que el gasto público en sanidad en España es inferior al correspondiente incluso a países mediterráneos como Italia, Alemania y por supuesto a los países escandinavos (ver Gráfico 3). Al igual que se apuntaba en párrafos anteriores respecto al gasto en educación, tenemos que la variable gasto sanitario por persona ha mostrado un comportamiento bastante similar. Entre 2002 y 2009 el porcentaje de gasto sanitario total sobre el PIB paso del 7.39% al 8,63%. En 2010 en plena crisis se alcanzó el porcentaje máximo del 9.41% mientras que en 2012, último dato disponible se situaba en el 9.16%.

Una población envejecida, un gasto farmacéutico en alza y unos recortes presupuestarios han llevado a la reducción de plantillas y con ello a que aumentara el tiempo de espera para recibir la atención, tanto en los centros de atención primaria como en la hospitalaria. A pesar de todas las restricciones mencionadas, la población considera altamente la profesionalidad y el servicio recibido.

Gráfico 3. *Evolución del Gasto Público en Salud como proporción del PIB*

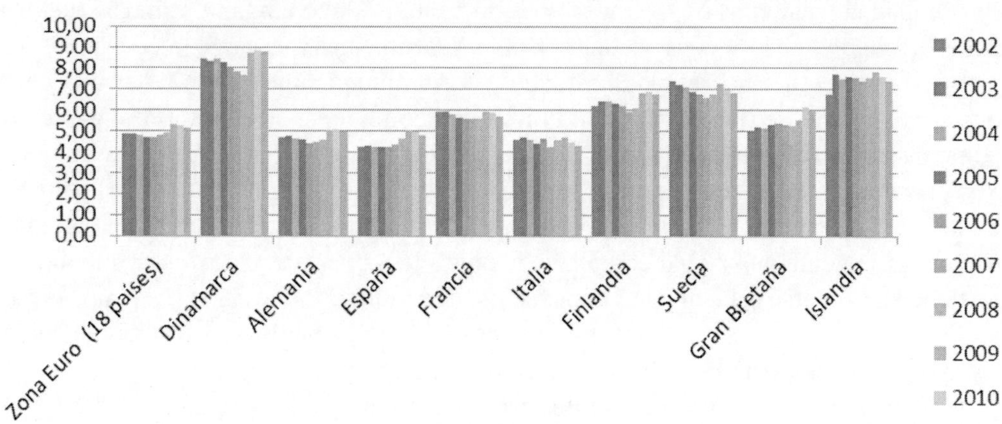

Fuente: Eurostat

Las partidas de sanidad y educación constituyen importantes pilares del Estado del bienestar, pero yendo un paso más allá pensamos que nos dan una garantía del compromiso definido en el artículo 40 de la Constitución. En especial queremos hacer referencia al párrafo 1: *«Los poderes públicos promoverán las condiciones favorables para el progreso social y económico y para una distribución de la renta regional y personal más equitativa, en el marco de una política de estabilidad económica. De manera especial realizarán una política orientada al pleno empleo»*.

Este mismo artículo 40.1 junto con el artículo 35 —*«Todos los españoles tienen el deber de trabajar y el derecho al trabajo, a la libre elección de profesión u oficio, a la promoción a través del trabajo y a una remuneración suficiente para satisfacer sus necesidades y las de su familia, sin que en ningún caso pueda hacerse discriminación por razón de sexo»*—, nos permiten avanzar, con dos consecuencias muy importantes estrechamente relacionadas con las políticas de recortes:

— la reducción de las plantillas en los organismos públicos;
— la menor prestación de servicios públicos, lo que requiere que «alguien» tenga que asumirlos para que no se vea seriamente perjudicado el nivel de vida de la ciudadanía, sobre todo de los colectivos más vulnerables.

A lo largo de los años, las mujeres españolas han centrado su ocupación en el sector servicios, siendo especialmente importante su incorporación en los sectores de Educación, Sanidad y Administración pública, sectores que han sentido especialmente las reducciones de plantilla derivadas de lo que se conoce comúnmente como «los recortes». Observamos, pues, una clara segmentación horizontal al analizar el empleo de las mujeres. En general, tenemos que las mujeres han dirigido sus proyectos laborales a actividades relacionadas con lo que «tradicionalmente» se han considerado trabajos femeninos. Los mayores niveles educativos alcanzados por las mujeres les han permitido acceder a estos puestos de trabajo. Pero además, se trata de empleos públicos a los que se accede por pruebas objetivas, donde las estructuras de las organizaciones presentan un menor sesgo de género y con mayor flexibilidad en sus horarios laborales, todo lo cual hace que tengan un mayor acceso a poder atender las necesidades que las personas dependientes a su cargo puedan presentar.

Considerar que las personas actúan de forma independiente sin tener en cuenta que forman parte de una estructura familiar que condiciona sus decisiones, parece un punto de partida bastante alejado de la realidad, sobre todo de la realidad de las mujeres. Sus decisiones de trabajar en unos sectores y no en otros, la duración de las jornadas e incluso las remuneraciones recibidas van a estar condicionadas por construcciones sociales. El agente individual con plena disponibilidad para el mercado de trabajo, que no tiene más objetivo que obtener unos recursos económicos que aporta a la familia para su sustento pero sin tener responsabilidades familiares, es el ideal para la modelización teórica pero se aleja de la realidad de nuestras sociedades.

Hombres y mujeres tienen distintos grados de libertad a la hora de decidir sus posibilidades de empleo derivadas del proceso de socialización recibido. Los tiempos de las actividades remuneradas y el resto de actividades que permiten tener una vida plena, es decir las relacionadas con la familia y con la vida personal, deberían poder contabilizarse. Sin embargo a día de hoy siguen persistiendo las tensiones. Y en los últimos años se han agravado, por la menor prestación de servicios sobre todo los relacionados con los cuidados de las personas dependientes (menores, personas enfermas y personas de edad avanzada). Todo lo cual ha supuesto un empeoramiento de las condiciones de vida de las familias.

Históricamente, las familias[3] en general y las mujeres en particular eran las encargadas (de forma gratuita) de la casa y de las personas dependientes, ya que todo su tiempo lo dedicaban al espacio doméstico y a las actividades a él vinculadas. De esta manera, las mujeres distribuían los recursos familiares y los ponían a disposición de las personas más necesitadas. Estamos haciendo referencia a un conjunto variado de recursos que van desde los psicológicos, los afectivos, y los económicos, hasta los recursos relacionados en el uso y la distribución del tiempo (Aznar-Márquez y Belmonte-Martín, 2013). Por lo tanto, las mujeres a lo largo de la historia han llevado a cabo una labor que ha quedado invisibilizada, pero sin la que no hubiera sido posible el sostenimiento de las sociedades (Carrasco, 2006).

La importante incorporación de las mujeres al mercado de trabajo ha llevado a que la distribución de los tiempos de las mujeres se haya visto modificada. Ya no es posible considerar la plena disponibilidad del tiempo de las mujeres para con sus familias. De esta manera, y en un contexto en el que no se ha producido una redistribución de roles dentro de la familia, tenemos que se ha acudido a la ayuda familiar[4] (normalmente femenina gratuita y cuando ésta sea posible) o a la contratación de una persona (externalización), normalmente una mujer, para que se encargue del trabajo que socialmente era asignado a la mujer que «sale de casa». Cuando ninguna de estas alternativas es posible las familias, sobre todo si son monomarentales, entran en un peligroso círculo en el que cuidados y recursos económicos implican un tira y afloja de difícil solución.

En sociedades como la española no ha habido una auténtica política de ayuda de las familias (Navarro, 2006) porque no se ha producido un auténtico reconocimiento del papel de la sociedad en los cuidados. Sin embargo esta ausencia de políticas de familia se contradice con lo recogido con el artículo 39.1 de la Constitución *«Los poderes públicos aseguran la protección social, económica y jurídica de la familia».*

[3] Siguiendo a Inés Alberdi, tenemos que «la familia está formada por dos o más personas unidas por el afecto, el matrimonio o la filiación, que viven juntas, ponen sus recursos en común y consumen conjuntamente una serie de bienes en su vida cotidiana».

[4] El informe del Instituto de la Mujer «Cuidados a personas dependientes. Valoración económica» del año 2008, muestra que el 83,6% de las mujeres en España (5,3 millones) se dedica al cuidado informal, es decir, atención altruista y no remunerada, prestado a personas dependientes, lo que representaría el 9,05% del empleo en España y el 4,2% del PIB de ese periodo. El perfil de estas cuidadoras informales es el de una mujer, generalmente hijas o cónyuges de la persona cuidada, con una edad que ronda los 50 años, y suele estar casada, con hijos, estudios primarios y sin trabajo remunerado. Asimismo, la motivación predominante (90,6%) de estas mujeres para realizar las tareas es «por obligación moral».

La realidad nos muestra que existe una oferta insuficiente de plazas ofertadas a precios reducidos (o incluso gratuitas) destinadas a la atención a menores de 0-3 años en guarderías, de centros para la atención diurna o las residencias de personas mayores: todo lo cual genera grandes tensiones a las familias porque las actividades de cuidados son claramente muy demandantes de tiempo.

Sin un pertinente servicio público de cuidados, se requeriría de una trasformación social. Pero las estructuras sociales son muy reticentes al cambio y de esta manera es difícil que las mujeres puedan asumir una vida laboral en condiciones de igualdad. En primer lugar, no existe una adecuación entre la organización social (horarios laborales, escolares y vacaciones) y la realidad de las familias en las que trabajan los integrantes adultos de las mismas, situación que se agrava cuando solo existe una única persona adulta a cargo. Segundo, apenas han cambiado los perfiles de género dentro del hogar, pues en mayor medida las tareas domésticas y de cuidados de personas dependientes siguen estando a cargo de las mujeres no siendo el reparto de responsabilidades igualitario (Aznar-Márquez y Belmonte-Martín, 2013).

La menor prestación de servicios de cuidado por los menores recursos tanto de personal como económicos ha llevado a que se resientan los recursos disponibles por parte de las familias. Consecuencia directa de todo ello es que algunas mujeres han tenido que reducir su jornada laboral o incluso salir del mercado de trabajo remunerado. Por lo tanto, con la reducción de plantillas en sectores altamente feminizados y con la menor prestación de servicios, podemos concluir que se ha visto vulnerado el artículo 35 de la Constitución: *«Todos los españoles tienen el deber de trabajar y el derecho al trabajo, a la libre elección de profesión u oficio, a la promoción a través del trabajo y a una remuneración suficiente para satisfacer sus necesidades y las de su familia, sin que en ningún caso pueda hacerse discriminación por razón de sexo»*.

La estructura productiva determina las posibilidades de empleo y la calidad del mismo. Para el caso español, la estructura productiva se basa fundamentalmente en un conjunto de pequeñas y medianas empresas. Por lo que se refiere a los sectores productivos destacar que por su aportación al PIB encontramos el elevado peso del sector servicios. En los años de expansión económica el sector industrial ha presentado una clara tendencia a la contención, siendo el sector de la construcción (altamente masculinizado) y el sector servicios (claramente feminizado) los que proporcionaron los mayores incrementos en la creación de puestos de trabajo. Esta concentración productiva llevó a que con el estallido de la burbuja inmobiliaria se perdieran muchos puestos de trabajo masculinos mientras que con el control presupuestario fueran especialmente afectadas las mujeres. Tenemos que la tasa de desempleo femenina, para todos los años considerados, siempre supera la masculina (ver Gráficos 4 y 5), si bien la brecha entre las cifras ha ido reduciéndose. Pero este comportamiento se ha debido fundamentalmente al empeoramiento de la cifra de los hombres y no por una mejora de la correspondiente a las mujeres.

Cabe señalar también que no sólo las tasas de desempleo en España han ido aumentando durante la crisis económica; ya desde inicios del siglo XXI (e incluso antes) las tasas de desempleo españolas han sido superiores a las de otros países europeos (ver Gráficos 4 y 5). La tasa de empleo femenina ha ido aumentando en los últimos quince años en todas las economías europeas con independencia de la fase del ciclo económico, siendo esta tasa especialmente elevada en los países en los que existe una importante participación del Estado en la prestación de servicios como son las guarderías, los centros de día y de atención a personas dependientes. La disponibilidad de estos servicios permite compatibilizar más fácilmente las actividades de cuidados y el trabajo remunerado.

Gráfico 4. *Evolución de la tasa de desempleo en % sobre la población activa femenina*

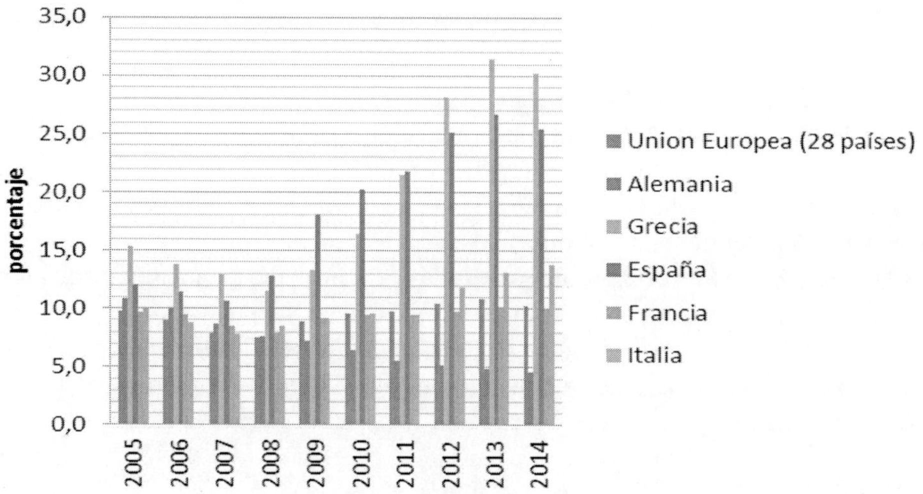

Fuente Eurostat

Gráfico 5. *Evolución de la tasa de desempleo en % sobre la población activa masculina*

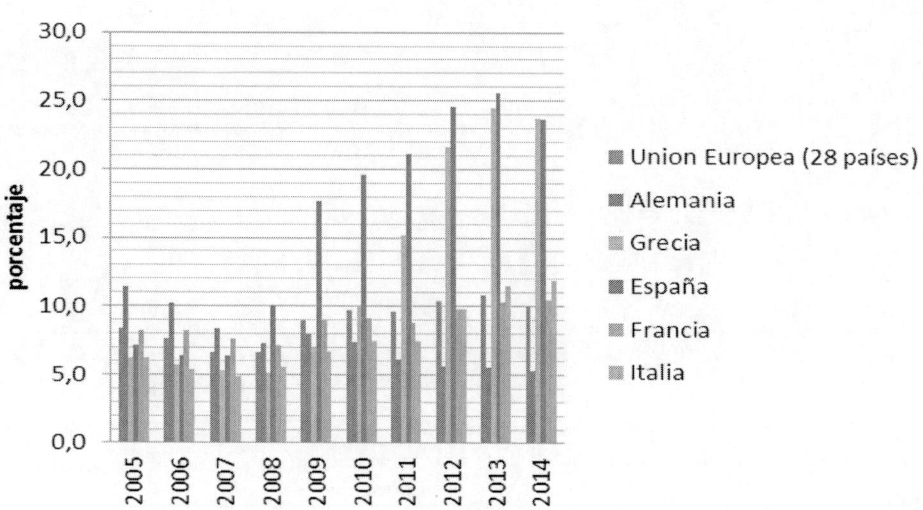

Fuente Eurostat

Dadas las importantes dificultades para conseguir, y sobre todo para mantener, un empleo que garantice unas condiciones de vida que permitan el mantenimiento de las familias, se ha producido una disminución de la población activa. Es decir el número total de personas que están trabajando o buscando trabajo ha disminuido. Este comportamiento queda explicado fundamentalmente por dos razones: i) el retorno de emigrantes que habían llegado a España por motivos laborales; ii) la salida de jóvenes buscando empleo en otros países (mano de obra formada y productiva); y iii) el aumento de personas desanimadas y que desisten de buscar activamente empleo (pasando a formar parte de la población inactiva). El desánimo es más frecuente en personas con bajo nivel de formación y que tienen más de 35 años, sobre todo en mujeres. Destacar también que hasta hace apenas unos años, la edad que se consideraba como crítica para conseguir un trabajo eran los 45 años. Si llegada a esa edad no se formaba parte activamente del mercado de trabajo era bastante probable quedar atrapado/a en un proceso de contratos de corta duración, en general de baja calidad y remuneración que se compaginaban con largos períodos de desempleo. Sin embargo, con la crisis económica esta edad límite parece haberse reducido en unos diez años.

El desempleo de larga duración, es decir las personas que llevan más de un año buscando trabajo, es un fenómeno no sólo muy importante sino persistente en la economía española. Por otra parte, el Gráfico 6 nos muestra también el importante incremento de la tasa de desempleo de larga duración a lo largo de la crisis económica, afectando en todos los años de la serie, de forma más dura a las mujeres que a los hombres.

Gráfico 6. *Evolución de la tasa de desempleo de larga duración en España respecto al total por sexos*

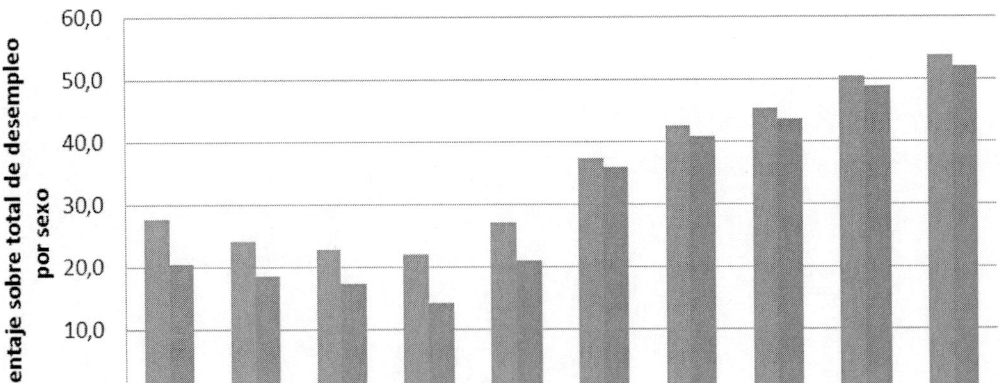

	2005	2006	2007	2008	2009	2010	2011	2012	2013	2014
mujeres	27,7	24,2	22,8	22,0	27,1	37,3	42,6	45,3	50,5	53,8
hombres	20,5	18,4	17,4	14,1	21,1	36,0	40,8	43,5	48,9	52,0

Fuente: Eurostat

La profundidad del problema que implica el desempleo de larga duración se ve agudizada porque se debe en gran medida a los bajos niveles de cualificación de la mano de obra (sobre todo de personas de más de 45 años). Sería pues pertinente conseguir una mejora en la preparación de las personas desocupadas para de esta forma aumentar su empleabilidad una vez que ya han dejado el sistema educativo formal. Para ello se requeriría de un esfuerzo en el diseño de cursos que fueran adecuados para permitir de forma efectiva que el esfuerzo que realizan personas que llevan mucho tiempo alejadas de las aulas y que se consideran poco aptas para el estudio, consideren atractivas las posibilidades formativas. El reto es difícil y mucho más si comparan las remuneraciones percibidas antes de perder su empleo con las que ahora se presentan, y que son bastante más reducidas. Pero además se estaría cumpliendo con el artículo 40.2 de la Constitución: «*los poderes públicos fomentarán una política que garantice la formación y readaptación profesionales [...]*»

Una vez están en el mercado de trabajo, las mujeres presentan menores tasas de ocupación y mayores tasas de empleo a tiempo parcial y de temporalidad. La atención a las responsabilidades domésticas ha condicionado que las mujeres acepten jornadas a tiempo parcial, contratos temporales y a menudo inestabilidad y alejamiento del mercado laboral por la maternidad o la atención a la infancia y a personas dependientes. Estos comportamientos no sólo se observan en la economía española sino también en nuestros países vecinos, como puede observarse en los Gráficos 7 y 8.

Gráfico 7. *Tasa de ocupación por sexos y número de hijos menores de 10 años 2014*

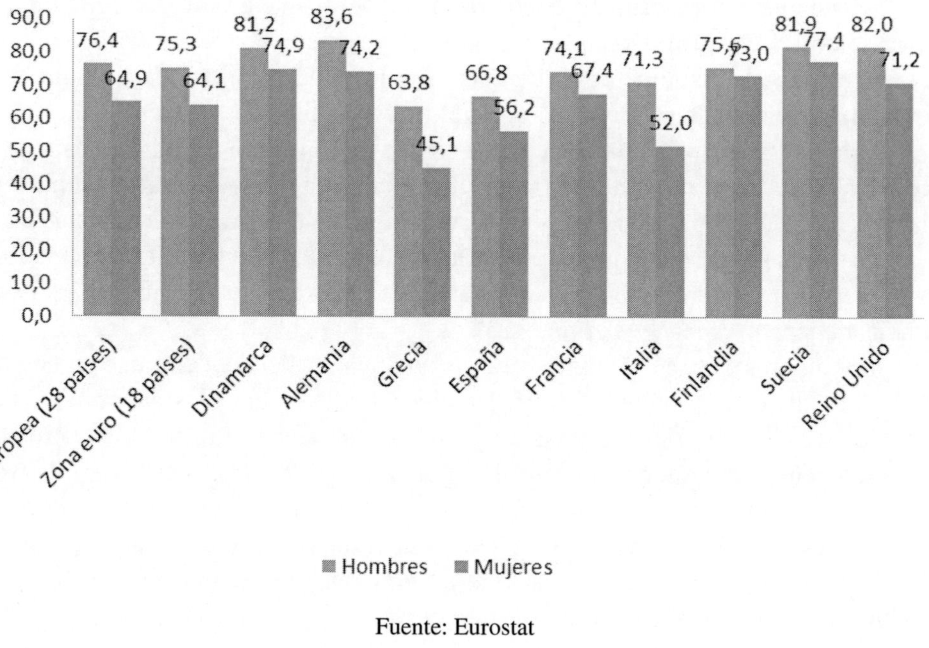

Fuente: Eurostat

En presencia de menores de 10 años es mucho mayor la tasa de empleo de hombres que de mujeres para la muestra de países europeos elegidos, siendo la diferencia entre las mismas de prácticamente 10 puntos para todos los países. Destacar también que la tasa de empleo a tiempo parcial cuando hay menores de 10 años es muy superior para las mujeres que para los hombres (ver Gráfico 8). La persistencia de estereotipos que asocian a las mujeres como más «capacitadas» para llevar a cabo las tareas de cuidado de personas dependientes trasciende las fronteras. Ni siquiera en los países que cuentan con mayores ayudas públicas para las familias, como es el caso de los países escandinavos, la brecha en la tasa de empleo se reduce.

El recurso al empleo a tiempo parcial aparece como una posibilidad que permite conseguir recursos económicos que ayuden al sostenimiento de las familias. Para el caso español sería conveniente apuntar que no siempre tener que recurrir a un empleo a tiempo parcial es una elección, sino que aparece como la única posiblidad. Caso especialmente destacable es el de las mujeres cabeza de familia de hogares monomarentales. Estas se caracterizan por tener serios problemas para poder coordinar horarios laborales y familiares, por lo que frecuentemente acaban realizando trabajos a tiempo parcial, con lo que las retribuciones percibidas son menores, lo que a su vez se traduce en menor calidad de vida para sus familias.

La realidad nos muestra que las mujeres, por muy eficientes que sean a nivel individual no son un sustitutivo perfecto de sus compañeros varones. Si el trabajo doméstico y de cuidados estuviera equitativamente distribuido entre hombres y mujeres, las empresas tendrían las mismas obligaciones con unos que con otras, aumentando la empleabilidad de las mujeres. La maternidad puede llegar a convertirse en una dificultad importante para el desarrollo profesional de las mujeres ya que condiciona sus posibilidades de ascenso o simplemente de estabilidad en su puesto de trabajo. Decisión que se vuelve más importante cuanto mayor es el nivel de formación de la mujer. La entrada en el mercado de trabajo y la consecución de lo que se considera un buen puesto de trabajo requiere haber sorteado muchos obstáculos y, una vez conseguido, el renunciar a él por la llegada de un hijo o hija hace que la rentabilidad de la inversión que supone la educación se vea mermada. Contar con mallas de seguridad que permitan compatibilizar la vida personal y la profesional son importantes factores que determinan las decisiones de las mujeres (Aznar y Azorín, 2010).

Por otra parte, cabe reseñarse que las mujeres suelen concentrarse en empleos que tienen relativamente bajos salarios. Dentro del sector servicios encontramos no sólo empleo público en educación, sanidad o administración sino también otros trabajos que requieren de menor cualificación (y remuneración) como son los relativos a los servicios de limpieza, el cuidado de personas a domicilio, el turismo, la hostelería o el comercio. Estos últimos llevan a que las aportaciones de las mujeres a la Seguridad Social sean menores a las realizadas por los varones y, por lo tanto, las prestaciones que tendrán derecho a percibir en caso de perder su empleo, o su pensión futura también será inferior a las que recibirán los varones. Los recursos económicos derivados del trabajo remunerado que aportan las mujeres son necesarios para sus familias y también para el sostenimiento de las sociedades, pero las rentas del trabajo de las mujeres se consideran en demasiadas ocasiones como complementos de los obtenidos por los varones por lo que genera una sensación personal y también social de que las mujeres pueden dedicarse a empleos a tiempo parcial.

Grafico 8. *Porcentaje de empleo a tiempo parcial por sexos y con hijos menores de 10 años en 2014*

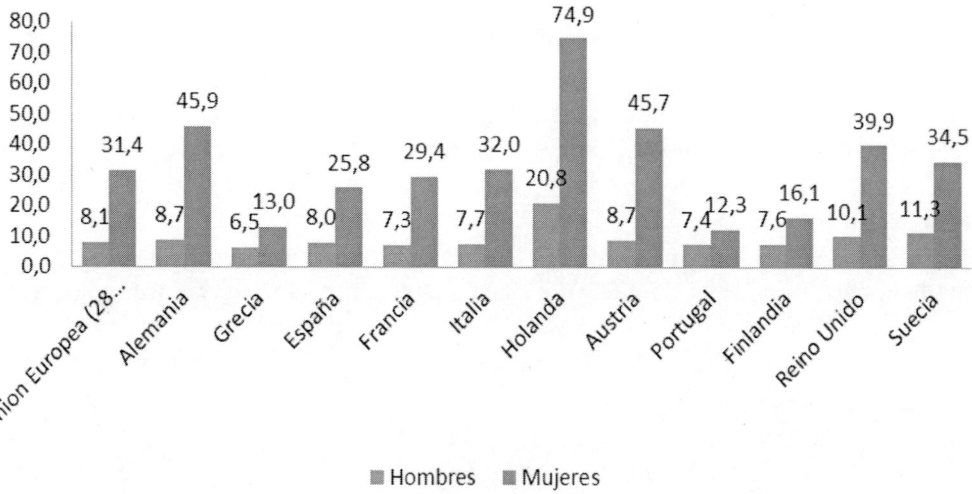

Fuente: Eurostat

Si mantenerse en un puesto de trabajo ya es difícil ni que decir tiene lo que ocurre cuando se habla de promociones. En este caso nos enfrentamos tanto a la propia dinámica de las organizaciones como a la responsabilidad moral individual. En el primero de los casos nos encontramos ante el denominado techo de cristal, y en el segundo ante el suelo (laberinto) pegajoso.

Una crisis económica tan pronunciada como la que llevamos arrastrando desde hace unos años, ha supuesto un duro golpe a la capacidad del mercado como sostén del Estado del bienestar ya que los mercados laborales no aseguran unas expectativas generalizadas de empleo y, mucho menos, unas rentas estables a lo largo de la biografía laboral de las personas. La realidad refleja una creciente inseguridad laboral, frecuentes cambios de empleo, períodos de desempleo de larga duración e incremento del trabajo precario. De esta manera, podemos constatar que en los períodos en que son más necesarias las transferencias de rentas hacia los colectivos más débiles, los recursos a ellos destinados se ven seriamente mermados.

Consecuencia directa de las vicisitudes del mercado de trabajo es el menor nivel de vida de la población en general pero, en especial, de las familias especialmente vulnerables, destacando especialmente el colectivo de personas de edad y las familias monomarentales. En general, el riesgo de pobreza de estas mujeres y las familias que tienen a su cargo aumenta ante rupturas familiares en un contexto de dependencia económica del varón sustentador. Podemos concluir que potenciar la integración de las mujeres en el mercado laboral es una vía de hacer frente a la pobreza infantil, además de permitir la compatibilización de la vida familiar y profesional.

Según el informe de Unicef, «La infancia en España 2012-2013», la crisis económica está teniendo un enorme impacto sobre la infancia, concluyendo incluso que está siendo más intenso en los hogares con niños que en el conjunto de los hogares. Unicef apunta que España se encuentra en la tercera posición entre los desarrollados en cuanto a proporción de sus menores que vive en hogares bajo el umbral de la pobreza (con menos de un 60% de la renta media). En total, hay 2,7 millones en esa situación. Pero tanto la riqueza como la pobreza se heredan. Los/as hijos/as de las personas con menos recursos cuentan con menos oportunidades para estudiar y tienen mayor riesgo de sufrir problemas de salud.

Además, el VII Informe FOESSA «Sobre Exclusión y Desarrollo Social en España 2014» muestra que más de 11,7 millones de personas (25%) viven en situación de exclusión en España, un 60% más que en 2007. Por otra parte, del total de personas en exclusión el 77,1% sufre exclusión en el empleo, un 61,7% en la vivienda y un 46% en la salud. Asimismo cinco millones de españoles se encuentran en situación de exclusión social extrema, dato que casi duplica el de hace seis años.

Ante la realidad presentada, instituciones como Cáritas que están jugando un importante papel de ayuda para las familias más necesitadas, insisten en la necesidad de apostar por una protección social que garantice unos sistemas mínimos e implementar políticas familiares. No se trata de que la población menos favorecida tenga que recurrir a la Beneficencia para poder sobrevivir, como sociedad tenemos que apoyar a aquellas personas que más lo necesitan. Pero no sólo se trata de un deber moral, pues el artículo 9.2 de la Constitución indica que *«Corresponde a los poderes públicos promover las condiciones para que la libertad y la igualdad del individuo y de los grupos en que se integra sean reales y efectivas; remover los obstáculos que impidan o dificulten su plenitud y facilitar la participación de todos los ciudadanos en la vida política, económica, cultural y social.»*

III. CONCLUSIONES

La crisis económica de los últimos años ha supuesto importantes cambios en la forma en que se perciben las relaciones entre las autoridades y la ciudadanía. Cumplir con los compromisos marcados por el Pacto de Estabilidad y Crecimiento mientras que la burbuja inmobiliaria estallaba y con un sector financiero muy afectado, ha supuesto una muy importante reducción en la actividad productiva y un aumento de la tasa de desempleo.

La pérdida del puesto de trabajo con la consiguiente disminución de recursos económicos y el acceso a una menor cantidad y calidad de servicios públicos, sobre todo de los relacionados con los cuidados, ha llevado a que la calidad de vida de la ciudadanía se haya visto altamente afectada. Las tensiones sociales derivadas de estas situaciones están siendo mejor sobrellevadas en la medida que las familias están actuando como verdaderas mallas de seguridad.

Las autoridades tanto fiscales como monetarias no han dejado de intervenir desde prácticamente el otoño de 2008 en las economías de los países más avanzados, y España no es excepción de ello. Sin embargo, los agentes que se han visto más protegidos no han sido los más vulnerables, sino que la percepción es que se ha ayudado fundamentalmente a los poderosos: a los bancos.

La racionalidad en la cuantía y destino de los fondos públicos es un tema de suma relevancia, pero el objetivo final de las autoridades no debería ser otro que el conseguir el máximo bienestar común. Confundir gasto con inversión, constituye un error de principiante. Las partidas de educación y las relacionadas con los cuidados como son la sanidad y los servicios sociales, que se han visto reducidas de forma considerable a lo largo de los últimos años, no son puramente gastos ya que permiten mejorar las condiciones presentes y/o futuras de la población de una forma más efectiva. De alguna forma lo que estamos haciendo es hipotecar el futuro.

Si alguna cosa nos ha dejado clara la crisis económica es que no ha tenido las mismas consecuencias sobre toda la población, siendo especialmente afectadas por la misma las mujeres y las personas con una mayor vulnerabilidad, como son las personas mayores, las personas en riesgo de exclusión social y los menores. Como sociedad deberíamos exigir la protección de las personas más débiles. No tener en cuenta a toda esta población es considerar que existe una ciudadanía de primera y otra de segunda clase. Entendiendo por ciudadanía un estatus formado por el acceso a los recursos básicos para el ejercicio de derechos y deberes. La no discriminación constituye una condición necesaria y suficiente de la ciudadanía. En caso contrario, los titulares de derechos permanecen en una situación de precariedad expresada en un déficit de ciudadanía. Pero además, se estaría incumpliendo con el primer artículo de la Constitución que dice que «*España se constituye en un Estado social y democrático de Derecho, que propugna como valores superiores de su ordenamiento jurídico la libertad, la justicia, la igualdad y el pluralismo político*». Nuestra Carta Magna implica un compromiso que se refrendó en la urnas y consideramos que debería ser recordada más frecuentemente para que quienes tienen que tomar decisiones recuerden que gobiernan para la ciudadanía.

IV. Bibliografía

ALBERDI, Inés, *La nueva familia española*, Taurus, Madrid, 1999.

AZNAR, Juana y AZORÍN, Ester, «Características del mercado de trabajo español actual y sus consecuencias sobre el riesgo de exclusión social». *Revista de Documentación Social.* Pp. 63-80. Caritas Española Editores. Madrid. ISSN 0417-8106, 2010.

AZNAR-MÁRQUEZ, Juana y BELMONTE-MARTÍN, Irene, «Las familias como elemento subsidiario del Estado del Bienestar». *Revista de la Facultad de Ciencias Sociales y Jurídicas de Elche.* Vol. I. n.º 9, págs. 1-20. ISSN 1886-6611. [Consulta 11 de enero de 2015]. Disponible en https://revistasocialesyjuridicas.files.wordpress.com/2013/04/09-tm-01.pdf, 2013.

CARRASCO, Cristina, «La paradoja del cuidado: necesario pero invisible». *Revista de Economía Crítica.* n.º 5, págs. 39-64. ISSN 1696-0866. Disponible en https://www.fuhem.es/media/cdv/file/biblioteca/Boletin_ECOS/10/la_paradoja_del_cuidado.pdf, 2006.

DEVSTAT El mercat de treball a l´Euram. Editorial Tres i Quatre, Valencia, 2008.

FUNDACIÓN FOESSA VII Informe sobre Exclusión y Desarrollo Social en España. Caritas Española Editores. Madrid. [Consultado el] Disponible en http://www.foessa2014.es/informe/uploaded/descargas/VII_INFORME.pdf.

GOBIERNO DE ESPAÑA, Real Decreto 7/2008 de 13 de octubre [Consulta 9 de enero de 2015] Disponible en http://www.boe.es/diario_boe/txt.php?id=BOE-A-2008-514, 2008.

— Real Decreto 14/2013 de 29 de noviembre. [Consulta 9 de enero de 2015] Disponible en http://www.boe.es/diario_boe/txt.php?id=BOE-A-2013-12529, 2013.

INSTITUTO DE LA MUJER, *Cuidados a personas dependientes. Valoración económica,* Madrid, 2008.

NAVARRO, Vicenç, *El subdesarrollo social de España. Causas y consecuencias,* Barcelona. Anagrama, 2006.

UNICEF, *La infancia en España 2012-2013. El impacto de la crisis en los niños* , Ed Unicef, Madrid, 2012.

HITOS DE DEMOCRATIZACIÓN DE LA JUSTICIA CONSTITUCIONAL: PROPUESTAS DESDE AMÉRICA LATINA*

SILVIA BAGNI
Profesora de Derecho Público Comparado
Universidad de Bolonia (Italia)

ÍNDICE: I. INTRODUCCIÓN METODOLÓGICA. II. APORTACIONES DESDE EL CONSTITUCIONALISMO LATINOAMERICANO A LAS TEORÍAS SOBRE LA LEGITIMACIÓN DE LA JUSTICIA CONSTITUCIONAL. III. HITOS DE DEMOCRATIZACIÓN DE LA JUSTICIA CONSTITUCIONAL EN ALGUNOS ORDENAMIENTOS LATINOAMERICANOS: 1. Los «amigos» de los Tribunales. 2. El pluralismo jurídico. 3. La elección popular de los jueces. IV. CONCLUSIONES: LA PARTICIPACIÓN POPULAR COMO NUEVO ELEMENTO CLASIFICATORIO DE LA JUSTICIA CONSTITUCIONAL. V. BIBLIOGRAFÍA.

I. INTRODUCCIÓN METODOLÓGICA

Una contribución al debate sobre los «Problemas actuales del derecho constitucional en un contexto de crisis», tema al que se dedica este volumen, debe partir, en nuestra opinión, de un análisis del concepto mismo de «crisis». Dicha palabra nos suele indicar un cambio traumático y general, una etapa de inestabilidad que obliga a volver a debatir sobre las opciones escogidas hasta dicho momento para facilitar la superación de la situación crítica. Es el instante, de hecho, en el que normalmente se redefinen los valores que guían nuestras acciones.

Buscando en Google la palabra «crisis», la primera voz que surge es «crisis económica del 2008-2014» de Wikipedia. La web, como instrumento de información de masas, señala por lo tanto que: 1) la crisis se percibe esencialmente como «económica»; y 2) que aquella está todavía en curso.

Se nos ha dicho más de una vez desde autorizadas voces representantes de las instituciones nacionales e internacionales, que la solución a la crisis está en la austeridad, en el gasto y en las cuentas públicas, en la reducción del Estado Social, y en la

* Traducción del italiano, de Rosario Tur Ausina, Profesora Titular de Derecho constitucional, Universidad Miguel Hernández de Elche.

privatización de los servicios. Sin embargo, si nos dirigimos de nuevo a Google para descubrir como resolver dicha crisis, encontramos diversas propuestas alternativas, sin que ninguna se corresponda con la versión oficial.

Incluso desde la perspectiva social e institucional, es posible hallar otras vías de salida de la crisis respecto a las que imponen las instituciones europeas (y en consecuencia, los Gobierno de los países que hoy adoptan las decisiones), las cuales empujan a los Estados hacia la concentración del poder en los Ejecutivos, hacia la presidencialización de la forma de gobierno parlamentaria, hacia la modificación en sentido mayoritario de las fórmulas electorales, y por lo tanto hacia una concentración de la democracia cada vez menos fundada sobre el concepto de representación.

Una propuesta alternativa, en cambio, vendría representada por la previsión de instituciones más inclusivas, transparentes y abiertas, con mayor representación directa del pueblo en los procesos relativos a las decisiones políticas de dirección del país; es decir, más democracia en el sentido clásico del término.

Es en este marco, si bien con un enfoque circunscrito a la justicia constitucional, en el que se inserta el presente estudio. Así, nos mostramos convencidos de que en un momento histórico como el actual, cada función constitucional debe estar en disposición de contribuir a fomentar el desarrollo de una cultura participativa; y con más motivo en cuanto se observa tal circunstancia desde la perspectiva de la aplicación y defensa de la Constitución como bien común, a través de una cultura del diálogo, respeto recíproco y dedicación política.

Sobre este tema, algunas instituciones que han sido experimentadas más o menos recientemente en América Latina, pueden ser un útil ejemplo y una fuente de inspiración para la democratización de la justicia constitucional como respuesta al problema, que nace junto al concepto mismo de control de constitucionalidad, de la falta de legitimación de los Tribunales.

En el neoconstitucionalismo latinoamericano, andino en particular, el principio de participación popular encuentra su máxima expresión en su aplicación, también, a la justicia constitucional, tanto en la fase de legitimación activa ante el Tribunal (*actio popularis*), como en el proceso de argumentación de la sentencia, innovando la idea misma de justicia constitucional. Los Tribunales ya no son sólo órganos *super partes*, que imponen un juicio de constitucionalidad madurado en los pasillos y oficinas de palacio, sino que se abren a la sociedad para diálogar y construir con ella una cultura constitucional (Habermas, 1986).

En el contexto latinoamericano, el objetivo es el de dar cauces de expresión a la cultura subalterna, bajo el prisma de la igualdad en la diversidad. Por ello, la democratización de la justicia constitucional no debe ser vista como la búsqueda del consentimiento popular en las decisiones jurisdiccionales (lo cual resultaría contrario al sentido mismo de la garantía constitucional), sino como un modo de interpretar la Constitución bajo el paradigma del pluralismo jurídico.

En la base de las distintas instituciones que en muchos países de América Latina han sido incluidas en el Derecho Procesal Constitucional se encontraría la idea (apoyada también por muchos teóricos como Bickel, Ely, Fiss, Habermas) de una justicia constitucional abierta, entendida como un trabajo interactivo entre el órgano oficial encargado del control y todos los destinatarios de las normas constitucionales.

Así pues, desde la perspectiva de la investigación científica sobre el tema de las garantías constitucionales, estas páginas pretenden llevar a cabo una profundización sobre la relación que existe entre los modelos de justicia constitucional y la forma de Estado. Habitualmente se sostiene que el primer término (la justicia constitucional) incide sobre el segundo (la forma de Estado), en cuanto la actividad de los Tribunales puede constituir un potente instrumento para la efectividad de los derechos constitucionales y, por lo tanto, de construcción y consolidación de la forma de Estado democrática (o a la inversa, de su debilitamiento, si la interpretación constitucional resulta excesivamente formalista o el órgano se somete al poder político). En consecuencia, se puede observar que es frecuente estudiar cómo el formante jurisprudencial integra el legal-constitucional.

La perspectiva de esta investigación es, sin embargo, la de estudiar el modo en que el formante legal, recibiendo opiniones del doctrinal, ha podido integrar los modelos clásicos de justicia constitucional, instándose así a una revisión de las clasificaciones tradicionales, a la luz de las más recientes teorías sobre la democracia participativa y deliberativa, aplicadas a la estructura de los órganos y a los procesos de invención y justificación de las sentencias (Pegoraro, 1998; 105-111. Luzzati 2009).

Se ha puesto de relieve, en efecto, cómo «a un incremento del pluralismo de los ordenamientos —especialmente en términos de legitimación de los procesos decisorios— no le corresponde un análogo aumento del pluralismo en las reglas de la justicia constitucional», y cómo «(…) es indispensable, en particular para los comparatistas, una reflexión sobre la justicia constitucional como elemento estructural, constitutivo, inmanente, sistémico y no accidental de la forma de Estado» (Palermo, 2011; 316-321). En este estudio, pues, intentaremos aportar ciertos conocimientos para paliar este déficit, atendiendo para ello a ordenamientos que desde hace un tiempo están experimentando nuevas formas de organización de la relación entre justicia constitucional y legitimación pluralista de los Tribunales. Como pone en evidencia Francesco Palermo, algunos límites a las categorías tradicionales son debidas frecuentemente «a una excesiva restricción del campo de acción de los juristas comparatistas, ya sea en términos geográficos (análisis limitado demasiado frecuentemente a pocos ordenamientos, y normalmente a aquellos más consolidados), ya sea, sobretodo, en términos de método de investigación» (Palermo, 2011; 320). Intentaremos, por lo tanto, escapar al menos de la rigidez de la primera objeción.

El objetivo no es, ciertamente, el de sostener una acrítica recepción de los distintos paradigmas culturales y sociales, ni tampoco el de legitimar experiencias todavía no plenamente maduras e inevitablemente llenas de contradicciones. Se trata, más bien, de recepcionar, sobretodo en Europa, determinados indicios en torno a la necesidad de revisar los planteamientos dogmáticos clásicos a la luz de su insuficiencia respecto a las actuales expectivas y reivindicaciones de todos los pueblos de la tierra, lo que debe hacerse también a través de una mirada y aproximación a la «epistemología del Sur» (Boaventura de Sousa Santos, 2010).

II. Aportaciones del neoconstitucionalismo latinoamericano a las teorías sobre la legitimación de la justicia constitucional

Con la expresión «neoconstitucionalismo» se pretende indicar, al menos en la doctrina italiana, la evolución del pensamiento filosófico del constitucionalismo clásico, entendido como la orientación de la doctrina y las instituciones relativas a los límites jurídicos del poder —básicamente desde el periodo de la segunda postguerra mundial—, hacia nuevos contenidos, identificados por algunos, como 1) una constitucionalización de los derechos, entendidos como normas jurídicas, y por lo tanto directamente vinculantes tanto para los poderes públicos como, cuando es posible, en las relaciones entre particulares (y no como meros valores o normas programáticas); 2) una judicialización de los derechos, como consecuencia de su alcance normativo; y 3) una supranacionalidad de los derechos, como consecuencia de su «constitucionalización» en tratados internacionales regionales y universales. Barberis, por su parte, indica también otra característica importante de esta nueva visión: una «conexión entre reglas jurídicas y valores morales a través de los principios constitucionales» (Barberis, 2012; 52), que incide sobre el debate doctrinal y sobre las disputas jurisprudenciales, incluso «entre Tribunales», en torno a los criterios de interpretación constitucional.

La expresión castellana «nuevo constitucionalismo» tiene, sin embargo, un ámbito de aplicación epifenoménico más estrecho, refiriéndose a la oleada de Constituciones adoptadas en América Latina desde los inicios de los años 90 (desde la nueva Constitución colombiana de 1991, aunque hay quien incluye también la brasileña de 1988), y hasta llegar a las recientes experiencias ecuatoriana y boliviana de 2008 y 2009. Si bien las características teóricas del neoconstitucionalismo pueden encontrarse ciertamente en el «nuevo constitucionalismo» (basta pensar en la afirmación, muchas veces confirmada también por la jurisprudencia constitucional de diversos Tribunales, de la total equiordinación de los derechos constitucionales, en consecuencia no jerarquizables de modo definitivo, y solo ponderables caso por caso), los dos conceptos no son completamente coincidentes, puesto que las reflexiones de la doctrina latinoamericana de los últimos años han puesto de relieve elementos específicos del fenómeno en América del Sur (Ávila Santamaría, 2011; 237). Los elementos determinantes de aquello que en otro lugar he clasificado como una nueva forma de Estado (Bagni, 2014; 325-345), la evolución del Estado constitucional de derecho —esta última en cuanto encarnación institucional del neoconstitucionalismo—, pueden identificarse en la participación popular en el ejercicio del poder, *in primis* en el mismo proceso constituyente, en la interculturalidad, y en una nueva visión de las relaciones entre el hombre y la naturaleza que constituye el fundamento, en algunos casos aunque no en todos, del (intento de) adhesión a nuevos modelos económicos (Viciano Pastor y Martínez Dalmau, 2012; 38).

También la justicia constitucional se ha visto afectada por este aire reformista, aunque sea aquella una de esas instituciones consideradas como «intocables» en el constitucionalismo moderno. Uno de los elementos distintivos del nuevo constitucionalismo es la tendencia hacia formas de participación popular en todas las funciones, lo que implica la búsqueda de un diverso equilibrio entre representación y soberanía popular, constitucionalismo y democracia.

Respecto al poder jurisdiccional, originariamente se consideró que «La cobertura del principio democrático del poder judicial se deduce en el constitucionalismo clásico de la sujeción del juez a la ley» (Palacio Romeo, 2011; 47). Es bien conocido, efectivamente, que desde la teoría de la separación de los poderes y desde el positivismo jurídico, el juez —también el constitucional—, fue concebido como un mero aplicador de normas, a través de mecanismos lógicos de deducción y subsunción.

Pero en particular, a partir de la segunda mitad del S. XX, coincidiendo con el inicio de un irrefrenable flujo expansivo de la justicia constitucional, tanto desde la doctrina constitucional como desde la argumentación, la lógica, la filosofía, y la sociología se desmontó, sin embargo, la «mística» positivista del juez como mero aplicador de un silogismo jurídico, mientras algunas voces, también a raíz de experiencias personales de diversos jueces constitucionales, defenderían incluso el carácter político de esta función, lo que no debe entenderse como «partidista», sino más bien como especialmente orientado a la toma en consideración de una multiplicidad de opiniones, y a la libre búsqueda de un significado normativo coherente con los valores incorporados en las Cartas constitucionales (Zagrebelsky, 2005).

El desafío es el de democratizar (Noguera Fernández, 2013; 299) la justicia constitucional, lo que recuerda viejas pero no del todo superadas objeciones en torno a la disputa sobre el *quis custodiet custodes*, a las cuales el nuevo constitucionalismo responde con la búsqueda de un diverso equilibrio entre el principio de supremacía constitucional y la soberanía popular en el ejercicio de las funciones estatales.

Si bien la multiplicidad de funciones atribuidas a los Tribunales Constitucionales así como de los objetos del control (que llega hoy a incluir la misma reforma constitucional), ha sido considerada de manera positiva, entendiéndose que evidenciaba una forma de Estado notablemente garantista con los derechos constitucionalmente reconocidos, por otro lado ha obligado a un cambio de opinión en torno a las objeciones relativas al carácter contramayoritario de la justicia constitucional, pero también a reconsiderar el peligro de una democracia de los guardianes, de origen platónico, recordada y criticada en la famosa obra de Dahl (1989).

Como es bien sabido, en Europa el debate doctrinal en torno a la convivencia entre el principio democrático y la supremacía de la Constitución viene encarnado por la confrontación entre Kelsen y Schmitt acerca de *Wer soll der Hüter der Verfassungs sein*. En la construcción kelseniana el control sobre las leyes por parte del Tribunal Constitucional coexiste con un sistema parlamentario de democracia representativa, sin entrar pues en un indebido ejercicio de poder político. Esto ocurre en tanto la naturaleza jurisdiccional del Tribunal, y por lo tanto su vínculo de subordinación a la ley, garantiza la prevalencia de un juicio basado sobre la razón y no sobre la voluntad política, la cual se manifiesta sin embargo en el procedimiento legislativo. De hecho, también el propio Kelsen admite que ni siquiera el juez está en disposición de deslindar de forma neta los procesos de aplicación/creación del derecho y, en igual sentido, el campo del conocimiento racional de la voluntad creadora, por lo que la opción a favor de un guardián de naturaleza jurisdiccional, como el mismo autor inicialmente sostenía, no parece darse por sentada. En tal sentido, resulta interesante poner de relieve cómo, en el interior de la polémica con Schmitt, Kelsen toma también en consideración la hipótesis de la elección popular de los jueces constitucionales, aunque dudando de que tal solución sea la más adecuada al papel que el Tribunal debe desempeñar (Kelsen, 1981; 284).

Para Schmitt, sin embargo, la defensa de la Constitución no puede más que pertenecer a la esfera de lo político, en cuanto el atribuir un significado a las normas evidencia inevitablemente un acto de voluntad. Por tal motivo, sobre estas premisas el único órgano político que en época weimariana podía ser considerado garante de la unidad del país, también considerando la base de su directa legitimación popular, era el Presidente del *Reich* (Schmitt, 1981; 240).

Las posiciones de los dos grandes Maestros del Derecho constitucional son útiles para la comprensión histórica del problema, pero no sabemos hasta qué punto puedan ser aplicables a la realidad del S. XXI. Se requiere, de hecho, tener presente el contexto histórico desde el que brota esta diatriba, y que se convierte en el marco común para ambas posiciones: es decir, la afirmación del pluralismo político en los Estados europeos de inicios del S. XX, y el tránsito del Estado liberal al Estado social, con la consecuente desaparición de la unidad de valores del sistema jurídico, lo que representa un factor disgregante y desestabilizador. La reacción igualmente crítica de los dos juristas se manifiesta en el repliegue, de una parte, hacia los aspectos formales y procesales del derecho, y del otro, hacia los decisorios.

El contexto actual, sobre todo el latinoamericano, intenta, más bien al contrario, hacer del pluralismo el elemento progresista, así como dar expresión a la multiplicidad, realizando la igualdad en la diversidad. No se trata, por lo tanto, de vincular el juicio constitucional a la búsqueda del consenso, sino más bien de abrir lo más posible la interpretación constitucional al pluralismo.

Un ambiente quizá más similar al latinoamericano actual, es el estadounidense de los años por la lucha de los derechos civiles. En Estados Unidos, ordenamiento en el que el control de constitucionalidad viene impuesto por vía jurisprudencial —no estando expresamente previsto en la Constitución—, el problema de la legitimación de los jueces respecto a la *judicial review of legislation* y su coordinación con la democracia representativa, ha estado en el centro del debate doctrinal, sobre todo en los años concomitantes e inmediatamente sucesivos al activismo judicial de la Corte Warren (1953-1969). No obstante, ya en el programa de T. Roosevelt para las presidenciales de 1912 se preveía el uso del referéndum legislativo como medio para superar la declaración de inconstitucionalidad de una ley. Con ello se ponía en evidencia cómo se vieron afectados de modo negativo los órganos directamente representativos por el ejercicio del poder judicial en la definición de la Constitución (no debe olvidarse que la celebérrima sentencia *Lochner*, mediante la cual el Tribunal Supremo declaró la inconstitucionalidad, por vulneración de la Enmienda XIV, de una ley estatal social de Nueva York que intentaba establecer un límite al horario laboral de los panaderos, es de 1905!).

Las fronteras entre jueces y legislador en Estados Unidos se definieron a través de la famosa nota 4 del caso *Carolene* (304 US 144, 152, n. 4 (1938), en la que se especificaban los motivos que legitiman a un Tribunal a ejercer un *«narrower scrutiny»* respecto a la general presunción de constitucionalidad de la conducta del legislador: en concreto, cuando la previsión legislativa entra de modo manifiesto en el ámbito de aplicación de una de las garantías previstas en las primeras diez enmiendas; cuando la norma puede prejuzgar *«discrete and insular minorities»*. Así, de este modo, el *judicial activism* podía prevalecer sobre el *majoritarianism* solo en casos limitados.

Owen Fiss, en un ensayo de 1979, afronta el problema de la legitimación de los jueces en el desarrollo de la función de interpretación de los valores constitucionales y de su actuación a través de procedimientos concretos como el *school busing* en los casos de desagregación. Dicho autor afirma que el papel del juez es el más adecuado para desarrollar esta tarea, ya que el proceso de *adjudication* le obliga a escuchar todas las voces y todas las posiciones, en una especie de diálogo público. Y por ello critica duramente la posición de quienes consideran que los jueces no están legitimados para un uso invasivo de sus poderes, dirigido a la reforma estructural del ordenamiento. Esta última posición normalmente se justifica apelando a la necesidad de hacer prevalecer las preferencias populares y, por lo tanto, mayoritarias del pueblo, que se expresa en la ley. Fiss sostiene que este modo de razonar es contrario al concepto mismo de Constitución como ley suprema del país: «the judge is to give meaning to constitutional values, and he does that by working with the constitutional text, history, and social ideals. He searches for what is true, right, or just. He does not become a participant in interest group politics» (Fiss, 1979; 10). El legislativo, sin embargo, actúa exactamente en sentido opuesto, en cuanto expresión directa de grupos de interés populares, por lo que, en consecuencia, no hay ninguna conexión necesaria entre el *majoritarianism* y la interpretación constitucional. Y no se observa ni se ha explicado nunca —sino que más bien se ha dado por supuesto—, afirma Fiss, por qué los intereses politicos de un grupo deberían prevalecer, en la interpretación constitucional, sobre el juicio global que lleva a cabo un juez; que tendrá sus preferencias, pero que ejerce su función a través de un proceso que conlleva numerosas garantías respecto a su independencia (*due process, fair trial*, deber de motivación, etc.) y que, en particular en el caso del *constitutional adjudication*, se conforma como dialógico y, por lo tanto, abierto a la confrontación entre las más diversas posiciones. En esta relación dialéctica Owen ve la esencia de la función de interpretación constitucional: es decir, un objetivo al que todos pueden concurrir para su consecución, más allá del principio representativo-mayoritario. De este modo, el juez puede colaborar en la apertura al diálogo llamando a terceros a intervenir en el proceso, en calidad de *«amicus curiae»*, de partes, o como un sujeto híbrido, el *amicus*-litigante.

En una similar trayectoria se encuentra también Alexander Bickel en su famoso libro *The least dangerous branch*. Bickel reconoce que la obra maestra de Marshall, que ciertamente se comparte desde el plano de los principios, no es perfecta desde la dimensión de la argumentación jurídica. De hecho, en el caso *Marbury* se afirma que el poder de *judicial review* se desprende necesariamente de la Constitución escrita y de la cláusula de supremacía; pero no se justifica en absoluto por qué deba asignarse a los Tribunales antes que a otro órgano. Así, se sostiene que otorgar tal poder al legislativo en razón de su legitimación electiva, sería absurdo en cuanto es propiamente en la Constitución donde se señalan los límites al ejercicio de tal poder, que se encontraría en consecuencia con la capacidad para decidir sobre la fuente de sus propios límites. Sin embargo, el mismo discurso puede hacerse respecto al poder judicial. Y se apela entonces a la idea de que los jueces, en el ejercicio del *judicial review*, actúan como meros órganos resolutorios de una antinomia, mientras el legislativo lo haría a través de decisiones políticas; sin embargo, habíamos ya señalado con anterioridad que esta aproximación positivista ha sido, ya desde hace tiempo, ampliamente criticada.

Bickel reconoce que la mayor objeción al *judicial review* es su carácter contra-mayoritario y, en consecuencia, en última instancia antidemocrático (Bickel, 1962; 16-17). Los jueces, de hecho, son un grupo de personas políticamente irresponsables, que modifican decisiones adoptadas por los representantes del pueblo, legitimados sin embargo por un proceso electoral y responsables frente al electorado. Como justificación a tal poder atribuido a los Tribunales, Bickel apela a la formación de los jueces, a su capacidad para operar con los principiosy para ponderar los intereses en juego; en definitiva, a la esencia de la *judicial adjudication*, que para los jueces es una especie de estructura mental. «(...) a decision of the Court must be self-conscious; it must be intelligible, rational, candid. (...) Self conscious intellectual candor in finding and following a rational path of decision is one of the chief assurance of disinterestedness» (Bickel, 1962; 205).

En definitiva, también Bickel reclama una idea de justicia constitucional como diálogo constante entre el Tribunal y todos los sujetos implicados, desde las instituciones a la ciudadanía; en efecto, desde la interpretación de este autor, el Tribunal lleva a cabo un diálogo a través de los instrumentos procesales, permitiéndole no juzgar y, en consecuencia, escoger el momento social y políticamente más apropiado, para hacer madurar una decisión que sea lo más compartida posible.

Una diversa aproximación, aunque siempre dirigida a demostrar la convivencia posible entre el control de constitucionalidad judicial y el principio democrático sobre el plano de la legitimación, es el de Ely. Así, el autor le da un giro al problema: el defecto de legitimación, y en consecuencia la naturaleza contramayoritaria del Tribunal, viene percibida como tal en cuanto a través del *judicial review* aquel no se limita a impartir justicia en un caso concreto, sino que afirma valores y principios con validez *erga omnes*, yendo frecuentemente más allá del texto constitucional. Mientras autores como Bickel, profundamente convencidos de la necesidad de esta función, buscan el fundamento de este poder creativo del Tribunal en un preciso sistema sustancial de valores y criterios interpretativos, que debería ser consustancial al texto constitucional (intentando, en consecuencia, reconducir la actuación del Tribunal a una mera función declarativa de un derecho ya escrito y existente, que ahora solo es sacado a la luz), Ely, basándose sobre todo en la obra de la Corte Warren, afirma que sus decisiones creativas, al servicio de los derechos electorales y de la tutela de las minorías, son legítimas en cuanto se reconducen, no a la voluntad de imponer discrecionales sistemas de valores, sino a la tutela del principio democrático en sí y por sí (Ely, 1980). De este modo, la democracia entendida en sentido procedimental, como conjunto de instituciones y garantías que permiten la participación de todos en la definición de las políticas destinadas a regular la vida de la comunidad, se convierte en el fin mismo del control de constitucionalidad judicial, aminorando el problema de la legitimación.

Esta idea abierta de justicia constitucional, como un trabajo interactivo entre el órgano formalmente dirigido al control (que, por ejemplo, Fiss considera que debe ser legitimado desde la competencia técnica y no desde el consenso popular), y todos los destinatarios de las normas constitucionales, nos parece que está, más o menos implícitamente, en la base de varias instituciones previstas por el derecho procesal constitucional de muchos países de América Latina, para abrir el control de constitucionalidad a las aportaciones del más amplio número posible de sujetos, acercando los Tribunales al pueblo, como por ejemplo en Colombia, donde la ciudadanía no solo impone la agenda al Tribunal a través de la vía de acceso directo (a diferencia de Estados Unidos, donde és el Tribunal Supremo el que elige el propio *docket* a través de la admisión discrecional de los *writ of certiorari*), y donde se puede reconocer un espacio abierto de deliberaciones delimitado por instituciones como el *amicus curiae* y la solicitud, por parte del Tribunal, de *conceptos* a organizaciones de la sociedad civil. No es por ello una casualidad que en Colombia tengan lugar más manifestaciones públicas delante del Palacio de Justicia que del Parlamento: «Lo que no se puede afirmar es que la Corte sea una élite desconectada de los intereses de los ciudadanos» (Roa-Roa, 2014).

De este modo, el nuevo constitucionalismo andino ha confirmado la opción favorable a la atribución a los Tribunales del control de constitucionalidad, pero intentando al tiempo construir esta función, no tanto como un poder separado y superordinado a los otros, sino como un poder difuso y lo más conectado posible a la base social.

III. Hitos de democratización de la justicia constitucional en algunos ordenamientos latinoamericanos

El instrumento procesal tradicionalmente utilizado para garantizar un mayor grado de democratización en la justicia constitucional ha sido el de la ampliación de la legitimación procesal a través de formas de acceso directo de los ciudadanos a los Tribunales, desde el *amparo* a la *actio popularis*.

No es una coincidencia, de hecho, que la acción pública de inconstitucionalidad en el ordenamiento colombiano, esté prevista como «derecho político» y regulada en el catálogo de derechos, en lugar de en la parte dedicada al Tribunal. En particular, se trata de una tendencia del derecho de participación hacia la formación, el ejercicio y el control del poder político, reconocido en el art. 40, cuyo párrafo 6 prevé entre las formas de ejercicio del derecho *«Interponer acciones públicas en defensa de la Constitución y de la ley»*. Tal derecho se desarrolla en el art. 242.1, en virtud de la previsión de una amplia legitimación procesal: *«Los procesos que se adelanten ante la Corte Constitucional en las materias a que se refiere este título, serán regulados por la ley conforme a las siguientes disposiciones: 1. Cualquier ciudadano podrá ejercer las acciones públicas previstas en el artículo precedente, e intervenir como impugnador o defensor de las normas sometidas a control en los procesos promovidos por otros, así como en aquellos para los cuales no existe acción pública (...)»*.

De otro lado, en Ecuador la legitimación activa popular ha sido generalizada a cualquier acción de garantía constitucional jurisdiccional, habiéndose concebido también aquí como una forma de exteriorización del derecho de participación[1]. El art. 75 afirma que cualquier «persona» tiene el derecho de acceso gratuito a la justicia y a la tutela efectiva, imparcial y rápida para sus derechos e intereses. Y el art. 86 prevé, a su vez, que: *«Las garantías jurisdiccionales se regirán, en general, por las siguientes disposiciones: 1. Cualquier persona, grupo de personas, comunidad, pueblo o nacionalidad podrá proponer las acciones previstas en la Constitución (...)»*.

Igualmente en Venezuela la ley sobre el sistema judicial parece enfocarse desde una visión universal de la justicia, abriendo vías de acceso al Tribunal Supremo, y por lo tanto a su Sala constitucional, también a los no ciudadanos. Entre los fines de la ley se suele señalar, de modo reiterado, el de la garantía de acceso universal de todas las personas al sistema, al objeto de asegurar el efectivo goce de los derechos humanos, mientras en el art. 5.c.2 se garantiza el derecho humano a la justicia. El art. 7, al definir los derechos de todas las «personas» frente al sistema de justicia, incluye específica-

[1] *«La acción de inconstitucionalidad, en su naturaleza, es pública y participativa, pues se vincula expresamente con el derecho de todo ciudadano a participar en la conformación, ejercicio y control del poder político; con ese propósito se otorga al ciudadano la facultad de interponer acciones públicas en defensa de la Constitución y de la ley»* (Sentencia n. 0001-11-SIN-CC, Tribunal Constitucional de Ecuador).

mente, en el párrafo 4, el derecho de acceso a los órganos que integran el sistema, al objeto de hacer valer sus propios derechos e intereses, tanto colectivos como difusos; y en el art. 28, titulado *«Garantías de acceso a los servicios»*, se confirma que el sistema debe garantizar el acceso personal, directo y efectivo a todos los servicios.

Las experiencias señaladas pueden bastar para poner en evidencia la tendencia, típica de los ordenamientos latinoamericanos, a la ampliación de las vías de acceso a los Tribunales. Pero no pretendemos ocuparnos de este argumento en los párrafos siguientes, y no porque resulte irrelevante en absoluto, máxime en cuanto se trata de una característica común también a otros sistemas de reciente democratización como los de Europa centro-oriental, sino por el hecho de que tales instituciones procesales formaban parte, desde los orígenes, de la potencial estructura del control de constitucionalidad, tanto en la versión estadounidense, gracias al *writ of certiorari*, como en la elaboración doctrinal kelseniana, que realmente desaconsejaba su introducción por miedo a la sobrecarga de trabajo del Tribunal, saturado por la cantidad de recursos presentados.

Nos concentraremos, más bien, en los aspectos organizativos de la justicia constitucional que nos parecen originales del continente y expresivos de aquel carácter del neoconstitucionalismo —que busca conjugar el control de constitucionalidad con la democracia—, a través de la aplicación del principio de participación popular en los mecanismos de selección judicial y en el proceso deliberativo de la sentencia. Nos referimos, en particular, a la institución del *amicus curiae*, a las garantías del pluralismo jurídico en la composición de los Tribunales y, finalmente, a la elección directa de los jueces constitucionales. El orden seguido para dicho tratamiento no es casual, ya que pretende reflejar una valoración cualitativa en torno a la capacidad de cada institución para determinar, en sentido mayoritariamente democrático, el sistema de justicia constitucional.

Hacer una lectura del sistema de elección directa de los jueces como la forma de justicia constitucional más democrática, correspondería, en nuestra opinión, a una visión meramente formalista y procedimental de la democracia. El consenso popular —tanto en la fase de selección de los jueces como en el momento sucesivo a la emisión de la sentencia— por sí mismo, no legitima nada. En efecto, la función de interpretación y defensa de la Constitución prescinde del consenso de la mayoría, que es más bien considerado como un argumento probatorio ulterior respeto a la correcta explicación de la función, y no como su presupuesto justificativo.

Como hemos intentado justificar desde el inicio, remitiéndonos para ello a la doctrina inspirada en las teorías habermasianas del diálogo comunicativo, el carácter democrático de la institución reside *in primis* en la posibilidad de participación popular en la fase de deliberación de la sentencia, a través de la facultad de proporcionar a los Tribunales, argumentaciones y puntos de vista externos al consenso judicial y a las partes procesales; por ello, la institución más significativa en estos términos es el *amicus curiae*, con las particulares modalidades previstas en los ordenamientos considerados. En segundo lugar, consideramos particularmente relevante la previsión del carácter plurinacional en la composición del Tribunal, a través de la reserva de puestos a miembros de los grupos indígenas. De hecho, su presencia garantiza las competencias necesarias para una interpretación realmente intercultural de la Constitución, como demuestra el caso ecuatoriano, por ejemplo, a través de los pronunciamientos y los «votos salvados» redactados por Nina Pacari Vega, magistrada indígena del Tribunal, que constituyen una aportación de la tradición cultural andina al razonamiento argumentativo del Tribunal[2].

Finalmente, la previsión de la elección popular de los jueces o, al menos, la participación del poder popular en la fase de propuesta y selección de los candidatos es, sin duda alguna, síntoma de la voluntad política de construir un nexo de unión entre justicia constitucional y teoría democrática, sin que esto se convierta en una forma de representación política. Pero es, no obstante, el más débil de los tres elementos, en cuanto no influye sobre el proceso decisorio de los jueces, sino únicamente sobre su selección.

1. **Los «amigos» de los Tribunales**

La institución del *amicus curiae* encuentra sus orígenes en el medievo inglés, siendo de aplicación inicialmente al proceso ordinario, para después extenderse también, por imitación del modelo estadounidense, hacia el constitucional.

Pero existen dos distintas tipologías de «amigo» que responden a *rationes iuris* diferentes, y que probablemente tienen un origen histórico diverso: la primera es la del sujeto llamado por el Tribunal a colaborar en la solución del caso, por su competencia técnica; la segunda prevé, sin embargo, que sea el amigo mismo el que se integre en el juicio por propia iniciativa. En tal sentido, se ha puesto de manifiesto (Criscuoli, 1973) cómo la primera figura presenta fuertes analogías con la romana del *consiliarius*. En ambos casos, de hecho, los amigos en cuestión son llamados por el Tribunal, y su intervención se presenta como objetiva e imparcial respecto a las partes, con la única finalidad de colaborar en la búsqueda de la verdad y de la justicia. El proceso inglés, de tipo acusatorio, no comparte el principio *«iura novit curia»*, típicamente continental, así que este carácter colaborador se acentua, en particular, en su versión estadounidense, pues no es humanamente posible, en un territorio tan extenso y organizado de forma federal, que el juez pueda conocer todo el derecho existente.

La otra tipología de amigo es, sin embargo, un producto típicamente inglés, siendo en el peculiar contexto de formación del *common law* donde encontramos los motivos que están en la base de sus rasgos procesales: por ejemplo, en el hecho de que originariamente en los procesos penales por delitos contra la Corona el imputado no tenía derecho a la defensa. Por otro lado, otro elemento a considerar se encuentra en el hecho de que en este sistema jurídico el juez crea derecho a través del precedente vinculante:

[2] Cfr. por ejemplo, la *dissenting opinion* en la Sentencia 001-10-SIN-CC sobre el derecho a la consulta previa.

la solución del caso, por lo tanto, no tiene relevancia solo para las partes, sino que puede adquirir un efecto *erga omnes*, convirtiéndose en derecho general del Estado.

En el segundo supuesto, el amigo se integra en la causa para defender un interés propio, que incidentalmente coincide con el de una de las partes. Pero no se trata de un interés concreto y directo del amigo respecto a la causa que se está juzgando, porque en dicho caso aquel podría haberse constituido como interviniente. Hablamos más bien, en general, de un interés superior en la declaración de derechos constitucionales, que obviamente afectan a aquel en tanto, por ejemplo, exponente de una minoría, de una organización de tutela de los derechos humanos, miembro de una categoría profesional, etc. Al objeto de que su intervención venga asumida por el Tribunal, el amigo debe siempre demostrar un interés en la causa, distinguiéndose de este modo de la figura de la *actio popularis*; y en algunos casos debe también obtener el consenso de las partes procesales. Los diversos límites procesales que con el tiempo los Tribunales han previsto para esta figura se justifican, sobre todo en Estados Unidos, por la tendencia observada en los últimos años de un constante y creciente compromiso entre amigos y partes, de modo que la antigua función de garantía de la justicia ha sido suplantada por la del *lobbying* judicial. En consecuencia, podría decirse que esta figura acerca el debate procesal al debate político, no siendo quizá un caso que se haya desarrollado principalmente en los sistemas de *common law*, donde las sentencias son fuente del derecho y, en consecuencia, el juez puede percibir, también de modo inconsciente, la exigencia de compartir al máximo las argumentaciones de hecho y de derecho sobre las que se sustenta el dispositivo procesal.

Se trata, sin lugar a dudas, de una institución que, desde el punto de vista de la legitimación de la sentencia, refuerza la posición del Tribunal —sin perjuicio de que éste decida seguir o no las argumentaciones del amigo—, por el solo hecho de haberlas tomado en consideración y de haber creado, de este modo, una especie de «proceso de diálogo» con la sociedad civil interesada (Bazán, 2006; 19 y 45). La existencia de esta institución supone, en consecuencia, un importante factor de apertura y democratización del sistema de justicia constitucional, sin aparentes contraindicaciones, y fácilmente exportable a otras jurisdicciones.

La figura del amigo, en la versión de iniciativa de parte, es conocida y admitida, de derecho o de hecho, también en muchos ordenamientos latinoamericanos, como se demuestra en un reciente estudio de V. Bazán (2014 b). En Argentina, ha sido la misma Corte Suprema la que ha introducido con carácter general la institución, ejerciendo, primero con la Acordada n. 28/2004 y después con la n. 7/2013, una presunta competencia reglamentaria en la materia. Así, las condiciones para que tenga lugar la intervención son las siguientes: 1. que la causa tenga trascendencia colectiva o interés general; 2. que el amigo pueda demostrar una reconocida competencia en la causa; y 3. que demuestre un interés por participar en la misma. En el primer reglamento, que fue aprobado por mayoría de los miembros del Tribunal, se indicaban como objetivos para introducir la institución los siguientes: permitir la participación ciudadana en la administración de justicia así como el más amplio debate como garantía esencial del sistema democrático, y reforzar el sistema de justicia, como expresamente se prevé en el preámbulo de la Constitución. La reciente intervención normativa, que ha derogado el anterior reglamento, a su vez modificado en 2006, se aprobó por unanimidad, abriendo asimismo el Tribunal un procedimiento de consulta pública sobre el tema, que ha permitido incorporar en el texto final las observaciones de las organizaciones no gubernativas y de las instituciones que han intervenido.

El objetivo principal declarado por los jueces ha sido el de *«pluralizar y enriquecer el debate constitucional, así como de fortalecer la legitimación de las decisiones jurisdiccionales dictadas por esta Corte Suprema en cuestiones de trascendencia institucional»*. En el nuevo reglamento, tras las intervenciones jurisprudenciales del Tribunal sobre el tema, se especifica de forma más clara que la intervención del amigo debe tener como objeto *«enriquecer la deliberación en cuestiones institucionalmente relevantes, con argumentos fundados de caracter jurídico, técnico o científico, relativos a las cuestiones debatidas»*. Esto significa que la intervención no debe tener la específica finalidad de buscar una solución ventajosa para una de las partes, respecto a las que el amigo debe demostrar absoluta objetividad e independencia.

El art. 8 de la Acordada n. 7/2013 prevé finalmente que el Tribunal pueda invitar a órganos, agencias, entes y autoridades a intervenir en el proceso; pero la formulación literal de la disposición, que se remite a las condiciones previstas para la intervención como amigo, parece extenderlas también a estos sujetos, que asumirían, en consecuencia, el rol de amigos, debiendo por ello respetar el objeto y los límites de la intervención.

Bazán sostiene que el rol del amigo puede ser particularmente útil para el Tribunal en los casos difíciles o incluso dramáticos; es decir, aquellos que implican un alto grado de emotividad, incluso pública, sobre la decisión final para los principios y valores ético-morales implicados, como los casos de aborto o eutanasia (Bazán, 2014b; 23).

Pero en nuestra opinión, el papel de amigo que nos señala este autor corre el riesgo de ser más un límite para el Tribunal, que un válido instrumento clarificador de las posiciones jurídicas en juego, precisamente porque la intervención, partiendo de sujetos de algún modo también emocionalmente implicados en el asunto, tenderá a extremar sus propias posiciones. Y es que en estos casos podría sin embargo ser mucho más útil la otra versión de la institución, es decir, aquella que tiene lugar a requerimiento del Tribunal, menos difusa en la práctica. Como acabamos de ver, este tipo de amigo interviene desde su vertiente profesional, con el solo objetivo de ayudar al Tribunal a encontrar la solución más correcta, por lo que su contribución podría verdaderamente representar un válido contrapunto en la elaboración de la motivación de la sentencia lo más fundada posible, sobre principios ampliamente compartidos o que representan el mínimo común denominador de todas las posiciones en juego, y en consecuencia, aceptables por todos.

En Colombia, el art. 13 del Decreto 2067/1991 atribuye al magistrado relator la facultad de solicitar «conceptos» a entes públicos, organizaciones privadas y expertos reconocidos en las materias relacionadas con el tema del proceso, y que sean útiles para la redacción del borrador de sentencia. Los «conceptos» son públicos, la solicitud no interrumpe los plazos perentorios para emitir la sentencia, y los sujetos interpelados que se encuentren en conflicto de intereses están obligados a declararlo al Tribunal. Asimismo, el juicio puede originarse también en procedimientos de control de constitucionalidad denominados abstractos u objetivos, cuyo propósito es la tutela de la supremacía de la Constitución sobre otras fuentes, sobre actos administrativos o sobre políticas gubernativas. De este modo, el Tribunal consulta de forma asidua a las asociaciones de juristas y a la Universidad, que a su vez se organizan de tal forma que tienen grupos de trabajo permanente, compuestos de docentes y estudiantes ocupados en elaborar los «conceptos».

El Tribunal Colombiano se pronunció sobre la legitimidad constitucional del art. 13a través de la sentencia C-513/1992. En primer lugar, declaró que la aportación de los invitados para emitir «conceptos» no mermaba en modo alguno la autonomía decisoria del Tribunal, ni eliminaba la responsabilidad única que a éste corresponde en la decisión de la causa: *«El concepto del experto nada decide, nada define; apenas ilustra o complementa y deja a salvo la plena autonomía de la Corte para decidir»*. Sin embargo, el Tribunal ha reconocido que la aportación de sujetos especializados y de expertos en las materias —que pueden ser particularmente técnicas y son ajenas a la competencia profesional de los magistrados—, representa una valiosa ayuda y un notable apoyo a la mejora de la calidad de las argumentaciones que usan los jueces en la motivación de las sentencias[3].

Para reforzar la idea de que no se trata de una renuncia a las propias competencias decisorias, el Tribunal ha especificado que los «conceptos» se refieren solo a elementos de hecho del juicio, sin aludir a valoraciones jurídicas y menos al juicio de legitimidad constitucional de las normas impugnadas, que corresponde únicamente al Tribunal[4]. No obstante lo anterior, se pone en evidencia cómo en la práctica, con el paso del tiempo, el Tribunal suele reclamar con frecuencia la intervención de sujetos especializados en materia constitucional, incluso en el control de constitucionalidad, como por ejemplo ha

[3] *«Las materias susceptibles de consulta con las entidades o personas a quienes llame el Ponente como invitadas al proceso son todas aquellas que, por su especialidad o complejidad, escapen al ámbito de conocimientos o de formación de aquél, como sería el caso de estudios técnicos o científicos necesarios para sustentar la decisión, o de proyecciones, datos, estadísticas o definiciones cuyo conocimiento o análisis —en el área de dominio del experto— pueda ser aconsejable para que la proyección del fallo se sustente, sin errores de apreciación, en los principios que rigen la materia confiada al estudio de la Corte».*

[4] *«Frente a ese juicio que efectúa la Corte Constitucional, los aspectos materia del dictamen son únicamente de hecho, es decir, aquellos relacionados con elementos sobre los cuales habrá de recaer el fallo pero que no pueden confundirse con el análisis jurídico reservado a la Corte; no atañen a su fundamentación constitucional ni a la inferencia jurídica sobre la constitucionalidad o inconstitucionalidad de una norma sujeta a su control».*

ocurrido con la Asociación colombiana de derecho procesal constitucional, a través de específicas solicitudes para la emisión de opiniones especializadas sobre la disposición objeto de impugnación.

De otro lado, de particular relevancia es también el llamamiento a las normas y a los principios constitucionales que legitima, según la Corte, el art. 13. El hecho de que el Tribunal escuche opiniones de expertos, pero en general de todos los que están interesados en afirmar la superioridad de la Constitución, dentro de un procedimiento objetivo y público como el de la acción de inconstitucionalidad, implica la realización de los propósitos que están en la base de la democracia participativa promovida por la Constitución, además de cumplir con lo dispuesto en el art. 95.c.7, que recoge el deber de cada persona y ciudadano de colaborar para el buen funcionamiento de la administración de justicia[5]. Se trata, por lo tanto, de una institución que permite ampliar la legitimación de las sentencias del Tribunal, y que puede ser utilizado como argumento para contrarrestar el carácter antidemocrático atribuido a los sistemas de justicia constitucional.

En Ecuador, la Constitución ha previsto un sistema muy articulado de garantías jurisdiccionales de los derechos constitucionales, que presta especial atención a la relación entre los órganos encargados de proveer la tutela de los derechos de los ciudadanos. En tal sentido, la decisión de otorgar la competencia relativa a la acción de protección a los jueces ordinarios, se tomó desde la constatación de que estadísticamente en las grandes ciudades, Quito y Guayaquil, se procedía en vía judicial a la tutela de los derechos constitucionales, por lo que se pensó en implicar también a los órganos periféricos del sistema judicial para acercar el instrumento de garantía a la persona perjudicada. Entre los principios procesales generales previstos por los jueces para la tutela de los derechos encontramos, en el art. 4.9 LOGJCC, una genérica previsión de la figura de los intervinientes, mientras en el párrafo 10 se afirma que *«Con la finalidad de acercar la comprensión efectiva de sus resoluciones a la ciudadanía»* el juez debe motivar la sentencia con un lenguaje claro y comprensible. Estas pequeñas estrategias nos ponen en evidencia cómo en la base de la regulación existe una voluntad de crear un canal abierto de comunicación entre los Tribunales y los ciudadanos en el tema de la garantía de los derechos constitucionales. El art. 12 que lleva por título *«Comparecencia de terceros»*, prevé que *«Cualquier persona o grupo de personas que tenga interés en la causa podrá presentar un escrito de amicus curiae que será admitido al expediente para mejor resolver hasta antes de la sentencia»*: la institución del amigo se introduce,

[5] *«...esté permitido al Magistrado Ponente, sin violar la Constitución y, por el contrario, haciendo efectivos los propósitos de la democracia participativa por ella buscados, auscultar las opiniones y criterios que sobre el tema en estudio tienen las universidades, los sindicatos, los gremios, las asociaciones de profesionales, de productores o usuarios de bienes y servicios afectadas en una u otra forma por las normas sujetas a la decisión de la Corte, o que hayan efectuado estudios o cuenten con información que pueda contribuir a la mejor instrucción del proceso».*

en consecuencia, de forma generalizada en todas las jurisdicciones, pudiendo siempre el juez decidir si escucha en audiencia pública a otras personas o instituciones, al objeto de resolver mejor la causa (art. 14).

En el caso más específico de la acción pública de inconstitucionalidad o control abstracto, de exclusiva competencia del Tribunal Constitucional, la LOGJCC prevé, en el art. 85, que dentro de los diez días desde el sorteo del juez ponente, el órgano que ha emitido la disposición impugnada o «cualquier persona», pueda intervenir en el proceso para defender o impugnar la inconstitucionalidad de las disposiciones objeto de la acción, aportando en consecuencia nuevos puntos de vista, datos y elementos, que el Tribunal deberá tener en cuenta en el proceso deliberativo. Además, el art. 86, como ya se ha visto en el caso del Tribunal colombiano, permite al juez ponente recoger informaciones que considere necesarias y pertinentes al proceso, solicitando dictámenes a entes públicos, universidades, organizaciones privadas, o expertos, sobre puntos específicos relevantes para el análisis del caso. Los mismos sujetos podrán, en definitiva, solicitar la convocatoria de una audencia pública con el objetivo de escuchar directamente a los intervinientes (art. 87).

2. **El pluralismo jurídico**

Se ha sostenido que una de las causas del fracaso de la importación en América latina de formas del Estado liberal primero, y democrático-social después, se encuentra en la naturaleza intrínsecamente colonizadora de estos modelos, construidos sobre la idea de Estado, Nación y Ciudadanía. Se trata, de hecho, de instituciones y conceptos elaborados en un particular contexto histórico, económico y social, que fueron llevados al nuevo continente por parte de los colonizadores españoles y portugueses, y que se implantaron allí sobre un terreno con historia y estructuras culturales complemente diversas. Esta mala práctica se extendió también más allá de la independencia, prorrogando el status colonial de estos Países, incluso frente a la reconquistada plena soberanía. Uno de los caracteres más innovadores del nuevo constitucionalismo andino es, precisamente, el de haber experimentado por primera vez en la historia de la independencia de estos Estados, un modelo nuevo de organización del poder, sin lugar a dudas todavía centrado sobre el concepto de Estado, pero hibridado con elementos propios de la cultura local, hasta el punto de que permite hablar de un primer ejemplo de Estado descolonizado (Ávila Santamaría, 2011; 75-80). Este aspecto se manifiesta de modo particularmente fuerte en las recientes Constituciones de Ecuador y Bolivia, que se autodefinen como Estados plurinacionales, es decir, constituidos a través de la relación paritaria de todas las culturas presentes sobre su territorio. Sobre el plano ordinamental este carácter se expresa a través del pluralismo jurídico, es decir, de la consideración del derecho indígena como fuente, y de la inclusión de la justicia tradicional indígena dentro del mismo sistema judicial nacional.

Todo ello incide de forma directa también sobre la justicia constitucional, ya sea por lo que se refiere a las funciones, ya sea por lo que atañe a la formación del órgano; lo que, en nuestra opinión, debe ser considerado como una señal del proceso de democratización de la justicia constitucional que hasta ahora hemos intentado ilustrar.

Respecto a las funciones de los Tribunales Constitucionales, los juicios sobre conflictos de competencia y de jurisdicción entre los Tribunales estatales y los indígenas se insertan en el elenco constitucional, a los que han de sumarse los procedimientos de consulta del Tribunal Constitucional en torno a la compatibilidad del derecho indígena con la Constitución, promovidos por los órganos de justicia indígena, como dispone el Código de Derecho Procesal Constitucional boliviano en sus arts. 128-132.

La recepción en la Constitución del derecho y de la cosmovisión indígena conduce a la necesidad de interpretar con un criterio intercultural, tanto el parámetro como el objeto del juicio por parte de los Tribunales Constitucionales. Por eso, resulta determinante la cuestión relativa a la conformación del órgano. En Bolivia, en particular, el Tribunal Constitucional se califica expresamente como «plurinacional»: «no se trata de una mera y formal adición de lo «plurinacional» a la denominación; se trata de una concepción del órgano constitucional cuya estructura constitucional y orgánica debe y tiene que reflejar la pluralidad social, étnica, cultural, política, económica y jurídica del Estado boliviano» (Rivera Santiváñez, 2014; 650). En consecuencia, está previsto que al menos 8 de 28 candidaturas presentadas al Parlamento deban ser exponentes de comunidades indígenas originarias y, como condición de elegibilidad, que los sujetos hablen al menos dos lenguas oficiales, el español y una de las lenguas originarias (condiciones que se aplicarán solo en la segunda vuelta electoral).

En nuestra opinión, dicha previsión no debe ser leída como un sistema de cuotas para la tutela de una minoría étnica, sino más bien como un instrumento necesario para garantizar una lectura e interpretación intercultural del texto constitucional, en una fase aún de experimentación respecto a esta nueva forma de Estado. Se trataría, en consecuencia, de una medida que ve como bien protegido no una «minoría», entendida como grupo en desventaja, sino la Constitución misma, su naturaleza de pacto social intercultural y plural, así como su alcance finalmente descolonizador. Según esta lectura, probablemente tal garantía ya no será necesaria en el futuro, cuando en efecto la «cultura constitucionalmente plurinacional» sea definitivamente difundida, construyendo un común sentir y un criptotipo interpretativo en la aplicación de la Constitución, que prescinde de la pertenencia originaria del juez a una comunidad indígena.

En Ecuador, la relación entre justicia constitucional y pluralismo jurídico se articula a través del poder del Tribunal para solicitar a un experto en materia de justicia indígena (facultad distinta de aquella, igualmente prevista, reconocida a los particulares o organizaciones, para intervenir en el juicio como *amicus curiae*) de presentar un informe sobre el tema que es objeto de la causa[6]. En particular, se señala que *«La jueza o juez ponente podrá solicitar la opinión técnica de una persona experta en temas relacionados con justicia indígena y recibir opiniones de organizaciones especializadas en estos temas»* (art. 66.11 LOGJCC, pero también el art. 46 del Reglamento del Tribunal). De hecho, la ley orgánica recuerda cómo en este caso el principio conductor del procedimiento ante el Tribunal sea el de la «interculturalidad», a través del cual debe evitarse una interpretación de los hechos y del derecho aplicable, de carácter etnocéntrico y monocultural (art. 66.1).

Finalmente, en Venezuela el art. 140 de la Ley Orgánica de Pueblos y Comunidades Indígenas prevé obligatoriamente que en los procesos ante las autoridades jurisdiccionales ordinarias de las que forman parte miembros de una comunidad indígena, el juez solicite un «informe» socio-antropológico y otro de la comunidad indígena o de su organización representativa, que permitan ilustrar el derecho y la cultura indígena, comisionado en el Instituto Nacional para los Pueblos Indígenas, o a un profesional idóneo[7].

3. **La elección popular de los jueces**

En Venezuela, Ecuador y Bolivia las novedades en el tema relativo a las modalidades de elección de los jueces constitucionales se suman a aquellas que atañen a la selección de los jueces ordinarios, introduciendo formas más o menos amplias de participación popular.

En tal sentido, se ha sostenido que dichos ordenamientos expresan, aunque sea de forma embrionaria, «un nuevo modelo que comience a abrir la independencia de la judicatura y su legitimación democrática esencial por la vía de un marco de extracción participativa» (Palacios Romeo, 2011; 16). Trazos de esta innovación los encontramos, sin embargo, ya en el pensamiento político del más grande protagonista de la historia de la independencia de América Latina, Simón Bolívar. En la Constitución de Bolivia de 1826 el Libertador proponía, de hecho, que los jueces fueran elegidos en parte por el pueblo y en parte por el Senado, con autorización del Congreso.

Respecto a la justicia constitucional, el único País que prevé la elección directa de los jueces del Tribunal es Bolivia, si bien descubrimos elementos para una implicación indirecta de la ciudadanía también en otros ordenamientos.

[6] Véase, por ejemplo, el caso *Lacocha* (Sentencia 113-14-SEP-CC) de 30 de julio de 2014, en el cual sin embargo resulta cuanto menos dudosa la efectiva aplicación del principio de interculturalidad en la interpretación del supuesto.

[7] El art. 141 prevé ulteriores garantías en torno al respeto por parte del juez ordinario de la cultura indígena en el ejercicio del derecho penal, por ejemplo imponiéndole la obligación de tomar en consideración su condición socioeconómica, juzgando según justicia y equidad, o con la obligación de conminar con preferencia penas diversas de la detención.

En Bolivia, la Constitución afirma enfáticamente en el art. 182 que los jueces del Tribunal Supremo de Justicia *«serán elegidas y elegidos por sufragio universal»*, así como los del Tribunal agroalimentario (art. 188), los miembros del Consejo de la Magistratura (art. 194) y los del Tribunal Constitucional plurinacional (art. 198). Esta representa, sin lugar a dudas, una de las mayores innovaciones relativas al poder judicial (de Cabo de la Vega, 2011; 18), inserta en la Constitución con el preciso objetivo de lograr el objetivo de la *«democratización del sistema judicial»*.

El procedimiento tiene una parte común para todos los altos cargos jurisdiccionales. De este modo, la Asamblea Legislativa Plurinacional procede, con un quorum de 2/3, a seleccionar las candidaturas de los postulantes y a enviarlo al órgano electoral, que se ocupará del sucesivo procedimiento. La votación parlamentaria tiene lugar sobre la base de una preselección desarrollada en una Comisión Parlamentaria mixta, a través de una valoración sobre el fondo y una entrevista con dos preguntas extraidas a suerte sobre materias relativas a la tarea a desarrollar. De otra parte, los candidatos no pueden hacer campaña, y sólo el órgano electoral está habilitado para proceder a la difusión de los curriculums de los candidatos, los cuales no pueden pertenecer, o haber pertenecido en el año anterior a la candidatura, a ninguna organización política.

Sólo para los jueces constitucionales, el art. 199.c.2 prevé que las candidaturas puedan ser formuladas también por organizaciones de la sociedad civil y por los pueblos indígenas originarios y campesinos. Las candidaturas preseleccionadas deben ser 28, de las cuales la mitad deben ser mujeres, y al menos 8 de origen indígena originario campesino, entre los que ulteriormente también la mitad han de ser mujeres.

En el panorama comparado, Bolivia resulta ser hasta hoy el único Estado en el cual está vigente un sistema semejante, debiendo excluirse el caso estadounidense en cuanto la elección popular de los jueces está prevista sólo en algunos Estados miembros.

Parte de la doctrina ha vertido ciertas críticas sobre este sistema de elección, ligadas tanto a una argumentación teórica como a una mala implementación legislativa de la innovación constitucional. En general, se afirma que los jueces desarrollan un papel contramayoritario en la aplicación de la ley y en la defensa de los derechos, y que por este motivo no deberían estar ligados a ninguna mayoría o minoría política (Rivera Santiváñez, 2011). En el caso concreto, se denuncia la ilegitimidad constitucional de algunas disposiciones legislativas que regulan el procedimiento electoral; en particular, las disposiciones que prohiben la candidatura de quien ha patrocinado a personas que han resultado después ser culpables de delitos contra la unidad del Estado o en causas relativas a la enajenación de recursos naturales o del patrimonio nacional, y de aquellos que hayan participado en la formación de gobiernos dictatoriales[8], así como también a

[8] Art. 18.II.3) de la Ley n. 27 del Tribunal Constitucional Plurinacional; art. 6 del Reglamento Interno de preselección de candidatas y candidatos para la conformación de los altos Tribunales de Justicia.

quien haya defendido a sujetos condenados por delitos de narcotráfico; y finalmente, las normas de la ley sobre el régimen electoral que prohiben la difusión por parte de sujetos diversos del órgano electoral, de informaciones sobre la capacidad, habilidad y competencias de los candidatos. Además, Rivera Santiváñez muestra una seria perplejidad respecto al desarrollo legislativo que se realiza en torno a la regulación del voto y los requisitos para la candidatura: en concreto, la falta de previsión a nivel constitucional de la obligación de poseer un título universitario en derecho (se requiere *«tener especialización o experiencia acreditada de por lo menos ocho años en las disciplinas de Derecho Constitucional, Administrativo o Derechos Humanos»*, título que puede no tener quien ha desarrollado una carrera universitaria en derecho o quien ejerce la profesión de abogado. En tal sentido, ha de ponerse en evidencia, sin embargo, que tal requisito no está ni siquiera previsto en otros sistemas, como el estadounidense o el belga); la elección de un quorum de mayoría relativa sin barrera mínima de votos; la posibilidad dejada al legislador de prever la revocación popular de los magistrados a través del reenvío a la ley que se contiene en el art. 183.c.2; la sanción de inelegibilidad ante la subsistencia de la misma causa a que aludimos anteriormente para el Tribunal Supremo. No obstante, alguna luz encontramos, aunque haya quedado en letra muerta en la práctica, en la previsión contenida en el art. 20, cc. CC 6 y 7 de la Ley del Tribunal Constitucional Plurinacional, relativa a la necesaria participación de la función de control y de los ciudadanos mismos durante todo el proceso de presentación de las candidaturas y de preselección.

Las objeciones técnicas argumentadas por Rivera Santiváñez son todas ampliamente compartidas. Sin embargo, desde el plano de la teoría general no compartimos las mismas preocupaciones.

Ante todo, el peligro de politicización de los magistrados subsiste en igual medida, si no mayor, respecto a otros más difusos mecanismos de nombramiento (parlamentario, presidencial o gubernativo), donde se da una conexión directa entre la selección del candidato y la persona titular del cargo.

En segundo lugar, el riesgo de politización del órgano debería ser valorado no solo en relación a quien tiene el poder de elección, sino también respecto al sistema de selección de los candidatos. Sin embargo, ha de diferenciarse el sistema en el que cualquiera que esté en posesión de los requisitos que determina la ley, pueda postularse como candidato (y por lo tanto, respecto al cual el voto es la única variable entre el candidato y el cargo), de aquel otro en que está prevista una preselección (en cuyo caso el voto popular no es el único elemento del que depende el nombramiento). En este segundo supuesto, debe ulteriormente distinguirse según el método de preselección seguido: sobre la base de un concurso público, de una elección parlamentaria, popular o presidencial, o de una combinación de ambos. En todos los casos en los que la selección está ligada a decisiones más o menos discrecionales de otros órganos, la «politización» del voto se diluye notablemente.

Además, el procedimiento electivo debe ser considerado en este caso como un método de selección, y no como un sistema representativo, debiendo constatarse que no hay un vínculo necesario entre los dos conceptos, puesto que la existencia de tal conexión depende de las reglas que regulan el mandato del juez. Así, el juez puede intentar crear relaciones clientelares frente a la posibilidad de reelección o de la previsión de revocación del mandato, en cuanto instrumento dirigido a hacer valer la responsabilidad política y jurídica de los electos frente a los electores. Pero por regla general, sin embargo, el status de los jueces constitucionales está regulado de modo tal que se asegura la independencia, precisamente en virtud de la prohibición de relección o por la existencia de un mandato vitalicio o ejercido por periodos de larga duración.

En resumidas cuentas, la función que desarrollan los jueces está instrínsecamente dotada de una notable carga de politización (Luzzati, 2009; 220), debido a la naturaleza de la fuente normativa que van a aplicar y a la eficacia *erga omnes* de las sentencias. Precisamente, estas consideraciones podrían teóricamente justificar una legitimación popular de los miembros de los Tribunales, en virtud del ejercicio de una función similar en sustancia a la legislativa, con el fin de ampliar la legitimación del órgano. En tal sentido, no podemos dejar de preguntarnos por qué la elección popular de los jueces (como método de selección y no de representación) debería ser, en abstracto, en mayor medida objeto de crítica o resultar indeseable respecto al nombramiento presidencial o a la elección parlamentaria.

Pero si de una parte, desde el plano teórico, consideramos infundadas las críticas al sistema, diverso es el relativo a la valoración de su funcionamiento ante una experiencia concreta. Así, en el caso boliviano se puso de manifiesto cómo en la primera vuelta electoral acontecida en 2011, los ciudadanos se transformaron en meros ratificadores de decisiones de fondo adoptadas en el nivel de la Asamblea parlamentaria, con la reproducción por parte de los miembros de la Comisión parlamentaria de todas aquellas prácticas clientelares odiosas que se dieron durante la vigencia del sistema precedente, y con la agravante de la sucesiva confirmación popular de los nombramientos parlamentarios, como si fuese un procedimiento verdaderamente democrático.

Por todo ello, hemos de subrayar que la hipótesis de la selección popular de los jueces constitucionales no debería ser descartada *a priori*, sobre la base del único argumento político, sobre todo en contextos como el latinoamericano, donde frecuentemente existe un cortocircuito representativo y donde importantes componentes de la comunidad han sido desde siempre relegados del sistema institucional. La garantía de participación, omnipresente en los textos constitucionales y que emerge durante los procesos constituyentes, ha pretendido tener un lugar también dentro de la función del control de constitucionalidad, por lo que creemos que sea un deber del jurista intentar comprender su alcance elaborando, si resulta necesario incluso, nuevos modelos interpretativos del fenómeno.

Por su parte, en Ecuador y Venezuela la participación popular en el nombramiento de los jueces es solo indirecta, es decir, no tiene lugar a través de un trámite de elección, sino mediante la implicación en el procedimiento de preselección de los órganos constituidos desde la sociedad civil, como por ejemplo los diversos *Comités de Postulaciones*.

En concreto en el caso de Ecuador, los nueve jueces constitucionales son elegidos siguiendo un complejo procedimiento que no prevé la elección popular directa, como en Bolivia, pero que indirectamente implica de todos modos al pueblo a través de la función de transparencia y control social. El «poder ciudadano», junto al legislativo y ejecutivo, elige a dos miembros de la Comisión juzgadora encargada de conducir el proceso de selección de los jueces. Una vez integrado en el órgano de la función de transparencia y control, la Comisión emite un edicto para la propuesta de candidaturas por parte del Ejecutivo, de la Asamblea y del Consejo de participación ciudadana, cada uno con nueve candidatos, no pertenecientes a los órganos mismos. Tras una selección por títulos y méritos, con control social y posibilidad de impugnación popular del procedimiento, se nombran jueces los candidatos que han obtenido la mejor puntuación, mientras el resto se integra en una lista de elegibles para casos de sustitución temporal o permanente de un juez en el transcurso de su mandato. En tal sentido, se ha puesto en evidencia cómo en este caso no debería realizarse una lectura en términos de «democratización» del mecanismo de elección de los jueces de la Corte, sino más bien de su «despolitización» (Ávila Linzán, 2008: 237). El Consejo de participación ciudadana, el órgano que ejerce la función de transparencia y control social que lleva a cabo el nombramiento, queda de hecho como un órgano representativo, es más, constituido siguiendo un mecanismo que podría en abstracto adelantar el corporativismo. El verdadero objetivo pretendido por el constituyente a través de la previsión de la participación de tal órgano en los procesos de nombramiento de altos funcionarios del Estado, sería más bien el de sustraer tales procedimientos de la lógica de reparto clientelar y partidista precedente. Así, la verdadera garantía de independencia, en este sentido, vendría fundamentalmente de la renovación parcial del cargo y de la duración no coincidente del mandato respecto a los otros órganos políticos del Estado (Aguilar Andrade, 2009: 98-101).

En Venezuela, por su parte, el art. 255 de la Constitución afirma que *«La ley garantizará la participación ciudadana en el procedimiento de selección y designación de los jueces o juezas»*. Además, el carácter participativo de la justicia se confirma también en la ley del sistema judicial, donde se alude entre los fines normativos, el de reforzar los medios de participación haciendo protagonista al pueblo en la formulación, ejecución y control de las políticas públicas sobre el sistema de justicia (art. 3.3 y art. 7.1). En particular, la misma ley insiste sobre la participación popular en la fase de selección y designación de los funcionarios del sistema judicial (art. 7.3).

Por otro lado, en el país no existe una Corte Constitucional *ad hoc*, sino una Sala constitucional en la Corte Suprema. Y al respecto, el art. 264 de la Constitución prevé que los futuros magistrados de la Corte puedan proponerse como candidatos ante el Comité de Postulaciones Judiciales[9], tanto por propia iniciativa como a propuesta de

[9] El Comité de Postulaciones Judiciales, en base al art. 13 de la Ley Orgánica del Tribunal Supremo de Justicia, es un órgano consultivo del poder judicial, que tiene por misión la salvaguarda de la formali-

organizaciones que operan en el ámbito de la justicia. El Comité, tras haber escuchado la opinión de la comunidad, efectuará una preselección, y los seleccionados vendrán propuestos al Comité de Evaluación de Postulaciones del Poder Ciudadano, el cual, en los diez días sucesivos, llevará a cabo una segunda selección antes de la que corresponde a la Asamblea Nacional, que será definitiva, con votación por mayoría de dos tercios de sus miembros en los primeros tres escrutinios, y con mayoría relativa en la cuarta votación. Finalmente, está prevista la participación popular directa a través de la posibilidad que tienen todos los ciudadanos de presentar fundadas objeciones o qualquier otro tipo de documento al Comité o a la Asamblea Nacional; así como la indirecta, gracias a la atribución del poder de preselección a órganos representativos de la comunidad popular.

IV. Conclusiones: la participación popular como nuevo elemento clasificatorio de la justicia constitucional

Tras haber constatado cómo el nuevo constitucionalismo latinoamericano, y de forma más acentuada el de matriz andina, ha influido en la organización y la estructura de los sistemas de justicia constitucional de estos países, procede preguntarnos si los elementos de apertura hacia la participación popular en la fase de selección de los magistrados y en la de deliberación durante los juicios, pueden ser considerados todos ellos criterios determinantes para una nueva clasificación de los sistemas de justicia constitucional.

Según Pegoraro (2012; 211-230; 2015; 23-28), la clasificación de las experiencias de justicia constitucional no es posible realizarla ya sobre la base de la originaria contraposición entre el modelo estadounidense y el modelo kelseniano (que no obstante es muy útil en el plano didáctico). Dichos modelos fueron en su momento elaborados sobre la base de una serie de características consideradas en bloque como constitutivas, encontrando cada una el propio contrapunto en el modelo concurrente. Pero el nivel de hibridación alcanzado por la justicia constitucional a raíz de su planetaria expansión le sugiere sin embargo al autor, que ha llegado el momento de proceder a efectuar una clasificación abandonando la originaria contraposición y examinando paulatinamente aspectos peculiares de la estructura y del proceso constitucional. De este modo, se obtienen diversos cuadros clasificatorios que colocan a cada ordenamiento en sistemas distintos, según el parámetro utilizado. Así, el aspecto de la «democratización» del sistema, es decir, del grado de apertura a la participación popular, podría ser considerado un parámetro autónomo de clasificación.

Según Constantinesco, en las investigaciones macrocomparativas la clasificación del objeto de estudio debe ser hecha distinguiendo entre los elementos determinantes y los

---

dad ligada a la primera selección de los candidatos jueces. La mitad de sus miembros son elegidos por la Asamblea; la otra mitad son expresión de varios sectores de la sociedad, elegidos a través de un procedimiento público.

fungibles del sistema. Para ser determinante, un elemento debe poseer características esenciales como la unicidad, la insustituibilidad, y la complementariedad. No obstante, el autor advierte de que la concreción de los elementos determinantes se convierte, ella misma, en una elección que para la mayor parte depende de valoraciones subjetivas del investigador, de vez en cuando justificadas por el objetivo de su investigación. Constantinesco elabora la teoría de los elementos determinantes a propósito del estudio de los ordenamientos jurídicos; sin embargo, personalmente, ya hemos tenido ocasión de sostener (Bagni, 2013; 16) que en realidad este método puede ser aplicado también a los estudios microcomparativos, centrados en particulares instituciones, como por ejemplo la justicia constitucional.

Siguiendo esta metodología comparada, debemos entonces preguntarnos si las instituciones de participación popular puedan ser consideradas un elemento determinante del respectivo sistema de justicia constitucional. «Todos los elementos jurídicos elementales tienen, antes de nada, un significado técnico. (...) Sin embargo, los componentes determinantes tienen, además, un significado ideológico y teleológico en cuanto dichos elementos se encuentran directamente relacionados con el sistema de valores sobre el cual todo el ordenamiento es construido, de modo racional o inconsciente» (Constantinesco, 1996; 224). Desde las consideraciones que hicimos en el § 2 en torno al significado que tiene la participación como valor, principio y norma caracterizante del nuevo constitucionalismo andino, habríamos verificado ahora la tesis inicial según la cual el cambio en la forma de Estado ha influido de modo determinante en el modelo de justicia constitucional de estos países.

Hasta aquí ha podido demostrarse, en resumidas cuentas, que la participación popular es un elemento determinante de la forma de Estado, y que dicho elemento tiene una conexión estrecha con la regulación del órgano y del proceso relativo al control de constitucionalidad implementado en estos países. Pero ¿resulta determinante también en el «microcosmos» de la clasificación de los sistemas de justicia constitucional? En tal sentido, una adecuada argumentación al respecto no podría prescindir de datos estadísticos y cualitativos, vinculados con:

1. una comparación diacrónica entre la composición de la Corte directamente elegida por el pueblo y su composición anterior, respecto a la vigencia de mecanismos de nombramiento por parte de los poderes estatales,
2. una evaluación estadística del número de las intervenciones y de los conceptos recibidos, así como una valoración sobre la relación entre las argumentaciones aportadas desde el exterior y las efectivamente utilizadas por la Corte en la sentencia.

Todo esto, no obstante, se encuentra quizá todavía en un momento incipiente, dada la juventud de los Tribunales considerados, e implicaría una mayor dedicación respecto de la que aquí hemos realizado.

En lo que atañe a la potencialidad de la circulación de estas instituciones, en nuestra opinión el ejemplo colombiano de los conceptos podría ser muy interesante para los sistemas europeos concentrados de justicia constitucional. De hecho, los Tribunales podrían funcionar como una especie de directores de películas respecto a la construcción colectiva de una conciencia constitucional en torno a los valores supremos recibidos como principios en la Constitución.

En los Países andinos, por su parte, se ha intentado «institucionalizar» el clima intercultural que se había producido durante los procesos constituyentes dentro de las Asambleas, multiplicando después en la Constitución los momentos, las fases, y los procedimientos que evidencian una gestión del Estado compartida con la sociedad civil, a la que se mantiene protagonista e implicada en la cotidiana aplicación de la Constitución.

Por otro lado, donde la participación no ha encontrado espacios propios —con la excepción de las formas más conocidas de la democracia representativa y directa—, los Tribunales constitucionales, a través de la recepción de algunos de los instrumentos procesales analizados, podrían convertirse en una especie de motores de un renovado encuentro de la comunidad con el texto constitucional y con sus valores, contribuyendo de manera constructiva y apartidista a la redefinición permanente de la forma de Estado de muchos países europeos, Italia incluida.

V. Bibliografía

Aguiar Luque, Luis, *Democracia directa y Estado constitucional*, Editorial Revista de derecho privado-Editoriales de derecho reunidas, Madrid, 1977.

Aguilar Andrade, Juan Pablo, «La cuarta función del Estado. Ánalisis de una ficción», en Andrade, Santiago, Grijalva, Agustín y Storini, Claudia (ed.), *La nueva Constitución de Ecuador. Estado, derechos e instituciones*, Universidad Andina Simón Bolívar/ Corporación Editora Nacional, Quito, 2009.

Alexy, Robert, *Teoria dei diritti fondamentali*, Il Mulino, Bologna, 2012.

— *Teoria dell'argomentazione giuridica. La teoria del discorso razionale come teoria della motivazione giuridica*, Giuffrè, Milano, 1998.

Ávila Linzán, Luis Fernando, «La constitucionalización de la administación de justicia», en Ávila Santamaría, Ramiro, *La Constitución del 2008 en el contexto andino. Análisis desde la doctrina y el derecho comparado*, Ministerio de Justicia y Derechos Humanos, Quito, 2008.

Ávila Santamaría, Ramiro, *El neoconstitucionalismo transformador. El estado y el derecho en la Constitución de 2008*, Abya Yala/Universidad Andina Simón Bolívar/ Fundación Rosa Luxemburg, Quito, 2011.

Bagni, Silvia, «Scienza comparatistica e classificazioni dei sistemi di giustizia costituzionale: riflessioni introduttive», in Bagni, Silvia (a cura di), *Giustizia costituzionale comparata. Proposte classificatorie a confronto*, BUP, Bologna, 2013.

— «Del Welfare State al Caring State?», in Aa.Vv., *Annuario italo-iberoamericano di diritto costituzionale*, ESI, Napoli, 2014.

Barberis, Mauro, *Stato costituzionale. Sul nuovo costituzionalismo*, Mucchi, Modena, 2012.

Bazán, Victor, «El amicus curiae en el derecho comparado y su instrumentación reglamentaria por la Corte Suprema de Justicia argentina», en *Anuario Iberoamericano de Justicia Constitucional*, n. 10, 2006.

— *La justicia constitucional en América latina y algunos desafíos temáticos que afronta*, en *Riv. tel. giur. ass. it. cost.*, n. 1 del 2014a.

— «Amicus curiae, justicia constitucional y fortalecimiento cualitativo del debate jurisdiccional», en *Rev. Iberoamericana de der. proc. const.*, n. 21, 2014b, en prensa.

BERKSON, Larry C., *Judicial Selection in the United States: a special report*, *on line*, http://judicialselection.com/uploads/documents/berkson_1196091951709.pdf, 29-05-2014.

BIANCHI, Paolo, «Un'amicizia interessata. L'*amicus curiae* davanti alla Corte Suprema degli Stati Uniti», en *Giur. cost.*, 1995.

BICKEL, Alexander, *The least dangerous branch. The Supreme Court at the Bar of Politics*, The Bobbs-Merrill Company, Indianapolis-New York, 1962.

BONGIOVANNI, Giorgio, «Neocostituzionalismo», en *Annali dell'Enciclopedia del diritto*, Giuffrè, Milano, 2011, 749-772.

CAIELLI, Mia, intervención en el seminario «El acceso directo de los ciudadanos al control judicial de las leyes y el modelo colombiano de control de constitucionalidad», celebrado en la Università di Trento, Facoltà di Giurisprudenza, el 12 de febrero de 2014, on line, https://www.youtube.com/watch?v=q9mcb4COGsk, 13-05-2014.

CARDUCCI, Michele, «La Costituzione come «ecosistema» nel nuevo constitucionalismo delle Ande», en BAGNI, Silvia (a cura di), *Dallo Stato del bienestar allo Stato del buen vivir. Innovazione e tradizione nel costituzionalismo latino-americano*, Filodiritto, Bologna, 2013.

CASSESE, Sabino, «La fabbrica dello Stato, ovvero i limiti della democrazia», en *Quad. cost.*, n. 2, 2004.

CONSTANTINESCO, Leontin-Jean, *Introduzione al diritto comparato*, Giappichelli, Torino, 1996.

D'ORAZIO, Giustino, *La genesi della Corte costituzionale. Ideologia, politica, dibattito dottrinale: un saggio di storia delle istituzioni*, Edizioni di Comunità, Milano, 1981.

DAHL, Robert Alan, *La democrazia e i suoi critici*, Editori Riuniti, Roma, 1997, título original: *Democracy and its critics*, Yale University Press, Yale, 1989.

DE CABO DE LA VEGA, Antonio, «Los mecanismos de democracia participativa en el nuevo constitucionalismo latinoamericano», en *Rev. gen. der. púb. comp.*, n. 9, 2011.

DE SOUSA SANTOS, Boaventura, *Refundación del Estado en América Latina. Perspectivas desde una epistemología del Sur*, Instituto Internacional de Derecho y Sociedad/Programa Democracia y Transformación Global, Lima, 2010.

ELY, Jhon Hart, *Democracy and Distrust. A Theory of Judicial Review*, Harvard University Press, Cambridge/Massachusetts/London, 1980.

FERRAJOLI, Luigi, «Costituzionalismo principialista e costituzionalismo garantista», en *Giur. cost.*, n. 3, 2010.

— *La democrazia attraverso i diritti*, Laterza, Roma-Bari, 2013.

FERRER MAC-GREGOR, Eduardo, *Panorámica del Derecho procesal constitucional y convencional*, Marcial Pons, Madrid, 2013.

FISS, Owen, «The Forms of justice», en *Harvard Law Rev.*, vol. 93, n. 1, 1979.

— *Judicial Indipendence*, en LEVY, Leonard V. y KARST, Kenneth L. (ed.), *Encyclopedia of the American Constitution*, MacMillan Reference, New York, 2000.

GARCÍA DE ENTERRÍA, Eduardo, *La Constitución como norma y el Tribunal Constitucional*, Civitas, Madrid, 1982.

GRIJALVA JIMÉNEZ, Agustín, *Constitucionalismo en Ecuador*, Corte Constitucional para el Período de Transición, Quito, 2011.

— «Interpretación constitucional, jurisdicción ordinaria y Corte constitucional», en Andrade, Santiago, Grijalva, Agustín y Storini, Claudia (ed.), *La nueva Constitución de Ecuador. Estado, derechos e instituciones*, Universidad Andina Simón Bolívar/Corporación Editora Nacional, Quito, 2009.

GROPPI, Tania, «La legittimazione della giustizia costituzionale: una prospettiva comparata», en Toniatti, Roberto y Magrassi, Mattia (a cura di), *Magistratura, giurisdizione ed equilibri istituzionali. Dinamiche e confronti europei e comparati*, Cedam, Padova, 2011.

HABERMAS, Jürgen, *Teoria dell'agire comunicativo*, il Mulino, Bologna, 1986.

— *Fatti e norme. Contributi a una teoria discorsiva del diritto e della democrazia*, Laterza, Roma/Bari, 2013.

HERRERO, Álvaro, «Avances en la selección de jueces en Argentina: un ejemplo de colaboración entre el Estado y la sociedad civil», en *Aportes DPLF*, n. 17, anno 5, 2012.

— «Poder Judicial, transparencia y participación ciudadana: reformas recientes en Argentina», en *Iberoamericana*, VIII, n. 31, 2008, on line, http://www.iai.spk-berlin.de/fileadmin/dokumentenbibliothek/Iberoamericana/2008/Nr_31/31_Herrero.pdf, 9-05-2014.

ROA-ROA, Jorge García, intervención en el seminario «El acceso directo de los ciudadanos al control judicial de las leyes y el modelo colombiano de control de constitucionalidad», celebrado en la Università di Trento, Facoltà di Giurisprudenza, el 12 de febrero de 2014, on line, https://www.youtube.com/watch?v=q9mcb4COGsk, 13-05-2014.

KELSEN, Hans, «Chi dev'essere il custode della costituzione», en KELSEN, Hans, *La giustizia costituzionale*, Giuffrè, Milano, 1981.

LANDA ARROYO, César, *Estudios sobre Derecho Procesal Constitucional*, Porrúa, México, 2006.

LUZZATI, Claudio, *La politica della legalità. Il ruolo del giurista nell'età contemporanea*, il Mulino, Bologna, 2009.

MARINI, Giovanni, «La costruzione delle tradizioni giuridiche e il diritto latinoamericano», en *Riv. crit. dir. priv.*, 2011.

MARZULLI, Gaetano, Watching the watchmen: *metodi di selezione, indipendenza e legittimazione delle Corti supreme statali negli Stati Uniti d'America*, en CALAMO SPECCHIA, Marina (a cura di), *Le Corti Costituzionali. Composizione, Indipendenza, Legittimazione*, Giornate seminariali, Bari, Università degli Studi, 25-26 maggio 2011, Giappichelli, Torino, 2011.

MEZZANOTTE, Carlo, *Corte costituzionale e legittimazione politica*, ESI, Napoli, 2014.

MILKIS, Sidney, *The Transformation of American Democracy: Teddy Roosevelt, the 1912 Election, and the Progressive Party*, on line, http://www.heritage.org/research/reports/2012/06/the-transformation-of-american-democracy-teddy-roosevelt-the-1912-election-and-the-progressive-party, 14-05-2014.

NOGUERA FERNÁNDEZ, Albert, «América del Sur: ¿democratizando la justicia constitucional?», en NOGUERA FERNÁNDEZ, Albert (coord.), *Crisis de la democracia y nuevas formas de participación*, Tirant lo Blanch, Valencia, 2013.

ORÍAS, Ramiro, «Elecciones judiciales en Bolivia: un balance crítico», en *Aportes DPLF*, n. 17, anno 5, 2012.

ORLANDO, Vittorio Emanuele, «Studio intorno alla forma di governo vigente en Italia secondo la Costituzione del 1948», en *Riv. trim. dir. pubb.*, I, 1951.

PALACIOS ROMEO, Francisco, «El mito de la separación del poder judicial en el constitucionalismo clásico y la nueva configuración participativa en Latinoamérica (En torno a una aporía del constitucionalismo clásico: Quis custodiet ipsos custodes?)», en *Rev. Gen. Der. Púb. Comp.*, n. 9, 2011.

ESCOBAR GARCÍA, Claudia, «Del Tribunal a la Corte: ¿tránsito hacia una nueva justicia constitucional?», en ÁVILA SANTAMARÍA, Ramiro, *La Constitución del 2008 en el contexto andino. Análisis desde la doc-*

trina y el derecho comparado, Ministerio de Justicia y Derechos Humanos, Quito, 2008.

PALERMO, Francesco, «Spunti per una futura ricerca su giustizia costituzionale ed equilibri istituzionali», en TONIATTI, Roberto y MAGRASSI, Mattia (a cura di), *Magistratura, giurisdizione ed equilibri istituzionali. Dinamiche e confronti europei e comparati*, Cedam, Padova, 2011.

PEGORARO, Lucio, *Lineamenti di giustizia costituzionale comparata*, Giappichelli, Torino, 1998.

— «Prefazione», en TUSSEAU, Guillaume, *Modelli di giustizia costituzionale. Saggio di critica metodologica*, BUP, Bologna, 2009.

PEGORARO, Lucio y RINELLA, Angelo, *Diritto costituzionale comparato. Aspetti metodologici*, Cedam, Padova, 2011.

PEGORARO, Lucio, «Elementos determinantes y fungibles en la construcción de los modelos de justicia constitucional», en *Rev. iber. der. proc. const.*, n. 11, 2012.

— *Diritto costituzionale comparato. La scienza e il metodo*, BUP, Bologna, 2014.

PINO, Giorgio, «Principi, ponderazione, e la separazione tra diritto e morale. Sul neocostituzionalismo e i suoi critici», en *Giur. cost.*, n. 1, 2011.

PIRES GONTIJO, André, «O amicus curiae como instrumento de acesso da transdisciplinaridade no processo de tomada de decisão constitucional», en VELANDIA CANOSA, Eduardo Andrés (coord.), *Derecho procesal constitucional*, t. II, vol. II, Bogotá, 2011.

PRIETO SANCHÍS, Luis, «Neoconstitucionalismo y ponderación judicial», en CARBONELL, Miguel (ed.), *Neoconstitucionalismo(s)*, Trotta, Madrid, 2009.

RIVERA SANTIVAÑEZ, José Antonio, *La crisis del sistema judicial y la elección de autoridades judiciales*, Cochabamba, 2011.

— *La democratización del sistema judicial del Estado plurinacional de Bolivia*, inedito.

— *La justicia constitucional en el nuevo modelo del Estado boliviano*, *on line*, http://biblio.juridicas.unam.mx/libros/6/2894/26.pdf, 8-05-2014.

ROMBOLI, Roberto, «L'intervento di terzi nel giudizio incidentale sulle leggi», en *Foro it.*, I, 2005.

— «Nota a sentenza», en *Foro it.*, I, 2012.

ROZO ACUÑA, *Bolívar y la organización de los poderes públicos*, Bogotá, 1988.

SAGÜÉS, Nestor Pedro, *Derecho procesal constitucional. Logros y obstáculos*, Centro de estudios constitucionales, Lima, 2008.

SCHMITT, Carl, *Il custode della costituzione*, Giuffrè, Milano, 1981.

SINTOMER, Yves, *Le pouvoir au peuple. Jurys citoyen, tirage au sort et démocratie participative*, Paris, 2007.

SOMMA, Alessandro, *Introduzione al diritto comparato*, Laterza, Bari-Roma, 2014.

STORINI, Claudia, y ESCUDERO SOLIZ, Jhoel, «El control de constitucionalidad en el nuevo constitucionalismo latinoamericano», en *Rev. Gen. Der. Púb. Comp.*, n. 9, 2011.

VICIANO PASTOR, Roberto y MARTÍNEZ DALMAU, Rubén, «Fundamento teórico del nuevo constitucionalismo latinoamericano», en VICIANO PASTOR, Roberto (ed.), *Estudios sobre el nuevo Constitucionalismo Latinoamericano*, Valencia, 2012.

WOELK, Jens, «Il Tribunale costituzionale federale tedesco: «guardiano della Costituzione» e Corte dei diritti», en CALAMO SPECCHIA, Marina (a cura di), *Le Corti Costituzionali. Composizione, Indipendenza, Legittimazione*, Giornate seminariali, Bari, Università degli Studi, 25-26 maggio 2011, Giappichelli, Torino, 2011.

ZAGREBELSKY, Gustavo, *Principi e voti. La Corte costituzionale e la politica*, Torino, 2005.

ZAGREBELSKY, Gustavo y MARCENÒ, Valeria, *Giustizia costituzionale*, il Mulino, Bologna, 2012.

EL PRINCIPIO DEMOCRÁTICO ANTE LA CRISIS: UNA PRIMERA APROXIMACIÓN*

Alicia López de los Mozos Díaz-Madroñero
Profesora Contratada Doctora de Derecho Constitucional
Universidad Rey Juan Carlos

ÍNDICE: I. Punto de partida. II. El principio democrático: 1. Naturaleza. 2. Los principios frente a las normas. 3. Límites del principio democrático. 4. Contenido del principio democrático: *1. Principio inspirador del ordenamiento jurídico. 2. Derivaciones del principio: la participación ciudadana. 3. El problema de las mayorías.* III. Principio democrático vs. Principio de legalidad. IV. Conclusiones. V. Bibliografía.

I. Punto de partida

Ante una crisis como la que estamos viviendo, y para abordar este tema que se refleja en el título, partimos de la cuestión de cuál es el estado en el que se encuentra el Derecho, y en concreto, los elementos que lo componen. Ante un tema tan amplio, debemos plantearnos cuestiones como: ¿cómo responde el Derecho ante la crisis —en particular el Derecho Constitucional—?, ¿cumple con lo que se espera de él?

Responder a ello es harto complicado. Nos atrevemos a afirmar que no, que el Derecho Constitucional no está actualmente a la altura de las circunstancias, cuestionándose toda una serie de categorías dogmáticas, y siendo así necesario actualizarlas, complementarlas o buscar otras alternativas.

Con este breve análisis que presentamos, se pretende llevar a cabo una primera aproximación al tema, analizar cómo el *principio democrático*, esencia del Derecho Constitucional, de igual modo que el Estado, se encuentra en crisis, siendo la desafección ciudadana uno de los hechos que lo han motivado, la desconfianza de los ciudadanos en los actuales mecanismos de representación. Principio democrático —representación ciudadana— pluralismo, son todos eslabones de una misma cadena.

* El presente trabajo es resultado del Proyecto de Investigación «Configuración y continuidad de las respuestas normativas a la crisis», financiado por el Ministerio de Economía y Competitividad. Referencia DER2013-42600-P.

El *punto de partida* es la actual crisis, por ser la que ha conllevado cambios, dificultades en el sistema; en definitiva, un nuevo escenario provocado por los acontecimientos sucedidos en el ámbito financiero, cuyas repercusiones se han extendido a muchos más ámbitos, y como toda crisis, ha influido directamente en el ámbito jurídico-político, derivando en la decadencia del constitucionalismo enmarcado en el Estado de Derecho existente.

¿Cuáles serán o están siendo las consecuencias políticas y jurídicas de la actual crisis?: el deterioro de la democracia. Como hemos apuntado, el papel pasivo de la mayor parte de los ciudadanos, entre otros aspectos, conlleva la decadencia de este principio. Esta apatía de los ciudadanos no solo implica la deformación del principio democrático, sino que resulta incluso peligrosa al ser signo de la percepción de que nos encontramos acomodados en un sistema democrático, hasta tal punto que nos permitimos el lujo de dejar de lado los problemas colectivos y centrarnos únicamente en los particulares.

Así, nos encontramos ante una democracia pasiva, donde el ciudadano parece estar ausente, siendo otro tipo de formaciones (sirva de ejemplo el G20) las que parecen llevar la iniciativa. El problema es triple, primero, porque se trata de instituciones no democráticas; segundo, porque como soluciones y propuestas para salir de la crisis apuntan a la formación o creación de otras instituciones o administraciones que tienden a ser independientes de todo tipo de control democrático, lo que conllevaría una repercusión negativa en este principio; y tercero, esta «democracia pasiva», ¿es impuesta o voluntaria? Junto a ello, no cabría dejar de lado la idea de que los ciudadanos que demuestran ser activos frente a la pasividad existente, son calificados como «antisistema» o «nuevos movimientos sociales», deslegitimando de esta forma sus protestas, sus peticiones, y con ello el concepto de pluralismo mismo.

Otro de los aspectos clave a tener en cuenta, relacionados con el principio democrático, es su relación con el *Parlamento*. El Parlamento es el órgano del Estado donde el principio democrático alcanza su máxima expresión, por un lado por el hecho de representar las Cortes a todo el pueblo, por otro y no menos importante, porque ha de aplicar la regla de la mayoría (y en consecuencia garantizar igualmente la participación de las minorías). Desde este punto de partida son muchos los aspectos a analizar: en relación al sistema de mayorías, se debe analizar el hecho de si la regla de la mayoría está degenerando en un despotismo de la mayoría, y tener en cuenta que la nueva relación entre mayorías y minorías habría de potenciar *per se* temas como las comisiones de investigación y control. Por otro lado, si partimos de que la legitimidad democrática se asienta en la necesidad de que el poder político esté respaldado por el asentimiento popular y sometido a controles, ¿podríamos afirmar que está comenzando a aparecer, como sucede en la Unión Europea, cierto déficit democrático?; ¿qué se puede hacer para mejorar la calidad democrática de la vida política?; ¿se debe por tanto, dar mayor valor a la iniciativa legislativa popular y a la institución del referéndum?

Frente a todos estos problemas hay que dar un nuevo alcance al principio democrático, y al modelo de democracia mismo, darle una nueva y más amplia concepción, más global, puesto que nos encontramos en una crisis en la era de la globalización. La democracia es la forma de organización del Estado mediante la que se atribuye la titularidad del poder al conjunto de la sociedad. Mediante ella, las decisiones colectivas son adoptadas por el pueblo, a través de mecanismos de participación directa o indirecta, confiriendo legitimidad así a sus representantes, es el sistema de gobierno por excelencia. Pero son tantos los modelos de democracia, que está perdiendo su identidad propia. Por ello hay que replantearse su significado, de modo que la democracia en estado puro sea capaz de lograr dar estabilidad al sistema.

¿El Estado debe dar más valor a la opinión de los ciudadanos y regular nuevos cauces de participación ciudadana más allá de los propios vinculados al Parlamento? Garantizar o reconocer, en definitiva, nuevos medios de entendimiento, desarrollar o dar más importancia a la iniciativa legislativa popular, el referéndum, etc., son a priori demandas para lograr reconocer el sistema. Porque si bien en el Parlamento el principio democrático alcanza su máxima expresión, es necesario desarrollar nuevos cauces de participación ciudadana que logren la participación activa, una verdadera participación de quien ostenta la soberanía. El Derecho Constitucional debe ser fiel a sus principios y a los ciudadanos. El principio democrático no es solo un principio sino que representa además el concepto de ciudadano en sí, ciudadano entendido como condición jurídico-política que se aplica a toda persona mayor de edad que forma parte de una sociedad (organizada jurídica y políticamente), y que es titular de determinados derechos (como los derechos políticos entre los que se encuentra el acceso a la participación política) y deberes (cumplimiento de normas). Por ello es absolutamente necesario actualizar este concepto, rescatarlo, darle un sentido más acorde con el tiempo en el que vivimos, reubicarlo en el tiempo y en el espacio. La crisis ha implicado una invasión de los actuales conceptos y categorías jurídicas y es por ello que resulta necesario reelaborarlos, es decir, recuperarlos y reconstruirlos, para evitar que se produzca una total alienación de los mismos.

Hoy en día, el principio democrático como principio de las mayorías, resulta insuficiente para fundamentar el sistema democrático. Parece un principio meramente procedimental, es decir, referido a la forma de votación por la que se toman las decisiones colectivas, pero lo que importa realmente no sólo es ese aspecto, sino que el principio implique el goce de una serie de cualidades particulares que se han de cumplir en la sociedad, como la igualdad, el respecto a las minorías, etc., para considerarla realmente como democrática. Por ello hay que tratar de evolucionar y no quedarnos en una democracia meramente formal. El principio democrático es un principio inspirador del sistema, debiendo así contribuir a potenciar la necesidad de un nuevo desarrollo del Derecho Constitucional. Si la realidad cambia, los elementos que forman parte de ella también deben hacerlo. Es necesaria una nueva inyección del principio democrático que involucre a los ciudadanos en el gobierno. La democracia es algo más que la celebración de elecciones, necesita de una mayor participación de los ciudadanos, mayor capacidad para presionar, para protestar, para influir en definitiva, en el ejecutivo.

II. El principio democrático

1. Naturaleza

El principio democrático es el resultado de todas las luchas históricas y políticas en torno al poder.

La democracia implica, entre otros postulados, un sistema de *participación* de los ciudadanos en la elaboración de las decisiones del Estado, por lo que los principios de participación y representación han de respetarse en todo caso. Participación entendida como participación ciudadana, es decir, la capacidad del ciudadano de involucrarse en las decisiones políticas, manifestando dicha capacidad mediante, por ejemplo, las elecciones generales o los refrendos. En la configuración del Derecho Constitucional, han intervenido el principio monárquico y el principio democrático a lo largo de la historia, imponiéndose este último sobre el primero. Sin embargo, ante la situación de crisis en la que nos encontramos, vuelve a surgir el principio monárquico. De este modo, pese a que el *principio democrático* constituye la esencia del Derecho Constitucional, la principal consecuencia de su decadencia se encuentra en el aumento, que tiene lugar cada vez con más rapidez, de la desafección ciudadana.

Podemos afirmar que el sistema democrático es el mejor sistema, o dicho de otro modo, es el menos malo o el menos difícil de llevar a cabo, pero recibe igualmente muchas críticas, pues son distintas las formas de democracia que pueden adaptarse (directa, representativa, etc. —como veremos—). Si bien el principio democrático no se expresa sólo a través del Parlamento, es allí donde se garantiza de modo más efectivo, al ser el Parlamento quien ejecuta las pautas establecidas por dicho principio. Así, la democracia gusta, pero es mejorable. Afirmaba Schmitt que la verdadera democracia debía basarse en la homogeneidad, lo cual es difícil de alcanzar, puesto que cada uno tenemos nuestras opiniones y así las manifestamos a través del voto, por tanto los intereses son contrapuestos. Es, desde nuestro punto de vista, difícil defender el concepto de democracia de Schmitt al considerar difícil la coexistencia entre un interés general que debe primar y respetarse y el hecho de que todo el pueblo tenga unos mismos pensamientos y tendencias. Para Schmitt, el Parlamento, como instrumento al servicio de la democracia no sirve para representar todas las voluntades, sino solo las más fuertes. Para él por tanto, la idea de pluralismo no cabe en el concepto de democracia. Pero si bien estas ideas no son del todo defendibles hoy en día, si que podría decirse que algunos aspectos han llegado hasta la actualidad como crítica que se realiza a la democracia en el sentido de considerarla, en muchas ocasiones, como la tiranía de la mayoría.

Pero si el Parlamento es un instrumento al servicio de la democracia, es porque el principio democrático implica la existencia de soberanía popular, es decir, el pueblo tiene el poder, y en consecuencia nos encontramos con el reconocimiento del derecho de sufragio universal, con las elecciones como método para la elección de los representantes (los miembros que componen ese Parlamento), en definitiva, la participación de los ciudadanos en el Estado. La soberanía popular y el modelo de democracia implican que esa participación se dé a diferentes niveles, pero este es uno de los primero problemas, la escasa participación ciudadana en relación a la formación de la voluntad estatal. Por otro lado, otro punto conflictivo se centra en el hecho de que la dificultad no se halla tanto en aceptar la idea anteriormente expuesta, como en *garantizarla*. Es decir, en momentos de crisis, el poder político tiende a querer tomar, en beneficio del interés general, más decisiones, por propia iniciativa o por imposición de instituciones internacionales (como la UE), de forma que se debilita el principio democrático, dejando de lado más que nunca la participación ciudadana. No hay que olvidar que el principio democrático es un acuerdo de voluntades no impuesto, pero, ¿de qué voluntades?: la voluntad general, lo que conlleva que prime el interés general. La voluntad general entendida como concepto clave para dar fundamento a la idea de democracia y reemplazar la voluntad regia. La voluntad general es la suma de las voluntades de los ciudadanos que tiene como fin lograr el bien común, y que nace de la necesidad de satisfacer las necesidades de todos. En la práctica la voluntad general viene representada por la necesidad de la mayoría, pese a no ser ello voluntad general pues es muy difícil satisfacer las necesidades de todos los ciudadanos. Pero en definitiva, en democracia se debe anteponer la voluntad general a la voluntad particular de las personas o de determinados colectivos.

Frente a esto, consideramos que los gobiernos se tienen que adaptar a las circunstancias cambiantes y tomar decisiones de acuerdo a ellas, lo que para algunos vuelve inviable la participación permanente de los ciudadanos. Es decir, tendríamos que analizar si es bueno o positivo incrementar la democracia, entendiendo por ello el aumento de la participación ciudadana en los asuntos del Estado, si con ello se produce una intromisión constante del pueblo en la toma de decisiones o un debate constante del pueblo respecto a todas y cada una de las decisiones a tomar. Por tanto, ¿resulta esto ventajoso?; por otro lado, ¿puede el principio democrático limitar la propia democracia?, ¿están los ciudadanos preparados para participar en la toma de decisiones estatales? La respuesta a estas preguntas nos dará la solución a si el modelo de democracia actual de nuestro Estado, la democracia representativa, es el más adecuado, o su por el contrario debemos caminar hacia un modelo más directo. Debemos en definitiva, analizar críticamente la democracia desde la propias democracia existente.

Así, podemos concluir este punto con las siguientes ideas:

— El principio democrático es un principio jurídico, fundamento de la Constitución y del resto del ordenamiento jurídico y por tanto principio rector de la organización de los poderes del Estado.

— Sobre el principio democrático descansan los valores de libertad, igualdad, justicia y pluralismo político, y derivan las estructuras estatales como las elecciones, la división del poder, etc..

— La democracia es el gobierno que se sustenta en el principio de soberanía popular.

— La legitimación democrática se expresa a través de las elecciones, el refrendo y la regulación de las instituciones.

2. Los principios frente a las normas

Los principios señalan aquellas conductas que deben ser realizadas. Son fundamentales y generales (prescriben de manera genérica), marcan las líneas que deben guiar la actuación de la sociedad. Los principios son el punto de partida para obtener las normas, el fundamento inicial de una regulación. Las normas así, son la concreción de un principio. Existen diferentes tipos de *principios*, los principios recogidos en la propia Constitución y los principios generales no positivizados, si bien todos ellos son fuente del derecho. Los principios constitucionales son, como aquella, fundamento del resto del ordenamiento jurídico. Entre estos se encuentra el principio democrático, en el artículo 1.1., al establecerse que España se constituye en un Estado social y democrático de Derecho. Son por tanto una fuente primaria, y además estos principios constituyen un parámetro de interpretación judicial, marcando una serie de pautas o límites frente al legislativo. Recordemos así el artículo 5 LOPJ, cuando dice que serán los *«jueces y tribunales, quienes interpretarán las leyes y reglamentos, según los preceptos y los principios constitucionales...»*. Por otro lado y siguiendo aquella clasificación que distingue entre principios explícitos e implícitos, podemos afirmar que el principio democrático es un principio explícito, ya que la Constitución hace referencia a la democracia, en el artículo 1, y pese a que no dice que se trate de un principio, sino de que nuestro Estado es democrático, pudiendo deducirse que en el mismo se impone el principio democrático. Podríamos en este punto dudar sobre si se trata de un principio implícito o explícito. La cuestión no es baladí porque de su consideración dependerán sus efectos normativos. Pero solo cabe considerarlo como un principio explícito, y equipararlo así al de libertad, justicia, igualdad, jerarquía, etc., gozando de la fuerza de una norma constitucional como la que los recoge y siendo así mismo un límite a la acción de los poderes públicos.

Respecto a las normas, son la concreción de las indicaciones contenidas en los principios. Son reglas más concretas y concluyentes que aquellos. Actos de voluntad, de carácter general y origen estatal, a diferencia de la naturaleza del principio democrático que es anterior a la Constitución, si bien luego puede ser desarrollado por las instituciones a las que la Constitución da poder para ello[1]. Los principios son de este modo más concretos que un valor pero más abstractos que una norma. Los principios se aplican directamente, gracias a esa concreción, sin dejar margen de discrecionalidad o cabida a la interpretación. En el caso concreto del principio democrático, y ante las dudas anteriormente expuestas, el Tribunal Constitucional lo reconoció como principio en su sentencia 19/1982, de 5 de mayo.

[1] Aunque regulado en la Constitución, no podemos dejar de tener en cuenta que siendo ésta el fundamento de validez de todo el ordenamiento jurídico, existen normas que no han sido elaboradas por los órganos a los que se le atribuye en la Constitución el poder legislativo, como el principio democrático.

3. **Límites del principio**

En definitiva, y como afirma Aragón Reyes, a diferencia de los valores constitucionales, los principios sí están determinados en la Constitución, encontrándose el problema de su indeterminación en «el grado de relación del principio con las reglas en que puede transmutarse» (Aragón, 2001; 43). Así, ¿quién interviene en el desarrollo de un principio, en su proyección normativa: el legislador al elaborar las propias normas que lo limitan, y el juez cuando lo usa como instrumentos de interpretación? De este modo, ni todos los principios tienen el mismo peso, ni se pueden garantizar de la misma forma.

Por otro lado, los principios son a su vez un límite para cualquier otro principio no recogido en la Constitución, y un límite en general para cualquier actuación, normativa o no, impidiendo de este modo que la Constitución, por ejemplo, pueda adaptarse a las nuevas circunstancias de una forma total. Siguiendo con el tema de los límites podemos afirmar que para la mayor parte de los ciudadanos, la democracia implica vivir en paz y que las decisiones se tomen por mayoría; pues bien, no parecen estár nada desencaminados, ya que a día de hoy, es eso lo único que conlleva este principio. En un momento de crisis como el que vivimos, no podemos dejar de hacer referencia a cómo en otros Estados «democráticos», cuando el pueblo quiere pronunciarse es atacado por ello, llegando incluso a la muerte de civiles. Por tanto, y ante esto, nos preguntamos quién debe limitar el principio democrático, o si debe limitarse el principio ddemocrático. Hoy en día sabemos que sí esta limitado y que esos límites son puestos por los propios representantes de la soberanía atendiendo, desde nuestro punto de vista, a sus propios intereses más que a los de los ciudadanos a quienes representan, y dejando de lado el propio principio que les ha permitido estar donde están. Si el principio democrático deriva en la soberanía popular, ¿el pueblo podría como soberano tomar decisiones que vayan en contra de dicho principio, o incluso, suprimirlo? La respuesta debe ser negativa. El pueblo, entendido como el conjunto de ciudadanos, no podría tomar este tipo de decisiones de modo legal, puesto que, pese a ser el titular de la soberanía, sólo puede ejercer el poder que le corresponde mediante sus representantes, a través del Parlamento. Por tanto, y en términos generales, sólo se podría tomar la decisión de suprimir o modificar el principio democrático si:

a. El Parlamento como representante del pueblo, aprobase una ley en ese sentido. Lo cual no tiene cabida en nuestra Constitución.
b. Los ciudadanos, de forma directa, pudieran pronunciarse sobre la cuestión en un referéndum, lo cual tampoco es viable por ir en contra de los límites constitucionalmente establecidos.

Por tanto, pese a que el principio democrático surge de la soberanía popular, consideramos que esta soberanía no podría derrocarlo mediante cauces legales.

3. Contenido del principio democrático

1. *Principio inspirador del ordenamiento jurídico*

El artículo 1.1 CE no solamente establece que España es un Estado social y democrático de Derecho, sino que al constitucionalizar este valor, está admitiendo la existencia de un principio que va a regir todo el contenido de la misma, el principio democrático, principio fundamental y fundamentador del ordenamiento jurídico.

El principio democrático *fundamenta* el poder (soberanía popular), y fundamenta la participación en dicho poder y su organización y contenido. Por tanto se trata de un principio al que podemos considerar como el eje vertebrador de nuestro sistema. La democracia es así la consecuencia y «la realización del principio de la soberanía popular» (Böckenförde, 2000; 52), siendo esta la fundamentación de aquella.

Así, no podemos considerar a ningún otro principio como inspirador del sistema, ya que el principio democrático lo impregna todo. Esto implica afirmar que hay por tanto una diferente jerarquía entre los principios, ya que en el principio democrático subyacen todos los demás, por ejemplo el principio de igualdad: ¿sin principio democrático no hay *igualdad*? El principio democrático implica la soberanía popular, es decir, que el poder es ostentado por el pueblo; pero para que esto se cumpla es necesaria la existencia de un pueblo libre, entendiendo entre otras cosas por pueblo libre, un pueblo en igualdad de condiciones, un pueblo que disfrute en condiciones de igualdad de sus derechos. La igualdad es por tanto un fin de la democracia, pudiendo entenderse de esta forma que sin democracia no hay igualdad. Sin embargo, ¿sin igualdad puede haber democracia? La democracia está implantada en muchos Estados, pero no por ello se respeta la igualdad, lo cual solo es posible si por democracia entendemos un sistema que implica la posibilidad de votar y la toma de decisiones por mayoría, exclusivamente. Sin embargo, en los países más civilizados el concepto de democracia se desarrolla a la par que el modelo de Estado, de forma paralela al desarrollo social, por tanto no es posible o no sería inteligible, en nuestro Estado por ejemplo, hablar de democracia sin igualdad (pese a que la igualdad es algo por lo que aún hoy se sigue luchando). La democracia aparece en 1978 pero, pese a que la igualdad se reconoce también en la Constitución en ese mismo año, su aplicación y garantía no resultaron suficientes.

Por otro lado, y como venimos apuntando, España se constituye en un Estado social y democrático de Derecho, que propugna como valores superiores de su ordenamiento jurídico la libertad, la justicia, la igualdad y el pluralismo político, tal y como reza el artículo 1 CE; pero mientras podemos afirmar que la libertad y la igualdad son fines que se pretenden con la Constitución, el pluralismo y la justicia no son tanto fines sino consecuencias que se van a alcanzar, que se pueden alcanzar si se cumple con la igualdad y la libertad. Así, la democracia va indisolublemente unida a los valores superiores del ordenamiento: pluralismo, libertad, igualdad, etc. y la Constitución como norma suprema ha de garantizar ese sistema de valores.

El principio democrático se establece en la Constitución, pero es a su vez base y razón de ser de la misma, porque gracias al principio democrático se permite que la Constitución limite el poder del Estado, estableciendo determinadas pautas en relación al propio contenido e interpretación de la Norma.

Todos los aspectos que implica el funcionamiento del principio democrático son posibles porque el principio democrático «convive» con las nociones de *control y límite*. El límite y el control hacen posible el funcionamiento del principio democrático, ya que como ha demostrado la historia, no podemos olvidar que la libertad del pueblo solo se pudo garantizar (y lo mismo ocurre hoy en día), con el control del poder. Libertad y democracia deben por tanto ser compatibles, y eso solo es posible mediante el establecimiento de un Estado democrático, con una democracia donde el principio de división de poderes es clave y donde la existencia y el funcionamiento de los controles son necesarios para el éxito de la Constitución. Pero el problema va a estar en saber qué tipo de democracia es la más adecuada, si representativa o directa, y para ello debemos partir de la idea de que lo que consideremos democracia siempre debe ir unido a la idea de qué consideramos que debería ser la democracia.

2. *Derivaciones del principio: la participación ciudadana*

El principio democrático ha de garantizar la soberanía popular, es decir, es el pueblo, los ciudadanos quienes ostentan el poder, pero esto conlleva aclarar varios términos: Primero, ¿quién es el pueblo? y ¿cómo otorgar poder al pueblo? Así, ¿qué o quién es el pueblo?, ¿lo somos todos?, ¿lo es la mayoría?, ¿una mayoría absoluta?, ¿una totalidad? Lógicamente la democracia implica o conlleva la soberanía popular y esto significa que el pueblo, que todos los ciudadanos somos titulares del poder. Sin embargo, la práctica requiere que ese poder no sea ejercido por todos sino por una mayoría representativa, siendo en este punto donde surgen lo problemas y las críticas al sistema y principio democrático, y donde comenzamos a dar vueltas a la cuestión de cuál sería el mejor modelo de democracia. Siguiendo con lo anterior, ¿cómo desarrolla su poder?, ¿cómo se le otorga? Para ello partimos de la existencia de dos principales modelos de democracia: la *democracia directa y la democracia representativa* (sin olvidarnos de la existencia de otras como la semidirecta, mixta, parcial, liberal, participativa, entre otras).

En una democracia directa la participación en el sistema por parte del ciudadano se ejerce de forma directa, como se llevaba a cabo en las antiguas polis. La democracia directa parece representar el sistema más sencillo, en el que el poder es ejercido por los ciudadanos directamente. A pesar de ello es difícil de llevar a la práctica en sociedades como las actuales, caracterizadas por tener un gran número de población. Mientras que una democracia representativa se basa más en la idea de control y limitación del poder, así como en los mecanismos representativos para transmitir el poder. Democracia representativa o indirecta es aquella en la que el pueblo soberano ejerce su soberanía por medio de representantes que elige democráticamente (mediante elecciones).¿Cuál es mejor?, a primera vista la democracia directa, aunque dicho modelo conlleva un compromiso del ciudadano ya que requiere de una total dedicación por su parte. Por otro lado, hay que tener en cuenta las ventajas que supone una democracia representativa, donde se abren los cauces de participación ciudadana, y se coadyuva a la transparencia y el buen gobierno, poniéndose en práctica el principio democrático, favoreciéndose, en definitiva, una mayor actividad ciudadana. La democracia representativa conlleva la legalidad parlamentaria, el principio de legalidad, el principio de responsabilidad (del Gobierno frente al Parlamento) y el principio de jerarquía entre las diferentes instituciones u órganos estatales. En definitiva, desde nuestro punto de vista, el mejor modelo sería una combinación de todos ellos. Ambos se complementan, pues una participación total del ciudadano no sería posible sin la existencia de límites y controles; por ello, quizá la introducción de ciertos instrumentos plebiscitarios podrán considerarse como factores de equilibrio entre ambos modelos.

Así, el análisis debe centrarse en la participación que implica nuestro modelo de democracia; en base a esto, parece ser que no resulta ser un modelo suficiente. Si bien del principio democrático deriva el principio de representación o participación (ya que en definitiva gozamos de una democracia participativa), la participación del ciudadano no es ni muy amplia ni muy directa en nuestro modelo.

Nuestro sistema democrático incluye sin obstáculos la participación ciudadana, mediante instituciones como el voto, el referéndum y la iniciativa legislativa. Pero el problema sea quizá ese, que nuestro modelo de democracia solamente incluye esas instituciones de participación y asume su carácter subordinado frente a las decisiones parlamentarias, es decir, sin que implique la sustitución de la voluntad del máximo órgano representativo. Sin embargo, y principalmente en momentos de crisis como el actual, las demandas de los ciudadanos son mayores, y su participación en el sistema es considerada mínima e inoperable o insuficiente, siendo necesarios mayores cauces para poder hacer visible su opinión, para poder participar, etc. Pero, ¿todos los problemas se resolverían con una mayor participación ciudadana? ¿Cuáles serían esos avances y medidas?

Frente a todo esto, vuelve a surgir el tema de los *límites* del principio democrático, ya que si el pueblo ha consentido este modelo por ser el titular del poder, ¿no puede el pueblo modificarlo?, ¿no puede el pueblo crear nuevos instrumentos de participación por considerar insuficientes los actuales? Hacíamos antes referencia a ello: el pueblo podría, a través de su voto, cambiar el sistema, pero quizá esa no sea la solución, sino la creación de un nuevo concepto de participación, un concepto más amplio. Actualmente, nuestro modelo de democracia representativa implica que los ciudadanos sólo podemos participar del Estado mediante el derecho de sufragio; pero eso si, en sus dos modalidades, activa y pasiva. Podemos llegar a encontrarnos así con un conflicto si entendemos que el principio democrático implica que podemos participar en los asuntos del Estado, porque nuestra participación se reduce a elegir a unos representantes que, en vez de dar alas o ampliar al máximo este principio, han decidido recortarlo al máximo, no solo haciendo casi impracticables los escasos medios de participación directa (referéndum o iniciativa legislativa popular), sino impidiendo la creación de ninguna otra forma adicional de participación directa. Está claro y admitimos que es muy difícil implantar un sistema de democracia directa, y mediante este estudio tampoco pretendemos alentar ese modelo, ni creemos que sea la solución, pero si tenemos que ser conscientes de que el principio democrático puede y debe explotarse, profundizándose en su desarrollo. Porque en nuestro sistema constitucional, las instituciones de democracia directa no son sino una excepción institucional.

Por ultimo, siguiendo la división antes referida de soberanía-participación-*organización*, nos centramos en este ultimo aspecto para afirmar que el principio democrático rige las pautas de la organización del poder, el funcionamiento de sus instituciones, y como afirma Aragón Reyes, no solo el funcionamiento de sus instituciones públicas, es decir, de aquellas que «realizan la democracia en el Estado» (Aragón Reyes, 2001; 111), sino también de otras igualmente relevantes para la democracia y consecuentes con el reconocimiento del pluralismo, como pueden ser los sindicatos, partidos, organizaciones profesionales, etc. Así, el principio democrático no sólo implica la participación ciudadana en los asuntos públicos, sino también la creación de instituciones u órganos de colaboración y participación en los diferentes niveles de gobierno, principalmente regional y local (por ejemplo, los consejos de gobierno locales).

En definitiva, y para concluir este apartado, hay que decir que el *quid* de la cuestión está en hacer viables dos aspectos fundamentales, tanto el gozar de instituciones fuertes, como el garantizar los principios de libertad y democracia.

3. *El problema de las mayorías*

Cuando se habla del principio democrático y de lo que la democracia implica, surge el tema de las *mayorías y minorías*, es decir, si la democracia implica o no la tiranía de las mayorías. Varias son las respuesta que podemos dar a esto. Hay autores que afirman, efectivamente, que el talón de Aquiles del sistema democrático es precisamente el «absolutismo de la decisión mayoritaria» (Kägy, 2000; 2005). También hay quienes consideran que la democracia no es el gobierno de la mayoría, sino de una minoría, en concreto de uno, de un primer ministro, de modo que el principio mayoritario de la democracia conlleva o crea el mandato minoritario.

Así, el principio democrático supone un elemento de contradicción interna, en el sentido de que es imposible que las decisiones se tomen siempre de forma democrática. No se puede atender a todas las peticiones individuales, y la voluntad colectiva no agrada a todos, por lo que el principio democrático es un acuerdo de voluntades, pero un acuerdo de voluntades impuestas en cierto modo para algunos.

La participación de todos los ciudadanos es la base de las decisiones democráticas, el problema está en respetar la igual cooperación política que debería producirse o existir. De cualquier modo, también respecto a las mayorías y minorías, y el respeto entre ambas, ha de destacarse la idea de que su colaboración dependerá en definitiva de la cultura política del país, del ambiente en el que se desarrolle la democracia.

En democracia la voluntad de la mayoría prevalece sobre la de la minoría, pero la voluntad de la minoría debe ser también respetada y escuchada ya que «en las democracias la oposición es un órgano de la soberanía popular tan vital como el Gobierno. Cancelar la oposición significa cancelar la soberanía del pueblo» (Ferrero, 1947; 217). Así, si la mayoría debe respetar los derechos de las minorías, el problema está en saber cómo podemos limitar el poder del sujeto que lo ejerce. En definitiva, los problemas surgen no tanto respecto a quién tiene la titularidad del poder sino respecto a cómo se ejerce ese poder. En una democracia como la nuestra, el sistema se apoya sobre la regla de las mayorías, el sistema electoral y la representación del poder (en todo ello se fundamenta y justifica la democracia), sin embargo, quizá este sistema no sea suficiente, porque implica, como vemos en la práctica, que cada vez existe una mayor separación entre gobernante y gobernado, entre el pueblo, titular de la soberanía y el Parlamento, representante del mismo. En cualquier caso, esto no debe implicar que la mayoría, en un régimen democrático, pueda hacer lo que quiera, ya que debe respetarse en todo caso el principio de legalidad.

III. Principio democrático vs. Principio de legalidad

De la democracia deriva el principio de representación y todo, democracia, soberanía popular y representación, solo es posible si el poder se limita. Pero ¿cómo?, a través de normas. Por ello el principio democrático crea o deriva hacia el *principio de legalidad.*

El contenido del principio democrático es muy amplio, englobaría casi toda la Constitución, porque sin democracia no hay sufragio, no hay normas, no hay instituciones, etc. En definitiva, el poder político ha de surgir de la democracia y ejercerse en base al principio de legalidad. Por otro lado, el principio de legalidad es uno de los dogmas más anclados en nuestro modelo de Estado, el Estado democrático, y tiene su razón de ser en dos pilares: el establecimiento de un modelo de gobierno en el que no rija la arbitrariedad en la toma de decisiones y, en consecuencia, en el principio democrático en base al cual la soberanía se encuentra en el pueblo y consecuentemente se ejerce a través de sus representantes parlamentarios.

Entendemos que existe una relación entre el tipo de democracia en la que nos encontramos y el principio de legalidad. Es decir, en los diferentes textos, manuales o artículos científicos se coincide en afirmar que nuestro Estado presenta una democracia representativa, por el hecho de que los ciudadanos como titulares de la soberanía, gozan de la posibilidad de elegir a sus representantes; pero más allá de eso, son pocas las instituciones de democracia directa que se regulan, como el referéndum o la iniciativa legislativa popular, y las pocas que se regulan están muy cerradas, es decir, la normativa que las regula ha demostrado a lo largo de estos años de democracia que apenas se usan medios de participación directa. Por ello, nos atrevemos a afirmar que el principio democrático está relacionado con el de legalidad, en el sentido de que este último se convierte en un cauce para el primero, aunque en algunas ocasiones pueda parecer que es más un límite al reducir o coaccionar el ejercicio de la participación ciudadana. En definitiva, mediante el principio democrático y el de legalidad deberíamos dirigir nuestra democracia hacia un modelo más directo (tampoco proponemos un modelo totalmente abierto, porque somos conscientes de la dificultad de que una democracia directa y abierta funcione correctamente), dirigirnos a otros cauces, otros caminos. Sin embargo, preferimos anclarnos no solo en el siglo XX, donde se constitucionaliza el modelo, sino retroceder, no permitiendo siquiera que las pocas instituciones de democracia directa que existen se desarrollen como si de algo normal se tratase. De este modo, la convocatoria de un referéndum acaba pareciendo algo extraordinario cuando no debería serlo; y hablar de iniciativa legislativa popular es hablar de un imposible (ya desde el debate constituyente no se veía por algunos con buenos ojos la admisión de estas instituciones, por suponer una amenaza para la soberanía del Parlamento). Y no hablemos ya de la dificultad actual de que como resultado del propio sistema se crearan otras formas de participación directa además de las que tenemos; formas mediante las cuales la voluntad directa del ciudadano pudiera llegar a crear Derecho.

En definitiva, sólo se puede hablar de la existencia de un verdadero Estado constitucional cuando funcionen y se garanticen, plenamente y en todos sus ámbitos, el sufragio universal por un lado y el principio de legalidad por otro (Aragón Reyes, 1991). Pero el sufragio universal es fruto del principio democrático, y este a su vez da lugar al principio de legalidad, por lo que todo guarda relación. Lo uno no tiene sentido sin lo otro; por tanto, aunque podamos decir que el principio democrático da lugar al de legalidad y que el de legalidad puede limitar al democrático, hay un límite que en todo caso habrá de respetarse, y es la esencia misma de dichos principios, que son la base que permiten afirmar que un Estado es Constitucional. El principio de legalidad se identifica con el Estado de Derecho y el principio democrático con la Democracia como forma de gobierno, como «democracia procedimental» (Aragón Reyes, 1991), como el gobierno de la mayoría. Ahora bien, si es claro que el principio democrático crea así la legalidad, sin embargo, la legalidad se identifica también con el poder legislativo, y por tanto el principio democrático podrá llegar también a limitar al principio de legalidad.

IV. CONCLUSIONES

El Estado constitucional cuyo desarrollo se produce a través de la democracia representativa es, al fin y al cabo, el que ha venido funcionando de mejor modo al garantizar tanto la libertad como la democracia, partiendo del reparto de poderes.

Segundo, respecto a la idea de crear nuevas categorías: la necesidad de crear nuevas categorías dogmáticas no es nueva; quizá esté más acuciada o sea más latente en estos momentos de crisis democrática, pero ya a finales del siglo pasado autores como Aragón Reyes (1998; 262 ss.) hacían referencia a la necesidad de que las categorías jurídicas cambiasen, con el fin de adaptarse al momento espacio-temporal presente, debido fundamentalmente a que nos encontramos con categorías aún inmersas en lo que el principio monárquico supuso (principio alrededor del cual se construyeron), y no tanto respecto al principio democrático al que se deben hoy en día. De forma que el principio democrático es a día de hoy el aspecto clave en el que debemos basarnos para la transformación de estas categorías jurídicas.

Por último, y como primera aproximación al análisis del estado en que se encuentra el principio democrático, se debe partir de que el problema de la democracia va unido a las transformaciones del Estado (Gomes Canhotillo, 2009; 52); por ello es necesario un principio democrático más dinámico. En definitiva, la necesidad de que el principio democrático se abra a otros aspectos legitimadores. Es cierto que como ciudadanos tenemos la sensación de que aportamos poco, en el sentido de que se considera que nuestra participación en la voluntad estatal es insuficiente o escasa; por ello, una opción sería reformar las actuales instituciones de democracia directa, comenzando dicha reforma por la verdadera puesta en funcionamiento de las mismas, y a posteriori, se consideraría la posibilidad de crear nuevas instituciones de democracia directa, nuevas formas de participación ciudadana.

V. Bibliografía

Aragón Reyes, Manuel (coord.), *Temas básicos de Derecho Constitucional*, Civitas, Madrid, 2001, Tomo I.

Aragón Reyes, Manuel, «El control como elemento inseparable del concepto de Constitución», en *Revista Española de Derecho Constitucional*, n.º 19, enero-abril, 1987.

— *Estudios de Derecho Constitucional*, CEPC, Madrid, 1998.

— *La democracia como forma jurídica*, Working paper n.º 32, Barcelona, 1991, http://www.icps.cat/archivos/WorkingPapers/WP_I_32.pdf

Böckenförde, Ernst-Wolfgang, *Estudios sobre el Estado de Derecho y la democracia*, Trotta, Madrid, 2000.

Castellá Andreu, José María, «Transformaciones de la estructura del poder estatal en el marco de la globalización. Apuntes para un debate», en *Constitución y globalización. Transformaciones del Estado constitucional*, Reviriego Picón, F. (coord.), Fundación Manuel Giménez Abad (ed.), Zaragoza, 2013.

Ferrero, Giuliano, *Potere*, Comunità, Milán, 1947.

Gomes Canotilho, José Joaquim, «El principio democrático Entre el Derecho Constitucional y el Derecho Administrativo», *ReDCE*, año 6, n.º 11, 2009.

Kägi, Werner, *La Constitución como ordenamiento jurídico fundamental del Estado* (Investigaciones sobre las tendencias desarrolladas en el moderno Derecho Constitucional), Dykinson, Madrid, 2005.

Prieto Sanchís, Luis, *Sobre principios y normas. Problemas del razonamiento jurídico*, Centro de estudios Constitucionales, Madrid, 1992.

Salazar, Luis y Woldenberg, José, «Principios y valores de la democracia», en *Cuadernos de Divulgación de la Cultura Democrática*, n.º 1, Instituto Federal Electoral, http://www.ife.org.mx/documentos/DECEYEC/principios_y_valores_de_la_democ.htm (10 de marzo de 2014).

Sartori, Giovanni, *¿Qué es la democracia?*, Taurus, Madrid, 2003.

HACIA UN NUEVO CONCEPTO DE CIUDADANÍA*

Clara Souto Galván

Profesora Ayudante Doctora

Universidad Rey Juan Carlos

ÍNDICE: I. Concepto de ciudadanía en Grecia. II. La ciudadanía en Roma. III. La ciudadanía y la Edad Media. IV. La ciudadanía en la Edad Moderna. V. Nuevo concepto de ciudadanía: ciudadanía multinivel. VI. Conclusiones. VII. Bibliografía.

I. Concepto de ciudadanía en Grecia

La ciudadanía dice en relación a la ciudad, pero ¿qué es la ciudad? Para Aristóteles: «La asociación de muchos pueblos forma parte de una ciudad completa, que llega, si puede decirse así, a bastarse absolutamente a sí mismo, teniendo por origen las necesidades de la vida, y debiendo su subsistencia al hecho de ser éstas satisfechas».

Partiendo de dicha definición, el filósofo precisará lo que entiende por ciudadano. En este sentido se considera que el rasgo eminentemente distintivo del verdadero ciudadano es el goce de las funciones de juez y de magistrado. Pero esta conclusión aparece matizada por el propio autor, dando a entender que la ciudadanía procede, no tanto de la posesión y disfrute de esas funciones, como de la aptitud para ejercerlas, de tal manera que se podría concluir que sólo los ciudadanos están habilitados para ejercer esas magistraturas.

Esta opción es asumida por el filósofo cuando afirma más adelante que «es ciudadano, el individuo que puede tener en la asamblea pública y en el Tribunal voz deliberante, cualquiera que sea, por otra parte, la ciudad de la que es miembro». Y para aclarar más lo dicho anteriormente, señalará más tarde que «el ciudadano es un individuo revestido de cierto poder y, basta, por tanto, gozar de este poder para ser ciudadano». No obstante, a continuación precisa a qué Estado se refiere: «por Estado entiendo positivamente una

* Este artículo se realiza en el marco del Proyecto «Configuración y continuidad de las respuestas normativas a la crisis», Ministerio de Economía y Competitividad (Referencia DER2013-42600-P).

masa de hombres de este género, que posee todo lo preciso para satisfacer las necesidades de la existencia».

Parece que el filósofo identifica lo que es un efecto de la ciudadanía, la titularidad de la ciudadanía, con la causa de la misma. Consciente de estas limitaciones, el filósofo advierte que se trata de «una cuestión controvertida muchas veces y sobre la que las opiniones no son unánimes, teniéndose por ciudadano en la democracia uno que muchas veces no lo es en el Estado oligárquico».

En este proceso de depuración del concepto de ciudadano excluye a «aquellos que lo son sólo en virtud de un título occidental, como los que se declaran tales por medio de un decreto». En este proceso de exclusión incluye el filósofo al domicilio, porque aquél (el domicilio) lo mismo pertenece a los extranjeros domiciliados y a los esclavos. Pero, tampoco «uno es ciudadano por el simple derecho de presentarse ante los tribunales como demandante o como demandado, porque este derecho puede ser conferido por un mero tratado de comercio. El domicilio y el derecho de entablar una acción jurídica pueden, por tanto, tenerlos las personas que no son ciudadano».

Tampoco gozan de esta condición «los jóvenes que no han llegado aún a la edad de la inscripción cívica y los ancianos que han sido ya borrados de ella», puesto que se encuentran en una posición análoga. Explica este punto el filósofo diciendo que: «unos y otros son, ciertamente ciudadanos, pero no se les puede dar este título en absoluto, debiendo añadirse, respecto de los primeros que son ciudadanos incompletos, y respecto de los segundos que son ciudadanos jubilados».

La depuración del concepto ciudadano que realiza Aristóteles es tan amplia que él mismo considera necesario dar una explicación: «Lo que trato de encontrar es la idea absoluta del ciudadano, exenta de todas las imperfecciones que acabamos de señalar». Por ello considera que el rasgo eminentemente distintivo del verdadero ciudadano es el goce de las funciones de juez y de magistrado.

Esta afirmación resulta exagerada hasta para el propio Aristóteles, que, más adelante, añade que nuestra definición de ciudadano debe modificarse en este sentido porque: fuera de la democracia, no existe el derecho común ilimitado de ser miembro de la asamblea pública y juez. Y concluye que «es ciudadano el individuo que puede tener en la asamblea pública y en el tribunal voz deliberante, cualquiera que sea, por otra parte, el Estado del que es miembro».

De la anterior afirmación parece deducirse que el ciudadano es aquel que pueda desempeñar y participar en el poder público y que, en consecuencia, tiene los suficientes recursos para subsistir, sin necesidad de trabajar. A propósito de esta cuestión se plantea un nuevo problema: ¿los artesanos son o pueden ser ciudadanos? Ante esta cuestión el filósofo responde de manera tajante: «...una construcción perfecta no admitiría nunca al artesano entre los ciudadanos. Si se quiere que el artesano sea también ciudadano, entonces la virtud del ciudadano, tal como la hemos definido, debe entenderse con relación, no a todos los hombres de la ciudad ni aun a todos los que tienen solamente la cualidad de libre, sino tan sólo a todos los que no tienen que trabajar necesariamente para vivir.

Es el Estado que nosotros llamamos aristocrático, en el cual el honor de desempeñar las funciones públicas está reservado a la virtud y a la consideración, porque el aprendizaje de la virtud es incompatible con la vida de artesano y de obrero».

A continuación pone ejemplos de adquisición de la ciudadanía y de sus limitaciones expresadas en diferentes constituciones. Así, se afirma que el mercenario no puede ser ciudadano, pero en cambio, el artesano sí puede llegar a serlo, puesto que los más de ellos llegan a hacer fortuna. En cambio, en Tebas la ley excluía de toda función al que diez años antes no había cesado de ejercer el comercio. También se han dictado leyes para la admisión de los bastardos, «pero esto ha nacido de la escasez de los verdaderos ciudadanos y todas estas leyes no tienen otro origen que la falta de hombres».

«Cuando, por lo contrario, la población abunda, se eliminan, en primer lugar, los ciudadanos nacidos de padre o madre esclavos, después los ciudadanos que lo son sólo por la línea materna y, en fin, sólo se admiten aquellos cuyo padre y cuya madre eran ciudadanos». En conclusión, el título de ciudadano sólo corresponde al hombre político, que es o puede ser dueño de ocuparse personal o colectivamente, de los intereses comunes.

Y amplía esta afirmación con el siguiente texto «es ciudadano el individuo que puede tener en la asamblea pública y en el tribunal voz deliberante, cualquiera que sea, por otra parte, el Estado de que es miembro»; y para clarificar estas palabras añade: «por Estado entiendo positivamente una masa de hombres de este género, que pone todo lo preciso para satisfacer las necesidades de la existencia».

Comentando estas palabras es preciso aportar aquí la explicación de estas ideas por parte de la prestigiosa pensadora Adela Cortina: «El ciudadano es, desde esta perspectiva, el que se ocupa de las cuestiones públicas y no se contenta con dedicarse a sus asuntos privados, pero además es quien sabe que la deliberación es el procedimiento más adecuado para tratarlas, más que la violencia, más que la imposición; más incluso que la votación que no es sino el recurso último, cuando ya se ha empleado convenientemente la fuerza de la palabra». Y añade como una consecuencia de las anteriores palabras que «una tradición se va abriendo desde este humus. La tradición republicana cívica, que entenderá la política no como el momento de legitimación de la violencia, al modo de Max Weber, sino como la superación de la violencia por medio de la comunicación».

II. La ciudadanía en Roma

Como acabamos de ver, la ciudadanía en Grecia tiene una dimensión política, mientras que en la Roma clásica tiene un carácter jurídico. Ciertamente, la expresión persona aparece tardíamente como expresión de la subjetividad jurídica, pero ha servido de base para la construcción jurídica realizada por la ciencia jurídica europea como fundamento de la moderna doctrina de la personalidad, tanto de la persona física como de la persona jurídica. De tal manera que el acceso a la ciudadanía implica el reconocimiento de la plena capacidad jurídica en relación con el conjunto del ordenamiento, lo que se produce con carácter general en Roma en 212 d.C., al ser otorgada la ciudadanía por el emperador Caracalla a todos los habitantes libres del Imperio, es decir, a todos los que tuvieran la condición de *peregrini*.

Con anterioridad la ciudadanía romana se adquiere: a) por nacimiento; b) por manumisión; c) por ley; d) por concesión del poder público. Los ciudadanos por nacimiento son los procreados por un ciudadano romano en justas nupcias, o los nacidos, fuera de matrimonio, de una madre romana. Este último caso, sin embargo, no se mantuvo con regularidad. Así los hijos de ciudadana romana que viviese en contubernio con un esclavo se consideraban como esclavos.

La adquisición de la ciudadanía por manumisión solemne daba lugar a la ciudadanía romana y la libertad. Adquirirán también la ciudadanía romana los latinos que se fueran a vivir a Roma, así como por el desempeño de magistraturas locales o por formar parte de la curia en sus ciudades respectivas. También se adquiriría la ciudadanía en premio a ciertos servicios de orden militar o social o en virtud de disposiciones destinadas a favorecer la natalidad legítima. Con la desaparición de la latinidad en el Derecho Justiniano estos medios de adquisición de la ciudadanía desaparecieron.

Por otra parte, la adquisición de la ciudadanía romana por concesión graciosa del Poder público tiene su origen en los comicios de la época republicana, así como también en las comisiones encargadas de la fundación de colonias o, por parte de los generales victoriosos. Esta distinción fue atribuida más tarde a los emperadores que la ejercían por razones militares o fiscales.

Hay que señalar, por otra parte, que sólo los ciudadanos podían llegar a gozar de todos los derechos. Tal condición daba lugar, en el orden político, a la adquisición del *ius honorum*, es decir, el derecho al desempeño de cargos públicos, y del *ius suffragii* (disfrutar de voto en las asambleas). Así como, en el ámbito privado, el *ius connubii*, que daba lugar al derecho a contraer matrimonio y constituir una familia; el *ius commercii* (tenencia de derechos patrimoniales y celebración de actos relacionados con ellos) y el *ius actionis*, es decir, la facultad de acudir a los tribunales.

Aunque el concepto de ciudadano romano expresa la situación del miembro de la ciudad, sin embargo habitaban en Roma otras personas extranjeras que recibían el nombre de *peregrini*, que, en principio, no tenían derecho alguno. No obstante, los *peregrini*, aun no siendo ciudadanos romanos vivían dentro del mundo romano y son miembros de una *civitas*. Así su régimen jurídico viene a ser el *ius Gentium*, un derecho que aplicaban en las provincias romanas los gobernadores y en Roma el *practor peregrinus*, pero por la facilidad de acomodación a las necesidades sociales fue acogido progresivamente por los mismos ciudadanos romanos y por los órganos jurisdiccionales exclusivamente romanos. Por esta razón se produjo de manera paulatina la aplicación del *ius Gentium*, por los ciudadanos romanos y por los órganos jurisdiccionales exclusivamente romanos. Con la Constitución de Caracalla de 212 se redujo al mínimo la influencia del *status civitates*, sin necesidad de suprimir la existencia de peregrinos dentro del Imperio.

III. La ciudadanía y la Edad Media

El gran acontecimiento social de la Edad Media es la aparición de la burguesía, aunque cuando participan en las asambleas políticas medievales aparecerán confundidos con el resto de la población que no es noble ni eclesiástico, es decir, con la gente común o los de la tierra en expresión consolidada en León y Castilla. En cuanto grupo social la burguesía será desconocida por la literatura medieval, que sólo admitirá tres grupos sociales: caballeros, sacerdotes y labradores. Las partidas de Alfonso el Sabio no reconocen otros estamentos sociales que el de los defensores o caballeros, es decir, el estado noble de los que profesan las armas para la defensa de la comunidad; el de los oradores o sacerdotes que oran y ruegan a Dios por el pueblo y el de los labradores, en los que el Infante Don Juan Manuel incluye a los mercaderes o «ruanos», nombre que a veces se dio en la España medieval a los burgueses, por razón de que vivían en las calles o rúas de las ciudades.

Esta visión tiene que ver con una cierta paralización del comercio de la economía en Occidente, a partir de la expansión del Islam por el mundo mediterráneo, que dio lugar al predominio de la vida rural y de la economía agraria y, en consecuencia, a la decadencia de las ciudades y de la circulación mercantil. Sin embargo, a partir de la segunda mitad del siglo X se produce un auténtico resurgimiento del Occidente europeo, que evoluciona hacia nuevas formas de vida, hasta el extremo que se ha afirmado que «si por renacimiento entendemos, en el sentido literal del término, «un volver a nacer», ningún período de la historia europea parece tener más títulos que el siglo X para ser calificado de renacimiento.

Este renacimiento comercial ha sido precisamente, según Pirenne, el gran impulso para el desarrollo y recreación de las ciudades y, como consecuencia, el nacimiento de un nuevo grupo social, es decir, el de los burgueses. Se trata, así, de una nueva generación de hombres que no se dedican al trabajo agrícola, sino al intercambio de bienes que se establecían en antiguas ciudades romanas o en fortalezas situadas en la ruta mercantil y que recibían el nombre de «burgués» [1].

Con frecuencia estos burgos no tenían capacidad para cobijar a la nueva población mercantil, lo que daba lugar a la creación de un burgo nuevo adosado al antiguo. El nuevo burgo difiere del antiguo o «burgo viejo» por su condición jurídica, las actividades profesionales y el género de vida de sus habitantes, a los que se pasará a llamar burgueses. Estos nuevos grupos sociales lograron, unas veces por la violencia, otras por medios pacíficos, la exención del burgo principal y, en consecuencia, estaban exentos de los derechos señoriales de portazgo, del monopolio del horno y del molino, etc.

[1] Palabra de baja latinidad que aparece en Vegocio con el sentido de «Castillo pequeño», así como en San Isidoro de Sevilla.

Estos burgueses disfrutan de un derecho privativo y privilegiado propio de los ciudadanos, es decir, del derecho urbano, que da lugar a que la residencia en la ciudad durante un año y un día atribuya la libertad. La situación jurídica del burgués se convierte en la de un hombre libre con la franquicia o libertad propia de la condición misma de «burgués».

Es preciso añadir que la condición de burgués, en sus orígenes más o menos identificada con la de mercader, no la determinan ni el nacimiento ni la profesión del comercio o de la industria, sino la habitación, el domicilio, la vecindad en una ciudad determinada y también la incorporación a una comunidad local, concejo o municipio, y la circunstancia de poseer en la ciudad una casa o una heredad, aunque en la ciudad puedan residir gentes que no son burgueses, ni pertenecen a la comunidad local, como los nobles y los eclesiásticos.

Las diferencias de fortuna en las ciudades medievales, no eran motivo de discriminación «pues tan burgueses eran, desde el punto de vista jurídico, los ricos comerciantes y rentistas, como los pequeños comerciantes, artesanos y asalariados».

Un caso singular es el de ciertos habitantes de ciudades y villas Castellanas, habitantes que no son nobles ni clérigos, pero constituyen una comunidad local de vecinos o concejo, que llega a alcanzar una cierta autonomía política y administrativa, dirigida por magistraturas municipales que se integran en concejos rurales dependientes del concejo de la Ciudad.

Estos vecinos que integran el Concejo urbano, junto con los habitantes de las aldeas, constituyen una clase social de *cives* o ciudadanos de condición jurídica y social igual a la de los burgueses de otras ciudades y poblaciones de la España cristiana y de más allá de los Pirineos.

«Estos ciudadanos o vecinos aunque puedan ser equiparados a los llamados burgueses por su estatuto social de libertad y por su pertenencia a un Concejo y por la circunstancia de tener casa poblada en una ciudad o villa, viven en su mayor parte de la ganadería y de la labranza, y ni su género de vida ni sus actividades profesionales se asemejan en nada salvo excepciones a la burguesía medieval de las ciudades europeas».

Sin embargo, la mayoría de estos ciudadanos constituyen una clase de «caballeros villanos» o caballeros ciudadanos, que por el hecho de disponer de un caballo y de poder combatir como jinetes se les reconoce un estatuto o fuero especial privilegiado que los asimila a los caballeros nobles o fijosdalgo. Estos ciudadanos podrían ser calificados como burgueses, y empezarían a monopolizar, ya desde el siglo XII, «el gobierno y las magistraturas principales de las ciudades castellanos y fueros, sin duda, en éstas el equivalente del patriciado burgués de las ciudades europeas de la baja Edad Media».

Estos nuevos ciudadanos encarnaron las rebeliones burguesas frente a los señores eclesiásticos de Santiago, Sahagún, Lugo, Tuy, Orense y Oviedo, así como otras poblaciones con los burgueses de sus Concejos. Se advierte aquí un cierto paralelismo entre estas rebeliones de los burgueses y ciudadanos en la España medieval como ocurría en las ciudades burguesas del norte de Francia, Flandes y de las ciudades episcopales del Rhin.

Distinto fue lo que ocurrió con los burgueses dependientes del poder público, que quedaron exentos de los gravámenes sufridos por los ciudadanos dependientes de los señoríos, que comportaban el pago de los impuestos y gabelos que gravaban el tráfico mercantil impuestos por los señores. En cambio en las zonas no sometidas a señoríos, la condición jurídica del burgués o ciudadano determinaba que resultaba beneficiado por las franquicias revelando un estado privilegiado de libertad, semejante al de la burguesía en la Francia de finales del siglo XIII.

Estos ciudadanos por su denominación de francos revelaban su condición de hombres libres, dando lugar a que el vocablo «francés» se extendiese a todo hombre libre, súbdito del rey y así se designaba al hombre libre en la España medieval y que la voz franquicia fuera equivalente a libertad.

IV. La ciudadanía en la Edad Moderna

La referencia más explícita a la ciudadanía en esta etapa histórica se encuentra en el estudio de Tomas Hobbes de 1642, bajo el título *«Government and Society. A true citizen»*, completado con otro posterior de 1651, conocido con el nombre simplificado de Leviatán. El autor se refiere, principalmente a los sistemas de gobierno conocidos y, por tanto, la democracia, aristocracia y tiranía. En este contexto se presta mayor atención a los sistemas de gobierno que a la situación jurídica de los ciudadanos.

En este contexto se advierte, por ejemplo, su referencia al poder político que califica como «un artificio que contradice la naturaleza, aunque es imprescindible para la especie que viva en el orden y elimine la constante destrucción o guerra de todos contra todos» (Tierno Galván, 1996; 11-12).

Según Benjamin Constant, el objetivo de los antiguos era el reparto del poder social entre todos los ciudadanos de una misma patria; el de los modernos es la seguridad en los disfrutes privados, y considera que el sistema representativo no es otra cosa que una organización que ayuda a una nación a descargar en algunos individuos lo que no puede o no quiere hacer por sí misma.

Será a partir de la Declaración de los Derechos del Hombre y del Ciudadano (1789) donde se va a plasmar este reconocimiento de la democracia representativa, y con ella el reconocimiento de derechos, entre ellos el derecho a elegir a esos representantes, pero sólo a una clase determinada «la burguesía» como bien reflejará posteriormente la Constitución francesa, declarándoles «ciudadanos activos».

La DDHC establece en su preámbulo el reconocimiento de unos derechos *«naturales, inalienables y sagrados del hombre»,* pero el reconocimiento y disfrute de estos derechos solo se garantizan a unos determinados individuos «los ciudadanos activos», que serán los encargados de elegir a los representantes de la Nación, quienes ejercerán por delegación de ésta el poder legislativo (Presno Linera, 2012; 257)

La Constitución francesa de 1791, en su capítulo primero del Título III (*«De los Poderes Públicos»*) establece una serie de requisitos necesarios para poder adquirir la condición de ciudadano activo:

> *«Para ser ciudadano activo hace falta; nacer o haberse hecho francés; tener la edad de veinticinco años cumplidos; estar domiciliado en la ciudad o cantón durante el tiempo determinado por la ley; pagar, en cualquier lugar del Reino, una contribución directa al menos igual al valor de tres jornadas de trabajo y acreditarlo con recibo; no ser criado doméstico; estar inscrito en la municipalidad de su domicilio en el Registro de guardias nacionales; haber prestado juramento cívico».*

En su artículo 2 de la Sección segunda, establece una serie de causas por las que no se puede adquirir esa condición de ciudadano activo, como por ejemplo:

> *«Están excluidos del ejercicio de los derechos del ciudadano activo los que estén acusados; los que, después de haber sido declarados en estado de quiebra o de insolvencia, probada por documentos auténticos, no realicen un descargo general de sus acreedores».*

Por último el art. 3 de la Sección segunda establece que aquellos que tengan estas condiciones también podrán ejercer el sufragio pasivo, declarando que:

> *«Todos los ciudadanos activos, cualquiera que sea su estado, profesión o contribución, podrán ser elegidos representantes de la Nación».*

Todas estas condiciones restringen significativamente el número de individuos que tienen capacidad para ejercer la Soberanía, es decir, para poder elegir a los representantes de la Nación, quebrantando el principio de igualdad que tanto se proclama en la Revolución francesa.

Estas condiciones son la mayoría de edad en 25 años, ser Nacional (característica identitaria) y ser propietario de algo, como se desarrolla en el art. 5 de la Constitución francesa[2]. Todas estas características suponen un límite para que el resto de individuos puedan ejercer el sufragio activo y pasivo, así como para poder adquirir la condición de ciudadano, que serán los que disfrutarán de los derechos reconocidos en la Constitución.

[2] A su vez el art. 5 de la Sección Segunda declara que:

«Nadie podrá ser nombrado elector si no reúne las condiciones necesarias para ser ciudadano activo, a saber: en las ciudades por encima de seis mil almas, ser propietario o usufructuario de un bien evaluado atendiendo a los registros de contribución en una renta igual al valor local de doscientas jornadas de trabajo o ser arrendador de una vivienda evaluado, por los mismos registros, en una renta igual al valor de cien jornadas de trabajo; y en el campo ser propietario o usufructuario de un bien evaluado atendiendo a los registros de contribución de una renta igual al valor local de ciento cincuenta jornadas de trabajo o ser arrendador o aparcero de viene evaluados, según los mismos registros, al valor de cuatrocientas jornadas de trabajo; con respecto a quienes sean al mismo tiempo propietarios o usufructuarios, de una parte, y arrendadores y aparceros, de otra, sus facultades, en atención a estos diferentes títulos, se acumularán hasta el porcentaje necesario para establecer su elegibilidad».

V. Nuevo concepto de ciudadanía: ciudadanía multinivel

> La nación de ciudadanos encuentra su identidad no en rasgos comunes de tipo étnico-cultural, sino en la praxis de ciudadanos que ejercen activamente sus derechos democráticos de participación y comunicación.
>
> *Jürgen Habermas: Faktizität und geltung*

Bajo esta praxis nos encaminamos al concepto de ciudadanía actual, qué se entiende por ciudadanía en los Estados democráticos, quién puede considerarse ciudadano y por qué.

Está claro que en el siglo XXI la noción de ciudadano no va enfocada exclusivamente a una serie de rasgos comunes de carácter cultural, sino al reconocimiento de unos derechos no sólo fundamentales sino también políticos y constitucionales a todos los miembros de un país; pero el dilema se plantea sobre quiénes son las personas a las que se les reconocen estos derechos.

Partiendo del principio democrático se deberían reconocer por igual a todas las personas pertenecientes a un país; y como establece la Constitución española en su preámbulo *«se debe establecer una sociedad democrática avanzada»*. ¿Pero cómo se materializa esto?

Aunque la ciudadanía no va sólo enfocada a este nuevo concepto, a la nacionalidad de las personas, en ciertos aspectos influye para el reconocimiento de estos derechos, como por ejemplo los derechos políticos, que sólo son reconocidos a los nacionales de un país; sólo pueden ejercer el derecho de sufragio activo los que se encuentren censados en un país, por lo que la soberanía que reside en el pueblo español, como se establece en el art. 1.2 de la CE, sólo podrá ser ejercida por los españoles mayores de 18 años, ¿Sólo ellos serán reconocidos como ciudadanos? ¿Es imposible reconocer la condición de ciudadano a los sujetos que no sean nacionales españoles?, ¿Y el resto de personas que pertenecen a un país y/o no han adquirido la mayoría de edad o son extranjeros? Esta cuestión quebrantaría el principio de igualdad que promulga una sociedad democrática; por lo que no sólo debería centrarse la condición de ciudadano en el derecho a ejercer esos derechos políticos.

Es cierto que desde la integración de España en Europa se ha ido adaptando la normativa española a las directivas europeas, incluso la Constitución Española, en su primera reforma constitucional en 1992 se adaptó quedando el artículo 13 de la siguiente manera: *«Los extranjeros gozarán en España de las libertades públicas que garantiza el presente título en los términos que establezcan los tratados y la ley. Solamente los españoles serán titulares de los derechos reconocidos en el artículo 23, salvo lo que, atendiendo a criterios de reciprocidad, pueda establecerse por tratado o ley para el derecho de sufragio activo y pasivo en las elecciones municipales»*.

La Carta de Derechos Fundamentales de la Unión Europea, incluido el Título V (Ciudadanía), reconoce que *«todo ciudadano de la Unión tiene derecho a circular y residir libremente en el territorio de los Estado miembros»*. Además el apartado 2 señala que *«podrá concederse libertad de circulación y de residencia, de conformidad con lo dispuesto en los Tratados, a los nacionales de terceros países que residan legalmente en el territorio de un Estado miembro»*. En la sentencia del Tribunal de Justicia de la Unión Europea, relativo al asunto *Metock*, el Tribunal concluyó que *«El legislador comunitario es competente para regular, como lo hizo mediante la Directiva 2004/38, la entrada y la residencia de los nacionales de terceros países, miembros de la familia de un ciudadano de la Unión, en el Estado miembro en el que éste haya ejercido su derecho a la libre circulación, incluso cuando los miembros de la familia residan ya legalmente en otro Estado miembro... (que) la libertad de circulación de los ciudadanos de la Unión debe interpretarse como el derecho de abandonar cualquier Estado miembro y en particular el Estado miembro del que el ciudadano de la Unión tenga la nacionalidad, para establecerse, en las mismas condiciones, en cualquier Estado miembro, distinto del Estado miembro del que el ciudadano de la Unión tenga la nacionalidad... (que) la Directiva 2004/38 concede a cualquier nacional de un país tercero, miembro de la familia de un ciudadano de la Unión..., que acompaña o se reúne con ese ciudadano de la Unión en un Estado miembro distinto del Estado miembro de acogida, independientemente de que ese nacional de un Estado tercero haya residido legalmente o no en otro Estado miembro...(que) es irrelevante que los nacionales de un país tercero, miembros de la familia de un ciudadano de la Unión, entren en el Estado miembro de acogida antes o después de pasar a ser miembros de la familia de ese ciudadano de la Unión, habida cuenta de que la negativa del Estado miembro de acogida a otorgarles el derecho de residencia puede disuadir a ese ciudadano de la Unión de continuar residiendo en ese Estado miembro... y que el nacional de un país tercero, cónyuge de un ciudadano de la Unión que reside en un Estado miembro del que no tiene la nacionalidad, que acompaña a ese ciudadano de la Unión o se reúne con él puede acogerse a las disposiciones de esa Directiva, independientemente del lugar o del momento en que hayan contraído matrimonio, o de las circunstancias en que ese nacional de un país tercero haya entrado en el Estado miembro de acogida»*.

Será en los años 90 cuando se comience a hablar del concepto de ciudadanía europea paralelamente al concepto de nacionalidad estatal; así en el Tratado de Maastricht [3] después del asunto *Michelletti*, se reconoce por primera vez este concepto de ciudadano europeo, en el TCE artículo 17 —actualmente art. 20 del TFUE— en el que se

[3] STJCE de 7 de julio de 1992. Asunto C-369/90. *Mario Vicente Micheletti y otros contra Delegación del Gobierno en Cantabria*. Doble nacionalidad. En virtud de todo lo expuesto, el Tribunal de Justicia pronunciándose sobre la cuestión planteada por el Tribunal Superior de Justicia de Cantabria, mediante auto de 1 de diciembre de 1990, declara que *«Las disposiciones del Derecho comunitario en materia de libertad de establecimiento se oponen a que un Estado miembro deniegue dicha libertad al nacional de otro Estado miembro que ostenta al mismo tiempo la nacionalidad de un Estado tercero, basándose en que la legislación del Estado miembro de acogida lo considera nacional del Estado tercero»*.

establece que *«será ciudadano de la Unión toda persona que ostente la nacionalidad de un Estado miembro. La ciudadanía de la Unión se añade a la ciudadanía nacional sin sustituirla»*[4]. Esto supondrá que toda persona que ostente la nacionalidad de un país de la Unión europea serán considerado ciudadano europeo.

Por lo tanto, el análisis irá más enfocado a los diferentes niveles de intensidad en los que puede ser considerado un ciudadano de un país, el cual también se encontrará sujeto a regímenes jurídicos diferenciados, pero sin que esto suponga dejar de ser considerado ciudadano.

Para poder clasificar los diferentes niveles de intensidad de los ciudadanos de un país es necesario detenernos en los conceptos de nacionalidad, ciudadanía, nación y soberanía.

La nacionalidad se puede entender como «un proceso jurídico de integración del individuo en las distintas esferas de participación social, y especialmente en la política». Así, la ciudadanía es considerada como «una cualidad formal de la persona que le adscribe a un colectivo humano sobre el que ejerce su poder el Estado». La Nación sería concebida como «un colectivo abstracto de imputación de la soberanía, en la que se debe reflejar, de la manera más fidedigna posible, el conjunto de individuos sometidos al ordenamiento jurídico a los que se atribuye el ejercicio del poder» (Aláez, 2012; 88-89). La soberanía que sería la autoridad en la que reside el poder político, sería la clave para entrelazar todos estos conceptos, pues en los Estados democráticos la soberanía se atribuye a la colectividad democrática de un país, es decir al pueblo, como establece el art. 1.2 de la Constitución española: *«La soberanía reside en el pueblo español»*. Pero, como hemos comentado anteriormente, el ejercicio de esta soberanía se encuentra restringida por una serie de requisitos que son la nacionalidad y la mayoría de edad, atribuciones que complican la consideración de ciudadanía y nacionalidad.

La democracia es definida por Hans Kelsen como «la idea de una forma de Estado o de sociedad en la que la voluntad colectiva o, más exactamente, el orden social, resulta

[4] Continúa el art. 20 TFUE *«2. Los ciudadanos de la Unión son titulares de los derechos y están sujetos a los deberes establecidos en los Tratados. Tienen, entre otras cosas, el derecho:*

a) de circular y residir libremente en el territorio de los Estados miembros;

b) de sufragio activo y pasivo en las elecciones al Parlamento Europeo y en las elecciones municipales del Estado miembro en el que residan, en las mismas condiciones que los nacionales de dicho Estado;

c) de acogerse, en el territorio de un tercer país en el que no esté representado el Estado miembro del que sean nacionales, a la protección de las autoridades diplomáticas y consulares de cualquier Estado miembro en las mismas condiciones que los nacionales de dicho Estado;

d) de formular peticiones al Parlamento Europeo, de recurrir al Defensor del Pueblo Europeo, así como de dirigirse a las instituciones y a los órganos consultivos de la Unión en una de las lenguas de los Tratados y de recibir una contestación en esa misma lengua.

Estos derechos se ejercerán en las condiciones y dentro de los límites definidos por los Tratados y por las medidas adoptadas en aplicación de éstos».

engendrado por los sujetos a él, esto es, por el pueblo». El principio democrático garantiza unos derechos y un status de libertad y de igualdad a los sujetos pertenecientes a un país. Este principio establece que todo sujeto a normas debe participar en el proceso de creación y aplicación en esas condiciones de igualdad y libertad. Por lo tanto, «el pueblo» debe encontrarse bajo las máximas de un aparato legislativo independientemente del poder ejecutivo, sometido a un ordenamiento jurídico, al cual está sometido también el pueblo, que regula las conductas de los sujetos tanto de los nacionales como de los extranjeros.

Lo que nos llevaría a plantearnos hacia dónde va enfocado el nuevo concepto de ciudadanía en los países democráticos, pues no sólo se basa en la categoría jurídica de nacionalidad, como criterio único de reconocimiento de esa condición de ciudadano, sino que aplicando en los sujetos esas garantías de igualdad y libertad, nos encontramos con que todos los nacionales y extranjeros serán considerados ciudadanos, diferenciando únicamente un estatus legal que se ajusta a los ordenamientos, los cuales matizarían las diferentes categorías jurídicas y su intensidad; según el grado de vinculación-sujeción del extranjero al ordenamiento jurídico, así de intensa será su condición de ciudadano (ciudadanía multinivel), que adquiere por la mera condición de persona igual y libre que reside de manera habitual en el territorio de Estado (Villaverde Menéndez, 2012; 291).

Esta nueva construcción jurídica en los países democráticos de la ciudadanía multinivel nos permite ampliar el clásico concepto de ciudadanía, siempre condicionado por unos requisitos que quebrantan el principio de igualdad, principio básico de un Estado Social y Democrático de Derecho. Esta igualdad jurídica se plasma en los nuevos ordenamientos estatal-nacionales, mientras que los ordenamientos pre-modernos predicaban la desigualdad entre individuos en una manifiesta distinción de clases (Costa, 2008; 30).

La ciudadanía multinivel permitiría establecer una serie de grados que vendrían condicionados por el ordenamiento jurídico, según la participación y aplicación de las normas jurídicas de las que dependiera, así se debe diferenciar el ordenamiento jurídico estatal, autonómico e incluso local. Esta pluralidad de ordenamientos jurídicos va a dar lugar a una diferenciación entre territorio y sujetos. Para lo que es necesario delimitar bien las fronteras de cada territorio y la sujeción que los sujetos puedan tener al mismo. Pero no sólo deben marcarse estas delimitaciones, sino que es importante diferenciar entre los extranjeros que vienen de vacaciones durante períodos largos, de aquellos que viven y trabajan permanentemente en España, o incluso el español que reside fuera de España y sólo viene en períodos vacacionales, lo que nos lleva desde una perspectiva jurídico-constitucional a la ciudadanía multinivel, basándose en los diversos grados de vinculación y sujeción a un determinado ordenamiento jurídico (Villaverde Menéndez, 2012; 294).

Esta construcción jurídica de la ciudadanía multinivel, es decir la diferenciación en grados de la ciudadanía dependiendo del ámbito (estatal, autonómico, local) «ha de consistir en poner a disposición del individuo el acceso a grados de ciudadanía adecuados a la intensidad de su presencia y permanencia en la comunidad de la que forma parte» (Bastida, 2008; 17) pues desde el punto de vista democrático la nacionalidad y la ciudadanía han de construirse desde la sociedad de individuos libres e iguales que se relacionan entre sí, y no desde la pertenencia a una nacionalidad.

Como hemos visto la ciudadanía fue un concepto que nació antes que el concepto de nacionalidad, fueron las ciudades, las *civitas* y los *civites*, los ciudadanos. La noción de Nación y Nacionalidades apareció en la Revolución francesa, como hemos apuntado, lo que supuso un establecimiento de desigualdades sociales, al reconocer la ciudadanía sólo a los nacionales, propietarios, y por lo tanto, excluyendo al resto, lo que no debería ser un ejemplo en los estados democráticos porque rompe con el principio fundamental democrático, la igualdad; así que no debe reducirse el concepto moderno de ciudadanía a la nacionalidad, pues se trata de un estatus excluyente, debiendo ligarse el estatus de ciudadano a criterios comunitarios, tomando la noción de ciudadanía como inclusiva, que integra a toda persona, con independencia de su identidad territorial, étnica, racional o personal, comprometida con los intereses colectivos (Villaverde Menéndez, 2012; 296).

Por ello, la ciudadanía multinivel se basará en la diferencia de grados (extranjeros, españoles, emigrantes), y en los diversos grados de vinculación y sujeción al país, puesto que toda persona, por libre e igual, que esté en el territorio estatal puede ser un ciudadano, ya que las Constituciones democráticas reconocen los derechos fundamentales a toda persona de un país adquiriendo de esta manera ese estatus básico, siendo ajeno a los criterios excluyentes de nacionalidad y condición social, propios de los Estados liberales.

VI. CONCLUSIONES

El resumen histórico que hemos realizado de la ciudadanía tiene como resultado la constatación de la pervivencia de una institución a lo largo de los siglos. Su evolución va siempre unida a momentos históricos de crisis, como en el caso de la época de Roma, con el Emperador Caracalla, así como en la Revolución francesa, en la lucha de los ciudadanos por la consecución de unos derechos, siempre acompañado de épocas difíciles, de revolución y de lucha por alcanzar el status de ciudadano; pero como hemos visto, este reconocimiento siempre con restricciones.

La evolución de la ciudadanía en ese largo período histórico plantea la cuestión acerca de su vigencia cara al futuro. Pero, ¿cuál es el futuro de la ciudadanía? Para responder a esta pregunta vamos a resumir sucintamente el pensamiento de la filósofa Adela Cortina que, precisamente, plantea esta cuestión en una monografía. El planteamiento que realiza a propósito de esta cuestión parte del presupuesto de que: «los ciudadanos de una comunidad política se identifican precisamente porque se saben diferentes de los que no pertenecen a ella; justamente lo que identifica con los ciudadanos es lo que diferencia de las demás personas, la pertenencia política genera a partir del juego de la inclusión y la exclusión. Y, sin embargo, desde la irrupción del universalismo está entrañada en los seres humanos, una semilla que ha ido convirtiéndose en árbol a través de las tradiciones heredadas del universalismo ético, tanto religiones como políticas (liberalismo, socialismo). Unas y otras convienen con Kant en que la humanidad tiene un destino, el de forjar una ciudadanía cosmopolita, posible en una suerte de república ética universal» (Cortina, 1997; 252). Por eso —añadirá Kant— «las bases de un plan de educación han de ser cosmopolitas. Para sacar de los «humanimales» —podríamos añadir por nuestra cuenta— lo mejor que de humanos tienen, no para imponérselo desde fuera».

Para completar este razonamiento la ilustre pensadora añade lo siguiente: «Porque sólo proyectos capaces de generar ilusión, proyectos realistas por estar ya entrañados en la persona, pueden hacer fortuna, y el ideal cosmopolita está latente en el reconocimiento de derechos a los refugiados, en la denuncia de crímenes contra la humanidad, en la necesidad de un Derecho Internacional, en los organismos internacionales y, sobre todo, en la solidaridad de una sociedad civil, capaz de obviar todas las fronteras» (Cortina, 1997).

Concluimos estas reflexiones con la propuesta de Adela Cortina: «Podríamos decir, por tanto, que el reconocimiento de la ciudadanía social es *conditio sine qua non* en la construcción de una ciudadanía cosmopolita que, por ser justa, haga sentirse y saberse a todos los hombres ciudadanos del mundo».

Esta propuesta podemos enlazarla con la actual definición de ciudadanía cívica, planteada por la Comisión europea, como un conjunto común de derechos y obligaciones básicas[5]. La Comisión ha jugado un papel importante a la hora de promover una nueva legislación en asuntos diversos, que van desde la no discriminación hasta la ciudadanía cívica. El objetivo es que los nacionales de terceros países puedan incluirse dentro de un concepto de ciudadanía de la Unión. La noción de ciudadanía cívica se inserta como una vía imprescindible para garantizar la integración de los inmigrantes. Por lo tanto, se presenta como una categoría que tiene como principal función facilitar el establecimiento con éxito de los inmigrantes en la sociedad, y como un primer paso para la adquisición de la nacionalidad de un Estado miembro (Zapata-Barrero; 62).

Buscan ir más allá del concepto de ciudadano europeo para conseguir una completa integración, rompiendo con los compromisos establecidos, y acabar con las fronteras; quizás así se pudiera alcanzar la propuesta de Adela Cortina y llegar a convertirnos en ciudadanos del mundo.

Este camino, como hemos detallado anteriormente, podría enfocarse a través de esa nueva construcción jurídica de la ciudadanía multinivel. Un reconocimiento multinivel

[5] Dictamen del Comité Económico y Social Europeo sobre el tema «Incorporación a la ciudadanía de la Unión Europea» (Dictamen de iniciativa). Comité Económico, Social y europeo, SOC/141 «La ciudadanía europea» Bruselas, 14 de mayo de 2003. En su Comunicación de noviembre de 2000 sobre una política comunitaria de migración, la Comisión exponía por primera vez el concepto de «ciudadanía cívica», que en la práctica garantizaría una serie de derechos y obligaciones a los residentes de larga duración, independientemente de que tuvieran o no la posibilidad de adquirir la nacionalidad de su país de acogida.

de la condición de ciudadano que va parejo al desarrollo legislativo de cada país, en su progresiva adaptación de la legislación y la equiparación de condiciones de todos los individuos de un país, basado en el principio de igualdad imperante en todo Estado democrático, respetando los diversos grados de vinculación y sujeción al país, y por lo tanto, dando lugar a este nuevo concepto de ciudadanía multinivel más propio del Estado Social y Democrático de Derecho. Desde el punto de vista democrático la nacionalidad y la ciudadanía han de construirse desde la sociedad de individuos libres e iguales que se relacionan entre sí, y no desde la pertenencia a una nacionalidad.

Para ello será necesario adaptar las Constituciones, por ejemplo en el caso de España, modificar los conceptos ordinarios, incluyendo ese multinivel desde la norma superior del ordenamiento jurídico, para poder incluir en el art.13.2 a los residentes, pues no se contemplan en ningún sitio, y como hemos visto, pueden llegar a tener más vinculación con el país en el que reside, que con el que es nacional.

Propuestas todas ellas que seguiremos investigando, para poder continuar con esta reflexión, que esperemos llegue algún día a reflejarse en la sociedad.

VII. **Bibliografía**

Aláez Corral, Benito, Nacionalidad ciudadanía, democracia: ¿a quién pertenece la Constitución?, *Centro de Estudios Políticos y Constitucionales,* Madrid, 2006.

— Nacionalidad y ciudadanía: una aproximación histórico-funcional, *Historia Constitucional. Revista electrónica,* vol. 6, 2005. (http://hc.rediris.es/06/articulos/pdf/02pdf)

Aristóteles, *La política*, ed. Espasa-Calpe, S.A., Madrid, 1941, Libro Primero, cap. I, 7.

— *Ética a Nicómaco*, Intr. Y notas de Julián Marías, Madrid, Instituto de Estudios Políticos, 1970, VI.

Bastida Freijedo, Francisco, *La soberanía borrosa: la democracia*, Fundamentos, 1998, n.º 1.

— *Nacionalidad y Ciudadanía* (prólogo), Fundación Coloquio Jurídico Europeo, Madrid, 2008.

Constant, Benjamin, *Escritos políticos,* Centro de Estudios Constitucionales, Madrid, 1989.

Cortina, Adela, *Ciudadanos del mundo. Hacia una teoría de la ciudadanía*, Madrid, 1997.

— *Ética aplicada y democracia radical*, Madrid, Tecnos, 1992.

Costa, Prieto, *Civitas. Storia de la cittadinanza in Europa, vol. I-IV*; Roma, Baci, Laterza, 1999-2001.

— Nacionalidad y Ciudadanía, en: *Nacionalidad y Ciudadanía*, Fundación Coloquio Jurídico Europeo, Madrid, 2008.

Dictamen del Comité Económico y Social Europeo sobre el tema «Incorporación a la ciudadanía de la Unión Europea» (Dictamen de iniciativa). Comité Económico, Social y europeo, SOC/141 «La ciudadanía europea» Bruselas, 14 de mayo de 2003.

Fernández Barreiro, Alejandrino, y Paricio, Javier, *Fundamentos de Derecho Privado Romano*, IV ed., Madrid, 2000, p. 38, 63.

Fraile Ortiz, María, La ciudadanía europea (entre paréntesis), *Fundamentos* n.º 7, El pueblo del estado nacionalidad y ciudadanía en el estado constitucional-democrático, Principado de Asturias, 2012.

GARCÍA DE VALDEAVELLANO, Luís, *Orígenes de la burguesía en la España medieval,* ed. J. M. Pérez Prendes, Madrid, 1991.

HABERMAS, Jürgen, *Historia y crítica de la opinión pública,* Barcelona, Gustavo Gili, 1981.

KANT, Immanuel, ¿Qué es la Ilustración?, en Kant, *Filosofía de la Historia,* México, F.C.E., 1978.

PRESNO LINERA, Miguel Angel, Democracia ciudadana y ciudadanía democrática, *Fundamentos* n.° 7, El pueblo del estado nacionalidad y ciudadanía en el estado constitucional-democrático, Principado de Asturias, 2012.

RAWLS, John, *Political Liberalism*, Columbia University Press, New York, 1993.

SCHUCK, Peter y SCHMITH, Rogers, *Citizenship without consent,* Yale University Press, New Haven, 1985.

TIERNO GALVÁN, Enrique, Estudio preliminar «Del ciudadano y leviatán. Tomas Hobbes», Editorial Tecnos, 4.ª ed., 1996.

TUR AUSINA, Rosario, «The Regional Construction of a Citizen Participation Model: Experiences and Elements of the Debate on Participatory Democracy», *Perspectives on Federalism,* Vol. 4, issue 1, 2012.

VILLAVERDE MENÉNDEZ, Ignacio, «La ciudadanía borrosa. Ciudadanías multinivel», *Fundamentos* n.° 7, El pueblo del estado nacionalidad y ciudadanía en el estado constitucional-democrático, Principado de Asturias, 2012.

ZAPATA-BARRERO, Ricard, Una nueva «filosofia» de la UE: tradición versus innovación en la propuesta de ciudadanía cívica, II Seminario inmigración y Europa. Cinco años después de Tampere, http://www.intermigra.info/archivos/revista/CiudaniaCidob.pdf.